HAMBURG

MARTINA BEUTING

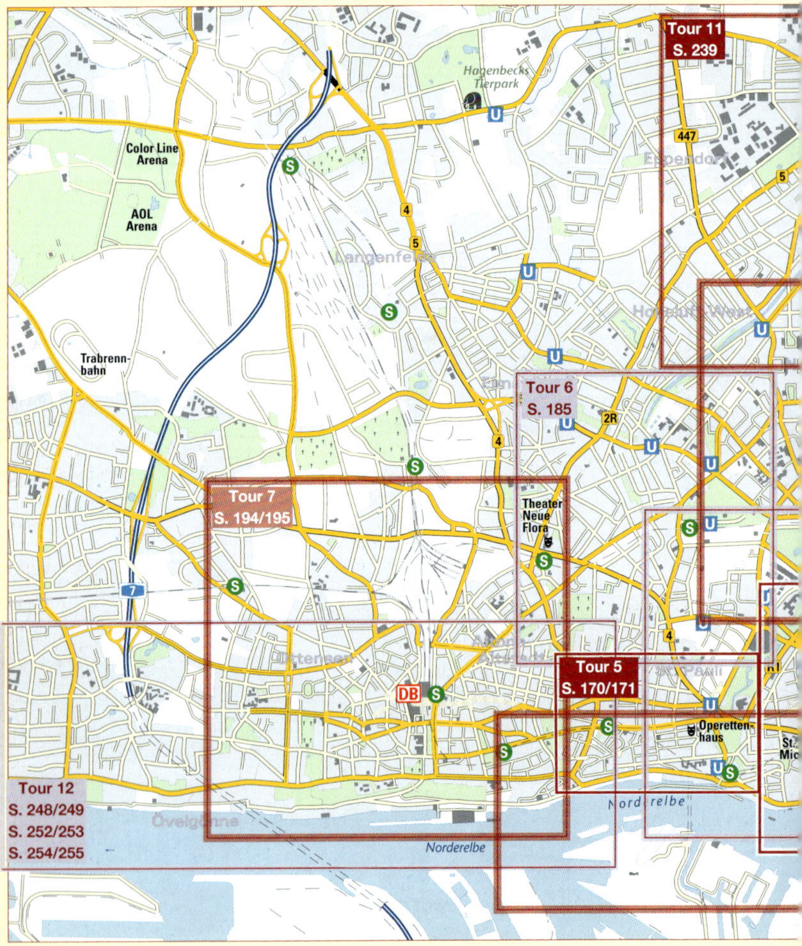

Tour 11
S. 239
Hagenbecks Tierpark
447
Eppendorf
5
Color Line Arena
AOL Arena
4
5
Langenfelde
Hoheluft-West
Trabrenn-bahn
Tour 6
S. 185
2R
4
Tour 7
S. 194/195
Theater Neue Flora
7
4
Ottensen
Altona-Altstadt
Tour 5
S. 170/171
St. Pauli
DB
Operetten-haus
Tour 12
S. 248/249
S. 252/253
S. 254/255
Övelgönne
Norderelbe
Norderelbe

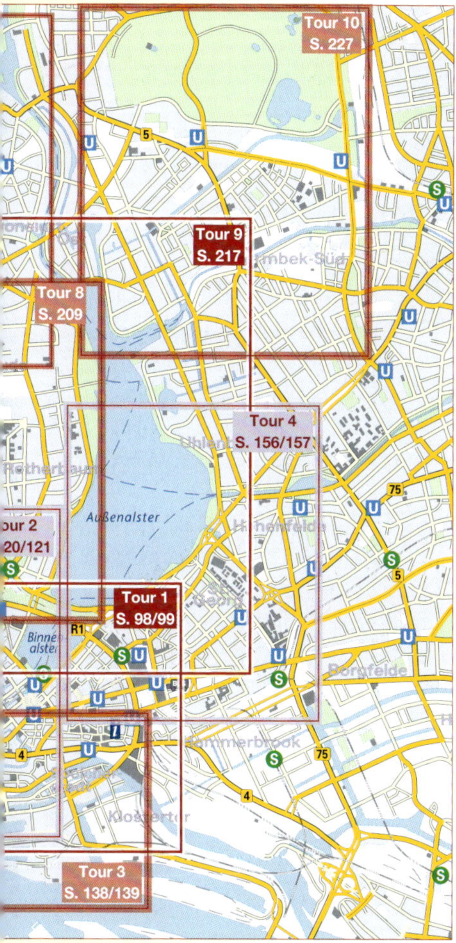
Tour 10
S. 227
Tour 9
S. 217
Tour 8
S. 209
Tour 4
S. 156/157
our 2
20/121
Außenalster
Tour 1
S. 98/99
Binnen-
alster
Borgfelde
Hammerbrook
Tour 3
S. 138/139

Unterwegs mit Martina Beuting

Von allen Wochentagen in Hamburg sind mir meine Samstage die liebsten. An meinen Samstagen nehme ich mir Zeit, die Stadt zu erleben. Am besten mit der U-Bahn – denn die führt mich aus meinem behüteten, für meine Begriffe etwas zu durchgestylten Viertel hinaus in die facettenreiche Welt der Hansestadt. Meist sind es sieben Stationen bis zum Ziel. Sieben Stationen, die man – ein Phänomen in Hamburg – mit etwas Übung ganz allein durch das Scannen der Ein- und Aussteigenden (und ohne einen Blick durch die Scheiben) beim Namen nennen kann. Nach schick kommt schicker, dann lockerer, dann bunter, dann flippiger, dann etwas trashig, dann durchmischt und schließlich ... Oh, jetzt verlässt die Bahn den Untergrund und ich muss doch wieder rausgucken: der Himmel, das Licht, die Waterkant. Aussteigen. Ich bin noch nicht am Ziel. Ich laufe die mächtige, dunkelblaue Elbe runter. Containerriesen, Kreuzfahrtschiffe, Barkassen und jede Menge schwappendes Wasser. Das Ufer ist zuerst ordentlich befestigt, teils hochmodern bebaut. Dann wechselt das Bild: Ich laufe über hellen Strand und atme die frische hanseatische Brise. Neben einem Strandkiosk – eine Hamburger Institution – setze ich mich mit einer Ahoi-Brause in den Sand. Ich bin nicht allein hier. Auch andere Leute sind gekommen – von mindestens allen sieben Stationen. Sie alle teilen sich den Strandabschnitt. Herrlich, diese Mischung. Das ist Hamburg. In keiner anderen deutschen Großstadt fühle ich mich so mittendrin und doch so frei wie hier – vor allem an meinen Samstagen.

Impressum

Text und Recherche: Martina Beuting **Lektorat:** Horst Christoph **Redaktion und Layout:** Jana Dillner **Karten:** Judit Ladik, Michaela Nitzsche, Katja Schröder, Gábor Sztrecska **Fotos:** siehe S. 7 **Covergestaltung:** Karl Serwotka

3. komplett überarbeitete und aktualisierte Auflage 2012

Inhalt

Hamburg – Hintergründe & Infos

Inhalt

Hamburg – Stadttouren und Ausflüge

Kartenverzeichnis

Zeichenerklärung für die Karten und Pläne

Hauptstraße	Rundgang	Post
Nebenstraße	Rundgang Anfang	Parkplatz
Fußgängerzone	Rundgang Ende	Information
Grünanlage	Museum	Kirche
U St. Pauli U-Bahn	Theater	Moschee
S Reeperbahn S-Bahn	Denkmal	

Inhalt

Alles im Kasten

Mit dem grünen Blatt haben unsere Autoren Betriebe hervorgehoben, die sich bemühen, regionalen und nachhaltig erzeugten Produkten den Vorzug zu geben.

Was haben Sie entdeckt?

Haben Sie ein empfehlenswertes Restaurant gefunden, eine nette Kneipe, ein gemütliches Hotel? Wenn Sie Tipps, Anregungen oder Verbesserungsvorschläge zum Buch haben, lassen Sie es uns bitte wissen.

Schreiben Sie an: Martina Beuting, Stichwort „Hamburg" | c/o Michael Müller Verlag GmbH | Gerberei 19, D – 91054 Erlangen | martina.beuting@michael-mueller-verlag.de

Fotonachweis

Martina Beuting: S. 16, 20, 22, 23, 27, 35, 37, 38/39, 41, 44/45, 46, 50, 54, 57, 61, 62, 66, 68, 70, 72, 72/73, 73, 81, 84, 85, 86, 88, 90, 92/93, 94, 94/95, 100, 101, 102, 103, 105, 106, 107, 109, 110, 111, 113, 115, 116, 122, 134/135, 136, 137, 140, 141, 142, 149, 151, 153, 153/154, 155, 158, 159, 160, 162, 163, 164, 165, 168, 169, 173, 174, 175, 176, 177, 181, 187, 188, 189, 190, 191, 192/193, 197, 198, 200, 201, 202, 203, 205, 213, 220, 221, 228, 230, 231, 240, 251, 252, 257, 258, 259, 261, 263, 265 | fotolia.com © Sandro Götze: Cover oben: Speicherstadt | Cover unten: Binnenalster mit Blick auf den Jungfernsteg | Berit Koepke: S.14/15, 17, 18, 21, 26, 28, 29, 31, 40, 42, 52, 64, 71, 75, 76, 79, 97, 119, 124, 126, 127, 129, 130, 144, 148, 166/167, 172, 178, 180, 182, 198, 199, 206/207, 210, 218, 219, 222, 223, 264 | Matthias Kröner: S. 32, 33 | mOmentum/Miriam Flügge: S. 2 | Andreas Neumeier: S. 1 | Stefanie Pötter: S. 147 | trimotion: S. 48 |

Hamburg: Die Vorschau

Architektur

Der Michel, die Silhouette mit ihren Kirchtürmen und, neu im Rennen, die Elbphilharmonie – Hamburgs Wahrzeichen sind allesamt keine alten Zeitzeugen. Der Große Brand von 1842 und vor allem die Bombardements im 2. Weltkrieg sind schuld daran, dass aus der Zeit vor 1800 nur ein paar Dutzend Bauwerke erhalten sind. Aber trotz, oder vielleicht sogar wegen seiner vielen Neubauten ist Hamburg sehr hübsch anzuschauen. Das Rathaus mit Rathausmarkt und Dutzende herrschaftliche Kontorbauten in Alt- und Neustadt sind zusammen mit den Glanzstücken moderner Architektur die Hingucker von heute. Auch die riesige Alster mitten im Zentrum gibt Hamburg eine besondere Note. Rund um Binnen- und Außenalster beeindrucken Stadtteile mit schicken Villen inmitten von Grün. Auch fast alles an der Elbe ist sehens- und erlebenswert. Ein echtes Highlight schließlich und ein Mekka für Fans moderner Architektur ist die neu aus dem Boden gestampfte riesige HafenCity in direkter Nachbarschaft zur historischen Speicherstadt. Nach ihrer Vollendung wird sie die Innenstadt um rund 40 % vergrößert haben.

Der Hafen

Ein- und auslaufende Schiffe verströmen den Duft der weiten Welt, Container-Riesen steuern die hochmodernen Terminals an, Kreuzfahrtschiffe bringen und holen Reisende von allen Kontinenten. Der Hamburger Hafen steht für Größe, Geschäftigkeit und Internationalität. Seit Jahrhunderten vermittelt er ein Gefühl von Freiheit und Abenteuer. Erst der Hafen macht Hamburg zum „Tor zur Welt" und gibt der Stadt ihr besonderes Flair. Und er fasziniert Besucher wie echte Hamburger immer wieder aufs Neue. Wer die Gelegenheit hat, das Ein- oder Auslaufen von Giganten wie der Queen Mary II. zu erleben, sollte sich dieses Spektakel nicht entgehen lassen.

Kunst und Kultur

Hamburg ist eine Kulturmetropole. An der Kunstmeile zwischen Hauptbahnhof und Speicherstadt residiert mit der Hamburger Kunsthalle eine der bedeutendsten Sammlungen Europas. Viele bekannte Größen, darunter das Museum für Angewandte Kunst, das Museum für Hamburgische Geschichte, das Maritime Museum in der Speicherstadt oder bemerkenswerte Ausstellungen in den Deichtorhallen (vor allem Fotokunst) locken die Besucher in Scharen. Auch wird in Hamburg die Bühnenkunst ganz groß geschrieben: Vom größten Sprechtheater Deutschlands bis hin zu amüsanter und intelligenter Kleinkunst reicht das Programm. Tausende besuchen die diversen Musicalbühnen der Hansestadt. Ein Highlight und von Weltklasse ist auch das Ballett von John Neumeier. Die bis heute renommierte Oper war Deutschlands erstes Opernhaus. Konzerte, Livemusik in verschiedenen Häusern und die diversen Lichtspieltheater runden Hamburgs kunterbuntes Kulturangebot ab. Gespannt sind alle auf das Angebot der neuen Elbphilharmonie.

Viel Wasser, viel Grün

Richtig angeben dürfen die Hamburger mit ihrer Binnen- und Außenalster. Die aufgestauten Seen befinden sich nämlich mitten im Zentrum und bieten viel Raum für Aktivität und Erholung. Zusammen mit seinem verzweigten Kanalsystem ist Hamburg eine wasserreiche Stadt – und zugleich, wer hätte es gedacht, Deutschlands grünste Stadt: Von den 755 Quadratkilometern Gesamtfläche entfallen 41 % auf Grünflächen, Felder, Wiesen und Marschland. Besonders viel Natur und Wasser zeigt sich natürlich an und in der Elbe: Die immer grüner werdende, 12 km lange Uferpromenade vom Hafen bis nach Blankenese lädt zum Ausruhen, Spazieren und Radeln ein. Die riesige

Parkanlage Planten un Blomen und zahlreiche andere Parks, Hamburgs grüne Lunge, locken dagegen ins Zentrum der Stadt. Nicht zuletzt: Einen Besuch wert ist auch der als Park angelegte Ohlsdorfer Friedhof – mit über 400 Hektar ist er der zweitgrößte Friedhof der Welt.

Nachtleben

Hamburger Nachtleben, das ist nicht nur die Reeperbahn. Doch hier geht natürlich der Punk ab, und hier treiben sich wahrlich nicht nur Kegelclubs und Touristen herum. Denn der Kiez hat längst nicht nur Rotlicht im Programm. Allein in und um die sündige Meile befinden sich Dutzende cooler Clubs und Kneipen. Doch darüber hinaus ist in fast allen Ecken der Stadt ordentlich was los – von legendären Läden wie dem Golden Pudel Club (Nähe Fischmarkt) über Partyrenner wie Frau Hedis Tanzcafé (schippert regelmäßig über die Elbe), von edlen Bars wie dem 20up (gigantischer Blick über Stadt und Hafen in 90 m Höhe) bis zu trashigen Szeneläden reicht das Ausgeh-Angebot. Wer nichts findet, ist selber schuld!

Shoppinglust

Kaum etwas gibt es, was es in Hamburg nicht gibt. Die Innenstadt glänzt besonders rund um den Jungfernstieg mit exklusiven Geschäften. Wuffi wird hier mit ausgefallenem Halsschmuck ebenso beglücklicht wie Frauchen und Herrchen. Exklusiv geht es auch in den Vierteln rund um die Außenalster zu. Eine schicke Boutique reiht sich hier an die nächste. Sehr beliebt und von speziellem Flair sind die Wochenmärkte in der Isestraße oder am Goldbekufer. Noch bunter zeigen sich die Einkaufsstraßen in Ottensen und St. Georg und im Schanzen- und Karolinenviertel nahe St. Pauli. Hier geht es jünger, alternativer, flippiger zu – aber nicht unbedingt günstiger. Neben originellen T-Shirt-Läden, kleinen Geschäften mit Räucherstäb-

Räucherstäbchen, Piercings & Co. haben sich hier etliche Jungdesigner niedergelassen.

Gaumenkitzel

Köche aus aller Herren Länder sorgen in Hamburg für das leibliche Wohl, und noch immer werden nirgendwo in Deutschland so viele Hauben und Sterne gesammelt, konnten sich so viele Spitzenrestaurants etablieren wie in der Hansestadt. Besonders gut und gerne speist man direkt an der Elbe, wie auch der ungebrochene Restaurant-Boom an der Waterkant beweist. Neben etablierten schicksten Restaurants mit Wasserblick am Fluss entlang bis nach Blankenese eröffnen in Ufernähe immer wieder moderne und gute Häuser. Doch Hamburg pflegt nicht nur die Haute Cuisine. Neben gutbürgerlicher Küche und guten Fischrestaurants sind auch zahlreiche mehr oder minder experimentierfreudige Köche am Werk. Wer suchet, der findet für jeden Geldbeutel und jeden Geschmack etwas, verteilt über die ganze Stadt.

Kinder, Kinder

Hamburg ist kinderreich, die Geburtenrate der Hanseaten kann sich im Deutschlandvergleich sehen lassen. Und so hat die Stadt an der Elbe auch für die Kleinen vieles in petto. Im Hafen herumtuckern, Schiffe gucken, am Elbstrand toben, auf der Alster und ihrem verzweigten Kanalsystem Tretboot fahren oder mitten in der Stadt – z. B. in Planten un Blomen – Skaten und Schlittschuh laufen. Spannendes für Kinder bieten auch die meisten Museen, Theater und Kinos. Besonders gelungen ist das Hubertus-Wald-Kinderreich im Museum für Angewandte Kunst. Ein Highlight für größere Kinder kann ein Besuch des Musicals König der Löwen sein. Auch Hagenbecks Tierpark mit dem neuen Eismeer und dem riesigen Aquarium oder die Wildparks in der Umgebung sind schöne Ausflugsziele für Kinder.

Die Brooksbrücke überspannt den Brooksfleet

Hintergründe & Infos

Container Terminal

Politik

Der Senat: die Hamburger Regierung

Der Senat, bestehend aus Erstem Bürgermeister und den Senatoren, bildet die Landesregierung und ist zugleich oberstes Organ für kommunale Aufgaben. Er definiert die Richtlinien der Politik, führt und beaufsichtigt die Verwaltung und vertritt die Freie und Hansestadt Hamburg nach außen. Das Parlament (Bürgerschaft) wählt für die Dauer einer Legislaturperiode den Ersten Bürgermeister zum Präsidenten des Senats. Dieser besitzt als Regierungschef die Richtlinienkompetenz und hat das Recht, seine Mitsenatoren und deren Stellvertreter zu ernennen und zu entlassen. Ein Senator steht als „Präside" jeweils einer der derzeit zehn Behörden vor.

Die Bürgerschaft: das Parlament

Die Bürgerschaft ist das Landes- und Kommunalparlament Hamburgs. Sie besteht aus 121 Abgeordneten, die nach reinem Verhältniswahlrecht in allgemeiner, ummittelbarer, gleicher und geheimer Wahl auf vier Jahre gewählt werden. Sie haben sich zurzeit (20. Wahlperiode 2011–2014) zu fünf Fraktionen zusammengeschlossen (SPD 62, CDU 28, Grüne/GAL 14, FDP 9, Die Linke 8 Sitze). Im Plenarsaal des Hamburger Rathauses tagen sie i. d. R. zweiwöchentlich. Aus ihrer Mitte wählen die Abgeordneten den Präsidenten. Ein Ältestenrat unterstützt die Arbeit des Präsidenten. Ausschüsse als Arbeitsgruppen der Bürgerschaft übernehmen Fachaufgaben und helfen bei der Beschlussfindung.

Parteien

Seit Kriegsende regierte zunächst – bis auf eine Unterbrechung von 1953 bis 57 – die SPD. In den 1980er bis in die 1990er Jahre zeichnete sich ein Wandel ab. Viele Kritiker, Umweltbewusstere und Unzufriedene wechselten zu den Grünen (GAL). Auf der anderen Seite spaltete sich von der CDU die neue STATT-Partei ab, nahm 1993 bei den Bürgerschaftswahlen die 5-Prozent-Hürde und zog als Kooperationspartner der SPD sogar in den Senat ein. Nach weiter vorherrschender Unzufriedenheit wanderten insbesondere ehemalige SPD-Wähler zur Bürgerschaftswahl 2001 ab und schlossen sich radikaleren Parteien an. Die bedeutendste unter ihnen mit einem Wahlergebnis von 19,4 % wurde die PRO-Partei (Partei der rechtsstaatlichen Offensive) unter Vorsitz des Hamburger Amtsrichters Ronald Schill. Die CDU regierte mit ihr gemeinsam von 2001 bis 2003 in Koalition. Bei der Bürgerschaftswahl 2004 errang die CDU die absolute Mehrheit und konnte in der folgenden Legislaturperiode allein regieren. 2008 blieb die CDU zwar stärkste Partei, büßte ihre absolute Mehrheit aber ein. Anfang 2011 fand die Wahl zur 20. Hamburger Bürgerschaft statt. Die CDU musste herbe Verluste einstecken, die SPD gewann die absolute Mehrheit. Erster Bürgermeister wurde Olaf Scholz.

Der Innenhof des Rathauses

Bezirksverwaltungen

Hamburg ist in insgesamt sieben Bezirke mit je einem Bezirksamt untergliedert, die jeweils von einem Bezirksamtsleiter geführt werden (eine Art Bezirksbürgermeister, gewählt von der Bezirksversammlung). Die Ortsämter erledigen die Verwaltungsarbeiten. Die Bezirke gliedern sich wiederum in insgesamt 104 Stadt- und Ortsteile. So unterstehen den Bezirksämtern wiederum Ortsämter, Ortsdienst- und Außenstellen. Die Einwohnerzahl der sieben Hamburger Bezirke (Zahlen gerundet):

Altona	259.000
Bergedorf	121.000
Eimsbüttel	255.000
Hamburg Nord	292.000
Hamburg Mitte	291.000
Harburg	152.000
Wandsbek	414.000

Wirtschaft

Hafen

Der Hamburger Hafen und die strategisch überaus günstige Lage der Stadt förderten die frühe Entwicklung Hamburgs zu einem internationalen Wirtschaftszentrum. Als der Schiffsbau Mitte der 1970er Jahre zunehmend Konkurrenz aus dem südostasiatischen Raum bekam, reagierte man mit einer Umstrukturierung des Hafengeländes. Ein effizienter und „schneller“ Hafen mit kurzen Liegezeiten wurde durch den umfassenden Ausbau des modernen Containerhafens verwirklicht. Hamburg blieb somit einer der bedeutendsten

Außenwirtschaftsplätze und Logistikstandorte Europas. Über ein engmaschiges Netz aus Kanälen, Schienen und Straßen können die diversen Produkte ins In- und Ausland weitertransportiert werden. Von der positiven wirtschaftlichen Entwicklung in Südostasien und China profitiert Hamburg auch, denn für die Chinesen ist Hamburg Umschlagplatz Nr. 1 in Europa. Für die Länder Mitteleuropas ist es das Tor zur Welt.

Handel, Banken, Versicherungen

Die Bedeutung Hamburgs als wichtigster Außenhandelsstandort und Transitplatz Deutschlands führte zur Ansiedlung vieler Banken, Versicherungen und Handelsunternehmen. Schon 1619 wurde hier die erste deutsche Girobank gegründet. Jede Menge Handelsbanken, in- und ausländische Kreditinstitute öffneten ihre Pforten. Heute haben in der Hansestadt etwa 150 Kreditinstitute ihren Sitz, davon um die 40 Auslandsbanken.

Luftfahrtindustrie

Mit der Airbus Deutschland GmbH, der Lufthansa Technik AG und dem Flughafen Hamburg sowie diversen Zulieferbetrieben und Dienstleistern rund um die Luftfahrt nimmt die Metropolregion Hamburg eine führende Stellung in der zivilen Luftfahrtindustrie ein. Rund 30.0 00 Menschen arbeiten in diesem Bereich. Besonders die Mitproduktion des Airbus A 380 – des derzeit größten Passagierflugzeugs der Welt – kann sich die Region Hamburg auf die Fahnen schreiben.

Medienwirtschaft

Etwa 12.400 Unternehmen der Medien- und Kommunikationswirtschaft zählt die Hansestadt. Damit stellt die Medienwirtschaft eine bedeutende Säule im Ranking der Hamburger Arbeitgeber dar. Zu den Unternehmen gehören sowohl Einmannbetriebe als auch Großverlage und Druckereien, Fernseh- und Radiosender, Filmproduktionen, Wer

Ein Riese unter den Verlagshäusern: Gruner + Jahr

be-, Design-, Marketing- und Multimedia-Agenturen. Zählt man die IT-Branche insgesamt hinzu, kommt man sogar auf über 18.000 Unternehmen. Alle zusammen beschäftigen mehr als 130.000 Menschen. Unberücksichtigt bleiben die ungezählten Freiberufler wie Journalisten, Fotografen, Designer, Programmierer, Kameraleute, Aufnahmeleiter, Regisseure, Schauspieler und Stylisten, die in keiner Wirtschaftsstatistik erfasst sind.

Verlagswesen

In Hamburg wimmelt es von Verlagen. Allein um die 40 Zeitungs- und 200 Zeitschriftenverlage verlegen über die Hälfte aller in Deutschland verkauften schnelllebigen Printprodukte, darunter der Axel Springer Verlag mit der Bild-Zeitung. 13 der 19 auflagenstärksten deutschen Zeitschriften werden in Hamburg verlegt. Viele der bekannten Zeitschriften und Magazine wie auch der Stern stammen aus dem Hause Gruner + Jahr. Auch der Bauer-Verlag, der Vierjahreszeiten Verlag oder der Milchstraßenverlag sind bekannte Größen. Ebenso haben Spiegel und Zeit ihren Sitz in der Hansestadt. Auch die größte deutsche Nachrichtenagentur, die dpa, ist Hanseatin. Neben Zeitungen und Zeitschriften zählt Hamburg etwa 200 Buchverlage. Bekannte Kinderbuchverlage wie Oetinger (Pippi Langstrumpf) oder der Carlsen-Verlag (Harry Potter) sind hier genauso beheimatet wie z. B. Hoffmann und Campe.

Film und Fernsehen

Mehr als 1000 Unternehmen aus der Film- und Fernsehbranche sind in Hamburg ansässig. Neben vielen anderen hat dabei mit Studio Hamburg der deutschlandweit bedeutendste Fernsehproduzent und TV-Dienstleister in der Hansestadt seinen Sitz – von hier kommen Serien wie Großstadtrevier oder die Sesamstraße. Der NDR als zweitgrößte Rundfunkanstalt der ARD befindet sich ebenfalls in Hamburg. Von hier aus wird auch allabendlich die Tagesschau ausgestrahlt. Übrigens werden in Hamburg jährlich etwa 130 Kino- und Fernsehfilme gedreht, darunter spektakuläre Erfolge wie Gegen die Wand von Fatih Akin (mit dem Goldenen Bären ausgezeichnet) und En Garde von Ayse Polat (drei Silberne Leoparden in Locarno). Darüber hinaus hat ein Großteil der in Deutschland wichtigsten Werbefilmproduktionen in Hamburg ihren Sitz.

Radiosender und Musikgeschäft

26 Radioprogramme zählt die Stadt Hamburg. Das macht die Hamburger Region neben Berlin zum größten Radiostandort. Hinzu kommen jede Menge Radiovermarkter. Etwa 750 Musikverlage und Tonstudios zählen zur Hamburger Musikwirtschaft. Neben anderen sind die Deutschlandzentrale von Warner Music sowie Zweigstellen von BMG Ariola und EMI vertreten.

Geografie und Bevölkerung

Stadtgeografie

Hamburg ist nach Berlin, gemessen an Fläche (755,2 km²) und Einwohnern (1,789 Mio., Stand 2011), Deutschlands zweitgrößte Stadt. Die größte Ausdehnung von Nord nach Süd sowie von Ost nach West beträgt ca. 40 km. Die heutigen Grenzen der Stadt wurden im Groß-Hamburg-Gesetz von 1937 festgelegt. Als norddeutsches Bundesland grenzt Hamburg im Norden an Schleswig-Holstein, im Süden an Niedersachsen. Auch die Nordseeinseln Neuwerk, Scharhörn und Nigehörn sowie der Nationalpark Hamburgisches Wattenmeer gehören zu Hamburg.

Bei Hamburg münden die Alster und die Bille in die Elbe. Diese ergießt sich 110 km weiter nordwestlich bei Cuxhaven in die Nordsee. Die Elbe wurde in der Vergangenheit auf beiden Seiten eingedeicht. In Hamburg sind die beiden Ufer der Elbe durch einige Brücken und durch den Alten und Neuen Elbtunnel miteinander verbunden. Die Alster fließt – teils wie die Zuflüsse kanalisiert – mitten durch die Stadt und wird am Jungfernstieg zur Binnenalster und, nördlich angrenzend, zur Außenalster aufgestaut. Mit der Außenalster ist ein riesiger (1,6 km2) Freizeitsee mitten in der Stadt entstanden.

Die unzähligen Fleete, Flüsschen und Kanäle der Stadt werden übrigens von mehr als 2500 Brücken überspannt, die Hamburg zur brückenreichsten Stadt Europas machen. Hier finden sich tatsächlich mehr Brücken als in Venedig (400), Amsterdam (1200) und London (800) zusammen! Außerdem ist Hamburg eine sehr grüne Stadt. 15,3 % des Stadtgebiets bestehen aus Grünflächen, die Wasserflächen machen 8 % aus.

Bevölkerung

Statistik: Derzeit zählt Hamburg ca. 1,789 Mio. Einwohner (2011). Für die kommenden 20 Jahre wird ein Anstieg auf bis zu 2 Mio. vorausgesagt. 2011 lebten in Hamburg 515.000 Menschen mit Migrationshintergrund, 233.000 von ihnen hatten eine ausländische Staatsbürgerschaft. Bei den Religionszugehörigkeiten sind die Protestanten mit 30 % der Spitzenreiter. Dem stehen ca. 7,5 % Katholiken und etwa 4 % Muslime gegenüber. Darüber hinaus existieren in Hamburg etliche weitere Religionsgemeinschaften.

Mentalität: Der Hamburger wird gern als nordisch kühl, zurückhaltend und etwas „s-teif" beschrieben. Böse Zungen sagen ihm zudem (unter Berücksichtigung der Jahrhunderte langen wirtschaftlichen Prosperität) eine gewisse Knausrigkeit und Schlitzohrigkeit nach. Traditionsbewusst, aber weltoffen, tolerant und höflich tritt er seinen Mitmenschen entgegen. Aber machen Sie sich am besten Ihr eigenes Bild!

Die Eppendorfer Brücke über dem Isebekkanal

Die Hamburger Handwerkskammer im tonangebenden Backstein

Stadtgeschichte

Die Zeitrechnung Hamburgs beginnt im 9. Jahrhundert mit dem Bau einer schlichten Wehranlage aus Holz: der Hammaburg, nach deren genauem Standort man seit Jahrzehnten vergebens sucht. Was von ihr übrig blieb, ist der Name, der bald auf die kleine Siedlung überging, die sich um die Anlage herum entwickelte. Heute ist Hamburg mit knapp 1,8 Millionen Einwohnern die zweitgrößte Stadt der Republik und Deutschlands „Tor zur Welt".

Früher Besuch: Papst Benedikt zu Gast in Hamburg

Die Hammaburg wurde ursprünglich wohl im Zuge der Ausweitung des Fränkischen Reiches auf nordelbische Gebiete errichtet. Sie sollte Schutz bieten gegen die Sachsen, die den Raum vorher besiedelt hatten und sich mit den Franken noch einige Zeit das eine oder andere Scharmützel lieferten. Da es seinerzeit zum obligatorischen Beiprogramm jeder Expansionspolitik gehörte, die Menschen auf den eroberten Gebieten auch dem rechten Glauben zuzuführen, wurde die Hammaburg schon bald zur Missionsstation, von der aus der heidnische Norden christianisiert werden sollte. Zu diesem Zweck schickte der fränkische König Ludwig der Fromme einen ausgewiesenen Kenner der Materie in die Hammaburg, den Benediktinermönch Ansgar von Bremen, der sich schon an der Missionierung Dänemarks versucht hatte und später mit dem Ehrentitel „Apostel des Nordens" geschmückt wurde.

Ansgar wurde der erste Bischof von Hamburg und ließ innerhalb der Festung ein hölzernes Domkirchlein errichten. 845 musste er die Hammaburg aber fluchtartig verlassen. Eine Horde

Wikinger überfiel und brannte sie nieder. Der Apostel „entrann ohne Kutte nur mit größter Mühe“, wie sein Biograph Rimbert empört berichtet, und residierte fortan lieber im sicheren Bremen, ab 848 Stammsitz des flugs neu

Der Vergangenheit auf der Spur

gegründeten Bistums Bremen-Hamburg. Die Siedlung Hammaburg, die auch weiterhin ganz unter den Fittichen der Kirche stand, scheint sich aber rasch von dem Überfall erholt zu haben. Kein Wunder, denn durch ihre günstige Lage an der Alster war sie gut geeignet als Warenumschlag- und Handelsplatz.

Im Jahr 965 bekam Hammaburg alias Hamburg ihren wohl bis dahin prominentesten Besucher: Papst Benedikt V. Ganz freiwillig kam der Heilige Vater jedoch nicht, er hatte im Investiturstreit mit Kaiser Otto I. den Kürzeren gezogen und war in die kleine Siedlung im fernen Norden verbannt worden. Eine harte Strafe für den italienischen Papst, dem die Ansammlung von schlichten Holzhäusern wie der letzte Platz auf Erden vorgekommen sein muss. Lange hielt er den Strapazen seiner Verbannung auch nicht stand, bereits ein Jahr nach seiner Ankunft war er tot. Kleiner Trost posthum: Nach 33 Jahren Totenruhe in Hamburg wurde sein Leichnam 999 nach Rom überführt.

Alte Stadt, Neue Stadt und Hansestadt

Noch viele Jahre über Benedikts Tod hinaus war Holz das einzige Baumaterial, mit dem die Hamburger ihre bescheidenen Hütten errichteten. Das erste Gebäude aus Stein, ein robuster Wehrturm, entstand erst um 1035. Sein Bauherr war Erzbischof Bezelin Alebrand, der seiner bischöflichen Zweigstelle Hamburg häufig längere Besuche abstattete. Der Grund für Bezelins gesteigertes Sicherheitsbedürfnis waren nicht etwa die Slawen, die die bischöfliche Siedlung in der Vergangenheit gelegentlich heimgesucht und 983 sogar komplett dem Erdboden gleichgemacht hatten. Sorge bereitete ihm vielmehr die Konkurrenz, die ihm unmittelbar vor der eigenen Haustüre erwachsen war. Dem sächsischen Adelsgeschlecht der Billunger waren nämlich vor geraumer Zeit vom Kaiser die Herrschaftsrechte über das hiesige Gebiet rund um die Elbe übertragen worden, sodass der Bischof nicht mehr der alleinige Machthaber auf Hamburger Boden war. Natürlich ließen sich die Billunger von Bezelins Wehrturm nicht sonderlich beeindrucken und konterten mit dem Bau zweier eigener Befestigungsanlagen, einer Turmburg (1045) an der Alster und einer Ringwallanlage (1061) auf dem Gebiet des heutigen Hopfenmarktes. Letztere wurde die *Neue Burg* genannt. Um sie herum entstand im 11. Jh. die *Neue Stadt,* ein zweites, von der bischöflichen Siedlung unabhängiges Gemeinwesen. Ihr Gründer war Graf Adolf III. von Schauenburg, dessen Geschlecht die weltliche Macht über Hamburg übernommen hatte, nachdem die Billunger ausgestorben waren. Adolf III. ließ den Hafen ausbauen und erwirkte 1189 angeblich sogar bei Kaiser Friedrich Barbarossa einen Freibrief, der der Stadt weitgehende Zollfreiheit zusicherte. Zwar handelt es sich bei der heute noch erhaltenen Urkunde wahrscheinlich um eine Fälschung aus dem frühen 13. Jh., doch das dürfte ihrer Wirkung keinen Abbruch getan haben. Der Handel jedenfalls florierte.

Eine Zeitlang noch koexistierten bischöfliche Alte und gräfliche Neue Stadt mit jeweils eigenen Verwaltungsstrukturen, dann – vermutlich während der kurzen Episode der dänischen Besatzung ab 1201 – verschmolzen die beiden Keimzellen Hamburgs zur Gesamtstadt, 1230 wurde das erste gemeinsame Rathaus gebaut. Die Schauenburger hielten das Zepter noch bis gegen Ende des 13. Jh. in den Händen, dann ging die Macht an den Rat und damit die Bürger der Stadt über – faktisch die Geburtsstunde der *freien* Stadt Hamburg, auch wenn staatsrechtlich noch lange um den Status der Stadt gerungen wurde (siehe *Bürger, Rat und Dänen*, S. 25).

Anfang des 14. Jh. folgte die nächste wichtige Weichenstellung für die Entwicklung Hamburgs, der Beitritt zur Hanse (1321). Die Hanse war aus einem Zusammenschluss von Fernhändlern hervorgegangen und später zu einem Bündnis von Handelsstädten geworden. Nach dem Motto „Gemeinsam sind wir stark“ verbündete man sich, um Kontore in Städten wie Nowgorod oder auch London zu betreiben und die Handelswege zu schützen. Denn der sich ausweitende Handel rief auch Piraten auf den Plan, berühmtestes Beispiel ist wohl der *Vitalienbruder* Klaus Störtebeker, der 1401 von einer hamburgischen Flotte gestellt und noch im gleichen Jahr in der Hansestadt enthauptet wurde.

Hamburg spielte allerdings von Beginn an eine gewisse Sonderrolle in der Hanse, denn anders als die meisten Städte des Bundes unter der Führung Lübecks war man schon wegen seiner geografischen Lage eher am Handel im Nordseeraum interessiert. Auch in außenpolitischen Fragen, v. a. im Konflikt der Hansestädte mit Dänemark, das dem Bündnis die Handelswege abschneiden wollte, bestand die Stadt auf Neutralität.

Ämter, Räte und Rezesse

„Ick lave [gelobe] und schwere tho GOTT dem Allmächtigen, dat ick düssem Rahte und düsser Stadt will truw [treu] und hold sein …“ Diesen Schwur musste einst jeder Bürger Hamburgs leisten, offiziell abgeschafft wurde er sogar erst 1918. Doch wer durfte Bürger werden, wer hatte das Sagen in der Stadt? Darüber gab es in der Hansestadt immer wieder Auseinandersetzungen. Im 13. Jh. lenkte noch ein dreißigköpfiger Rat mit zwei Bürgermeistern die Geschicke der Stadt, so schrieb es auch das erste Stadtrecht, das *Ordeelbook* von 1270, vor. Dominiert wurde der Rat von mächtigen Kaufmannsfamilien.

Graf Adolf III. von Schauenburg auf der Trostbrücke

Doch es gab nicht nur Fernhändler in der Stadt, es hatte sich auch im Laufe der Zeit Gewerbe angesiedelt. Schmiede, Kürschner, Weber, Knochenhauer, Maler (darunter sogar kunstgeschichtlich bedeutende wie Meister Betram, dem der Hochaltar der St.-Petri-Kirche zugeschrieben wird) und Bierbrauer gingen ihrer Arbeit an der Elbe nach. Insbesondere das Gewerbe Letzterer florierte, denn das Hamburger Bier war im späten Mittelalter ein Verkaufsschlager. Mehr als 450 Brauereien fertigten den für seine Würzigkeit gerühmten Gerstensaft. Ob der einmalige Geschmack daher kam, dass die Brauer ihr Wasser aus den Fleeten schöpften, in die sich auch die Abwässer der Stadt ergossen, sei dahingestellt ...

Die Handwerker schlossen sich in Zünften zusammen, in Hamburg Ämter genannt, um ihre Interessen gegenüber dem Rat besser durchsetzen zu können. 1375 forderten die Ämter sogar eine fünfzigprozentige Steuerentlastung vom Rat, durch geschicktes Taktieren gelang es Letzterem, die Forderung abzuwenden. 35 Jahre später setzen sich aber die Ämter durch, in einem sog. Rezess wurde den Bürgern eine größere Mitsprache eingeräumt: So musste zum Beispiel vor Kriegserklärungen nun auch die Bürgerschaft angehört werden. Im 15. Jh. gab es noch zwei weiter Rezesse, die die Verfassung der Stadt Hamburg festlegten. Nun konnten die Bürger bei grundlegenden Entscheidungen 20 bis 25 Abgeordnete pro Kirchspiel in den Rat schicken. Dies galt allerdings nur für Bürger mit Grundbesitz in der Stadt. Besitzlose Bürger oder gar Nicht-Hamburger waren von der politischen Teilhabe ausgeschlossen.

Hamburg wird lutherisch und lädt sich Gäste ein

1522 gründete Simon Korver, der aus Glaubensgründen die Niederlande verlassen hatte, die erste Druckerei der Stadt und gab gleich mehrere Schriften Martin Luthers heraus. Kein Wunder, dass man seine Druckerei „Ketzerpresse" taufte. Die Bücher müssen sich dennoch gut verkauft haben, denn im gleichen Jahr befand Luther selbst: „Die Hamburger begehren Gottes Wort." Tatsächlich regte sich in der Stadt tiefste Empörung über die Sittenlosigkeit ihrer Kleriker, die offen mit ihren Frauen zusammenwohnten und sich zudem an der Kollekte bedienten. 1528 gab der Rat dem Drängen seiner Bürger nach und hielt ein Streitgespräch zwischen einem reformatorischen und einem katholischen Theologen ab, wobei das Ergebnis wohl schon im Vornherein feststand: Hamburg wurde protestantisch und schrieb sich das auch gleich in eine neue Verfassung, den sog. *Langen Rezeß*. Kirchenverwaltung und Stadtregierung waren nun eng miteinander verzahnt.

Doch der Religionswechsel verwickelte Hamburg auch in die Glaubenskriege des 16. Jh. Notgedrungen musste sich die Stadt trotz der sonst bevorzugten Neutralitätspolitik auf die Seite der protestantischen deutschen Staaten schlagen, die allerdings im Schmalkaldischen Krieg 1546/47 eine herbe Niederlage gegen die Truppen Kaiser Karls V. einstecken mussten. Nur mit äußerst hohen Strafzahlungen konnte die Hansestadt später die Gunst des Kaisers zurückgewinnen.

Hamburg konnte sich die Zahlungen allerdings leisten, denn das 16. Jh. war eine Zeit des Aufschwungs für die Stadt. Durch die Entdeckung der Neuen Welt hatte sich der Großteil des europäischen Handels an die Nordsee und an den Atlantik verlagert. Davon profitierte Hamburg, die Stadt an der Elbe wurde zum Angelpunkt des Handels zwischen Nord- und Osteuropa. So wurden u. a. Getreide, ungarisches Kupfer, schlesisches Tuch, Fisch aus Island und Rheinwein in der Stadt gehandelt. Man gewährte sogar ausländischen Unterneh-

Bürger, Rat und Dänen

Im 18. Jh. wurden zwei Konfliktherde gelöscht, mit denen Hamburg seit Jahrhunderten zu kämpfen hatte. Im Inneren einigten sich die Bürger und der Rat 1712 auf den Hauptrezess, der nun endgültig die Verfassung der Stadt festlegte. Die oberste Staatsgewalt lag nun in den Händen des Rates und der sog. *Erbgesessenen Bürgerschaft*, also jener männlichen Bürger, die über ein gewisses Vermögen und ein schuldenfreies Grundstück (eines Erbes) in der Stadt verfügten. Die Bürgerschaft bildete Kollegien, die dem Rat zur Seite standen. Der Rat wählte die vier Bürgermeister und die Ratsherren. Das klingt demokratischer, als es eigentlich war, denn zur Erbgesessenen Bürgerschaft zählten gerade mal 300 der 70.000 Hamburger.

Auch außenpolitisch wurde ein alter Konflikt gelöst. Seit dem Aussterben des Geschlechts der Schauenburger im 15. Jh. war die Grafschaft Holstein, zu der Hamburg nominell gehörte, an die dänischen Könige gefallen. Der Hamburger Rat ließ sich allerdings nur ungern vom dänischen König in seine Angelegenheiten hereinreden. Er hatte schon so lange unabhängig regiert, dass Hamburg sich als eigenständige Stadt begriff. Selbst auf Reichsebene herrschte über den Status der Stadt immer wieder Verwirrung, auf manchen Reichstagen zählte man sie zu den freien Reichsstädten, dann wurde sie wieder als dem dänischen Königreich untertan angesehen. Das dänische Königshaus versuchte immer wieder durch politischen, militärischen und wirtschaftlichen Druck – so bauten sie Altona zur Handelsrivalin an der Elbe aus –, sich die Stadt einzuverleiben. Doch durch eine geschickte Außenpolitik und auch kräftige Finanzleistungen nach Kopenhagen konnte sich Hamburg dem Zugriff immer wieder entziehen. 1768 fand der Konflikt mit dem *Gottorper Vergleich* sein Ende, Dänemark erkannte die Unabhängigkeit Hamburgs an – im Gegenzug bekam es ein paar Gebiete und natürlich eine Geldspritze. Staatsrechtlich kann man also erst seit dem 18. Jh. von einer *Freien und Hansestadt* Hamburg sprechen.

men einen Sitz in der Stadt, darunter englischen Tuchhändlern, denen man sogar eine eigene anglikanische Kapelle gewährte – im Zeitalter der Konfessionskriege ein nicht gering zu schätzendes Zugeständnis.

Mitte des 16. Jh. kamen auch niederländische Glaubensflüchtlinge nach Hamburg, die mit ihrem Know-how in Tuchhandel und -herstellung einen neuen Industriezweig in der Stadt etablierten. Allerdings mochten die lutherischen Hamburger den mehrheitlich kalvinistischen Niederländern keine eigene Kirche in der Stadt gewähren, es kam sogar zu handgreiflichen Auseinandersetzungen. Die Kalvinisten durften sich allerdings im benachbarten Altona ein Gotteshaus bauen.

Auch aus Spanien und Portugal vertriebene Juden ließen sich in der Stadt nieder, trotz Protesten von Seiten der lutherischen Geistlichkeit. Der Rat versprach sich einiges von den neuen Bürgern. Sie hatten Kontakte zum Gewürzhandel im Mittelmeer, handelten mit Zucker, Kaffee und Tee und hatten Erfahrung im Finanzwesen. 1619 beteiligten sie sich auch an der Gründung der ersten Hamburger Bank. Doch die Juden blieben in Hamburg höchstens geduldete Bürger, sie hatten keine vollen Bürgerrechte und mussten jährlich für ihr Aufenthaltsrecht bezahlen. 1649 wurden sie sogar auf Betreiben des lutherischen Klerus aus der Stadt ausgewiesen, sie kehrten aber alsbald wieder zurück. Doch in den folgenden zwei Jahrhunderten kam es immer wieder zu gewaltsamen Übergriffen gegen die jüdische Gemeinde, 1835 forderten sie sogar sechs Todesopfer.

Presse- und Musenstadt

„Und eben dises schätze ich für eine gahr große Glückseligkeit der Stattleute, das sie ... fast alles, was in der Welt geschiehet, können erfahren“, schrieb der Hamburger Dichter und Prediger Johann Rist 1663. Seit Mitte des 17. Jh. hatte sich Hamburg zu einem Kommunikationsknotenpunkt entwickelt, hier erschienen Zeitungen wie die *Wochentliche newe Hamburger Zeitung* oder der *Nordische Mercurius*. Die Kaufleute der Stadt waren auf Informationen aus aller Welt angewiesen, um ihre Warenströme gewinnbringend lenken zu können.

Klopstocks Grab im Kirchhof der Christianskirche

Denn Hamburg befand sich immer noch in wirtschaftlicher Blüte, selbst der verheerende Dreißigjährige Krieg hatte der Stadt nicht viel anhaben können, sie hatte vielmehr noch an ihm verdient. Hamburg war nämlich zur „Drehscheibe des Kriegs im Norden“ avanciert, hier konnten sich die Krieg führenden Parteien mit Informationen und natürlich Nachschub für ihre Armeen versorgen. Dass die Stadt nicht unter dem Krieg litt, lag sicherlich auch an der vor 1600 gebauten Befestigung, die mögliche Angreifer abschreckte. Die neuen Festungsmauern hatten zudem die Fläche Hamburgs um einige Hektar erweitert, und auch die Einwohnerzahl stieg von ca. 40.000 (1600) auf 78.000 (1650) an.

Der neue Verteidigungswall konnte allerdings nicht vor allen Gefahren Schutz bieten. Zu Beginn des 18. Jh. rollte die letzte große Pestwelle über Europa und erreichte 1712 auch Hamburg. 10.000 Opfer forderte die Epidemie. Der Schaden für die Wirtschaft Hamburgs war ebenso gewaltig.

1750 war die Bevölkerungszahl aber dann schon wieder auf 90.000 gestiegen. Auch die Wirtschaft erholte sich bis Mitte des 18. Jh. wieder. Dabei verschob sich der Handel mehr und mehr in Richtung England und deren Kolonien. Die Hanse spielte zu diesem Zeitpunkt schon keine Rolle mehr, bereits 1669 hatte der letzte Hansetag stattgefunden. Auch im Gewerbe ging Hamburg neue Wege. Standen die Bier- und Tuchherstellung lange Zeit im Vordergrund, wurden nun die Zuckersiederei und der Walfang immer wichtiger.

Mit dem neuen Wohlstand kam auch ein neues Stadtbild. Johann Leonard Prey und Ernst Georg Sonnin bauten die 1750 durch Blitzschlag niedergebrannte Michaeliskirche wieder auf, der

Sonnin 1781 ihren charakteristischen Turm verlieh, der als „Michel" zum Wahrzeichen Hamburgs werden sollte. Sonnin, der mehr Techniker als Architekt war, begradigte auch den schiefen Turm des Doms und renovierte das baufällige Rathaus. Er baute aber auch einige Wohnhäuser sowie eine Synagoge, die allerdings 1906 abgerissen wurde.

Auch im Bereich der schönen Künste erlebte die Stadt im 18. Jh. eine einzigartige kulturelle Blüte. Der Komponist Georg Philip Telemann wurde zum städtischen Musikdirektor berufen, sein Nachfolger wurde der von Haydn und Mozart bewunderte Carl Philipp Emanuel Bach, der zweite Sohn Johann Sebastian Bachs. Die Oper hatte es in Hamburg allerdings schwerer, 1765 wurde sie in Ermangelung von Zuschauern geschlossen und gleich abgerissen. Anstelle der Oper baute man sich ein Schauspielhaus, in dem bis 1769 das Hamburger Nationaltheater wirkte, ihr Dramaturg war Gotthold Ephraim Lessing. Er entwickelte hier mit seiner *Hamburgischen Dramaturgie* die theoretische Grundlage für das bürgerliche Theater. Auch seine *Minna von Barnhelm* wurde gegen die Proteste des preußischen Gesandten 1767 in Hamburg uraufgeführt. Der neben Lessing zweite große Stern am Literaturhimmel Hamburgs war Friedrich Gottlieb Klopstock, der über 30 Jahre in der Stadt tätig war. Als er 1803 starb, wurde er mit großem Pomp und sogar militärischen Ehren zu Grabe getragen.

Der Große Brand 1842

Drei Jahre nach Klopstocks Tod kamen die Franzosen und mit ihnen die erste große Katastrophe des 19. Jh. Nicht lange, nachdem Napoleons Truppen die Stadt 1806 besetzt hatten, verhängte der große Kaiser die Kontinentalsperre über Europa und untersagte damit den Handel mit den britischen Inseln, um England wirtschaftlich in die Knie zu

In der Deichstraße 42 nahm der Große Brand seinen Anfang

zwingen. Davon war eine Stadt wie Hamburg, die fast ausschließlich vom Überseehandel lebte, stark betroffen. Viele Handelskontore machten Bankrott, Arbeitslosigkeit und wachsende Armut griffen um sich. Als die Franzosen 1814 wieder abrückten, hinterließen sie eine tief verschuldete Stadt.

1842 – die Stadt hatte sich gerade einigermaßen von den Folgen der Franzosenherrschaft erholt – folgte der nächste Nackenschlag. Diesmal waren es aber keine fremden Invasoren, die über Hamburg herfielen, diesmal war es ein kleiner Funkenschlag, der sich zum Großbrand auswuchs und große Teile der Stadt in wenigen Stunden zerstörte. Als Erster bemerkte am frühen Morgen

Blickfang im Hamburger Hafen: die Rickmer Rickmers

des 5. Mai der Nachtwächter das nahende Unheil, doch sein entsetzter Ausruf „Füer! Füer in der Diekstraat“ kam zu spät. Vom Brandherd in der Deichstraße 42 griff das Feuer rasch auf die benachbarten Speichergebäude über, in denen unglücklicherweise so brennbare Waren wie Branntwein, Schellack und Gummi gelagert wurden. Als die Spritzenwagen eintrafen, hatte das Feuer schon die anliegenden Straßen erreicht. Heftiger Südwind und die in den Vortagen trockene Witterung taten ihr Übriges. Wahrscheinlich hätte der Brand durch Sprengung von Häuserzeilen eingedämmt werden können, doch der Rat fürchtete die Regressansprüche der Besitzer und griff in der Folge zu spät auf dieses Mittel zurück – auch wenn man gezwungen war, das Rathaus inklusive Stadtarchiv mit 800 Pfund Schwarzpulver in die Luft zu jagen.

Rasch breitete sich das Feuer am Ostufer der Binnenalster aus. 20.000 Hamburger wurden obdachlos, 70.000 Menschen flohen vorübergehend aus der Stadt (bei einer Einwohnerzahl von 160.000!). Über 1000 Wohn- und Warenhäuser brannten nieder, die Nikolaikirche, in der ungeachtet der Gefahr am Morgen noch ein Gottesdienst abgehalten worden war, und die Petrikirche wurden samt ihrer wertvollen Innenausstattung ein Opfer der Flammen. Ein Gebäude wurde allerdings tapfer bis zum Schluss verteidigt, die Börse und die angeschlossene Commerzbibliothek. „Die Bank, die silberne Seele der Stadt, und die Bücher, wo eingeschrieben jedweden Mannes Banko-Wert, Gottlob, sie sind uns geblieben!“, heißt es dazu später spöttisch in Heinrich Heines *Wintermärchen*. Die Straße, an der die Feuersbrunst gestoppt werden konnte, trägt bis heute den Namen *Brandende*.

Nach der Katastrophe, die unter dem Namen *Großer Brand* in die Stadtannalen einging, setzte eine intensive Bautätigkeit ein, die das Stadtbild, insbesondere im Bereich um die Kleine Alster, massiv veränderte und die Infrastruktur modernisierte. Unter der Leitung des englischen Ingenieurs William Lindley wurden Fleete begradigt und Straßen gepflastert, andere verbreitert und mit einer Straßenbeleuchtung versehen, für deren Versorgung ein neues Gaswerk errichtet wurde. Prunkstück der architektonischen Neugestaltung war der Rathausmarkt mit den prächtigen Alsterarkaden und angrenzenden Bauten wie der im Stil der italienischen Renaissance gestalteten Alten Post. Die Entwürfe für das Ensemble stammten im Wesentlichen von Alexis de Chateauneuf.

Politisch fällt der architektonische Umbau Hamburgs in die Zeit um die Revolution von 1848, die in so manchem deutschen Staat die Obrigkeit zum Zittern brachte. In Hamburg hatte sie zunächst wenig Auswirkungen, erst mit erheblicher Verspätung erkannte der Rat die liberalen Zeichen der Zeit und verabschiedete 1860 eine neue Verfassung. Von nun an hieß der Rat Senat und wurde von der Bürgerschaft gewählt, die wiederum nun auch von einigen nicht erbgesessenen Bürgern (siehe Kasten *Bürger, Rat und Dänen*, S. 25) gewählt werden konnte. So kam immerhin ein größerer Bevölkerungsteil in den Genuss der politischen Teilhabe, doch die Mehrheit der Hamburger, gerade die ärmeren Schichten, blieb immer noch außen vor. Zudem wurden die Ämter abgeschafft, von nun an galt die Gewerbefreiheit in Hamburg, und auch die Einschränkungen für Katholiken und Juden wurden aufgehoben.

Der Freihafen

Ab 1860 setzte in Hamburg der wirtschaftliche Aufschwung wieder ein. Die Stadt war schon seit 1842 an das wachsende deutsche Eisenbahnnetz angeschlossen, über das immer mehr Waren nach Hamburg transportiert wurden. Die regen Hamburger Kaufleute engagierten sich seit Mitte des 19. Jh. in neuen überseeischen Märkten wie Australien oder den Pazifikinseln, sodass sich die Handelsflotte innerhalb eines Jahrzehnts verdoppelte.

Das politisch wichtigste Ereignis jener Jahre war die Gründung des Deutschen Reiches 1871. Hamburg trat dem neu konstituierten Gesamtstaat bei, nicht aber dem gemeinsamen Zollgebiet, blieb also rechtlich gesehen Zollausland. Es war klar, dass die Berliner Reichsregierung den Hamburgern diesen Sonderstatus, den sie mit Bremen teilten, nicht lange gewähren konnte, und tatsächlich wurden schon bald Gespräche aufgenommen, um die Situation für beide Seiten befriedigend zu lösen. Das Ergebnis der 1881 abgeschlossenen Verhandlungen sah vor, Hamburg zwar prinzipiell dem Zollgebiet des Reiches anzugliedern, der Stadt aber gleichzeitig das Recht auf ein begrenztes Freihafengebiet zuzugestehen, in dem die Waren weiterhin – wie ehemals

Teils immer noch im Einsatz: alte Speicher in der Speicherstadt

im gesamten Stadtgebiet – ohne jede Formalität zollfrei gelagert, veredelt bzw. weiterverarbeitet werden durften.

Für die Errichtung des Freihafens mussten riesige Lagerkapazitäten geschaffen werden, den dazu nötigen Platz verschaffte man sich durch den Komplettabriss der Wohnhäuser auf den Elbinseln Kehrwieder, Brook und Wandrahm. Das städtebauliche Ergebnis war die sog. Speicherstadt, der größte zusammenhängende Lagerhauskomplex der Welt. Für die ehemaligen Bewohner der Elbinseln fiel das Resultat düsterer aus: Sie mussten umsiedeln, betroffen waren etwa 20.000 Menschen.

Der Hamburger Hafen bekam jetzt noch einmal einen gewaltigen wirtschaftlichen Schub und entwickelte sich binnen kürzester Zeit zum weltweit wichtigsten Umschlagplatz für Orientteppiche, Tee, Kaffee, Gewürze und Tabak. Auch märchenhafte persönliche Karrieren nahmen hier ihren Anfang, etwa die von Albert Ballin, der als 17-Jähriger die kleine Reederei seines Vaters übernommen hatte, um später zum Generaldirektor der HAPAG Lloyd aufzusteigen und das Unternehmen zur größten Schifffahrtslinie der Welt zu machen.

Die Cholera

Nicht allen ging es so gut wie Albert Ballin. Die meisten Hamburger mussten bei Arbeitszeiten von 14 bis 16 Stunden mit niedrigsten Löhnen ihr Auskommen finden. Vielen blieb nichts anderes übrig, als in den heruntergekommenen Gängevierteln zu wohnen. Dort waren die Häuser so dicht aneinander gebaut, dass Fuhrwerke nicht durchkamen und selbst die Sonne ein selten gesehener Gast war. Und natürlich waren auch die hygienischen Verhältnisse ein einziges Desaster und ein idealer Nährboden für die Ausbreitung von Seuchen. Schon mehrmals hatte es hier Ausbrüche der Cholera gegeben, doch was sich 1892 in den Wohnlabyrinthen der Gängeviertel abspielte, übertraf alles bisher Erlebte.

Am 14. August des Jahres wurde ein Kanalarbeiter namens Sahling mit heftigem Brechdurchfall ins Krankenhaus eingeliefert, wenige Stunden später war er tot. In den nächsten Tagen waren weitere Opfer zu beklagen, ohne dass man sich im Senat sonderlich Sorgen machte bzw. die Krankheitsfälle öffentlich machen wollte, denn für den Wirtschaftsstandort Hamburg waren Spekulationen über eine nahende Cholera-Epidemie natürlich alles andere als förderlich. Also beschwichtigte man, sprach von Einzelfällen und ließ sogar voll besetzte Auswandererschiffe ohne jede ernsthafte Prüfung Richtung Amerika auslaufen, was am Ende zur Folge hatte, dass die Krankheit bis nach New York getragen wurde. Ab dem 24. August half dann aber kein Wegschauen mehr. Die Zahl der Infizierten hatte sich auf über tausend geschraubt, und mehr als 400 waren bereits an der Cholera gestorben, sodass man nicht mehr umhin kam, den Ausbruch der Cholera amtlich zu bestätigen. Sogar Reichsregierung und Kaiser schalteten sich ein und schickten den berühmten Virologen Robert Koch nach Hamburg, um die Lage vor Ort zu inspizieren. Der zeigte sich insbesondere angesichts der Verhältnisse in den Gängevierteln entsetzt und urteilte: „Ich vergesse, dass ich in Europa bin. Etwas Schlimmeres als die Arbeiterquartiere im Gängeviertel habe ich weder im Judenviertel in Prag noch in Italien kennengelernt. In keiner anderen Stadt habe ich solche ungesunden Wohnungen, Pesthöhlen und Brutstätten angetroffen.“ Tatsächlich kam hier das mit Cholera-Bakterien verseuchte Elbwasser ungefiltert aus den Wasserhähnen, sodass sich der Erreger in rasender Geschwindigkeit ausbreiten konnte.

Obwohl nun auf Empfehlung Kochs ein breites Maßnahmenbündel zur Eindäm-

Ein Entwurf Fritz Schumachers: das Völkerkundemuseum

Fritz, der Baumeister

Der 1869 in Bremen geborene Friedrich Wilhelm „Fritz“ Schumacher hat das Stadtbild Hamburgs zu Beginn des 20. Jh. wie kein Zweiter geprägt. Seit 1909 Baudirektor in Hamburg, versuchte er, der Stadtplanung ein menschlicheres Antlitz zu verleihen. Er bevorzugte den norddeutschen roten Backstein, der heute der Stadt zu großen Teilen noch seinen Farbton gibt. Ihm ist der Abriss der Gängeviertel zu verdanken, an deren Stelle das Kontorhausviertel entstand. Seine Vorstellungen von menschlicheren Arbeitersiedlungen konnte er von 1919 bis 1931 in Barmbek-Süd auf dem Dulsberggelände umsetzen. Viele Grünanlagen, Häuser mit höchstens fünf Stockwerken und gut beleuchtete und belüftete Wohnungen sollten auch in Hamburg den Arbeitern gutes und gesundes Wohnen ermöglichen.

Schumacher entwarf aber auch u. a. das Gebäude des Tropeninstituts, die Finanzbehörde nahe dem Gänsemarkt, das Völkerkundemuseum und die Davidwache. Er blieb bis 1933 im Amt, bis die Nazis ihn zwangspensionierten. 1947 starb Fritz Schumacher hochgeehrt in Hamburg.

mung der Epidemie beschlossen wurde (Versorgung der Bevölkerung mit unverseuchtem Wasser, Desinfizierung der befallenen Gebäude, Schließung der Schulen etc.), ging das Sterben noch über einen Monat weiter, denn ein wirksames Arzneimittel gab es noch nicht. Am Schluss hatte die Cholera nach offiziellen Angaben über 8500 Menschen das Leben gekostet, knapp doppelt so viele hatten sich infiziert.

Zeit der Weltkriege

Der Erste Weltkrieg traf Hamburg hart. Die Seeblockade der Alliierten schmerzte die Stadt besonders, da sie vom Überseehandel abhängig war. Auch der Versailler Friedensvertrag hatte erhebliche negative Folgen für die Hansestadt, sie verlor fast die Hälfte ihrer Handelsflotte. Nur langsam erholte sich die Wirtschaft in den krisengeschüttelten 20er Jahren, die v. a. durch hohe Arbeitslosigkeit und wirtschaftliche Unsicherheit geprägt waren.

1923 kam es sogar zu einem kommunistischen Aufstand in Hamburg. Dieser „deutsche Oktober" war von der Kommunistischen Partei eigentlich deutschlandweit geplant worden, doch man sagte die Revolution ab, nur in Hamburg und Bremen versuchten die Genossen den Staatsstreich – wohl weil man vergaß, ihnen Bescheid zu sagen. Die Folge waren 80 Tote auf Seiten der Kommunisten und der Polizei.

Seit 1919 hatte Hamburg zwar eine demokratische Verfassung, die Bürgerschaft wurde nun in freien und geheimen Wahlen ermittelt, an denen nun auch Frauen teilnehmen durften, doch das junge demokratische Hamburg war nicht nur von links bedroht. Seit 1928 saßen die Nazis in der Bürgerschaft, 1932 waren sie bereits die stärkste Fraktion. In unzähligen Straßenschlachten gingen die Anhänger der KPD und der NSDAP aufeinander los. Der traurige Höhepunkt dieser bürgerkriegsähnlichen Zustände war der *Altonaer Blutsonntag* am 17. Juli 1932. Nazis, Kommunisten und Polizisten lieferten sich eine Schießerei, 300 Verletzte und 17 Tote blieben auf der Straße liegen.

Im März 1933 gelang es der Hamburger NSDAP, die Macht in der Stadt an sich zu reißen. Die Nazis begannen nun, ihre Gegner massiv zu verfolgen. Von den Hamburger Juden konnten sich zwei Drittel rechtzeitig durch Emigration retten, der Rest wurde in die Konzentrationslager Fuhlsbüttel und Neuengamme verschleppt und ab 1941 in den Vernichtungslagern im Osten ermordet.

Bezeichnenderweise strichen die neuen Machthaber Hamburgs bereits 1933 die Bezeichnung „Freie" aus dem Stadtnamen. Als Ausgleich und um Hamburgs Wirtschaft zu fördern, erließ Hermann Göring in seiner Rolle als preußischer Ministerpräsident das *Groß-Hamburg-Gesetz*, das der Stadt eine ganze Reihe preußischer Gebiete einverleibte. Die bedeutendste Ortschaft, die zu Hamburg kam, war sicherlich Altona.

Das neue Großhamburg mit seinem Hafen und seinen Industrieanlagen war natürlich auch ein wichtiger Standort für die deutsche Rüstungsproduktion im Zweiten Weltkrieg. Damit war die Stadt allerdings auch ein bevorzugtes Ziel der alliierten Bomberverbände. Bereits 1940 kam es zu den ersten Bombenabwürfen, die verheerendste Angriffswelle war die *Operation Gomorrha* im Juli und August 1943, als britische und amerikanische Verbände ihre neuen Brandbomben erprobten, die in den Straßen Hamburgs einen gewaltigen Feuersturm auslösten. 35.000 Menschen starben durch die Bomben, ver-

Die Hafenstraße – ein Symbol des „Widerstandes gegen den Staat"

brannten oder erstickten in den ausgelösten Feuerwellen. 1945 erklärten die Nazis die zerstörte Stadt auch noch zur „Festung", die bis zuletzt verteidigt werden sollte. Der Stadtkommandant sah allerdings, dass die Lage hoffnungslos war, und übergab Hamburg am 3. Mai widerstandslos der britischen Armee.

Wiederaufbau, Sturmflut und „Spiegel"-Affäre

Nach dem Krieg mussten 43 Mio. Kubikmeter Trümmer beseitigt und der Mangel an Nahrung, Heizmitteln und an Wohnraum gelindert werden. Eine Viertelmillion Wohnungen waren ausgebombt, 3500 Fabriken, zahlreiche Schulen und Krankenhäuser zerstört, im Hafen lagen unzählige Schiffwracks auf Grund. Eines der ersten Großprojekte bei der Schaffung neuen Wohnraums war der Bau der sog. Grindelhochhäuser im gleichnamigen Viertel, der bereits im Juli 1946 begonnen wurde. Im gleichen Jahr fand auch die erste Bürgerschaftswahl nach dem Krieg statt. Die Stimmenmehrheit ging an die SPD, Max Brauer wurde zum Ersten Bürgermeister gewählt.

In den 50er Jahren kamen der Hafen und die Industrie langsam wieder in den Tritt. Zudem etablierte sich die Stadt als Pressemetropole. Seit 1956 war der NDR in Hamburg ansässig, außerdem schienen nun hier Magazine bzw. Wochenzeitschriften wie der *Stern*, der *Spiegel* oder die *Zeit*.

Die 60er Jahre begannen mit einer Katastrophe. In der Nacht vom 16. auf den 17. Februar 1962 brach über Hamburg die wohl schwerste Sturmflut seiner Geschichte herein. Kurz nach Mitternacht gaben die Deiche dem Druck der Wassermassen nach, die durch einen Orkan in die Deutsche Bucht gedrückt wurden. Innerhalb kürzester Zeit brachen die Deiche an über 50 Stellen, ein Sechstel des Hamburger Stadtgebiets wurde überflutet. Die rasch einsetzenden Rettungsmaßnahmen standen unter der Leitung des damaligen Hamburger Innensenators Helmut Schmidt, der – zeitweise seine Kompetenzen großzügig überschreitend – den Einsatz der Rettungsorgane, der Bundeswehr und selbst der hinzugezogenen britischen Streitkräfte koordinierte. Das Ausmaß der Katastrophe war dennoch verheerend: 318 Menschen starben, knapp 6000 Gebäude waren zerstört und Zigtausende obdachlos geworden. In der Folge wurden die Deiche im gesamten Hamburger Stadtgebiet deutlich verstärkt und erhöht.

1962 machte Hamburg nicht nur mit der Sturmflut Schlagzeilen, mit der „Spiegel-Affäre" hatte die junge Bundesrepublik auch ihren ersten großen Presseskandal. Auf Betreiben des Verteidigungsministers Franz Josef Strauß wurde die Redaktion des Nachrichtenmagazins durchsucht und sein Herausgeber Rudolf Augstein verhaftet. Der Grund: Das Magazin hatte sich äußerst kritisch über die Einsatzbereitschaft der Bundeswehr geäußert. Die Affäre endete im wohlverdienten Rücktritt des Verteidigungsministers.

Wirtschaftsflaute, Hafenstraße und „Richter Gnadenlos"

Die 70er und 80er Jahre brachten zunehmende wirtschaftliche Probleme für Hamburg. Die Erdölkrise und das einsetzende Werftensterben führten zu hohen Arbeitslosenzahlen, auch die Rationalisierungsmaßnahmen im Hafen führten dazu, dass immer weniger Menschen Arbeit in den traditionellen Wirtschaftssektoren der Stadt fanden.

Auch politisch waren die Zeiten turbulent, v. a. für die SPD, die seit 1965 in wechselnden Koalitionen die Stadt regierte. Klaus Peter Schulz war 1974 zurückgetreten, sein Nachfolger Hans-Ulrich Klose räumte 1982 sein Amt. Auch sein Nachfolger Klaus von Dohnanyi trat 1988 zurück, er hatte sich in den Auseinandersetzungen um die aus Protest gegen die Wohnungsspekulation besetzten Häuser in der Hafenstraße aufgerieben. Teilweise bis zu 5000 Polizisten wurden aufgefahren, um die besetzen Häuser zu räumen. Erst 1996 kam es zu einer Lösung des Konflikts, als die Häuser an eine Genossenschaft verkauft wurden.

Die Bürgerschaftswahlen 2001 brachten dann den vorläufigen Knock-out für die SPD. Kriminalität, Drogenhandel und Arbeitslosigkeit waren die bestimmenden Themen, denen die Sozialdemokraten in den Augen der Hamburger nicht gewachsen waren. Die Unzufriedenheit wusste der für seine harten Urteile bekannte Amtsrichter Ronald Schill, in der Boulevardpresse als „Richter Gnadenlos" gefeiert, für sich zu nutzen. Er gründete die Partei Rechtsstaatliche Offensive – auch Schill-Partei genannt – und erhielt 2001 sagenhafte 19,4 % der Wählerstimmen. Die CDU unter Ole von Beust und die FDP gingen eine Koalition mit ihm ein, doch glücklich wurden sie mit ihm nicht. Schill machte eher mit außerpolitischen Schlagzeilen von sich reden und erging sich auch noch in unappetitlichen Verbalattacken gegen von Beust. Bei den Neuwahlen 2004 wurde die Schillpartei abgestraft, und die CDU errang die absolute Mehrheit, die sie bei den letzten Bürgerschaftswahlen 2008 allerdings wieder einbüßte. Von Beust war gezwungen, sich einen neuen Koalitionspartner zu suchen. Er fand ihn in den Grünen.

Anfang 2011 fand die Wahl zur 20. Hamburger Bürgerschaft statt, bei der die CDU herbe Verluste einstecken musste. Die SPD verzeichnete mit 48,4 % und 62 Sitzen ihr bestes Ergebnis seit 1982. Bürgermeister wurde Olaf Scholz.

Städtebaulich machte die Hansestadt in den letzten Jahren v. a. durch den Bau der HafenCity von sich reden. Auf einer Fläche von 155 Hektar sollen am nördlichen Rand des Hafens Büroflächen, Hotels, Lokale usw. mit über 45.000 Arbeitsplätzen und Wohnraum für etwa 12.000 Einwohner entstehen. Bis 2020 soll das Projekt abgeschlossen sein.

Der Elbphilharmonie Pavillon in der HafenCity

Literaturtipps

Die Anzahl der Bücher und Romane über, rund um oder mit Plot in Hamburg ist schier endlos: unsere Liste ist nur eine kleine Auswahl.

Belletristik

Borchert, Wolfgang: *Draußen vor der Tür.* Unter anderem Rowohlt TB, 2005. Das einzige Drama des Hamburger Buchhändlers, Schauspielers und Dichters beginnt mit der Rückkehr seines Protagonisten aus dem Krieg nach Hamburg. Ein Protestschrei gegen die zerstörerische Macht des Krieges und die verheerenden Kriegsfolgen.

Brack, Robert: *Haie zu Fischstäbchen.* Edition Nautilus, 2005. Spannender Wirtschaftskrimi mit Hamburg als Schauplatz.

Kampmann, Renate: Fremdkörper. Rowohlt TB, 2007. Hamburg-Krimi. Eine mumifizierte Tote findet sich auf dem Dachboden eines Hamburger Mietshauses. Während die Rechtsmedizinerin Leonie Simon auf diverse Ungereimtheiten in der Vergangenheit der Toten stößt, versetzt ein Heckenschütze ganz Deutschland in Angst und Schrecken.

Doyle, Virginia: *Die rote Katze.* Heyne, 2005. Eine Revue-Tänzerin wird ermordet. Der erste Fall für den gerade in seinen Geburtsort St. Pauli zurückgekehrten jungen Polizisten Heinrich Hansen. Rund um die Reeperbahn trifft er in den Straßen und Spelunken seiner alten Heimat auf Spieler, Seeleute, Huren und die „bessere Gesellschaft". Auch empfehlenswert: *Die schwarze Schlange.* Heyne, 2007.

Giordano, Ralph: *Die Bertinis.* Fischer TB, 1985. Die große Familien-Saga erzählt vom Los der sog. Halbjuden in Hamburg während der nationalsozialistischen Herrschaft.

Heine, Heinrich: *Deutschland, ein Wintermärchen.* Unter anderem Anaconda, 2005. Reisebericht (und politische Satire) zu einer Reise Heines von Paris über Aachen und Köln nach Hamburg aus dem Jahr 1843. Heine stellt dabei die politische Rückständigkeit, die Zensurpraktiken und die Willkür des Polizeistaats Preußen unter Friedrich Wilhelm IV. an den Pranger.

Karnitz, Christa: *Die Stellings.* Unter anderem Droemer/Knaur, 2004. Der erfolgreiche, unterhaltsame Roman über die hanseatische Kaufmannsfamilie Stelling spielt vor etwa 150 Jahren und enthält viel Wissenswertes über die Geschichte Hamburgs.

Kronauer, Brigitte: *Teufelsbrück.* DTV, 2003. Eine nicht unumstrittene Liebesgeschichte mit Plot an der Hamburger Elbe. Vor allem wegen dieses Romans wurde die Autorin mit dem Georg-Büchner-Preis geehrt.

Lenz, Sigfried: *Der Mann im Strom.* DTV, 1971. Geschichte eines Tauchers im Hamburger Hafenbecken. Um eine neue Anstellung zu finden, fälscht er seine Papiere und macht sich gesünder und jünger, als er ist.

Massaquoi, Hans J. u. a.: *Neger, Neger, Schornsteinfeger! Meine Kindheit in Deutschland.* Drömer/Knaur, 2001. Die bereits verfilmte Autobiografie erzählt vom (Über-)Leben eines schwarzen Deutsch-Liberianers im Nazi-Deutschland.

Mersch, Thomas & Königshause, Tobias: *Treibsand. Eine Liebesgeschichte.* Knaur, 2004. Twens genießen, mitreißend geschrieben, das Großstadtleben zwischen Party, Punk und Prosecco.

Meyn, Boris: *Die rote Stadt.* Rowohlt TB, 2003 Ein historischer Kriminalroman um die Entstehung der Speicherstadt, gespickt mit vielen interessanten Hintergrundinformationen.

Oelker, Petra: *Der Tote im Eiskeller* oder *Tod am Zollhaus* etc. Unter anderem Rowohlt TB, 2005. Spannende historische Kriminalromane mit Schauplatz Hamburg.

Pamuk, Kerim: *Alles roger, Hodscha.* Edition Nautilus, 2005. Nach *Sprich langsam, Türke* das zweite erfolgreiche Buch des in der Türkei geborenen Hamburgers. Zehn äußerst spaßige und charmante deutsch-türkische Geschichten.

Roggenkamp, Viola: *Familienleben.* Fischer TB, 2005. Problemorientierte Geschichte einer deutsch-jüdischen Familie im Hamburger Stadtteil Harvestehude im Jahr 1967.

Timm, Uwe: *Die Entdeckung der Currywurst.* DTV, 2000. Der Erzähler sucht die einstige Inhaberin einer Imbissbude vom Hamburger Großneumarkt und findet die alte Dame in einem Seniorenheim. So hört er von einer wunderbaren Liebesgeschichte aus den letzten Kriegsjahren und erfährt, wie es zur Entdeckung der Currywurst kam.

Kinderbücher

Abedi, Isabel: *Hier kommt Lola* und weitere Titel. Beliebte Kinderbuchreihe, erschienen bei Loewe. Die neunjährige Lola erlebt als Reporterin in Hamburg spannende Geschichten.

Sepúlveda, Luis: *Wie Kater Zorbas der kleinen Möwe das Fliegen beibrachte*. Fischer TB, 1997. Tolles Kinderbuch ab 8 Jahren mit Schauplatz Hamburger Hafen. Auch als Hör-CD erhältlich.

Reiseliteratur

Beuse, Stefan: *Gebrauchsanweisung für Hamburg*. Piper Taschenbuch 2009. Unterhaltsame Anekdoten und Stadtbeschreibungen aus der Perspektive eines Hamburg-Zugereisten.

Bittrich, Dietmar: *Die freie Liebesgeschichte der Hansestadt Hamburg*. Hoffmann und Campe, 2004. Neun erfundene Liebesgeschichten über bekannte Persönlichkeiten aus der Hamburger Geschichte.

Hipp, Hermann: *Kunstreiseführer Hamburg*. DuMont Reiseverlag, 1996. Die „Hamburg-Bibel" für Architektur-, Kunst- und Geschichtsliebhaber schlechthin. Leider gibt es keine aktuellere Auflage, sodass neuere Architektur nicht vorkommt.

Hosfeld, Rolf (Hrsg.): *Hamburg – Kulturverführer*. Helmut Metz Verlag, erscheint etwa jährlich. Ein Kulturführer mit ausführlichen Beschreibungen aller wichtigen kulturellen Einrichtungen (Theater, Kino, Museen, Galerien, Clubs etc.) und mit aktuellen Service-Infos wie Bahnanbindungen, Preisen, Öffnungszeiten etc.

Koch, Egon und Piper, Tommy: *Hear we go Audiotour: Hamburg St. Pauli*. Megaeins, 2005. Eine gut gemachte Hörbuch-Tour für MP3-Player oder Discman. 75 Minuten lang wird der Hörer durch St. Pauli begleitet, trifft dabei auf die Landungsbrücken, die Reeperbahn, Hans Albers, die Beatles und mehr.

Quadflieg, Roswitha: *Beckett was here*. Hoffmann und Campe, 2006. 1936/37 unternimmt der dreißigjährige Samuel Beckett eine Reise durch Deutschland. Sein unterhaltsamer Blick auf Hamburg wird anschaulich durch Recherchen und Fotos der Herausgeberin ergänzt.

Skrentny, Werner u. a.: *Zu Fuß durch Hamburg*. Verlag Die Hanse, 2007. Detaillierte, kritische und gut recherchierte Stadtteil-Spaziergänge durch die Hansestadt.

Wegner, Matthias und Valentin, Sonja (Hrsg.): *Ja, in Hamburg bin ich gewesen*. Nur noch antiquarisch. Mit diversen Dichtungen großer Poeten – eine wunderbare Einstimmung auf die Hansestadt.

Geschichte und Sachbücher

Haspa (Hrsg.): *Hamburg von Altona bis Zollenspieker. Ein Haspa-Handbuch für alle Stadtteile der Hansestadt*. Hoffmann und Campe, 2002 (nur noch antiquarisch). Voluminöses und detailreiches Werk mit den Stadtteilprofilen Hamburgs inkl. Geschichte, Politik und Sehenswürdigkeiten.

Klessmann, Eckart: *Geschichte der Stadt Hamburg*. Verlag Die Hanse, 2002. Hamburgs Geschichte von den Anfängen bis in die 1990er Jahre auf 620 Seiten.

Kopitzsch, Franklin und Tilgner, Daniel (Hrsg.): *Hamburg Lexikon*. Ellert & Richter, Sonderausgabe 2010. Großes, fundiertes Lexikon zu Begriffen aus der Geschichte und Gegenwart Hamburgs.

Museum für Hamburgische Geschichte (Hrsg.): Hamburg Porträt. Diverse Titel, diverse Autoren, darunter Hamburg als Auswandererstadt/Hamburg, als Stadt der Immigranten, Hammonias Töchter (Frauen und Frauenbewegung in Hamburgs Geschichte), Juden in Hamburg. Es handelt sich um Begleithefte zu vergangenen und aktuellen Ausstellungen. Die Hefte liefern gut aufbereitetes, anschauliches Lesematerial.

Schümann, Klaus (Hrsg.): *Schümanns Hamburger*. Diverse Titel und Autoren, darunter *Der Hafen, Die Speicherstadt, Das Rathaus* etc. Die schwarzen Zeitschriften sind schön gemacht, gut recherchiert und anschaulich mit vielen Fotos versehen.

Wegner, Matthias: *Hanseaten – von stolzen Bürgern und schönen Legenden*. Berliner Taschenbuchverlag, 2001. Mit spannenden Personenbeschreibungen und Anekdoten wird ein großer Teil der Hamburger, Bremer und Lübecker Geschichte näher gebracht.

Eingang zur Wandelhalle des Hauptbahnhofs

Anreise

Übers Jahr besuchen mehr als 4,5 Millionen Gäste aus dem In- und Ausland für kurze oder längere Zeit die Hansestadt, neben privaten Reisenden auch viele Geschäftsleute und die Fachbesucher der diversen Messen. Fast 9 Millionen Übernachtungen in über 45.000 Gästebetten wurden 2010 gezählt, und künftig werden noch mehr Besucher erwartet.

Für die Anreise ist das eigene Fahrzeug oft die preislich günstigste Variante, doch vor Ort ist es wegen der gut ausgebauten öffentlichen Verkehrsnetze kaum von Nutzen. Viele Besucher reisen auch innerhalb Deutschlands mit dem Flugzeug an. Mit Planung und Flexibilität lassen sich bei Billigflugangeboten echte Schnäppchen machen, und der Flughafen liegt relativ stadtnah. Dennoch: Die umweltfreundlichste Variante ist die Bahn – und mit dem Zug kommt man in der Regel sogar schneller und bequemer an als mit dem Auto.

Mit dem Flugzeug

Flugverbindungen nach Hamburg gibt es aus vielen deutschen Großstädten, darunter München, Nürnberg, Stuttgart, Düsseldorf, Köln/Bonn und Dresden. Darüber hinaus gibt es jede Menge internationaler Verbindungen. Aus Österreich fliegt man von Salzburg, Wien, Klagenfurt oder Innsbruck nach Hamburg, in der Schweiz bestehen Flugverbindungen von Basel und Genf in die Hansestadt. Diverse Fluggesellschaften bieten dabei ihre Dienste an. Der Zielflughafen **Hamburg Airport** (www.ham.airport.de) liegt ca. 10 km nördlich der Innenstadt im Stadtteil Fuhlsbüttel.

Die direkte **S-Bahn-Verbindung (S 1)** mit der Stadt ist seit 2008 fertiggestellt. Entweder fährt man vom Flughafen direkt über Ohlsdorf Richtung Hauptbahnhof, Jungfernstieg, St. Pauli oder

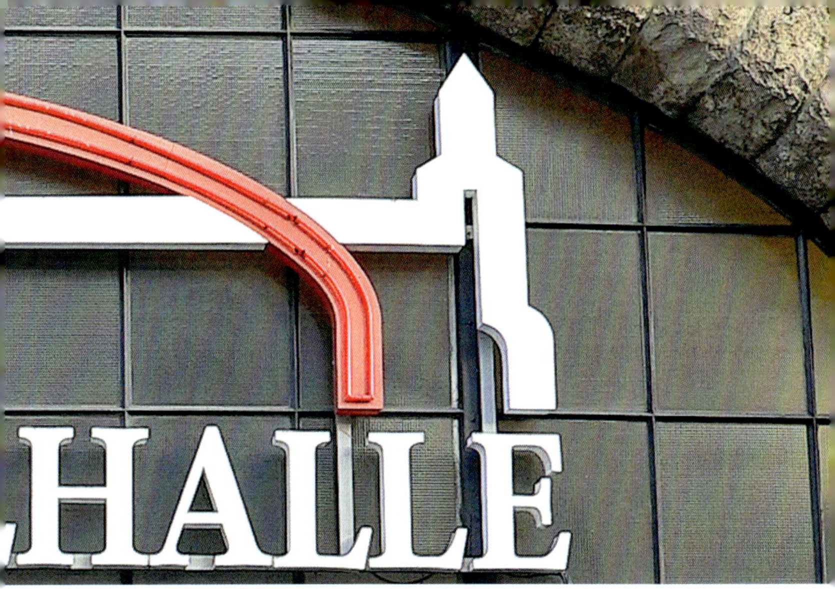

Blankenese weiter oder steigt am S-Bahnhof Ohlsdorf in die U 1 um. Diese führt über die nördlichen Stadtteile (Eppendorf, Harvestehude) ebenfalls zum Jungfernstieg und zum Hauptbahnhof. Für beide Varianten gelten dabei die normalen Fahrkarten des Hamburger Verkehrsverbundes (HVV) ohne weiteren Zuschlag – Tickets sind an den Automaten erhältlich. Wer am selben Tag mehrere Fahrten mit dem HVV unternehmen möchte, sollte sich über entsprechende Ticketangebote informieren (siehe S. 41/42) und am besten eine Tages- oder ggf. eine Mehrtageskarte kaufen.

Die Autovermietungen befinden sich am Terminal 2 (Ebene 0). Die Preise für ein **Taxi** liegen bei ca. 21 € bis zum Hauptbahnhof, zu den nördlichen Stadtteilen zahlt man 13–17 € (Stand 2011).

Mit Auto oder Motorrad

Viele Wege führen zum Ziel: Aus dem **Osten** nimmt man die A 24 über Berlin nach Hamburg, aus dem **Norden und Nordosten** die A 1 von Oldenburg über Lübeck oder die A 7 von Flensburg über Kiel. Von **Südwesten** führt die A 1 über Dortmund, Münster und Bremen nach Hamburg, von **Süden** die A 7 über Kassel und Hannover.

Reisende aus dem Süden und Südwesten über- oder unterqueren die Elbe, um in die Stadt zu kommen. Die Entscheidung, ob **Elbtunnel** (A 7) oder **Elbbrücken** (A 1), sollte man unbedingt von der aktuellen Verkehrslage abhängig machen. Der nettere Weg zur Einstimmung auf die Stadt mit ihrem riesigen Hafen und ihren Kirchtürmen führt natürlich über die Brücken.

Falls keine Staus dagegensprechen, empfiehlt sich grundsätzlich die A 7 für Ziele westlich der Innenstadt wie beispielsweise Altona, Ottensen (Ausfahrt 28/HH-Bahrenfeld) und nördliche Stadtteile wie Eppendorf und Winterhude (Ausfahrt 26/HH-Stellingen). Für die Fahrt direkt ins Zentrum oder in die östlichen Stadtteile stellt die A 1 meist die schnellere Variante dar.

Wenn Zeit keine Rolle spielt und wenig Verkehr die Straßen blockiert, ist die

Einfahrt über die **Köhlbrandbrücke** (siehe S. 198) eine beeindruckende Alternative. Man erreicht sie von der A 7 über die Ausfahrt 30/HH-Waltershof. Zu Stoßzeiten sollte man diesen Schlenker allerdings unbedingt vermeiden.

Mit der Bahn

Die Anreise mit der Bahn ist eine bequeme und umweltfreundliche Angelegenheit. Die meisten Züge fahren folgende Bahnhöfe an: **Hamburg-Harburg, Hauptbahnhof, Hamburg-Dammtor** und **Hamburg-Altona.** Für die Weiterfahrt stehen in jedem Fall U- bzw. S-Bahnen sowie Busse zur Verfügung. Vom Hauptbahnhof-Tiefgeschoss hat man Anschluss an alle S-Bahnen und die drei U-Bahn-Linien (U 1, 2, 3).

Auch bei der Bahn lohnt es sich mittlerweile, frühzeitig zu buchen. Richtig günstig wird es, wenn man zu mehreren reist, eine BahnCard besitzt oder die Sonderaktionen der Bahn nutzt (z. B. Dauer-Spezial durch ganz Deutschland ab 29 €).

Reiseauskunft der Deutschen Bahn bundesweit unter ✆ 11861 oder www.bahn.de (auch Reservierung und Fahrkartenverkauf).

Stilvoll angereist ...

Mit dem Bus

Fast aus allen europäischen Ländern und vielen großen Städten Deutschlands fahren Überlandbusse zum **ZOB Hamburg (Bus-Port Hamburg).** Dieser zentrale städtische Omnibusbahnhof befindet sich direkt gegenüber dem Hauptbahnhof. Der mehrfach ausgezeichnete Neubau (2001–2003) ist an dem fast 300 m² großen Glasdach, das sich in 11 m Höhe sichelförmig über die Anlage streckt, gut zu erkennen. Hier starten u. a. alle zwei Stunden Busse von Hamburg nach Berlin (einfach 21–26 €, Fahrtzeit 3:10 Std.).

Fahrpläne und Links zu den **Busunternehmen**, die den Bus-Port Hamburg anfahren, finden Sie unter www.zob-hamburg.de.

Mitfahrzentralen

Die Mitfahrzentralen (MFZ) ermöglichen eine preiswerte Variante des Reisens. Falls man nicht an einen nervigen Mitreisenden oder Fahrer gerät, profitieren beide Seiten: Der Fahrer bekommt einen Kostenzuschuss, der Mitfahrer gelangt günstig ans gewünschte Ziel. Die Preise (Benzinkostenbeteiligung plus Vermittlungsgebühr) liegen deutlich unter denen eines Bahntickets im Normaltarif. Die Fahrt von Köln nach Hamburg z. B. kostet um die 28 €. Frauen haben die Möglichkeit, auf Wunsch nur Frauen mitzunehmen bzw. nur bei Frauen mitzufahren.

Citynetz Mit-Fahr-Zentrale, ✆ 040-19440, Ernst-Merck-Str. 12–14 (direkt hinterm Hbf.), www.citynetz-mitfahrzentrale.de.

www.Mitfahrgelegenheit.de ist ein kostenloser Vermittlungsservice. Nur die Fahrer müssen sich vorher registrieren lassen.

Landungsbrücken: Einst das Tor zur Welt

Unterwegs in Hamburg

Hamburg mit dem Auto zu erkunden, kann zu einer nerven- und zeitraubenden Qual werden. Die besseren Alternativen bietet meist der öffentliche Nahverkehr. Erholsam gestalten sich bei gutem Wetter Erkundungstouren durch die Stadt mit dem Fahrrad, zu Fuß oder – auf den vielen Wasserwegen – mit Schiff und Boot.

Zum ÖPNV in Hamburg gehören innerstädtisch U- und S-Bahnen sowie Busse, in Außenbezirken gibt es auch A-Bahnen. Hilfreiche Übersichtspläne finden Sie auf S. 271 und S. 272/273 in diesem Buch. Sie erhalten die Streckenpläne für Bahnen und Busse auch an den HVV-Servicestellen (z. B. an den Metrostationen oder im Hauptbahnhof). Anfangs schwer zu durchschauen ist das Bussystem. So sind auf allen Linienplänen lediglich die Strecken der sogenannten Metrobusse mit den einstelligen Nummern zu sehen. Die ca. 200 „kleineren" Buslinien mit dreistelligen Nummern sind nicht eingezeichnet. Diese verbinden kleinere Straßen und Wohnviertel mit den größeren Haltestellen. Die Busfahrer geben oft bereitwillig Auskunft. Darüber hinaus kann man den Fahrplan im Internet nutzen (www.hvv.de) bzw. für 3 € als dickes Buch an den HVV-Servicestellen kaufen.

Einzel- und Tagesfahrkarten

Alle unten aufgeführten Einzel- und Tagesfahrkarten des HVV gibt es an den Ticketautomaten der Haltestellen, bei den verschiedenen Servicestellen des HVV und direkt beim Busfahrer.

Die Tickets müssen in den Verkehrsmitteln nicht extra abgestempelt werden. Je nach Entfernung kostet die einfache Fahrt 1,30–2,80 €, Kinder benötigen erst ab 6 Jahren eine Fahrkarte (ab 1 €). Für die sogenannten Schnellbusse – sie halten nicht an jeder Milchkanne und erreichen erheblich schneller ihr Ziel – wird ein Aufschlag von 1,60 € verlangt. Neben den normalen Einzelfahrkarten werden diverse HVV-Mehrtagestickets (s. u.) angeboten, die sich schon nach kürzester Zeit rechnen.

Die übertragbare **9-Uhr-Tageskarte** gilt an jedem Wochentag ab 9 Uhr, Sa/So sogar ganztägig bis 6 Uhr am Folgetag und rechnet sich oft schon ab 2 Fahrten. Das Ticket für einen Erwachsenen plus 3 Kinder (6–14 Jahre) kostet 5,50 € (inkl. Schnellbus 7,10 €), für ein Kind (6–14 J.) 1,90 €.

Ähnlich funktioniert die **Ganztageskarte** ab 6,80 € für Erwachsene.

Die übertragbare **3-Tage-Karte** für 1 Person kostet 16,50 € (inkl. Schnellbus 21,30 €).

Die übertragbare 9-Uhr-Gruppenkarte ist eine Tageskarte für bis zu 5 Personen (Gültigkeit/Ausschlusszeit wie bei der 9-Uhr-Tageskarte) und kostet 9,60 € für den Großbereich Hamburg; sie rechnet sich oft schon für 2 Erwachsene.

Im Bereich des HVV gültig ist auch das **Schöne-Wochenende-Ticket** der DB. Bis zu 5 Personen können es für beliebig viele Fahrten nutzen (für Schnellbusverbindungen Zuschlag von 1,60 € pro Ticket). Erhältlich für Sa oder So am Fahrkartenautomaten (39 €) oder am HVV-Schalter (41 €), aber nicht im Bus!

Weitere Infos zu Preisen, Fahrplänen und Fahrkarten per Handy; einen Streckenplaner gibt es auch im Internet unter www.hvv.de.

Touristische Angebote

Hamburg CARD: Eine preiswerte Alternative zur Erkundung der Stadt, denn die Hamburg CARD gewährt neben freier Fahrt im Verkehrsverbundsystem (HVV) Ermäßigungen bei Stadt- und Hafenrundfahrten, Alstertouren sowie Stadtrundgängen. Darüber hinaus gibt's ermäßigten oder freien Eintritt in vielen Museen und anderen touristisch interessanten Einrichtungen, darunter Hagenbecks Tierpark, Rathaus, Michel, Miniatur Wunderland, Hamburg Dungeon, U-Boot 434, Planetarium und vieles mehr. Zudem erhält man Ermäßigungen auf Restkarten an der Abendkasse in 18 verschiedenen Theatern.

U-, S-, A-Bahnen und Busse erschließen die Stadt

U 3 – Sightseeing aus der Hochbahn

Nicht umsonst gilt sie als Hamburgs schönste Hochbahnstrecke: Wer bequem und preiswert einen Eindruck vom facettenreichen Hamburg bekommen möchte, sollte eine Fahrt mit der U-Bahn-Linie 3 unternehmen. Auch wenn sie U-Bahn heißt, verläuft die Strecke zum großen Teil oberirdisch. Vom Rathaus (noch unterirdisch) geht es in Richtung Barmbek nach kurzer Fahrt hinauf ans Licht. Vorbei an der Grenze von Alt- und Neustadt fährt die Bahn über eine Hochtrasse zum Rödingsmarkt. Von oben bieten sich tolle Perspektiven. Schön zu sehen sind diverse Kontorenhäuser und weiter auf der rechten Seite das Gebäude des Verlagshauses Gruner + Jahr. Über weitere drei Stationen (Rödingsmarkt, Baumwall und Landungsbrücken) eröffnet sich ein gigantischer Ausblick auf den Hafen. Nach einer kurzen Tunnelfahrt durch St. Pauli geht's am Schlump wieder nach draußen und in Richtung Norden nach Eppendorf. Besonders schön präsentieren sich hier die teils an Kanälen gelegenen herrlichen Stadtwohnungen und die gediegenen Einkaufsstraßen. An einem Dienstag oder Freitag überfährt man von der Station Hoheluftchaussee bis zum Eppendorfer Baum den Isemarkt (→ S. 238/245); hier aussteigen lohnt sich! Für alle, die noch mehr sehen wollen, sind der Stadtpark in Winterhude (Haltestelle Borgweg → S. 231) oder das Museum für Arbeit in Barmbek (Endhaltestelle → S. 70f., S. 230) lohnenswerte Ziele.

Man unterscheidet zwischen der Hamburg-CARD-Einzelkarte für 1 Erwachsen plus 3 Kinder (6–14 Jahre) und der Hamburg-CARD-Gruppenkarte für bis zu 5 Personen. Als Tageskarte kostet Erstere 8,90 €, Letztere 13,90 €, für die 3-Tage-Karte zahlt man 20,50 bzw. 34,50 €, für die 5-Tage-Karte 35,90 bzw. 59,90 €. Sie erhalten die Karte an Fahrkartenautomaten und im Bus (nur 1- und 3-Tageskarten), bei allen HVV-Servicestellen und den Tourist-Informationen sowie in vielen Hotels und Jugendherbergen.

Touristen-Gruppenkarte: Sie gilt grundsätzlich nur für Personen, die nicht im HVV-Gebiet wohnen. Alle Teilnehmer bekommen einen eigenen Fahrschein und können somit auch solo im gesamten Verkehrsverbund unterwegs sein (inkl. Schnellbusse). Die Mindestabnahme liegt bei 5 Tickets für denselben Zeitraum, wobei sich der Preis aus einer einmaligen Pauschale von 8 € sowie 3,60 € pro Tag und Person errechnet. Eine Vorbestellung (14 Tage vor Gültigkeit) ist erforderlich!

Bestellung über die Hamburger Hochbahn AG, HVV-Kundenzentrum, Steinstr. 27, 20095 Hamburg, ✆ 040-32882103. Online-Bestellung nicht möglich.

Hamburg CARD plus Region: Vergünstigungen über die Grenzen Hamburgs hinaus. Wer Ausflüge nach Stade, Lüneburg und mehr plant, hat mit der Hamburg CARD plus Region freie Fahrt im Gesamtbereich des HVV einschließlich weiterer Vergünstigungen.

Eine Liste der angeschlossenen Attraktionen finden Sie auf www.hamburgtourismus.de. Für einen Erwachsenen (mit bis zu 3 Kindern unter 15 Jahren) kostet das Ticket 19,90 €, eine Gruppenkarte (bis 5 Pers.) 29,90 €, eine 3-Tage-Karte 54,90/78,90 €.

U- und S-Bahn-Fahrpläne

Einen Streckenplan finden Sie auf den folgenden zwei Seiten. Fahrpläne hängen an allen Haltestellen aus. Mithilfe internetfähiger Mobiltelefone haben Sie über mobil.hvv.de Zugriff auf entsprechende Informationen. Auskunft über Abfahrtszeiten gibt es im deutschen Handynetz auch **per SMS.** Dabei tippt man Start- und Zielbahnhof ein und trennt beides durch ein Ausrufezeichen, z. B.: *Junfernstieg!Eppendorfer Baum.*

Als Antwort-SMS erhält man umgehend kostenlos die nächsten Verbindungen.

Die Rufnummern sind je nach Netzbetreiber verschieden: T-Mobile ✆ 0175-3609999; Vodafone ✆ 0173-8829999; E-Plus ✆ 0178-3609999; O2 ✆ 0179-4534588.

Nachts unterwegs

Am Wochenende (Fr auf Sa sowie Sa auf So) fahren die U- und S-Bahnen sowie viele Busse die ganze Nacht durch. Mo–Fr sind stattdessen **Nachtbusse** unterwegs. Diese sogenannten 600er-Busse fahren dann nach Betriebsschluss der Schnellbahnen in fast allen Stadtteilen Hamburgs.

Mit Schiff und Boot

Wasser gibt es in Hamburg mehr als genug, und fortbewegen kann man sich darauf wunderbar bequem. Schiffstouren wie die große und kleine Hafenrundfahrt, Elbschifffahrten, Alsterfahrten oder Bootstouren auf eigene Faust – die Auswahl ist groß, und alle haben ihren eigenen Reiz.

Alsterfahrten der ATG

Die ATG (Alster-Touristik GmbH) bietet ab **Anleger Jungfernstieg** diverse Schifffahrten unter dem Motto „Alsterschippern" an. Je nach Art der Fahrt variieren auch die Schiffstypen. Die Schiffe fahren in der Regel vom 31. März bis zum 3. Oktober. Informieren kann man sich im Internet unter www.alstertouristik.de. Übrigens: Die Tickets gibt's online etwas günstiger.

Alster-Kreuzfahrten sind die günstigste Art, Binnen- und Außenalster kennenzulernen. Die Kreuzfahrtschiffe halten insgesamt an 9 Anlegern, an denen man jeweils aus- und (wieder) zusteigen kann. Pro Anleger kostet die einfache Fahrt 1,50 €, ab dem 5. Anleger pauschal 7,50 €, die komplette Strecke hin und zurück 9,50 €. Kinder bis 16 Jahre zahlen entsprechend 0,65/3,25/4,25 €, Familien und Senioren fahren zum Sondertarif. Fahrräder dürfen für 1,60 € mit an Bord genommen werden. Gewendet wird am Anleger Winterhuder Fährhaus im Norden der Stadt. Hier bietet das Café Leinpfad eine von mehreren Möglichkeiten zum Aussteigen und Einkehren (→ S. 234). In der Saison zwischen 10.15 und 17.15 Uhr stündlich ab Jungfernstieg.

Klassische **Alster-Rundfahrten** werden in der Saison zwischen 10 und 18 Uhr halbstündlich angeboten. In der Nachsaison um 10 Uhr, zwischen 11 und 16 Uhr halbstündlich sowie um 17 Uhr. Die Fahrt dauert ca. 50 Min. und kostet 11 € bzw. 5,50 € für Kinder. Familienpreis (2 Erwachsene und 4 Jugendliche unter 16 J.) 22 €.

Fleetfahrten führen vom Jungfernstieg über die Binnenalster zu den Speicherhäusern und somit ins Gebiet der neuen HafenCity (16,50 €, Kinder 8 €). Zu sehen gibt es auf dem Weg dorthin auch die alten hanseatischen Handelshäuser.

Kanalfahrten führen 3- bis 6-mal täglich – wie der Name schon sagt – durch die Kanäle (14,50 €, Kind 7 €). Und die gewähren gute Einblicke in die Gärten der herrschaftlichen Villen in den gediegeneren Vierteln der Stadt.

Sehr romantisch ist der **Dämmertörn**, wenn in Hamburg die Lichter angehen. Besonders beeindruckend sind die Fahrten im

September, wenn die Speicherstadt beleuchtet wird. Die Fahrt dauert 2 Std. und beginnt immer um 20 Uhr (16,50 €, Kind 8 €).

Vierlandefahrten nach Bergedorf, tägl. (außer Di) um 10.15 Uhr ab Jungfernstieg und um 14 Uhr ab Bergedorf zurück. Ab Jungfernstieg einfach 19,50 bzw. 9,50 €, ab Bergedorf 17,50 bzw. 8,50 €, Dauer 3 Std. Hin- oder Rückfahrt kann man auch gut mit der S-Bahn erledigen (Halt direkt am Bhf.).

Im Winter (Ende Okt. bis Ende März) bietet die Gesellschaft um 10.30, 12, 13.30 und 15 Uhr **Alster-Punschfahrten** mit Glühwein und Kakao an (11 €, Kinder die Hälfte).

Elbe- und Hafenfahrten

Große Hafenrundfahrt: Die Fahrten mit HADAG-Schiffen, Barkassen oder Fahrgastschiffen werden von April bis Anfang Okt. täglich zwischen 10 und 17.30 Uhr halbstündlich angeboten (Okt.–März Sa/So 11–15.30 Uhr im 90-Min.-Takt). Gestartet wird an den Landungsbrücken 1 bis 9 oder ab Deichstraße/Binnenhafen oder dem Anleger Vorsetzen. Erwachsene ab 10 €, Kinder ab 5 €, Ermäßigungen gibt es mit der Hamburg CARD. Tickets bekommt man an den diversen Buden entlang der Hafenpromenade. U/S Landungsbrücken oder U Baumwall.

Hafenfähren der HADAG: Die preisgünstige Variante, den Hafen zu entdecken, denn die HADAG kooperiert mit dem Hamburger Verkehrsverbund HVV, es gelten dieselben Fahrkarten. Ein „Rundtour-Beispiel": Von den Landungsbrücken (startet schon [illegible]

Hafenrundfahrten SAUTEUER!! Linienschiff fährt die Elbe entlang, aber nicht Alster

PRAXIS GEOGRAPHIE

[illegible] Hamburg CARD oder anderer Tagestickets ist die Fahrt kostenfrei. Andere Linien fahren in den Hafen hinein: Linie 75 fährt nach Steinwerder, Linie 73 zum Oderhöft. Oder man schippert mit der Linie 61 unter der Köhlbrandbrücke hindurch.

Historische Fleet-Fahrt: Die Tour wird z. B. von der Barkassen-Zentrale Ehlers (✆ 040-30051370) angeboten und startet von April

Schwimmende Unterlegscheiben befahren die zahlreichen Wasserstraßen

bis Ende Okt. tägl. um 10.30, 13.15 und 16 Uhr, im Rest des Jahres nur Sa/So 10.30 und 13.15 Uhr ab Vorsetzen. Fahrzeit 2 Std. Erw. 17 €, Kinder 8,50 €, Ermäßigung mit der Hamburg CARD. Informationen unter www.barkassen-centrale.de. U Baumwall.

OpenAir durch die Hansestadt

Niederelbefahrt: Ende März bis Anfang Okt. an Wochenenden und Feiertagen um 10.30 und 14.30 Uhr ab Landungsbrücke 2. Das Schiff fährt über Blankenese, Cranz und Willkommhöft in Wedel-Schulau bis nach Lühe im Alten Land. Die Hin- und Rückfahrt kostet je nach Strecke 10,60/12/13,20/14,60 €, Kinder zahlen die Hälfte, Fahrräder können für 0,50 € unter dem Kinderpreis mitgenommen werden. Es sind auch Familienkarten erhältlich. Günstiger geht es mit den Hafenfähren (s. o.). U/S Landungsbrücken.

Abenteuer Hafen: Die Stattreisen-Barkassenfahrt: Angebot des Unternehmens Stattreisen. Für 15 € geht's durch Speicherstadt und Hafencity zur Köhlbrandbrücke, dann zum Containerhafen Waltershof und weiter – jede Menge interessante Erklärungen inklusive. Termine unter www.stattreisen-hamburg.de oder ✆ 040-4303481, Anmeldung empfohlen.

Bootsvermietungen

Mit dem eigenen Boot durch die Kanäle zu fahren, ist ein ganz besonderes Vergnügen, das man sich bei gutem Wetter nicht entgehen lassen sollte. Jedoch klettern die Preise der Bootsvermieter immer weiter in die Höhe. Durchschnittlich muss man mit etwa 10 bis 15 € pro Stunde für Ruder- und Tretboote rechnen. Meist muss man die erste Stunde voll zahlen, dann wird halbstündlich abgerechnet.

Bootshaus Silwar, Eppendorf (Alster/Haynspark), Eppendorfer Landstr. 148, ✆ 040-476207. Tretboote, Kajaks, Katamarane, Ruderboote, Sportkanus etc. Die Boote werden hier nur stundenweise (am Wochenende oder gut besuchten Tagen ab 2 Std.) vermietet. Juni–Aug. tägl. 9–22, Mai sowie Sept.–Okt. 10–20 Uhr. U 1 Lattenkamp, Busse 20/22/25/34/39 (Eppendorfer Markt).

Wielengowski, Eppendorf (Isebekkanal), Isekai 13, ✆ 040-473461. Kanus, Tretboote, Kajaks, Ruderboote. April–15. Okt. 10–22 Uhr. Bus 109 (Streekbrücke) oder U 1/3 sowie Busse 20/22/25/118 (Kellinghusenstraße und 5 Min. zu Fuß).

Goldfisch, Eppendorf (Isebekkanal), Isekai 1, ✆ 040-41357575. www.goldfisch.de. Kanus, Kajaks, Tretboote ab 9 €/Std. Fair: abgerechnet wird im 5-Min.-Takt. Mai–Sept. Mi–So 10–20 Uhr, Mo/Di nur nach Vereinbarung. Busse 34, 114 (Haynstraße).

Wüstenberg, Eppendorf (Alster), Deelbögenkamp 3, ✆ 040-517701. Geöffnet April–Sept. Kanus, Kajaks, Tretboote, Ruderboote. Die Boote werden stundenweise vermietet, am Wochenende für mind. 2 Std. In der Hauptsaison tägl. 10–21.30, am Wochenende ab 9 Uhr. U 1 Lattenkamp.

Bodo's Bootssteg, Harvestehude (Außenalster). Harvestehuder Weg 1b, ✆ 040-440654. Ende März bis Anfang Okt. tägl. ab 11 Uhr bis Sonnenuntergang, So/Fei bereits ab 10 Uhr. Tret- und Ruderboote 13 € pro Stunde, Segelboote 15 € pro Stunde, nach der ersten Stunde halbstündliche Abrechnung. Bus 109 (Böttgerstraße) oder Alsterschiff bis Anleger Rabenstraße.

Bootshaus W. Töns, Klein-Borstel/Fuhlsbüttel (Alster), Ratsmühlendamm 2, ✆ 040-599498. Ruderboote, Tretboote, Kanus und Kajaks ab 9,50 €/Std., mind. 30 Min. Mitte Mai bis Mitte Okt. tägl. 9–21 Uhr. U 1 Klein-Borstel.

Bootshaus Marienhof, Poppenbüttel (Alster), Marienhof 4, ✆ 040-6066677, tägl. 10–20 Uhr. Kanus und Kajaks. S 1/11 Poppenbüttel, dann Bus 178 (Schulbergredder).

Pieper & Sohn, St. Georg (Außenalster), An der Alster, ✆ 040-247578. U/S Hauptbahnhof.

Alfred Seebeck, St. Georg (Außenalster), An der Alster 67 a, ✆ 040-247652, tägl. 10–20 Uhr. U/S Hauptbahnhof.

Bobby Reich, Uhlenhorst (Außenalster), Fernsicht 2, ✆ 040-487824, tägl. 9–21 Uhr. U 3 Sierichstraße, dann Bus 109 (Harvestehuder Weg).

Stute, Uhlenhorst (Außenalster), Schöne Aussicht 20 a, ✆ 040-2200030, tägl. 11–21 Uhr. Bus 108 (Mühlenkamp).

Café Sommerterrassen, Winterhude (Stadtparksee). Südring 44, ✆ 040-2706274, tägl. 10–23 Uhr, U 3 Saarlandstraße.

Rohden, Winterhude (Stadtparksee) Südring 5 a, ✆ 040-273416. U 3 Saarlandstraße.

Dornheim, Winterhude (Osterbekkanal), Kaemmererufer 25, ✆ 040-2794184, tägl. 9–22 Uhr. U 3 oder S 1/11 Barmbek, dann Bus 172.

Kübis Bootshaus, Winterhude (Goldbekkanal), Poßmoorweg 46e, ✆ 040-2796741, tägl. 9–21 Uhr. Bus 25 (Goldbekplatz) oder U 3 Borgweg, dann Bus 6 oder 106 bis Goldbekplatz.

Mit dem Flugzeug

Sehr beeindruckend ist der Blick von ganz oben auf die Stadt, gerade wegen des riesigen Hafens. Verschiedene Möglichkeiten bieten sich an.

Hubschrauber-Rundflüge: Helicopter-Service Claus Wasserthal, jeden So 20-minütige Rundflüge (Anmeldung spätestens am Fr) für 111 €. ✆ 040-6401081, www.helicopterwasserthal.de.

Ballonfahrten: Diverse Anbieter findet man unter www.hamburg.de.

High-Flyer Hamburg: Ein am Boden befestigter Fesselballon steigt 150 m hoch und bietet eine gigantische Aussicht → Kastentext S. 49.

Rundflüge mit der JU 52: Ab Hamburg Airport, die alte JU überfliegt das Stadtgebiet und die Umgebung. 30 Min. pro Person 199 €, 60 Min. 372 €. Preise variieren. Infos unter www.lufthansa-Ju52.de, ✆ 040-50701717.

Mit dem Auto

Bevor man lange nach den seltenen freien Parkplätzen sucht, sollte man auf eine der Parkgaragen in der Innenstadt ausweichen. Parkhäuser gibt es z. B. im Bleichenhof, an der Oper, am Gertrudentor und im Hanse-Viertel. Die jeweiligen Tarife findet man unter **www.verkehrsinfo.hamburg.de** (1 Std. kostet z. B. 2 €, jede weitere 30 Min. 1 €, Gesamtbetrag maximal 13 €). Das Hamburger Parkleitsystem Centrum mit seinen diversen Hinweisschildern gibt stets Auskunft über den jeweiligen Auslastungsgrad. Günstiger und meist weniger nervend gestaltet sich die Fahrt aber mit öffentlichen Verkehrsmitteln.

Taxi

Taxifahren gilt in Hamburg nicht unbedingt als Vergnügen. Die Zeitungen berichten immer wieder über schlechten Service und Taxifahrer, die sich kaum auskennen oder gar unverschämt werden, wenn ihnen eine Fahrt zu kurz ist.

Empfehlenswert ist neben **Das Taxi** (✆ 221122) besonders **HansaTaxi** (✆ 040-211211). Die Gesellschaft bietet auch einen Flughafen-Abholservice (✆ 040-2111799) und einen Hauptbahnhof-Abholservice (✆ 040-2111744) an. Die telefonisch bestellten Taxis halten dann nicht in der offiziellen Taxi-Zone, sondern am Flughafen auf der Abflugebene oben an den VIP-Parkplätzen für Ankünfte am Terminal 2. Kommt man am Terminal 1 an, muss man unten in der Ankunftshalle an der linken Drehtüre hinausgehen, das Taxi wartet dann gegenüber den Schrägparkplätzen. Bestellt man ein HansaTaxi zum Hauptbahnhof, findet man seinen Fahrer in der Wandelhalle oben, direkt beim Reisezentrum (Seite Kirchenallee). Er hält ein Schild mit der telefonisch vereinbarten Funknummer in die Höhe.

Fahrrad-Taxi

Die umweltfreundlichen Gefährte haben sich auch in Hamburg einen festen Platz erobert. Zu finden sind sie zwischen Alster, City und Hafen. Besonders schön: Die Hamburger Fahrradtaxis dürfen auch dort fahren, wo die herkömmlichen Kollegen nicht hinkommen. Eine prima Alternative und gar nicht so teuer: Im Winketarif kostet der erste Kilometer 5 € pro Velo, jeder weitere angefangene Kilometer 3 €/Pers. Oder man bucht den Zeittarif: 30 € pro Stunde. Infos und Vorbestellungen: ✆ 0162-1089020 oder www.trimotion.de. ■

Mit dem Fahrrad

Fahrradfahren an Alster oder Elbe und durch die vielen Grünanlagen empfiehlt sich sehr! Viele Fahrradwege innerhalb der Stadt lassen allerdings zu wünschen übrig und geben immer wieder Anlass zu öffentlichen Diskussionen. Empfehlenswert sind geführte Stadttouren mit dem Rad, die von verschiedenen Organisationen angeboten werden (→ „Wissenswertes von A bis Z/Stadtführungen“, S. 86).

Weitere nützliche Informationen zum Thema Radfahren in Hamburg findet man auf den Websites des ADFC (Allgemeiner Deutscher Fahrrad-Club) unter www.hamburg.adfc.de. Das zugehörige Printmagazin RadCity liegt auch in der Hansestadt kostenlos aus.

Einige Adressen, bei denen man Fahrräder leihen kann:

Hamburg-StadtRAD, an ca. 70 Ausleihstationen wie zahlreichen S- und U-Bahnhöfen, touristischen Attraktionen, öffentlichen Einrichtungen und vielen weiteren zentralen Anlaufpunkten findet man seit 2009 die roten Hamburger Stadträder zum Ausleihen per EC- oder Kreditkarte und Telefon. Die erste halbe Stunde ist kostenfrei, anschließend wird eine Leihgebühr von 4 Cent/Minute fällig, ab der 61. Minute 8 Cent. Bahn Card-Kunden zahlen übrigens 3 bzw. 6 Cent/Minute. Der Höchstpreis pro Tag beträgt 12 €. Besonders interessant: Die Räder können an einer anderen Station wieder abgegeben werden. Anmeldemöglichkeiten sowie einen Überblick über die Stationen findet man unter www.stadtradhamburg.de oder über ✆ 040-822188100.

Fahrradverleih St. Georg, Schmilinskystr. 16, ✆ 040-243908. 10 € für 24 Std., 50 € Kaution. Tägl. (außer So) 10–19, Sa nur bis 13 Uhr. Die Räder müssen während der Öffnungszeiten zurückgegeben werden.

Fahrradverleih Petersen, bringt die Räder gleich zur Unterkunft. Ab 12 € für Tourenräder, der Mindestbetrag für eine Buchung liegt bei 40 €. Auch Kinderräder, Liegeräder und Tandems im Angebot. Verleih ausschließlich per Anlieferung (täglich), etwas im Voraus buchen. Herr Petersen bietet auch Hamburg-Touren für größere Gruppen mit Fahrrad oder Boot an. ✆ 0178-6401800 (mobil), www.hamburg-anders-erfahren.de.

Fahrradstation Dammtor/Rotherbaum, Schlüterstr. 11, ✆ 040-41468277, www.fahrradstation-hh.de. Räder ab 4 € bis 20 € (Tandem), auch Anhänger etc. für Kinder. Die Preise gelten für 24 Std. Außerdem Fahrradwerkstatt! Ausleihe nur Mo–Fr 9–18.30 Uhr.

Ökologisch sinnvoll: das Fahrradtaxi

Über den Dächern der Stadt – die besten Aussichtspunkte

Die besten Eindrücke von den Ausmaßen Hamburgs mit seinen Wasserflächen, dem riesigen Hafen und den diversen Stadtteilen bieten verschiedene Aussichtspunkte in der Stadt. Die schönsten Überblicke im Überblick:

Ausgang Alter Elbtunnel (auf Steinwerder Seite): Hier zeigt sich die Silhouette Hamburgs mit seinen Türmen hinter den Landungsbrücken besonders eindrucksvoll (→ S. 149).

Turm-Mahnmal St. Nikolai: In einem gläsernen Aufzug geht es hoch hinauf bis fast zur Spitze der alten Kirchenruine. Man ist mitten in der Stadt, und der Blick von oben ist umwerfend (→ S. 106).

Turm St. Petri: 544 Stufen bringen einen auf 123 m Höhe, der verdiente Ausblick auf die Innenstadt reicht bis zum Hafen. Turmbesteigung tägl. 10–17, So ab 13 Uhr (→ S. 108).

Turm St. Michaelis: Die Aussichtsplattform auf 82,54 m Höhe erreicht man über 400 Stufen (oder 53 Stufen plus Fahrstuhl). Ein schöner Rundblick über Hamburg belohnt die Anstrengung (→ S. 130 f.).

Jugendherberge Auf dem Stintfang: Eine tolle Aussicht auf den Hafen bietet sich entweder direkt aus der Jugendherberge (hier gibt es ein Café) oder vom elbseitigen Stintfang hinter der Jugendherberge (Anhöhe am Elbufer, zu erreichen ab U-Bahn-Station Landungsbrücken über die Treppe → S. 52).

Hamburg HighFlyer: Der Sieger in dieser Aufzählung – den großen, gut angeleinten Fesselballon an den Deichtorhallen – können bis zu 30 Personen besteigen (Erwachsene 15 €, Kinder bis 12 J. 8 €, bis 18 J. 10 €; Ermäßigung mit der Hamburg CARD). Man verweilt dann 15 Min. lang in 150 m Höhe. Damit ist der HighFlyer der höchste Aussichtspunkt Hamburgs. Aufgestiegen wird tägl. von 10 bis 22 Uhr, die Zeiten variieren wetter- und saisonbedingt. Deichtorstr. 1–2 (vor den Deichtorhallen), ✆ 040-30086969, www.highflyer-hamburg.de. U 1–3 Steinstraße.

Altonaer Balkon: Gegenüber dem hübschen Altonaer Rathaus bietet sich am Elbhang ein schöner Blick auf den Hafen bis hin zur Köhlbrandbrücke und den Harburger Bergen. Leider behindert ein Bürogebäude den ganz freien Blick, man kann aber ganz gut drum herum gucken (→ S. 204).

Planetarium: Vom alten Wasserturm im Stadtpark aus bietet sich ein Blick über den riesigen Park und die nördlichen Stadtteile hinweg bis zur Alster und zu den fünf Türmen Hamburgs. Zur anderen Seite ist der Ohlsdorfer Friedhof zu erkennen. Mo–Di 9–17, Mi–Do 9–21, Fr 9–22, Sa 12–22, So 10–20 Uhr. Ausnahmen bei Sonderveranstaltungen, Feiertagen oder sehr schlechtem Wetter (→ S. 231).

Süllberg (Blankenese): Ein Blick auf die Elbe und bis ins Alte Land aus fast 100 m Höhe, denn auf dem 75 m hohen Süllberg steht ein 20 m hoher Aussichtsturm (→ S. 262).

Hotelbars mit guter Aussicht: Die Lounge-Bar 20up im 20. Stock des Empire Riverside Hotels (→ S. 58), die Cocktailbar im Hotel Hafen Hamburg (→ S. 51), und das Le Ciel im Le Meridien (→ S. 164).

Das ehemalige Grandhotel lockt seit jeher betuchte Gäste aus aller Herren Länder

Übernachten

Mit über 45.000 Betten im gesamten Stadtgebiet ist Hamburg auf Touristen, Geschäftsreisende und Messebesucher gut vorbereitet. Stark vertreten sind Häuser im hochpreisigen Segment, darunter alteingesessene gediegene Hotels wie das „Atlantic" oder das „Vier Jahreszeiten" und die vielen neueren und neuesten Designerhotels wie „Empire Riverside", „The George", „East" oder das neue „25hours" in der Hafencity.

Günstigere Alternativen sind Pensionen und Jugendherbergen (die längst nicht nur von Jugendlichen besucht werden), außerdem gibt's mittlerweile ein ganz ansehnliches Angebot an B & Bs, Campingplätzen, Apartments oder Zimmern auf Zeit.

Wie in vielen Städten lohnt es sich immer, bei den Hotels nach Wochenendangeboten zu fragen, gerade größere Hotels sind dann oft um die Hälfte billiger. Wer in der hier folgenden Liste keine passende Unterkunft findet, kann über die Tourismuszentrale Hamburg die Hotelliste anfordern oder sich dort telefonisch ein Zimmer reservieren lassen (Kontakt siehe S. 87).

Die besten Stadtteile

Wer zentral **Altstadt, Neustadt** und sämtliche schicke Einkaufspassagen zu Fuß erreichen möchte, ist in der **Innenstadt** gut aufgehoben. Alternativer, bunter, lebendiger und immer noch sehr nahe an Alt- und Neustadt sowie Außenalster gelegen ist **St. Georg** mit seinem zahlenmäßig großen Angebot. Allerdings verbirgt sich gerade hier in Hauptbahnhofnähe hinter den meist hübschen Fassaden neben einigen guten Hotels auch die eine oder andere miese Absteige.

Szenegänger sind mit einer Bleibe in **St. Pauli** oder dem davon nicht weit entfernten **Altona** gut bedient. Nett ist insbesondere der zu Altona zählende Stadtteil **Ottensen.** Die meisten Adressen dort sind hafennah und nicht weit vom bunten **Schanzen- und Karoliviertel** entfernt. Hier kann man gut ausgehen, essen, trinken und die große Stadt genießen.

Wer die grünen Ecken und Wohnviertel Hamburgs bevorzugt, zieht vielleicht lieber in die nördlichen Stadtteile rund um die Außenalster. Schöne Hotels gibt es in **Winterhude** und **Uhlenhorst** östlich der Außenalster wie auch in **Rotherbaum** und **Harvestehude** im Westen.

Auch **Eppendorf** und **Eimsbüttel** haben Charme. Wer hier übernachtet, ist mit öffentlichen Verkehrsmitteln recht schnell an allen zentralen Punkten der Stadt, hat aber auch vor Ort einige Ausgehmöglichkeiten. Spannende Möglichkeiten bietet die **Hafencity**. Dort und in der Speicherstadt eröffnen bis 2014 noch einige ganz neue Bleiben.

Blankenese liegt zwar 12 km außerhalb der eigentlichen Stadt, hat aber als ehemaliges kleines Fischerdorf mit seinen Treppenvierteln direkt an der Elbe einen ganz besonderen Reiz und ist mit öffentlichen Verkehrsmitteln ebenfalls gut zu erreichen.

Hotels und Pensionen

Innenstadt

Pension am Rathaus 14, Karte S. 98/99, eine preiswerte Übernachtungsmöglichkeit als Alternative zur Jugendherberge. Auch Zimmer bis 5 Personen. Einfache EZ und DZ mit Waschbecken ab 29/44 € oder Fünfbett-Zimmer für 98 € (ohne Frühstück). Rathausstr. 14, U 3 Rathaus, ✆ 040-337489, 📠 30393834, www.pension-am-rathaus.de.

Privatzimmer Martinez 24, Karte S. 120/121, Pension mit kleinen Zimmern und Apartments, nah am Michel und Portugiesenviertel, nicht weit von Hafen und St. Pauli. Unter der Woche ab 30 €, am Wochenende ab 35 € pro Tag und Person. Auch eine Ferienwohnung im Schanzenviertel im Angebot. Frühstück 5 €. Zeughausmarkt 21, U 3 St. Pauli, ✆ 040-75360975 und 0176-22805355, www.pensionmartinez.de.

Hotel Hanseatin 6, Karte S. 120/121, in diesem denkmalgeschützten Fachwerkhaus können sich nur Frauen einmieten. Jedes der kleinen und recht gemütlichen Zimmer ist individuell eingerichtet. Zum Hotel gehört das Frauencafé Endlich (auch Restaurant und Bar, angeschlossen ist ein schöner Garten), in dem frau ihr À-la-carte-Früh-stück bestellen kann. EZ ab 68 €, DZ ab 106 € (jeweils ohne Frühstück). Dragonerstall 11, Bus 35, 36, 3, 112 bis Johannes-Brahms-Platz oder U 2 bis Gänsemarkt und ca. 8 Min. Fußweg, ✆ 040-341345, 📠 345825, www.hotel-hanseatin.de.

***** **Side** 3 → Karte S. 120/121, minimalistische, höchst geschmackvolle Inneneinrichtung hinter einer hübschen Natursteinfassade. Das moderne Designhotel beeindruckt auch durch die computergesteuerten wechselnden Lichtinstallationen. Neben den Zimmern, die ihrem Preis gerecht werden, besticht der wunderbare Wellnessbereich. Wer genug Geld hat und es edel und modern mag, ist hier bestens aufgehoben. Zimmer unabhängig von der Belegung sowie ohne Frühstück von 150 € (Superior) bis 605 € (Suite XXL). Drehbahn 49, U 2 Gänsemarkt, ✆ 040-309990, 📠 30999399, www.side-hamburg.de.

Das Feuerschiff 13 → Karte S. 138/139, Übernachten auf einem schaukelnden, schönen, roten, alten Feuerschiff mitten im Hafen. Die ehemaligen Kabinen sind sehr romantisch, nur unter Klaustrophobie sollte man nicht leiden. EZ 65–75 €, DZ 100–120 € inkl. Frühstück. U 3 Baumwall, ✆ 040-362553, 📠 362555, www.das-feuerschiff.de.

**** **Hotel Hafen Hamburg** 1, Karte S. 138/139, die Lage ist der Knaller: Erhaben thront das schneeweiße Hotel oberhalb der Landungsbrücken und bietet eine gigantische Aussicht über weite Teile des Hafens. 1858 als Seemannsheim gegründet, wurde das klassizistische Gebäude mehrfach erweitert und umgebaut. Im 12. Stock des Turmgebäudes befindet sich die Tower Bar. Zimmerpreise von der Seemanns- bis zur Admirals-Klasse 100–200 €. Frühstücksbuffet 18 €. Über besondere Arrangements

Das Hotel Hafen Hamburg thront über den Landungsbrücken

informiert die Homepage. Seewartenstr. 9, S 1/S 3 Landungsbrücken, inkl. Treppenstufen 4 Min. zu Fuß, ✆ 040-311130, ℻ 3111370601, www.hotel-hafen-hamburg.de.

››› Mein Tipp: **Jugendherberge Auf dem Stintfang** **4**, Karte S. 138/139, megazentral und in bester Aussichtslage. Die Herberge ist 2006 frisch renoviert wiedereröffnet worden. Alle 2- bis 8-Bett-Zimmer haben Bad und WC. Das Bistro ist wie der Rest sehr modern und hat einen super Hafenblick und eine große Terrasse zur Elbe hin. Um hier zu wohnen, benötigt man einen Jugendherbergsausweis. 20,90 € pro Person im Panoramadorm (geschlechtlich gemischt), 23,90 € im Mehrbettzimmer (geschlechtlich getrennt) oder feste Preise für 2- bis 6-Bett-Zimmer (63,90/76,10/99,95/126/149 €). Alle inkl. Frühstück und Bettwäsche, Gäste über 27 J. zahlen 4 € mehr. Alfred-Wegener-Weg 5, U 3 Landungsbrücken, ✆ 040-313488, ℻ 313732, www.jugendherberge.de/jh/hamburg-stintfang. ‹‹‹

Altona und Ottensen

*** **Meininger Hotel & Hostel** **11**, Karte S. 194/195; sehr gelungene Mischung aus Hostel und Hotel. 116 Zimmer mit reduzierter, farbenfroher Einrichtung, zentral nahe dem Bahnhof Altona und dem lebendigen Ottensen gelegen. Je früher gebucht desto günstiger. *Pro-Person-Preise:* EZ ab 75 € (Frühbucher ab 49 €), DZ ab 50 € (Frühbucher ab 24,50), im Mehrbettzimmer ab 22 €. Schlafsaal ab 13 €. Goetheallee 11, S-Bahnen, Züge oder Busse Bahnhof Altona, ✆ 030-66636100, ℻ 66636222, www.meininger-hotels.com.

*** **Stadthaushotel** **5**, Karte S. 194/195, das kleine Haus mit nur 13 hellen und modern eingerichteten Zimmern hat ein besonderes Konzept: Behinderte Menschen wohnen und arbeiten hier. Gäste mit und ohne Handicap freuen sich über die familiäre und sehr freundliche Atmosphäre. Die Zimmer sind größtenteils behindertenfreundlich und rollstuhlgerecht ausgestattet. Geboten wird darüber hinaus stundenweise Betreuung von Kindern mit Handicap und ein Bus-Shuttle. EZ 79 €, DZ 105 €, Familienzimmer ab 130 € inkl. Frühstück. Holstenstr. 118, S 1, 11, 31 Bahnhof Altona, dann Bus 20, 115, 183, 283 (Max-Brauer-Allee Mitte), ✆ 040-3899200, ℻ 38992020, www.stadthaushotel.com.

**** **Gastwerk** **4**, Karte S. 194/195, in Bahrenfeld nahe Altona. Ein geschmackvoll renoviertes Industriedenkmal – die ehemalige Kohlenlagerhalle eines alten Gaswerks – beherbergt heute 141 Zimmer, Lofts und Suiten in edlem Design. Leider ist das Gastwerk etwas ab vom Schuss. Wer aber in Kauf nimmt, ca. 1 km von Ottensen entfernt zu nächtigen, kann es sich hier schick gut gehen lassen. DZ ab 130 €, mediterranes Frühstücksbuffet extra 18 €. Beim alten Gaswerk 3, S 1 Bahrenfeld oder S Holstenstraße, dann Metrobus 3 (Bornkampsweg) und 5 Min. zu Fuß, ✆ 040-89062424, 📠 8906220, www.gastwerk.com.

Schanzenstern Altona 13, Karte S. 194/195, hier steigen nicht nur Rucksackreisende ab: mit 5 Min. Fußweg zum Bahnhof Altona ein superzentraler Standort zum Shoppen und Ausgehen in Ottensen und Umgebung. Darüber hinaus bietet das günstige Hotel eine ganze Menge Vorteile: Die 33 Nichtraucherzimmer (kein Telefon, kein TV) sind alle mit WC/Dusche ausgestattet. Es gibt sie in den verschiedensten Größen, EZ bis 7-Bett-Zimmer bzw. Apartments für 2–4 Personen mit Wohn- und Schlafzimmer, Küche und Bad. Viele der Zimmer sind rollstuhlgerecht eingerichtet. Fernsehen kann man im Aufenthaltsraum, darüber hinaus gibt es eine für alle Gäste nutzbare Küche. Der Schanzenstern Altona wurde als erster Gastrobetrieb mit dem Bio-Siegel ausgezeichnet. EZ 44 €, DZ 69 €, 2-Bett-Zimmer (Etagenbetten) für 59 € bis 7-Bett-Zimmer für 138 €. Platz im Mehrbettzimmer 19 €, Apartments 79–85 €. Das gute Frühstücksbuffet kostet 6,50 €/Person extra – im Restaurant und für das Frühstück werden ausschließlich Produkte kontrolliert-biologischer Herkunft verwendet. Kleine Rainstr. 24–26, S 1, 11, 31 Bahnhof Altona, ✆ 040-39919191, 📠 39919192, www.schanzenstern-altona.de. ■

25hours Hotel 2, Karte S. 194/195, in Bahrenfeld nahe Altona. Ein chilliges Low-Budget-Designhotel ca. 1 km von Ottensen entfernt. Die Ausstattung entspricht einem 3-Sterne-Hotel. Für Hotelgäste gibt's ein loungiges Gemeinschaftswohnzimmer mit Fernseher und Sofalandschaft. Zimmer ab 95 €, für Gäste bis 25 Jahre je nach Verfügbarkeit 15 % Rabatt. Empfehlenswertes Frühstücksbuffet in der angeschlossenen Bar (14 €). Paul-Dessau-Str. 2, S Bahrenfeld oder S Holstenstraße, dann Metrobus 3 (Bornkampsweg) und 5 Min. zu Fuß, ✆ 040-855070, 📠 85 507100, www.25hours-hotels.de/hamburg.

Hofapartments Theodor 1, Karte S. 194/195, in Bahrenfeld nahe Altona. In einem denkmalgeschützten Kavalleriegebäude untergebracht, geschmackvoll eingerichtete 20 bzw. 30 m^2 große Apartments, mietbar ab 2 Nächten. Pro Nacht 75/80 €, 7 Tage 370/420 €, längerer Aufenthalt entsprechend günstiger. Frühstück 8 €. Theodorstr. 41, Gebäude Y, S Holstenstraße, dann Metrobus 3 (August-Kirch-Straße), ✆ 040-87971243 und 0173-6350699 (mobil), 📠 43093020, www.bettmitfruehstueck.de.

Blankenese

»» **Mein Tipp:** *** **Strandhotel Blankenese** 3, Karte S. 254/255, mitten im Treppenviertel am Elbufer eine verschnörkelte schneeweiße Jugendstilfassade mit romantischen Türmchen – das Hotel mit seinen 14 Zimmern erinnert von außen an ein kleines Märchenschloss. Nach kompletter Renovierung und Neueröffnung 2009 beeindruckt die minimalistische und sehr moderne Ausstattung. EZ ab 75 €, DZ ab 80 €, mit Elbblick ab 130 €, Frühstück à la carte. Strandweg 13, S 1 oder Bus 36 (Blankenese), dann Bus 48 (Strandweg), dann links den Strandweg hinunterlaufen, ✆ 040-861344, 📠 864936, www.strandhotel-blankenese.de. ««

Catharina Camara-Schindel Bed & Breakfast 1, Karte S. 254/255, 3 Villenzimmer mit 2 Bädern. Gutes Frühstück in nettem, hellem Ambiente. Viele Hamburg-Tipps für die Gäste. EZ ab 40 €, DZ ab 60 €, Frühstück 8 € extra. ✆ 040-87971243, 0173-6350699 (mobil), 📠 43093020, www.bettmitfruehstueck.de.

Eppendorf und Eimsbüttel

B & B in hanseatischen Bürgerhäusern, in den hübschen Straßen und Wohnvierteln von Eimsbüttel werden stilvolle und große Zimmer in alten Stadthäusern inkl. Frühstück angeboten. EZ ab 42 €, DZ ab 54 €. Bei nur einer Nach 5 € Zuschlag. ✆ 040-40186137, 📠 40186136, www.bedroomforyou.de.

Hotel Boritzka 2, Karte S. 185, kleines, familiär geführtes Hamburger Stadthotel in zentraler Lage. EZ ab 55 €, DZ ab 82 € inkl. Frühstück. Schäferkampsallee 67, U 2 Christuskirche, dann 3 Min. zu Fuß, ✆ 040-448582, 📠 456700, www.hotel-boritzka.de.

Abtei Hotel 22, Karte S. 239, das kleine sehr feine Hotel bezeichnet sich als kleinstes Luxushotel Deutschlands. In einer hübschen weißen Patrizier-Villa in einer wunderbaren Straße im noblen Harvestehude verfügt es über elf passend eingerichtete Zimmer und das Restaurant Prinz Frederik, in dem Jochen Kempf 2011 noch einen Michelin-Stern erkocht hat. EZ 155–210 €, DZ ab 190 € inkl.

Frühstück. Abteistr. 14, ✆ 040-442905, www.abtei-hotel.de. U 1 Klosterstern und 4 Min. zu Fuß.

**** **Lindner Park Hotel Hagenbeck 1**, Karte S. 239, das neue architekturpreisgekrönte Tierpark-Themen-Hotel direkt neben dem Zoo. EZ ab 129 bis 339 €, DZ 149–359 € oder Arrangements buchen. Hagenbeckstr. 150, U 2 Hagenbecks Tierpark, Busse 391, 281, 181, 39, 22 (Hagenbecks Tierpark), ✆ 040-800808100, 800808188, www.hagenbecktierpark.de.

Hafencity

»» Mein Tipp: **25hours Hotel 2**, Karte S. 195, im neuen Hotel in der Hafencity treffen modernes Design und coole Ideen auf den Charme eines alten Seemannsheimes. Tolle Mischung! Zu jedem als großzügige Koje kreierten Zimmer gibt es ein Logbuch mit fiktiven oder echten Geschichten von echten oder erfundenen Seeleuten. Für einen ersten Eindruck unbedingt die Homepage besuchen! Kojen ab 105 € (Gäste bis 25 J. bekommen, je nach Verfügbarkeit, 15 % Rabatt). Frühstücksbuffet für Erwachsene 16 €. Überseeallee 5, ✆ 040-2577770, empire@hotel-hamburg.de, www.25hours-hotels.com/hafencity. Metrobus 6 Osakaallee. ««

Karolinen- und Schanzenviertel

Instant Sleep 10, Karte S. 185, Backpacker-Hostel mit internationalem Publikum im ehemaligen Kurbad über der Bar Rossi. Geschmackvoll, sauber und günstig. Das Hotel besitzt abschließbare Schränke, eine Küche, einen Kicker, Internetzugang sowie Waschmaschine und Trockner. Das Haus ist mit dem Schanzenstern und dem Backpacker St. Pauli zusammen Mitglied im Backpacker Network Germany. Sehr gut: die zentrale Lage direkt an der Schanze. Weniger gut: die am Wochenende und bei Veranstaltungen laute Bar Rossi im Erdgeschoss. Übernachtung im 8- bis 9-Bett-Zimmer 16,50 € inkl. Bettwäsche, im 3-/4-/5-Bett-Zimmer ab 21 €/Pers., EZ 37 €, DZ 26 €/Pers. Die kleineren Zimmer sind auch als reine Frauenzimmer buchbar. Max-Brauer-Allee 277, S/U Sternschanze, dann Bus 115 (Schulterblatt) oder 5 Min. zu Fuß, ✆ 040-43182310, 43182311, www.instantsleep.de.

Schlaflounge 4, Karte S. 185, nahe am Schanzenviertel in einem Jugendstilhaus. Die 5 Zimmer sind minimalistisch und geschmackvoll ausgestattet. Gutes Frühstück (10 €) mit Bio-Brot und Espresso. EZ 65 €, DZ 89 € (ohne Frühstück). Vereinsstr. 54 b, U Christuskirche, ✆ 040-38688357, 38688358, www.schlaflounge.de. ■

Neue Architektur in der HafenCity

Lindenzimmer 3, Karte S. 185 am Rande des Schanzenviertels werden 3 private Zimmer angeboten. Anfragen nur per E-mail. EZ ab 40 €, DZ ab 50 € (ohne Frühstück). U Christuskirche, dann 5 Min. Fußweg, www.lindenzimmer.de.

››› Mein Tipp: *** **YoHo 1**, Karte S. 185, ein Hotelprojekt der Arbeiterwohlfahrt für ein eher junges Publikum. Die ruhige Stadtvilla wurde zeitlos, geradlinig und edel von einem jungen Designerteam 2000 eingerichtet. Angegliedert ist ein syrisches Restaurant. Auch das Frühstück für 12 € (im Preis nicht inbegriffen) an der langen Tafel ist orientalisch angehaucht. EZ ab 85 €, DZ ab 99 €, Gäste unter 26 J. zahlen 15–20 € weniger. Moorkamp 5, U Christuskirche, dann 6 Min. Fußweg, ✆ 040-2841910, 📠 28419141, www.yoho-hamburg.de. ‹‹‹

Pension Heinrichstraße 1 7, Karte S. 185, Ronald Hoffmann und Kurt Rehkopf bieten Bed & Breakfast in einem Gartenhäuschen mit einem Wohn- und Schlafraum sowie Duschbad. Sehr ruhig und nah am Schanzenviertel. 48 € pro Tag ohne Frühstück, bei nur einer Übernachtung 30 € Endreinigung extra. Heinrichstr. 1, S/U Sternschanze, dann Bus 115 (Schulterblatt) oder 5 Min. zu Fuß, ✆ 040-3892, www.heinrichstrasse1.de.

My Place 22, Karte S. 185, die ehemalige Pension Lippmannstraße hat unter neuem Namen Ende 2008 am Rande des Schanzenviertels wieder eröffnet. Die Zimmer mit Bad und Fernseher sind nach Hamburger Stadtteilen benannt. EZ ab 59 €, DZ 80–144 €. Frühstück 7,50 €. Lippmannstr. 5, U 3 Feldstraße, dann ca. 10 Min. zu Fuß, ✆ 28571874, 📠 28571875, www.myplace-hamburg.de.

*** **Fritzhotel 9**, Karte S. 185, mitten im Schanzenviertel. 17 individuell und geschmackvoll gestaltete Zimmer, teilweise ruhig zum Hof, teilweise lauter zur Straße hin. Modern und hell eingerichtet und zentral gelegen am S-Bahnhof Sternschanze. EZ ab 60 €, DZ 90 €, Junior Suite 125 € (ohne Frühstück). Schanzenstr. 101–103, S 21/31 und U 3 Sternschanze, ✆ 040-82222830, 📠 822228322, www.fritzhotel.com.

** **Pacific 34**, Karte S. 185, ein nicht sehr geschmackvoll eingerichtetes, aber sauberes und günstiges Hotel. EZ 37–61 €, DZ 58–82 € inkl. Frühstück. Neuer Pferdemarkt 30–31, U 3 Feldstraße, ✆ 040-4395095, 📠 4322537, www.hotel-pacific.de.

Schanzenstern 16, Karte S. 185, im Gewerbehof in den ehemaligen Produktionsstätten der Firma Montblanc, in der von 1910 bis 1990 Füller gefertigt und Goldfedern geschliffen wurden; hier befindet sich auch das Kino 3001. Ein günstiges Hotel mit angeschlossenem Bio-Restaurant/Bio-Café mit Frühstücksbuffet. Das Café hat einen hübschen Biergarten. Ausschließlich Nichtraucherzimmer, darunter EZ und DZ mit Etagenduschen und 8 Mehrbettzimmer mit Dusche. Mehrere rollstuhlgerechte Zimmer. EZ 38,50 €, DZ 54 €, 3-Bett-Zimmer 64 €, 4-Bett-Z. 78 €, 5-Bett-Z. 96 €, im Mehrbettzimmer 19 € (eine Woche vorher reservierbar). Frühstücksbuffet 6,50 €, kleines Frühstück 4,50 €. Bartelsstr. 12, S 21/31, U 3 Sternschanze, dann ca. 5 Min. Fußweg, ✆ 040-4398441, 📠 4393413, www.schanzenstern.de. ■

Rotherbaum und Harvestehude

*** **Hotel am Rothenbaum 3**, Karte S. 209, 2006 komplett renoviertes Hotel. Die Zimmer sind recht klein, schlicht und geschmackvoll eingerichtet, ansonsten bietet das solide Haus mindestens alles, was man von einem 3-Sterne-Haus erwartet. Die Zimmer zur Rothenbaumchaussee sind etwas lauter, nach hinten gibt es sehr ruhige Zimmer. EZ ab 49 €, DZ ab 69 €, Frühstücksbuffet 10 €. Rothenbaumchaussee 107, U 1 Hallerstraße, ✆ 040-4153780, 📠 449374, www.hotelamrothenbaum.de.

››› Mein Tipp: **Anke Barenscher Bed & Breakfast 6**, Karte S. 209, die Dekorateurin Anke Barenscher hat 6 Zimmer im ehemaligen Schwesternwohnhaus des alten Rot-Kreuz-Krankenhauses eingerichtet. Die Zimmer sind individuell und sehr geschmackvoll mit antiken buntbemalten Möbeln, bunten Wänden und hübscher Deko ausgestattet. Kabel-TV, Internet und auf Wunsch auch Telefon. EZ ab 70 €, DZ 855 € inkl. Frühstück. Monetastr. 4, U 2 Schlump und 5 Min. zu Fuß, ✆ 040-41354949, www.schlafschoen.com. ‹‹‹

Hotel/Pension Fink 7, Karte S. 209, die Zimmer im ersten Stock einer Stadtvilla sind unterschiedlich groß und verschieden ausgestattet. Das teuerste Zimmer (125 €) verfügt über ein sehr einfaches Bad, die anderen besitzen teilweise eine Dusche und teilen sich das Gemeinschafts-WC. Schön kitschig und vollgepackt mit Trockenblumen sind sie alle. Zusätzlich gibt es jede Menge mehr oder weniger zugestaubtes Gedöns. Die asiatisch geführte Pension hat dabei durchaus Atmosphäre. Besonders hübsch ist das Frühstückszimmer. EZ ab 49 €, DZ ab 70 € inkl. Frühstück. Rothenbaumchaussee 73, U Hallerstraße, ☎ 040-440571, 📠 457162, www.hotel-fink.de.

St. Georg

The George 3, Karte S. 156/157, wer es feudal mag und gerne in kolonialig-kakaobraun-beiger Einrichtung mit teuren Design-Tapeten nächtigt, ist mit dem neuen Edelhotel von St. Georg sehr gut beraten. Toller Spa-Bereich mit Dachterrassenblick über St. Georg, die Zimmer sind alle mit iHome, Flat-Screen-TV, Tee- und Kaffeemaschine sowie freiem Internetzugang ausgestattet. Zimmerpreise 145–355 €. Croissantfrühstück 7 €, Frühstücksbuffet 18 €. Barcastr. 3, U 1 und ca. 5 Min. zu Fuß, ☎ 040-2800300, www.thegeorge-hotel.de.

*** **Außen Alster Hotel 7**, Karte S. 156/157, hübsches Hotel mit 27 Zimmern hinter einer Gründerzeitfassade, nur 50 m von der Außenalster entfernt. Hoteleigenes Segelboot und kostenloser Fahrradverleih für Gäste. Durch die Lage in einer Seitenstraße der quirligen Langen Reihe hat man jede Menge Ausgehmöglichkeiten. Der kleine Garten und die Balkone zum Innenhof sind charmant. Zum Hotel gehört das Restaurant Schmilinsky. EZ ab 95 €, DZ ab 130 € inkl. Frühstück. Schmilinskystr. 11–13, U/S Haupt bahnhof, dann Metrobus 6 (Gurlittstraße) und ca. 5 Min. zu Fuß, ☎ 040-241557, 📠 2803231, www.aussenalsterhotel.de.

Galerie-Hotel Sarah Petersen 22, Karte S. 156/157, ein kleines 5-Zimmer-Hotel, in dem auch schon einige Prominente abgestiegen sind. Die Inhaberin Sarah Petersen hat das klassische Bürgerhaus stilvoll mit hübschen Möbeln und Kunst eingerichtet. Die Ausstattung ist vergleichbar mit der eines 3-Sterne-Hauses. Das teurere Studio im Dachgeschoss hat eine Terrasse. Üppiges Frühstück im feudalen, aber gemütlichen Salon. Zum Haus gehört auch die Gallery of Dreams, ein Art-Shop, in dem Sarah Petersen u. a. auch eigene Bilder verkauft. In der Hochsaison EZ ab 80 €, DZ ab 98 € (ohne Frühstück), Nebensaison günstiger. Sonderangebote erfragen, auch 3- und 4-Bett-Belegung gegen Aufpreis möglich. Lange Reihe 50, U/S Hauptbahnhof, dann ca. 5 Min. zu Fuß, ☎ 040-249826, 📠 18989610, www.ghsp.eu.

Hotel Annenhof 25, Karte S. 156/157, Pension mit Holzfußboden in einem hübschen Jugendstilhaus. Die in ganz unterschiedlichen Farben gestrichenen Zimmer eignen sich für 1–3 Personen. Zwei Zimmer mit Dusche, ansonsten Etagenbad und WC. EZ ab 40 €, DZ ab 70 €, dritte Person 30 € (bis 16 J. 15 €) extra. Kein Frühstück, es gibt aber diverse Lokale in der Langen Reihe. Lange Reihe 23, U/S Hauptbahnhof, dann ca. 5 Min. zu Fuß, ☎ 040-243426, 📠 245569, www.hotel-annenhof.de.

* **Hotel Pension Kieler Hof 32**, Karte S. 156/157, günstiges und einfaches Hotel nahe dem Hauptbahnhof. Zimmer mit (Duschkabine z. T. direkt vor dem Bett) und ohne Dusche, aber immer mit Etagen-WC. EZ in der Hochsaison ab 35 €, DZ ab 45 €, 3-Bett-Zimmer 60 €, 4-Bett-Zimmer 75 €. Frühstück 4 €. Bremer Reihe 15 (nicht erschrecken, in dieser Straße bieten einige Frauen ihre Dienste an), U/S Hauptbahnhof, ☎ 040-243024, 📠 246018, www.kieler-hof.de.

*** **Hotel Village 33**, Karte S. 156/157, plüschige Zimmer, Satintapeten, Baldachine und jede Menge Spiegel schaffen in den 17 individuell eingerichteten Zimmern eine extrem kuschelige Atmosphäre. Mit Etagendusche/-WC EZ ab 50 €, DZ ab 65 €, mit eigenem Bad EZ ab 65 €, DZ ab 85 € inkl. Frühstück. Steindamm 4, U Hauptbahnhof, ☎ 040-4806490, 📠 64949, www.hotel-village.de.

Hotel-Pension von Blumfeld 20, Karte S. 156/157, mit 14 Zimmern ein kleines und einfaches Hotel ganz zentral in der Langen Reihe. EZ ab 36 € (Etagendusche), mit eigenem Bad 50 €; DZ ab 56/70 €, 3-Bett-Zimmer 80 €. Frühstück 5 €. Lange Reihe 54, U/S Hauptbahnhof, dann ca. 10 Min. zu Fuß, ☎ 040-245860, 📠 243282, www.pension-blumfeld.de.

*** **Junges Hotel 34**, Karte S. 156/157, hier sollte man nicht enttäuscht werden: freundlicher Service und ein Komfort, den man in einem 3-Sterne-Superior-Hotel erwarten kann. Gegründet wurde das Haus vom Christlichen Verein Junger Menschen (CVJM) im Jahr 2000. Mit Internetzugang, auf den Zimmern sogar kostenlos. EZ ab 97 €, DZ ab 109 € inkl. Frühstück, Zustellbett 35 € (Kinder bis 12 J. schlafen und frühstücken umsonst), immer wieder spezielle Angebote (Infos über die Website). Tiefgarage

12 €/Tag. Kurt-Schumacher-Allee 14, U 1/3 Hauptbahnhof Süd, ✆ 040-419230, 📠 41923555, www.jungeshotel.de.

»» Mein Tipp: **Superbude** 35, Karte S. 156/157, das Motto lautet: „Komm ins Bett! Schlafen ist super!" Die Superbude vom Macher mehrerer Designhotels in Hamburg ist eine sehr coole Mischung aus Backpacker, Hostel und Hotel für den schmaleren Geldbeutel. Spaßige Einrichtung mit Stapelbetten, Astra-Kisten-Hockern und lustigem Schnickschnack. Doppelbude 59–89 €, Zustellbett oder Bett im Mehrbettzimmer 16–22 €, 4-Bett-Bude 91–133 €, gutes Frühstück 7 €. Jede Menge Extras: Fahrradverleih, Boxsäcke, Nintendo DS und Wii sowie iHome (für 1 €/Tag) und mehr. Spaldingstr. 152, U/S Berliner Tor und ca. 500 m zu Fuß, ✆ 040-3808780, www.superbude.de. «

*** **Steen's** 27, Karte S. 156/157, Garni-Hotel in einem Hamburger Stadthaus mit hübscher Fassade, zwischen Bahnhof und Alster gelegen. Das Hotel bietet große und einfache Zimmer mit kleinen Bädern. EZ ab 65 €, DZ ab 85 €, 3-Bett-Zimmer ab 115 €, Familienzimmer ab 129 €, jeweils inkl. Frühstück. Holzdamm 43, U/S Hauptbahnhof, dann ca. 10 Min. zu Fuß, ✆ 040-244642, 📠 2803593, www.steens-hotel.com.

*** **Wedina** 12, Karte S. 156/157, sehr nette Atmosphäre, insgesamt gehören zum Hotel vier hübsche Häuser: das gelbe, das blaue, das rote (das 2012/13 aber erneuert werden soll) und das grüne mit insgesamt 59 individuell eingerichteten Zimmern und Apartments. Im stilvollen Garten oder Wintergarten wird morgens ein kleines, aber feines Frühstücksbuffet mit leckeren Bio-Produkten angeboten. Das Wedina arbeitet eng mit dem Literaturhaus Hamburg zusammen, immer wieder steigen im Hotel Autoren ab und veranstalten Lesungen. Die Lage – mitten in St. Georg und ganz stadtnah – ist überzeugend. EZ 70–175 €, DZ 118–195 € inkl. Frühstücksbuffet. Gurlittstr. 23, U/S Hauptbahnhof, dann Metrobus 6 (Gurlittstraße), dann noch ca. 5 Min. zu Fuß, ✆ 040-2808900, 📠 2803894, www.wedina.de.

*** **Hotel Miramar** 1, Karte S. 156/157, „a little taste of England in the heart of Hamburg" – das sehr britische und familiäre Flair bleibt auch nach dem Besitzerwechsel die Devise. Alle Zimmer sind individuell eingerichtet und tragen bezeichnende Namen wie „Colonial", „Africa", „English Rose" und „Bali". EZ 85 €, DZ ab 115 € inkl. Frühstücksbuffet. Armgartstr. 20, Metrobus 6 (Mundsburger Brücke) oder U 2 Uhlandstraße, ✆ 040-51900940, 📠 519009450, www.hotelmiramar.de.

Das Hotel Vier Jahreszeiten liegt direkt an der Binnenalster

Hotel Mare 2, Karte S. 156/157, die mehr fein-hanseatisch als britisch anmutende Hotel gehört zum zwei Häuser entfernten Hotel Miramar. Gemütlich, gastlich und familiär hinter einer hübschen Gründerzeitfassade. Zwar fehlt hier das englische Porzellan, dafür sind die Preise etwas niedriger. EZ 80 €, DZ 95–120 €, 3-Bett-Zimmer 125 €. Armgartstr. 14, Metrobus 6 (Mundsburger Brücke) oder U 2 Uhlandstraße, ✆ 040-519009440, 📠 519009450, www.hotel-mare.de.

St. Pauli

››› Mein Tipp: **** **Empire Riverside 34**, Karte S. 170/171, in einem von Stararchitekt David Chipperfield entworfenen gläsernen Turm untergebracht, zwischen Reeperbahn und Elbe gelegen. Reduziertes, geschmackvolles Innendesign, großenteils gigantische Ausblicke auf den Hafen. Vom Spa-Bereich – leider ohne Schwimmbad – bis hin zum exzellenten Service fast alles, was das Herz begehrt. In 90 m Höhe befindet sich mit dem 20up die wohl coolste Hotelbar Hamburgs: bodentiefe Fenster, erlesenes Publikum und gigantischer Hafenblick. Zimmerpreise 130–349 € plus 20 € Frühstück, für 25 €/Tag darf man seinen Hund mitbringen und/oder sein Auto parken. Bernhard-Nocht-Str. 97, ✆ 040-311190, 📠 70601, www.empire-riverside.de. ‹‹‹

* **A & O Hotel Reeperbahn 16**, Karte S. 170/171, einigen noch als Hotel Stern bekannt, megazentral gelegen. Recht groß und anonym – 308 Zimmer mit 600 Betten. Viele junge Leute übernachten hier. Die Zimmer sind einfach, aber sauber. Ein Großteil mit Dusche/Bad und WC, Fernseher und Wecker. EZ ab 30 €, DZ ab 40 €, Frühstücksbuffet 6 €. Reeperbahn 154, S Reeperbahn, ✆ 040-31769990, 📠 3176999-9, www.aohostels.com.

Kogge 37, Karte S. 170/171, ein Rock'n'Roll-Hostel direkt zwischen Hafen und Reeperbahn. Die Zimmer – von „Honeckers Herrenzimmer" bis hin zum „Rockstar" – sind individuell und als Unterkunft für Bands und „open minded travellers" eingerichtet. Duschen und sanitäre Anlagen im 1. Stock und im Keller. Die Hafenbar ist zugleich die Rezeption. EZ ab 29,50 €, DZ ab 48,50 €, 4-Bett-Zimmer ab 78 €, Frühstücksbuffet 5 €. Bernhard-Nocht-Str. 59, S Reeperbahn, ✆ 040-312872, 📠 33442185, www.kogge-hamburg.com.

››› Mein Tipp: **** **East 3**, Karte S. 170/171, noch nicht alt und schon ein Klassiker. Der Architekt Jordan Mozer aus Chicago hat ein besonderes Ambiente geschaffen. In einer ehemaligen Eisengießerei wurde die ursprüngliche Bausubstanz beibehalten und mit modernen Elementen kombiniert. Das East wurde 2005 bei den European Design Awards in London zum zweitschönsten Hotel gewählt. Die 125 Zimmer, Suiten und Lofts sind einzigartig, aber teuer. Es lohnt sich jedoch, die Spezialangebote auf der Website anzusehen. Das edle Restaurant im Keller bietet europäische und asiatische Speisen. Zimmer 155–220 €. Französisches Frühstück 3,50 €, großes Frühstücksbuffet 18,50 € extra. Simon-von-Utrecht-Str. 31, U St. Pauli, ✆ 040-309930, 📠 30993200, www.east-hamburg.de. ‹‹‹

Winterhude und Uhlenhorst

*** **Hotel Alsterblick 6**, Karte S. 217, direkt an der Alster in einem Haus von 1891. 35 Zimmer und ein historischer Aufzug. Ideal: Das Hotel liegt nur einen Steinwurf entfernt vom bekannten Literaturhaus Café, in dem man es sich z. B. bei Hamburger Schmuddelwetter mit einem Buch besonders gemütlich machen kann. EZ ab 90 €, DZ ab 120 €, Frühstück inklusive. Schwanenwik 30, Bus 6 (Mundsburger Brücke), dann 5 Minuten zu Fuß, ✆ 040-22948989, 📠 22948980, www.hotel-alsterblick.de.

››› Mein Tipp: **Hotel York 3**, Karte S. 217, hinter einer weißen Jugendstilfassade verbergen sich hohe Räume mit hellen und hübschen Stuckdecken. Die Ausstattung ist vergleichbar mit einem 3- bis 4-Sterne-Hotel. Der Eigentümer Ulf Armbrust ist Designer, und das merkt man. Besonders schön in diesem v. a. bei Künstlern beliebten Hotel sind die Apartments mit Balkon und Loggia, die sich z. T. im moderneren Anbau befinden. EZ ab 73 €, DZ ab 105 €, Frühstück 13 € extra. Hofweg 19, Metrobus 6 (Averhoffstraße), ✆ 040-2271420, 📠 2273119, www.hotel-york.de. ‹‹‹

*** **Hotel-Pension Schwanenwik 7**, Karte S. 217, spektakulär ist hier außer der Fassade nur die Lage, die Einrichtung will nicht recht zur hübschen Fassade passen. Teilweise haben die Zimmer jedoch Blick auf die Außenalster EZ mit Dusche/WC 85 €, DZ 112 €, EZ mit Etagen-Dusche/WC 52 €, DZ 78 €, jeweils inkl. Frühstück, Tiefgarage 8 €/Tag. Schwanenwik 29, Metrobus 6 (Mundsburger Brücke), dann 5 Min. zu Fuß, ✆ 040-2200918, ℻ 2290446, www.hotel-schwanenwik.de.

*** **Cristobal** **21**, Karte S. 227, 2005 gebautes, angenehmes Hotel. Die 18 Zimmer sind nicht groß, aber geschmackvoll im mediterranen Landhausstil eingerichtet. Das Haus ist nur 5 Min. von der Außenalster bzw. vom Mühlenkamp (→ S. 229) entfernt. EZ ab 80 €, DZ ab 110 €, Frühstücksbuffet 6 €. Dorotheenstr. 52, Metrobus 6 (Goldbekplatz), dann 4 Min zu Fuß, ✆ 040-3570300, ℻ 35703070, www.hotel-cristobal.de.

Bed & Breakfast, Privatzimmer

Eine in den meisten Fällen preisgünstige Alternative zu „richtigen" Hotels oder Pensionen. Privatpersonen vermieten Zimmer in ihren Wohnungen und Häusern oder bieten ihre Ferienwohnungen für längere oder kürzere Zeit an. Das Frühstück ist bei Bed & Breakfast meist im Preis enthalten, bei Privatzimmern nicht unbedingt. Einzelne B&Bs finden Sie auch weiter oben unter den einzelnen Stadtteilen.

Außer über die **offizielle Zimmervermittlung** von **Hamburg Tourism** (→ „Wissenswertes von A bis Z/Information") können über folgende Anbieter Zimmer angemietet werden.

AD-Hamburg-Rooms, diese Bed-&-Breakfast-Agentur vermittelt Privatzimmer in diversen Stadtteilen. Vorab kann man sich auch im Internet schlaumachen. EZ ab 30 €, DZ ab 50 €. ✆ 040-46856450, www.ad-hamburg-rooms.de.

Agentur am Fischmarkt, die Vermittlungsagentur hat 20 Zimmer und 20 Apartments im Angebot. Alle liegen zentral (St. Pauli bis Innenstadt). EZ ab 32 €, DZ ab 50 €, Apartment ab 85 €. ✆ 040-3172713, www.agentur-fischmarkt.de.

Privatzimmervermittlung bed & breakfast, Markusstr. 9, ✆ 040-4915666, ℻ 4914212, www.bed-and-breakfast.de.

www.bedandbreakfast.de, diese ähnlich lautende Vermittlungsagentur ist ein Lesertipp, die angebotenen Unterkünfte können einzeln aufgerufen und direkt über das Internet gebucht werden.

Daueraufenthalt

Wer z. B. aus beruflichen Gründen längere Zeit in Hamburg bleiben will, findet über Mitwohnzentralen, in Apartmenthäusern oder sogenannten Boardinghouses eine Bleibe. Darüber hinaus lohnt sich ein Blick in die Samstagsausgabe des Hamburger Abendblatts (auch online unter www.abendblatt.de).

Mitwohnzentralen

Die durchschnittlichen Preise pro Monat inkl. Nebenkosten liegen in Hamburg etwa bei: Apartment 550 €, Wohnung mit 1 Zimmer 350 €, mit 2 Zimmern 750 €, mit 3 bis 4 Zimmern 1000 €, ganzes Haus 1550 €. Eine kleine Auswahl zentraler Anlaufstellen:

Home Company Hamburg, Schulterblatt 112, ✆ 040-19445, www.hamburg.homecompany.de.

City-Wohnen, Fischers Allee 70, ✆ 040-19430, www.city-wohnen.de.

Zeitwohnagentur, ✆ 040-2880750, www.zeitwohnagentur-hamburg.de.

Apartmenthotels/ Boardinghouses

Suite Hotel Hamburg City **16**, Karte S. 156/157. Diverse Annehmlichkeiten wie einen „Personal Assistent" z. B. für Fragen rund um die Freizeitgestaltung. 30 m² große Suite ab 89 € pro Tag. Die Preise variieren extrem, je nach Auslastung. Lübeckertordamm 2, U 1 Lohmühlenstraße, ✆ 040-271400, ℻ 27140140, www.suite-hotel.com.

Clipper Elb-Lodge **8**, Karte S. 138/139. Herrlicher Blick auf den Hafen ab 100 € pro Tag (bei längeren Aufenthalten günstiger). Carsten-Rehder-Str. 71, S Reeperbahn, dann ca. 9 Min. zu Fuß in Richtung Elbe/Fischauktionshalle, ✆ 040-809010, ℻ 80901999, www.clipper-hotels.de.

Hanse Clipper Haus **7**, Karte S. 138/139, ebenfalls zentral in Hafennähe. Ab 100 € pro Tag, bei längerem Aufenthalt günstiger. Ditmar-Koel-Str. 1/Schaarmarkt, S/U Landungsbrücken oder U 3 Baumwall, dann ca. 5–10 Min. zu Fuß, ✆ 040-37696-0, ℻ 37696-194, www.clipper-hotels.de.

Jugendherbergen

Drei Jugendherbergen gibt es in Hamburg. Mit Abstand die beste Lage hat die frisch und modern renovierte Jugendherberge Auf dem Stintfang. Die Innenstadt ist aber auch von der Jugendherberge Horner Rennbahn mit der U 3 gut erreichbar. Auch der Jugendpark Langenhorn ist empfehlenswert, liegt aber recht weit draußen.

Jugendherberge Auf dem Stintfang 4, (Karte Hafen S. 138/139) → Unterkünfte Innenstadt.

Jugendherberge Horner Rennbahn, ca. 5 km östlich der Innenstadt, direkt an der Horner Galopprennbahn. Preise inkl. Bettwäsche und Frühstück: bis 26 Jahre ab 22,90 €, ab 27 J. ab 26,90 €, Familien mit mind. einem minderjährigen Kind zahlen den Juniorpreis. Auch 2- bis 6-Bett-Zimmer buchbar. Bei Aufenthalt von mehr als zwei Nächten auch Halb- und Vollpension buchbar. Jugendherbergsausweis ist erforderlich. Rennbahnstr. 100, U 3 Horner Rennbahn, dann Bus 23, 160, 260 (Tribünenweg) oder 10 Min. Fußweg, ✆ 040-6511671, 📠 6556516, www.jugendherberge.de/jh/hamburg-horn.

Jugendpark Langenhorn, im Norden Hamburgs, in Flughafennähe. Für Einzelpersonen (Jugendliche und Erwachsene), Familien und Gruppen. Kein Jugendherbergsausweis erforderlich! Preise je nach Saison inkl. Bettwäsche und Frühstück: bis 26 Jahre ab 17 €, ab 27 J. ab 19 €. Jugendparkweg 60, U 1 Langenhorn Markt, dann Bus 24 (Wrangelkoppel) und noch 7 Min. Fußweg, ✆ 040-5313050, 📠 5324219, www.hamburger-jugendpark.de.

Camping

Campingplatz Buchholz, in HH-Stellingen, ganzjährig geöffnet. Ein kleiner, individuell geführter Platz, ebenes Gelände mit hohen Laubbäumen, parzelliert, mit gekiesten Stellflächen. Warme Duschen, WC (auch für Behinderte), Stromanschluss für Wohnwagen und Wohnmobil, Frühstücks- und Getränke-Service, Aufenthaltsraum, TV. Reservierung wird empfohlen. Person 6,30 €, Zelt ab 10 €, Wohnmobil ab 12 €. Auch Privatzimmer ohne eigene Dusche/WC. EZ 52,50 €, DZ ab 67,50 € mit Frühstück, Bettwäsche und Handtüchern sowie kostenfreiem Parkplatz. Kieler Str. 374, ins Zentrum 7 km. S 3/21 Stellingen und 10 Min. zu Fuß oder z. B. ab Fischmarkt oder Holstenplatz per Bus 4, 22, 183, 283 (Basselweg). Anfahrt über die A 7, Ausfahrt 26/HH-Stellingen, dann 600 m Richtung Innenstadt, ✆ 040-5404532, 📠 5402536, www.camping-buchholz.de.

Knaus-Campingpark Hamburg, in HH-Schnelsen, direkt neben der Lärmschutzwand an der Autobahn, nur 100 m von IKEA entfernt. Geöffnet April–Okt. Großflächiger, durch Hecken und Bäume gegliederter Platz. Gute Sanitäranlagen, Wickelraum, behindertengerechtes WC inkl. Dusche, darüber hinaus Waschmaschinen, Wäschetrockner, TV-Raum, Kiosk, Spielplatz, Stromanschlüsse. Stellplatz inkl. Pkw 12,80 €, Erw. 7 €, Kind 3,30 €, Strom 3 €, Umweltbeitrag 1,60 €/Tag. Wunderbrunnen 2, U 2 Nien-dorf-Markt und Bus 191 (Dornröschenweg). Anfahrt über die A 7, Ausfahrt 23/, Schnelsen-Nord, dort Richtung IKEA, ✆ 040-5594225, 📠 5507334, www.knauscamp.de.

Elbe Camp, in HH-Blankenese, im äußersten Westen der Stadt. Geöffnet April–Nov. Hervorragende Lage am breiten Sandstrand der Elbe. Kein Stromanschluss auf dem Platz! Camping nur mit Voranmeldung möglich! Wohnmobil 11 €, Wohnwagen mit Pkw 13,30 €, Pkw 3,30 €, Zelt ab 5,50 €, Erw. 5,50 €, Kind 6–17 J. 3 € (jüngere frei), Hunde 3 €. Falkensteiner Ufer 101, Anfahrt über den Wittenbergener Weg, ✆ 040-812949, 📠 817205, www.elbecamp.de.

**** **Camping Stover Strand**, in Drage. Ganzjährig geöffnet. Die 650 Stellplätze umfassende Anlage liegt ein Stück vor den Toren Hamburgs (30 Autominuten zur Innenstadt, 50 Min. mit öffentlichen Verkehrsmitteln) direkt am Elbstrand. Auch Ferienhäuser. Restaurant, SB-Markt, vielfältige Freizeitmöglichkeiten. Von den hier aufgelisteten Plätzen ist er der schönste, da er über einen eigenen Elb-Badestrand und Bootshafen verfügt. Wer also keinen reinen Stadturlaub machen möchte, hat hier eine hübsche Alternative. Wohnmobil 6 €, Zelt mit Auto 4–6 €, Person 4–5 €. Stover Strand 10, Anfahrt von Süden auf der A 7, dann A 250, Abfahrt Winsen Ost über Drage nach Stove; von Norden A 25, B 404, Abfahrt Rönne, ✆ 04177-430, 📠 530, info@stover-strand.dewww.camping-stover-strand.de.

Die alten Speicherhäuser sind Wahrzeichen der Stadt

Hamburg hat kulinarisch mehr in petto als frischen Fisch…

Essen und Trinken

In Hamburg bleibt kein kulinarischer Wunsch unerfüllt – vorausgesetzt, man weiß, wohin. Neben schicken Sterne-Restaurants und Gourmettempeln, von denen in Hamburg mehr ansässig sind als in jeder anderen deutschen Stadt, gibt es für jeden Geldbeutel zahllose Optionen, richtig gut zu essen. Das „Tor zur Welt" bietet auch in Sachen Gastronomie eine enorme Vielfalt.

Im Zuge der zunehmenden Internationalisierung des „kulinarischen Marktes" hat die **typische Hamburger Küche** weitgehend den Rückzug angetreten. Gänzlich vom Stadtplan verschwunden ist sie allerdings noch nicht. Insbesondere **rund um den Michel** in der Neustadt und auch am **Hafenrand** wird man noch fündig, wenn man sich auf die Suche nach regionaltypischer Kost in hanseatischer Atmosphäre macht. Im *Old Commercial Room* beispielsweise speisen schon seit 1795 Kapitäne neben Staatsoberhäuptern, Kaufleute neben Hafenarbeitern. Hier soll es übrigens auch das beste Labskaus der Stadt geben.

Regionaltypisch ist – dank Hamburgs riesigem Hafen – natürlich auch gut zubereiteter **Fisch.** Gerichte wie Ewerscholle und Pannfisch, aber auch Langusten und Hummer kommen auf den Tisch. Das wohl bekannteste Hamburger Fischrestaurant ist das *Fischereihafen-Restaurant* an der großen Elbstraße mit einem wunderbaren Ausblick (wenn man den richtigen Tisch erwischt). Auch Tom Cruise und Sean Connery waren schon hier. Und Fisch spielt auch in den vielen neu eröffneten Restaurants an der Hafenmeile, speziell zwischen Fischmarkt und Övelgönne, eine große Rolle. Hier haben sich direkt am Wasser einige Newcomer etabliert. Passend zur neuen Architektur, die die

Legendäres aus der Hamburger Küche

Aalsuppe Hamburger Art: Die Aalsuppe gibt so manchem Rätsel auf, sucht man doch oft verzweifelt im Suppentopf nach dem versprochenen Aal. Aber Aalsuppe hat in Hamburg nichts mit Fisch zu tun. „Al" (mit langem A gesprochen) heißt schlicht „alles". So gehörte in den Eintopf „aalens, was noch da is" – und das waren meist Gemüse und Fleischknochen. Das Ganze verfeinerte man mit Backobst, Kräutern, Schinkenspeck, Grießklößchen, Weißwein, Pfeffer, Zimt und Nelken. Für die Touristen wird die Suppe heute mancherorts aber sogar mit ein paar Stücken Aal serviert.

Birnen, Bohnen und Speck: Dieser Eintopf aus den genannten drei Hauptzutaten, zu dem im Übrigen auch noch die ungenannten Kartoffeln gehören, ist ein richtig altes Hamburger Gericht.

Erbsensuppe mit Snuten un Poten ist Erbsensuppe mit deftigen Schweinebacken, -ohren und -pfoten.

Hamburger Pannfisch: Fischreste werden als Pannfisch (in der Pfanne) zusammen mit Bratkartoffeln zubereitet, dazu wird eine Senfsoße gereicht.

Rode Grütt (rote Grütze): Eine Nachspeise aus dem Saft von Erdbeeren, roten Johannisbeeren, Himbeeren und/oder Sauerkirschen, Zucker und Speisestärke. Serviert wird sie mit Vanillesoße.

Labskaus (auch wenn seine Ursprünge wahrscheinlich in Bremen liegen): Verwendet werden dafür gepökeltes und gekochtes Rindfleisch, pürierte Kartoffeln, Zwiebeln, Gewürze und Rote Bete. Das Allerlei wird zu einem Brei vermatscht und mit Rollmops, Spiegelei und Gewürzgurke dekoriert – es schmeckt wider Erwarten lecker.

Rundstück warm: Das aufgeschnittene Brötchen mit einer warmen Scheibe Schweinebraten und viel Soße wird immer wieder mit der Geschichte des legendären „Hamburgers" in Verbindung gebracht. Falls dieser nicht einfach auf das englische „ham" zurückzuführen ist, gilt für die Hansestädter nämlich folgende Theorie: Ein ausgewanderter Hamburger soll mit den einfachen Rundstücken warm viel Geld verdient haben und so den heutigen Fastfoodfavoriten nach Amerika importiert haben.

Alsterwasser: mit klarer Zitronenlimonade vermischtes Bier. Seine etymologischen Wurzeln liegen wohl in den Fleeten der Hansestadt. Früher wurde das oft nicht gerade saubere Wasser, das man zum Bierbrauen benötigte, aus den Fleeten der Alster geschöpft.

Grog: Das Heißgetränk muss im Prinzip nicht vorgestellt werden. Nur noch kurz das Rezept als Gedächtnisstütze: Rum muss, Zucker darf, Wasser braucht nicht. Je weniger Wasser, desto „s-teifer" wird der Grog. Eine Variante ist der Eiergrog aus Weißwein, Eierlikör und Sahne. Prost.

Köhm: Ein klarer Schnaps mit leichtem Kümmelgeschmack, der gern zum Bier getrunken wird.

Buchtipps zur Hamburger Küche: *Das Hamburg Kochbuch. Die feine bürgerliche Küche der Hansestadt* von Claus S. Dörner und Ilse-Sibylle Dörner. Husum-Verlag 1993. *Hamburgisches Kochbuch. Verfasst von Hamburgischen Landfrauen*, Olms-Verlag 2000. *Aalsuppe und Mehlbüddel. Die besten Rezepte von der Waterkant bis zur Heide* von Dagmar Seifert und Wolf-Rüdiger Marunde, Kosmos Verlag 2004.

Elbmeile verjüngt, gibt es hier einige Lokale mit großen Glasfronten und freiem Blick auf die Elbe. Das Speisen vor dem Panorama riesiger vorbeifahrender Schiffe ist wirklich ein Erlebnis der besonderen Art. Adressen mit gigantischem Hafenblick sind zum Beispiel das *Au Quai* (auch Bar), das *Indochine,* das *Rive* oder das *Carls.*

Schick und gediegen geht es etwas höher in der **Elbchaussee** zu. Dort sind passend zur ansässigen Hautevolee, die es sich leisten kann, die **besten Spitzenköche** am Werk. Begehrte und teure Adressen sind das *Le Canard,* das *Landhaus Scherrer* oder das *Restaurant Jakobs.*

Kulinarisch gesehen ist Hamburg aber nicht nur wegen der vielen Sterne, Häubchen und Gäbelchen die Nummer eins in Deutschland, sondern gerade wegen seiner **soliden Mittelklasse,** die mit der Kochkunst des ganzen Kontinents auftrumpfen kann. So finden sich neben **Italienern** sehr viele **Portugiesen**. Das italienische Restaurant *Cuneo* in der Davidstraße ist seit 1905 im Besitz derselben Familie und Anziehungspunkt für überdurchschnittlich viele Prominente.

Immer wieder öffnen neue Restaurants, auch experimentelle Köche haben gute Chancen in Hamburg. Schlechte Restaurants halten sich in dieser Stadt nicht lange, dafür hat Hamburg einfach zu viel zu bieten.

Zu den **Essenszeiten** bleibt zu sagen: Die Chance, einen Tisch zur Mittagszeit oder am frühen Abend zu bekommen, ist gut. Die Wahrscheinlichkeit, bei schönem Wetter mittags einen Platz mit schöner Aussicht in der Sonne zu ergattern, ist da schon schlechter. Gerammelt voll sind dann auch die begehrtesten **Biergärten** der Hansestadt an Alster und Elbe. Dazu gehören unter vielen anderen sicherlich die *Strandperle* bei Övelgönne, *Bodos Bootssteg* und das *Cliff* an der Alster. Sie bieten alle neben Getränken auch Mahlzeiten an. In Hamburg isst man abends übrigens meist nicht vor 20 Uhr. Für diese Zeit empfiehlt sich in den begehrten Lokalen immer eine Reservierung.

Reichhaltigen Mittagstisch gibt es an fast allen Ecken der Stadt

Restauranttipps für jeden Geschmack

Im Windschatten des Hauptbahnhofs: das Deutsche Schauspielhaus

Kultur & Co.

Auch in Sachen Unterhaltung bleiben in Hamburg kaum Wünsche offen. Das Angebot der Musenstadt reicht von der größten deutschen Sprechbühne bis hin zum abwechslungsreichen, anspruchsvollen oder auch spaßbringenden Programm in der Kulturfabrik Kampnagel.

Allein die Musicalbühnen locken jährlich Tausende von Touristen in die Hansestadt, Oper und Ballett präsentieren sich auf Weltklasseniveau. Für Filmfans bietet Hamburg darüber hinaus einige Festivals und Programmkinos an.

Kabarett, Musical und mehr

Das Schiff (Altstadt): Ein schwimmendes Theaterschiff mit politischem Kabarett und Solo-Abenden. Die Vorstellungen sind fast immer ausverkauft. Karten 20–29 €, Studenten die Hälfte. Holzbrücke 2, Anleger Nikolaifleet, www.theaterschiff.de. Theaterkasse Deichstr. 21, 2. Stock, Di–Fr 11–18 Uhr. Kartentelefon tägl. 9–20, So/Fei ab 14 Uhr unter ✆ 040-69650560 oder eine Stunde vor Vorstellungsbeginn an der Abendkasse. S Stadthausbrücke oder U 3 Rödingsmarkt.

››› Mein Tipp: **Alma Hoppes Lustspielhaus** (Eppendorf): Nils Loenicker und Jan-Peter Petersen machen schon seit über 25 Jahren gemeinsam Programm. Wenn sie nicht selbst auf der Bühne stehen und politisches Kabarett vorführen, gastieren hier Größen wie Max Goldt, Martin Buchholz oder Popette Betancor. Karten 18–25 €, erm. 12–17 €. Ludolfstr. 53, ✆ 040-55565556, www.almahoppe.de. U 1 und Busse 20, 25, 118 (Hudtwalckerstraße). ‹‹‹

Delphi Showpalast (Eimsbüttel): Gastronomietheater mit Musicalaufführungen. Man kann, muss aber nichts essen, während man sich die Shows ansieht. Theaterkasse Mo–Fr 14–20, Sa 15–20 Uhr. Kartenpreise je nach Veranstaltung. Eimsbüttler Chaussee 5, ✆ 040-4318600, www.delphi-showpalast-hamburg.de. U 2 Christuskirche.

Fliegende Bauten (St. Pauli): Ein Theaterzelt in St. Pauli mit internationalen Varietéproduktionen, Avantgardezirkus, Musik und Comedy. Im angeschlossenen Restaurant kann vor der Veranstaltung oder in der Pause gegessen werden. Karten 10–50 €. Glacischaussee 4, Große Wallanlagen, Kasse und Kartentelefon Mo–Sa 10–19, So 14–19 Uhr, Kartentel. ✆ 040-881411880, www.fliegende-bauten.de. U 3 St. Pauli.

Imperial Theater (St. Pauli): Hamburgs erstes Krimitheater, aber auch Musicals und Comedy werden heute in dem ehemaligen Pornokino aufgeführt. Karten um 15–30 €. Kartentelefon und Tageskasse Mo–Sa 10–18, an Vorstellungstagen bis 20 Uhr. Sonntags 4 Std. vor Vorstellungsbeginn. Reeperbahn 5, ✆ 040-313114, www.imperial-theater.de. U 3 St. Pauli.

Operettenhaus Hamburg (St. Pauli): Seit der Premiere des Musicals „Cats" 1986 hat sich das Operettenhaus etabliert, hier begann der Musicalboom in Deutschland. Sehr erfolgreich war auch Björn Ulvaeus' und Benny Anderssons „Mamma Mia" mit vielen Ohrwürmern der Erfolgsgruppe ABBA. Das Musical „Ich war noch niemals in New York" mit Songs von Udo Jürgens wurde 2010 von Sister Act abgelöst. Karten 28–122 €. Spielbudenplatz 1, ✆ 01805-4444, www.stage.de. U 3 St. Pauli.

Polittbüro (St. Georg): Die beliebte Bühne von „Herrchens Frauchen" (Lisa Politt) mit Konzerten, Lesungen, Kabarett und Kleinkunst. Karten 10–15 €. Kasse an Veranstaltungstagen ab 19 Uhr geöffnet, darüber hinaus Vorverkauf im Buchladen Männerschwarm (Lange Reihe 102), Buchladen Osterstraße (Osterstr. 171) und in der Buchhandlung im Schanzenviertel (Schulterblatt 55). Steindamm 45, ✆ 040-28055467, www.polittbuero.de. U 1 Lohmühlenstraße oder U/S Hauptbahnhof.

Pulverfass Cabaret (St. Pauli): Travestie-Shows, Tanz und Revue. Im Rahmen von „Dinner und Show" kann man sich vom Snack bis zum ausgewachsenen Menü auch kulinarisch versorgen lassen. Shows tägl. 20.30 und 23.30, am Wochenende auch 2.30 Uhr. Eintritt 15–24 € plus 15 € Mindestverzehr. Abendkasse tägl. ab 18, Bistro ab 17 Uhr. Reeperbahn 147, ✆ 040-247878 (Kartentelefon tägl. ab 15 Uhr), www.pulverfass cabaret.de. S Reeperbahn.

Schmidts Tivoli (St. Pauli): Freche Theater-, Musik- und Varieté-Produktionen, oft schwul. Karten 9–47 €. Theaterkasse nebenan im Schmidt Theater tägl. 11–19 Uhr. Spielbudenplatz 27, ✆ 040-31778899 (Kartentelefon: Mo–Sa 9–19, So 14–19 Uhr), www.tivoli.de. U St. Pauli oder S Reeperbahn.

Schmidt Theater (St. Pauli): Musiktheater, Kabarett und Varieté. Unter anderem auch die bekannte „Schmidt Mitternachtsshow". Karten 9–47 €. Tageskasse tägl. 11–19 Uhr. Spielbudenplatz 27–28, ✆ 040-31778899 (Kartentel. Mo–Sa 9–19, So 14–19 Uhr), www.tivoli.de. U 3 St. Pauli oder S Reeperbahn.

St. Pauli Theater (St. Pauli): Anspruchsvolles Theater mit Augenmerk auf Lokalstücken sowie Kabarett, internationale Musical- und Showproduktionen und Comedy. Karten 16–40 €. Tageskasse tägl. 10–19, So/Fei ab 14 Uhr. Abendkasse 1 Std. vor Vorstellungsbeginn. Spielbudenplatz 29, ✆ 040-47110666, www.st-pauli-theater.de. U 3 St. Pauli oder S Reeperbahn.

Musicaltheater im Hafen mit dem „König der Löwen" (St. Pauli/Hafen gegenüber Landungsbrücken): Megaerfolgreiche Walt-Disney-Produktion mit Musik von Elton John und Tim Rice. Karten 32–120 €, am besten schon ein halbes Jahr vorher reservieren. Norderelbstr. 6, Steinwerder. ✆ 040-30051150 oder 01805-4444, www.loewenkoenig.de. U/S Landungsbrücken, dann von Brücke 1 mit dem kostenlosen Fähr-Shuttle bis zum Theater.

Neue Flora Hamburg mit „Tarzan": Ein moderner Musical-Dom. Gebaut wurde er im Jahr 2000 für das „Phantom der Oper" von Andrew Lloyd Webber. Seit 2008 steht Disney's „Tarzan" mit Musik von Phil Collins auf dem Programm. Karten 39–120 €. Stresemannstr. 159 a, ✆ 01805-4444, www.neueflora.de. S Holstenstraße.

Kellertheater, kleine Bühne am Brahmsplatz im Brahmskontor mit modernen Klassikern, Musicals, Lesungen und mehr. Karten (15 €, Kinder 10 €) per Telefon oder online. Johannes-Brahms-Platz 1, ✆ 845652, www.kellertheater.de, U 1 Stephansplatz oder U 2 Gänsemarkt und 7 Min. zu Fuß.

Kinder- und Jugendtheater

Fundus Theater (Wandsbek): Stücke für Kinder unterschiedlicher Altersgruppen, von Schauspiel bis Puppenspiel. Karten 6 € für Kinder, 7 € für Erwachsene. Aufführungen

Richard Rogler + Co. gastieren in Alma Hoppes Lustspielhaus

meist um 10 oder 16 Uhr. Hasselbrookstr. 25, ✆ 040-2507270, www.fundus-theater.de. S 1/11 oder Metrobus 25 Landwehr oder U 1 Wartenau.

Hamburger Puppentheater (Barmbek): Karten 4–5 €. Haus Flachsland, Bramfelder Str. 9, ✆ 040-23934544, www.hamburgerpuppentheater.de. S/U Barmbek.

Weitere Stücke für Kinder und Jugendliche stehen auf den Programmen folgender großer Bühnen: **Theater an der Marschnerstraße** (Marschnerstr. 46, Barmbek, U Hamburger Straße), **Ernst Deutsch Theater** und **Kulturfabrik Kampnagel**.

Kinos

3001 Kino (St. Pauli/Schanze): Kleines Programmkino mit viel Atmosphäre. Ausgesuchte aktuelle Filme, aber auch Produktionen zu wechselnden Themen. Dann stehen obendrein Klassiker wie „Casablanca" oder „Spiel mir das Lied vom Tod" auf dem Programm. Im Sommer veranstaltet das 3001 Freilichtkino im St.-Pauli-Stadion. Schanzenstr. 75, ✆ 040-437679, www.3001-kino.de. S/U Sternschanze.

Abaton (Rotherbaum/Grindel): Das älteste Programmkino Deutschlands wird immer wieder für seine grandiose Filmauswahl ausgezeichnet. Da erträgt man die kleinen Leinwände und nicht sonderlich bequemen Sessel gerne. Allendeplatz 3, ✆ 040-41320320, www.abaton.de. Bus 4/5 (Grindelhof).

Alabama (Winterhude/Kampnagel): Programmkino mit Klassikern, aktuellen Filmen, Kinderprogramm und schwuler „rosa Reihe". Jarrestr. 21, ✆ 040-28803070, www.alabama-kino.de. Bus 172/173 oder Metrobus 6 (Semperstraße), dann 7 Min. zu Fuß.

B-Movie-Kino (St. Pauli): Politische Filme, Retrospektiven und Underground. Den Preis (3,50–6 €) darf der Kinobesucher selbst bestimmen. Einige „Heimatfilme" werden auch kombiniert mit Stadtteiltouren angeboten (ca. 10 € extra). Brigittenstr. 5, ✆ 040-4305867, www.b-movie.de. S Reeperbahn oder U Feldstraße.

Blankeneser Kino (Blankenese): Hier kann man ausgesuchte Filme zusammen mit echten Blankenesern ansehen. Die engen Sitze passen irgendwie zum kleinen Fischerdörfchen. Donnerstag Kinotag 6 €. Blankeneser Bahnhofstr. 4, ✆ 040-862421, www.blankeneserkino.de. S Blankenese.

Cinemaxx Hamburg Dammtor (Neustadt): Mainstream im Mulitplex-Format. Dammtordamm 1, Reservierungen unter ✆ 01805-24636299 (0,14 €/Min. plus 0,50 € Aufschlag pro Karte), www.cinemaxx.de. S Dammtor oder U 1 Stephansplatz.

Holi (Harvestehude): Arthouse-Kino, viele europäische Filme, Einrichtung im Stil der 50er Jahre. Schlankreye 69, ✆ 040-4223040, Info auch auf www.cinemaxx.de. U Hoheluftbrücke.

Magazin (Winterhude): Immer etwas verspätet zeigt das Programmkino mit Flair (vormals „Winterhuder Lichtspiele") aktuelle, aber ausgesuchte Filme günstiger als die Konkurrenz. In den Ferien Kinderkino, sonst oft Klassiker. Fiefstücken 8 a, ✆ 040-5113920, www.magazinfilmkunst.de. U Lattenkamp, dann 5 Min. zu Fuß.

››› Mein Tipp: **Zeise Kinos** (Ottensen): In dem 1886 von Theodor Zeise errichteten Gebäudekomplex wurden einst Schiffsschrauben gefertigt. Heute beherbergen die alten Gemäuer u. a. dieses Programmkino. Neben anspruchsvollen deutschen Produktionen auch gute ausländische Filme, manche in Originalfassung. Friedensallee 7–9. ✆ 040-3908770, www.zeise.de. Bus 150 oder S Altona, dann ca. 6 Min. zu Fuß. ‹‹‹

Metropolis (Neustadt): Seit 1979 eine stilvolle Kultureinrichtung zunächst mit historischer Inneneinrichtung und Anno-dazumal-Ambiente. 2008 (vielleicht nur vorübergehend) umgezogen und moderner eingerichtet im Steindamm 52/54. Dort hat sich die Kinemathek mit ihrem besonderen Programm und vielen Specials gut etabliert. Dammtorstr. 30 a, ✆ 040-342353, www.metropoliskino.de. U 2 Gänsemarkt oder U 1 Stephansplatz.

Freilichtkino: Von Mitte/Ende Juli bis Ende August begeistern in der schönsten Stadt der Welt auch jede Menge Freilichtkinos das Publikum. Neben regelmäßigen Vorführungen auf dem Rathausmarkt, im Innenhof des Altonaer Rathauses (→ Zeise-Kinos) und dem Outdoor Cine im Schanzenpark haben auch die Vorführungen in der HafenCity wie das Streits Open Air auf dem Vorplatz des Internationalen Maritimen Museums ihren besonderen Charme. Weitere Angebote in der Tagespresse.

Streit's (Neustadt): Das Kino für anspruchsvollere Mainstream-Streifen öffnete schon 1956 und wurde damit früh zur Hamburger Premierenadresse. Eine Menge Hollywoodgrößen haben sich hier schon an der Bar getroffen. Jungfernstieg 38, ✆ 040-346051, www.cinestar.de. U/S Jungfernstieg.

UCI Kinowelt Mundsburg (Barmbek): Großes, modernes Mainstreamkino im Mundsburger Einkaufszentrum. Hamburger Str. 1–15, ✆ 040-2270450, www.uci-kinowelt.de. U Mundsburg.

Museen

Afghanisches Museum → Hafenrand mit Speicherstadt und HafenCity, S. 147.

Altonaer Museum/Norddeutsches Landesmuseum → *Altonas Altstadt*, S. 204.

Ballinstadt (Veddel), das Auswanderermuseum ist ein spannendes und schon mit einigen Preisen ausgezeichnetes Erlebnismuseum auf der Veddel (südliche Elbseite). Zum Ende des 19 Jh. wurde die Auswandererstadt von Albert Ballin, dem Direktor der HAPAG, errichtet. Heute wird in drei der ehemaligen wieder aufgebauten Hallen sehr anschaulich von den Auswanderern berichtet. Tägl. 10–17 (Okt.–April bis 16.30 Uhr). Eintritt 12 €, erm. 10 €, Kinder 5–12 J. 7 €, Familien 25 €. Veddeler Bogen, ✆ 040-31979160, www.ballinstadt.de. S 3/31 Veddel.

Baetlemania, das Beatlesmuseum in St. Pauli → *St. Pauli*, S. 177.

Bucerius Kunst Forum → *Altstadt*, S. 104.

Deichtorhallen/Haus der Photographie → *Altstadt* S. 111.

Deutsches Zollmuseum → Hafenrand mit Speicherstadt und HafenCity S. 145.

Dialog im Dunkeln → Hafenrand mit Speicherstadt und HafenCity S. 144.

Ernst Barlach Haus → *Das Elbufer* S. 251.

Freie Akademie der Künste (Altstadt), Kunstausstellungen und Veranstaltungen mit dem erklärten Ziel, die diversen Sparten künstlerischen Schaffens zusammenzubringen. Eintritt 3–12 €. Meist Di–So 11–18 Uhr. Klosterwall 23, ✆ 040-324632, www.akademie-der-kuenste.de. U 1 Steinstraße.

Frise Künstlerhaus Hamburg (Altona), hier arbeiten diverse Künstler unterschiedlicher Sparten in 23 Ateliers. Immer wieder gibt es Ausstellungen, Konzerte und diverse Veranstaltungen. Eintritt frei. Arnoldstr. 26–30, ✆ 040- 41623397, www.frise.de. S Altona.

Galerie Kunstraum und Puppenmuseum Falkenstein → *An den Stadtrand und darüber hinaus*, S. 262.

Hafenmuseum Hamburg im Schuppen 50A, am Hafenrand mit Speicherstadt (s. Kasten S. 146). Außenstelle des Museums der Arbeit, Australiastraße, Kopfbau, Schuppen 50 A, ✆ 040-73091184, www.museum-der-arbeit.de.

Hamburg Dungeon → Hafenrand mit Speicherstadt und HafenCity, S. 145.

Helms Museum – Hamburger Museum für Archäologie und die Geschichte Harburgs (HH-Harburg), tägl. (außer Mo) 10–17 Uhr. Eintritt 6 €, erm. 4 €, Kinder bis 17 J. frei. Museumsplatz 2, ✆ 040-428713609, www.helmsmuseum.de. S 3/31 Harburg-Rathaus.

HSV Museum, hier wird die über 100-jährige Geschichte des HSV präsentiert (s. auch S. 81/82). Auch Stadionführungen sind möglich (Termine erfragen). Eintritt 6 € Stadionführung 8 €, Kombiticket 10 €. Familien ermäßigt. Sylvesterallee 7, ✆ 040-41551550, www.hsv-museum.de. Tägl. 10–19, Einlass bis 18.30 Uhr. Bus 22 (Schanckenburgallee).

Internationales Maritimes Museum Hamburg → Sehenswertes, S. 144.

Jenisch Haus → *Das Elbufer*, S. 251.

Johannes-Brahms-Museum → *Neustadt*, S. 130.

Kesselhaus in der Hafencity → *Hafenrand mit Speicherstadt und HafenCity*, S. 146.

Kunsthalle Hamburg → *St. Georg*, S. 159.

Kunsthaus (Altstadt), diverse Ausstellungen, insbesondere für Hamburger Künstler, aber auch junge Kunst aus anderen Ländern. Meist Di–So 11–18 Uhr. Eintritt 3–6 €, erm. 2–4 €. Klosterwall 15, ✆ 040-335803, www.kunsthaushamburg.de. U 1 Steinstraße.

Kunstverein in Hamburg (Altstadt), zeitgenössische Kunst aus Norddeutschland und europäische Moderne. Tägl. (außer Mo) 12–18 Uhr. Eintritt 3 €, erm. 1,50 €. Klosterwall 23, ✆ 040-332157, www.kunstverein.de. U 1 Steinstraße.

KZ-Gedenkstätte Neuengamme, das Gefängnis wurde abgerissen, das große Areal des ehemaligen KZs ist heute Raum für vier Dauerausstellungen und ein Studienzentrum. Mo–Fr 9.30–16, Sa/So/Fei 12–17, April–Sept. tägl. 12–19 Uhr. Eintritt frei. Jean-Dolidier-Weg 39, ✆ 040-428131500, www.kz-gedenkstaette-neuengamme.de. S Bergedorf, dann Bus 227 und 327 (Gedenkstätte Neuengamme).

Messmer Momentum Teemuseum, → *Hafenrand mit Speicherstadt und HafenCity*, S. 142

Miniatur Wunderland → Hafenrand mit Speicherstadt und HafenCity, S. 146.

Museum der Arbeit (Barmbek), die Geschichte der Hamburger Industrialisierung – Le-

Markante Architektur: Die Galerie der Gegenwart

Nicht jeder Promi schafft es ins Hamburger Wachsfigurenkabinett

ben und Arbeiten, Werkstätten und Arbeitsplätze aus diversen Bereichen. Beeindruckend ist das größte Schneiderad der Welt (mit „Trude" wurde die vierte Elbtunnelröhre gebohrt). Zusätzlich gibt es wechselnde Sonderausstellungen. Eintritt 6 €, erm. 4 €, Familien 8 €, Jugendliche bis 18 J. frei. Mi kostenlose Führungen, nur Eintrittsgebühr. Mo 13–21, Di–Sa 10–17, So/Fei 10–18 Uhr Wiesendamm 3, ✆ 040-428322364, www.museum-der-arbeit.de. U 2/3 sowie S 1/11 Barmbek. Hübsch kann man mit dem Alsterdampfer „St. Georg" vom Jungfernstieg zum Museum fahren. Zusteigen auch am Mühlenkamp in Winterhude möglich. Die Schiffe fahren von März bis Okt. am Wochenende (ab 10.45 Uhr alle 2 Std., Dauer 50 Min.), einfach 6,50 €, hin/zurück 9,50 €.

Museum für Hamburgische Geschichte → *Die Neustadt*, S. 128.

Museum für Kunst und Gewerbe → *St. Georg*, S. 162.

Museum für Völkerkunde (Rotherbaum), Kunst- und Kulturgeschichte mit Schausammlungen aus Afrika, Amerika, Asien, Australien, Europa und der Südsee. 350.000 Objekte. Darüber hinaus ständig wechselnde Ausstellungen. Zum Thema Ozeanien ein Maskensaal und ein Maori-Haus. Angeschlossen ist ein interessanter Museumsshop. Eintritt 7 €, erm. 3 €, am Fr ab 16 Uhr freier Eintritt, unter 18 J. frei. Tägl. (außer Mo) 10–18, Do bis 21 Uhr, geschlossen am 1. Mai, 24./25.12. und 31.12./1.1. Rothenbaumchaussee 64, ✆ 040-4288790, www.voelkerkundemuseum.com, U Hallerstraße.

Museumsschiff Cap San Diego → *Hafenrand mit Speicherstadt und HafenCity*, S. 148.

Museumsschiff „Das Feuerschiff" (Hafen/Neustadt), ist im Hafen nicht zu übersehen. Interessant ist die Nietenbauweise, von innen ist es reichhaltig maritim bestückt. Heute wird es als Gastronomie- und Hotelschiff genutzt. Eintritt frei außer bei Sonderveranstaltungen. Mo–Sa 11–1, So 9–23 Uhr. Liegeplatz: City Sporthafen, ✆ 040-362553, www.das-feuerschiff.de. U Baumwall.

Museumsschiff Windjammer „Rickmer Rickmers" → *Hafenrand mit Speicherstadt und HafenCity*, S. 148.

Panoptikum (St. Pauli), Deutschlands ältestes und größtes Wachsfigurenkabinett. 120 bekannte Personen aus Geschichte, Sport, Politik und Showbusiness, darunter die Beatles und prominente Hamburger. Eintritt 5,50 €, erm. 5 €, bis 18 J. 3,50 €. Mo–Fr 11–21, Sa 11–24, So 10–21 Uhr. Spielbudenplatz 3, ✆ 040-310317, www.panoptikum.de. U 3 St. Pauli.

Planetarium (Winterhude/Stadtpark), der wohl einzigartige Sternenprojektor „Universarium IX" ermöglicht den Blick vom Himmel aus. 6 hochauflösende Plasmabildschirme sind online mit dem Weltraumteleskop Hubble verbunden. Dadurch können aktuelle Bilder über laufende Weltraummissionen vermittelt werden. Auf dem Programm stehen darüber hinaus wechselnde Konzerte, Lasershows und spezielle Kinderprogramme. Die Aussichtsplattform bietet einen Rundblick über den Stadtpark bis in die City Nord und bis in die Innenstadt. Für Veranstaltungen und Vorführungen wird eine Reservierung empfohlen. Öffnungszeiten variieren. Aussichtsplattform wetterabhängig ab einer Std. vor Beginn der Veranstaltungen geöffnet, Vorführungen, Shows und Konzerte 8,50–22 €. Telef. Kartenverkauf tägl. 9–20 Uhr. Stadtpark/Hindenburgstr. 1 b, ✆ 040-428865210, www.planetarium-hamburg.de. Busse 118 und 20 (Haltestelle Ohlsdorfer Straße) oder U 3 Borgweg und ca. 12 Min. zu Fuß durch den Stadtpark.

Prototyp-Automobilmuseum → Hafenrand mit Speicherstadt und HafenCity, S. 145.

Speicherstadtmuseum → Hafenrand mit Speicherstadt und HafenCity, S. 145.

Spicy's Gewürzmuseum → Hafenrand mit Speicherstadt und HafenCity, S. 145.

U-Bootmuseum „U-434" (Elbe/Am Fischmarkt), mit diesem U-Boot haben sich laut ungesicherter Quelle die Russen einen gewagten Scherz mit den Amerikanern erlaubt: Sie lagerten in den 80er Jahren 3 Wochen ungesehen neben der Freiheitsstatue, haben mit einer Sonde jede Menge Fotos gemacht und später an die Amerikaner geschickt. Heute ist es als Museumsschiff nur noch eine Touristenattraktion. Tägl. 11–18 Uhr, im Sommer länger. Eintritt 9 €, Kinder 6 €. St. Pauli Fischmarkt 10, ✆ 040-32004934, www.u-434.de. U Meßberg, dann 15 Min. zu Fuß.

Tipps zu **ermäßigten Eintrittspreisen** siehe „Unterwegs in Hamburg/touristische Angebote" S. 42.

Oper, klassische Musik und Tanz

››› Mein Tipp: **Hamburgische Staatsoper und Hamburg Ballett** (Neustadt): Die Staatsoper gehört zu den führenden Bühnen der Welt und war 2005 noch Opernhaus des Jahres. 1678 wurde ihr Vorgänger eröffnet und war damit das allererste Opernhaus im deutschen Sprachraum. Auch John Neumeiers international renommiertes Ballettensemble tritt hier auf. Karten 5–158 €. Theaterkasse in der Großen Theaterstr. 25, Mo–Sa 10–18.30 Uhr. Abend kasse ab 90 Min. vor Beginn der Aufführungen. Dammtorstr. 28, ✆ 040-356868, www.hamburgische-staatsoper.de und www.hamburgballett.de. U Stephansplatz oder Gänsemarkt, S Dammtor. ‹‹‹

Laeiszhalle – Musikhalle Hamburg (Neustadt): Konzerthaus mit zwei Sälen (groß und klein) für Auftritte großer Orchester, Kammerorchester und Solisten aus der ganzen Welt. Johannes-Brahms-Platz, ✆ 040-

Kunst...

3576660, Karten ✆ 040-346920, www.laeiszhalle.de. Busse 35, 36, 112 (Johannes-Brahms-Platz), U 1 Stephansplatz, U 2 Gänsemarkt oder Messehallen und ca. 7 Min. zu Fuß.

Weitere Anlaufstellen für klassische Musik sind u. a. das **Forum der Hochschule für Musik und Theater** (www.musikhochschule-hamburg.de), das **Rolf-Liebermann-Studio** im Rundfunkhaus (✆ 01801-787980) und der **Hamburger Michel unterirdisch** (www.michel-musik.de).

Weitere Hamburger Orchester mit wechselnden Aufführungsorten sind das NDR-Sinfonieorchester (www.ndrsinfonieorchester.de), das **Philharmonische Staatsorchester**, (www.philharmoniker-hamburg.de), die **Hamburger Symphoniker** (www.hambursymphoniker.de) und die **Hamburger Camerata** (www.hamburgercamerata.de).

Theater

Altonaer Theater (Altona): Geboten wird ein Mix aus klassischem, modernem und zeitgenössischem Theater mit Ausflügen in die Kabarett- und Unterhaltungssparte. Angeschlossen ist das Theater-Café. Karten 9–44 €. Tageskasse Mo–Sa 10–18 Uhr, Kartentelefon 8–20 Uhr (✆ 040-39905870) oder im Internet. Museumstr. 17, ✆ 040-39905870, www.altonaer-theater.de. S-Bhf. Altona.

Deutsches Schauspielhaus (St. Georg): Das größte deutsche Sprechtheater und der Star unter den Bühnen der Stadt. Das schönste Theater Hamburgs hat schon so einige Berg- und Talfahrten hinter sich, seine größte Zeit hatte es unter der Intendanz von Gustav Gründgens von 1955 bis 1963. Einen Besuch wert ist allein schon der prächtige Rokokosaal des Theaters. Karten 8–65 € (an allen Vorverkaufsstellen oder mit Kreditkarte auch online). Kirchenallee 39, ✆ 040-248713, www.schauspielhaus.de. U/S Hauptbahnhof.

English Theatre (Uhlenhorst): Diverse Genres (v. a. Klassiker, Kriminalstücke und Komödien) werden in englischer Sprache aufgeführt. Karten 21–29,50 €, erm. 9–15 €, Gruppenermäßigung. Bei Online-Bestellung sind die Karten 2–3 € günstiger. Lerchenfeld 14, ✆ 040-2277089. www.englishtheatre.de. U 2 Mundsburg.

Ernst Deutsch Theater (Uhlenhorst): Friedrich Schütter und Wolfgang Borchert gründeten es 1951 unter dem Namen „Junges Theater". Zeitgenössische Dramen, Komödien und klassische Stücke sowie Jugendtheater stehen auf dem Programm. Die Nachtschicht-Reihe bietet Spätvorstellungen. Karten 9–34 €. Tageskasse Mo–Sa 12-19 Uhr. Friedrich-Schütter-Platz 1, ✆ 040-22701420, www.ernst-deutsch-theater.de. U 2 Mundsburg.

Hamburger Kammerspiele (Rotherbaum): Avantgarde- und zeitgenössisches Theater auf einer relativ kleinen Privatbühne, die sich mit ihrer Geschichte (→ S. 211) und ihren Inszenierungen einen großen Namen gemacht hat. Karten 9–44 €. Theaterkasse Mo–Sa 12–19 Uhr sowie 1 Std. vor jeder Vorstellung. Kartentelefon (gebührenfrei)

...abseits der Museen

✆ 0800-4133440 (9–19 Uhr). Hartungstr. 9–11, www.hamburger-kammerspiele.de. Avantgarde-Theater. U Hallerstraße.

Komödie Winterhuder Fährhaus (Winterhude): Boulevardtheater mit verschiedenen Programmlinien: Boulevard mit vielen Stars, Komödien, literarische und musikalische Sonderveranstaltungen und die Reihe „Kontraste" mit schwarzem, bissigem Humor (www.kontraste-reihe.de). Angeschlossen ist das Restaurant Felix. (Tischreservierungen unter ✆ 040-46776716). Karten 10,50–45 €. Karten im Theater und an den Vorverkaufsstellen. Theaterkasse tägl. 10–19.30, So 14–18 Uhr, Abendkasse 1 Std. vor Beginn der Veranstaltung. Hudtwalckerstr. 13, ✆ 040-48068080, www.komoedie-winterhuder-faehrhaus.de. U 1 oder Bus 20, 25, 118, 600 (Hudtwalckerstraße).

Kulturfabrik Kampnagel (Winterhude): Das Gelände der ehemaligen Kranfabrik präsentiert sich seit über 20 Jahren als Theaterkomplex mit mehreren Bühnen, einem Ausstellungsraum, einem Kino etc. Neben Tanz- und Performance-Veranstaltungen bietet die alte Fabrik niveauvolle internationale Theaterkunst. Karten ca. 5–35 €. Jarrestr. 20, Kartentelefon und Öffnungszeiten der Tageskasse Mo–Sa 13–19, So/Fei 16–19 Uhr: ✆ 040-27094949, www.kampnagel.de. Tiefgarage an der Barmbeker Straße, 1,50 €/Std. (Parkausweis an der Theaterkasse entwerten lassen). Bus 172, 173 oder Metrobus 6 (Semperstraße), dann 5 Min. zu Fuß.

››› Mein Tipp: **Thalia Theater** (Altstadt): Anspruchsvolle und hochkarätige Traditionsbühne mit mutigen Inszenierungen, Zeitgenössisches und Klassiker kommen auf die Bühne. Karten 6–66 €. Online-Tickets günstiger. Theaterkasse tägl. 10–19, So/Fei 16–18 Uhr. Abendkasse 1 Std. vor Vorstellungsbeginn. Alstertor, ✆ 040-32814444, www.thalia-theater.de. U Mönckebergstraße oder U/S Jungfernstieg. ‹‹‹

Monsun Theater (Ottensen): Sprech-, Tanz- und Musiktheater mit Kammeropern und Liederabenden, Jazz, Kleinkunst und Kindertheater. Karten 9–22,50 €. Friedensallee 20, ✆ 040-3903148 (Mo–Fr 11–14 Uhr), www.monsuntheater.de. S-Bahnen. und Busse nach Altona.

Ohnsorg-Theater (Neustadt): Der absolute Hamburg-Klassiker, bekannt aus Funk und Fernsehen (dafür wird allerdings extra auf Hochdeutsch produziert) ist umgezogen (→ S. 155). Live auf der Bühne immer noch ausschließlich plattdeutsche Stücke, meist Komödien und Schwänke. Karten 10,50–29,50 €, bei TV-Aufzeichnungen günstiger. Theaterkasse tägl. 10–19, So/Fei 14–18 Uhr, Abendkasse 1 Std. vor Vorstellungsbeginn. Hachmannplatz/Bieberhaus, ✆ 040-35080321, www.ohnsorg.de. U/S Hauptbahnhof.

Thalia in der Gaußstraße (Ottensen): Die Probebühne und kleine Schwester des großen Thalia Theaters am Alstertor. Uraufführungen, Gastspiele und Experimentelles. Karten 20–26 €, ermäßigt 9–12 €. Gaußstr. 190, ✆ 040-32814444, www.thalia-theater.de. S Altona oder Metrobus 2 (Gaußstraße).

Theaterkassen & Vorverkaufsstellen (Auswahl)

Tickethotline der Tourismuszentrale: ✆ 040-30051-300

Konzertkasse Hauptbahnhof Wandelhalle: Mo–Mi 8–20.30, Do/Fr 8–21.30, Sa/So 10–20.30, Sa/So 10–18 Uhr. ✆ 040-32873854.

Theaterkasse Alsterhaus (Neustadt): Mo–Sa 10–20 Uhr, Jungfernstieg 16, ✆ 040-353555.

Theaterkasse E. Schumacher (Neustadt): Mo–Fr 10–18, Sa 10–13 Uhr, Colonnaden 37, ✆ 040-343044.

Tourist-Information am Hafen: tägl. 9–18 Uhr. St. Pauli Landungsbrücken, Brücke 4/5, ✆ 040-33442211.

CCH Kasse Dammtorbahnhof: Mo–Fr 8–19.45, Sa 10–16 Uhr. Dag-Hammerskjöld-Platz, ✆ 040-4130-9994.

Konzertkasse Gerdes (Rotherbaum/Grindel): Mo–Fr 10–18, Sept. bis Ende März auch Sa 10–13 Uhr. Rothenbaumchaussee 77, ✆ 040-453326, 440298.

Ticket-Shop Color Line Arena: Tägl. 11–18 Uhr oder 2 Std. vor Veranstaltungsbeginn. Sylvesterallee 10, ✆ 01803-206060 (9 Ct./Min.)

Auf der Reeperbahn nachts um halb eins ...

Nachtleben

Abwechslung pur regiert in der Hansestadt auch in Sachen Nachtleben. Die meisten Adressen finden sich auf dem Kiez rund um die Reeperbahn. Aber auch Altona und das Karo- und Schanzenviertel sind neben einigen über die Stadt verstreuten Highlights beliebte Quartiere zum Abtanzen und Austoben.

Livemusik

St. Pauli Diverse Adressen → S. 179 f.

Schanzen- und Karolinenviertel **Knust im Schlachthof** → S. 188

Grindel **Logo** → S. 213

Stage Club 3, (Karte S. 194/195), der schicke Jazz-, Soul- und Swing-Club mit eigener Combo und Auftritten diverser Künstler ist im Musicaltheater Neue Flora untergebracht. Auch Musik vom Plattenteller. Do–Fr 18–2, Sa 13–4, So 12–24 Uhr. Stresemannstr. 163, ✆ 040-43165460, www.stage-club.de. S Holstenstraße.

Neustadt **Cotton Club** → S. 132.

Winterhude **Downtown Bluesclub** → S. 234.

Sonst **Birdland** (Hoheluft-West), ein ordentlicher Jazz-Club. Do Jam Session und von Zeit zu Zeit Vocal Sessions. Hier standen schon einige Jazz-Größen auf der Bühne, dennoch kommen auch junge Talente zum Zuge. Mi–Sa 20.30–1.30 Uhr. Eintritt variiert von frei bis 15 €. Gärtnerstr. 122, ✆ 040-405277, www.jazzclub-birdland.de. Metrobus 20 (Gärtnerstraße).

Clubs und Diskotheken

St. Pauli Diverse Adressen → S. 179 f.
Altona/Ottensen **Fabrik 8** (Ottensen) → S. 194/195.

Fundbuereau (Altona), Eintritt 0–8 €. Öffnungszeiten variieren nach Programm. Jeden ersten Mi im Monat Nachtflohmarkt. Stresemannstr. 114, ✆ 040-43251351, www.fundbureau.de. S Holstenstraße.

Waagenbau (Altona), mit Hip-Hop, Dub und Reggae, Drum'n'Bass und Techno hat sich Waagenbau zu einer renommierten Szene-Tanzclub etabliert. Eintritt 0–10 €, Öffnungszeiten variieren je nach Programm.

Max-Brauer-Allee 204, ✆ 040-24420509, www.waagenbau.com. S Holstenstraße.

Kir (Ottensen) **6**, **(Karte S. 194/195)**, diverse Musikgenres vom Plattenteller, je nach Motto des Abends. Öffnungszeiten siehe Programm. Meist Mi & Fr (schwul-lesbisch & friends). Barnerstr. 16, ✆ 040-438041, www.kir-hamburg.de. Bus 2 Gaußstraße oder S Altona und ca. 10 Min. zu Fuß.

Schanzen- und Karolinenviertel **Uebel und Gefährlich** → S. 190

Grüner Jäger → S. 188

St. Georg **Hühnerposten** **36**, **(Karte S. 156/157)** (bei St. Georg), Veranstaltungslocation mit Partys von Bollywood bis Ü30 auf vier Floors, bis zu 3000 Vergnügungslustige pro Nacht. Eintritt und Öffnungszeiten je nach Veranstaltung. Hühnerposten 1a, ✆ 040-23532883, www.huehner-posten.de. U/S Hauptbahnhof.

Markthalle **15** (Klostertor), **(Karte S. 98/99)**, AC/DC, The Police, die Red Hot Chili Peppers und viele andere Rock- und Popgrößen haben hier schon gespielt. Heute finden diverse Konzert und Partys für ganz unterschiedliche Zielgruppen statt. Eintritt und Öffnungszeiten je nach Veranstaltung. Kartenvorverkauf an diversen Vorverkaufsstellen, online: www.ticketmaster.de. Klosterwall 11, ✆ 040-339491, www.markthalle-hamburg.de. U Steinstraße.

Hafen »» **Mein Tipp:** **Frau Hedis Tanz Kaffee** **10**, **(Karte S. 138/139)**, Eine Partybarkasse, auf der man es sich – durch den Hafen schippernd – die ganze Nacht bei gekühlten Getränken und diverser Musik gut gehen lassen kann → S. 179, Spaziergang St. Pauli. ««

Altstadt **Zentrale**, das Publikum passend zum Ambiente: Die Thalia-Theater-Bar veranstaltet neben Konzerten, Lesungen und Theaterstücken auch regelmäßig begehrte DJ-Abende mit diverser Themenstellung. Eintritt 5–18 € bei Programm. Tägl. ab 19 Uhr. Raboisen 67, ✆ 040-328140, www.thalia-theater.de. U Jungfernstieg oder Mönckebergstraße.

Sonst **Edelfettwerk** (Eidelstedt), bekannte DJs geben in der alten Fabrik ihr Stelldichein und halten die Masse mit Techno-, House- und Elektrobeats bei Laune. Eintritt 8–20 €. Öffnungszeiten variieren nach Programm. Schnackenburgallee 202, ✆ 040-30033270, www.edelfettwerk.de. S Eidelstedt.

Im Schanzenviertel

Einkaufen

Während die Innenstadt rund um den Jungfernstieg mit schönen Einkaufspassagen Shoppinglustige anzieht (→ S. 188), bestechen die einzelnen Stadtteile durch Originalität. Auffallend viele kleine Geschäfte und Boutiquen halten in der Hansestadt die Stellung.

Die Viertel rund um die Alster – Rotherbaum, Harvestehude, Eppendorf, Winterhude und Uhlenhorst – bedienen mit gemütlichen kleinen Einkaufsstraßen die gehobene Kundschaft. In Ottensen, St. Georg, im Schanzen- und Karoviertel deckt sich die Szene ein. Detaillierte Tipps finden Sie in den einzelnen Stadtspaziergängen. Hier eine Auswahl von interessanten Wochen- und Flohmärkten.

Wochenmärkte

Blankenese **Blankeneser Bahnhofstraße**, Di 8–14, Fr 8–18, Sa 8–13. Ökomarkt Mi 9–13 Uhr. S Blankenese.

Hafen/Altona **Fischmarkt** (siehe auch S. 247), im Sommer So 5–9.30 Uhr, vom 16. Nov. bis 14. März ab 7 Uhr. S Reeperbahn.

»» Mein Tipp: Harvestehude/Eppendorf **Isemarkt** (siehe auch S. 245). Di & Fr 8.30–14 Uhr. U Eppendorfer Baum, U Hoheluftbrücke. ««

Neustadt **Großneumarkt**, Mi/Sa 8.30–13.30 Uhr. S Stadthausbrücke.

Ottensen **Spritzenplatz**, Di 8–13, Fr 8–18 Uhr. Ökomarkt Mi 15–18.30 & Sa 9.30–14 Uhr. S Altona.

Rotherbaum **Turmweg**, Do 8.30–14 Uhr. U 1 Hallerstraße.

St. Georg **Carl-von-Ossietzky-Platz**, Do 9–13.30 Uhr. U/S Hauptbahnhof.

Winterhude **Goldbekufer**, Di/Do/Sa 8.30–13 Uhr. Metrobusse 6/25 (Goldbekplatz).

Flohmärkte und mehr...

Nur die Floh-Schanze findet regelmäßig statt. Zu den Terminen und weiteren Floh-, Trödel-, Buch- und Antikmärkten gibt die Tagespresse Auskunft.

Der.Die.Sein-Markt (Hafencity), Produkt-, Mode-, Textil- und Schmuckdesigner bieten Samstag von 11 bis 19 Uhr im Unileverhaus am Strandkai 1 ihre Waren feil. Sehr inspirierend. Bus 3, 4, 6 Marco Polo Terrassen.

»» Mein Tipp: **Floh-Schanze,** (Schanzen-/Karolinenviertel), Alte Rinderschlachthalle. Entspanntes Publikum, viele Privatstände und nette Atmosphäre. Jeden Sa 6–16 Uhr. U 3 Feldstraße. ««

Kulturflohmarkt rund um das Museum der Arbeit (Barmbek), rund um das Museum der Arbeit am Wiesendamm. Mit Antik-Halle, Trödel, Secondhand und Gedöns. U/S Barmbek.

Flohmarkt auf dem IKEA-Gelände Moorfleet, v. a. private Anbieter präsentieren sich auf diesem riesengroßen Flohmarkt und bieten 4-mal im Jahr allerlei Ware feil. Nachteil: Der Markt ist nicht sehr zentrumsnah. Aber in unmittelbarer Nähe zum Markt befindet sich die S-Bahn-Station Billwerder-Moorfleet (S 21). Mit dem Auto: A 1, Abfahrt Moorfleet.

Antik-, Design- und Sammlermarkt Salon Kampnagel (Winterhude), beliebter und bunter Profi-Markt mit vielen hübschen und oft nicht gerade billigen Dingen im Angebot. Neben höherpreisigen Möbeln und anderen Designgegenständen kann man auch schönen Schmuck finden. Eintritt 3 € für einen Tag, 4 € für 2 Tage (erm. 2 €).

Flohmarkt Immenhof (Uhlenhorst), nett gemacht und hübsch gelegen an einer Backsteinkirche am Kuhmühlenteich im Immenhof. Im Frühling/Sommer ca. 1x pro Monat. U 2 Mundsburg.

»» Mein Tipp: **Flohmarkt am Turmweg** (Rotherbaum), schon oft als Hamburgs schönster Flohmarkt bezeichnet. Rund um St. Johannis verkaufen nicht nur Profis aus anderen Regionen ihre Möbel, auch viele Privatleute bieten Klamotten und Kram für Groß und Klein. ««

Darüber hinaus sind auch die Flohmärkte im **Lehmweg** (Eppendorf/Hoheluft) und am **Goldbekhaus** (Winterhude) empfehlenswert.

Sport und Wellness

Aktive wie passive Sportfans werden in Hamburg gut bedient. Elbe, Alster und das Kanalsystem dienen als große Wassersportflächen, die enormen Grünflächen der Stadt bieten Joggern und Radfahrern abwechslungsreiche Routen.

Darüber hinaus bieten Fitnessclubs, Kletteranlagen und Wellnesstempel vielfältige Möglichkeiten für körperliche Betätigung oder Verwöhnprogramme. Den Zuschauern werden jährlich Top-Sportevents angeboten. Im Fußball sind das die Spiele des HSV in der Ersten Bundesliga oder die der nicht ganz so hochklassigen, aber viel cooleren Jungs vom FC St. Pauli. Dazu kommen diverse Segelregatten, der Hamburg-Marathon, der Triathlon Hamburg oder das Radrennen Vattenfall Cyclassics. Hier ein paar Tipps und Adressen für Aktive und Zuschauer:

Aktivsport

Joggen

Der ideale Rundparcours (7,5 km) ist die **Außenalster**. Insbesondere an Wochenenden – wenn aus dem Joggen inmitten vieler Spaziergänger und vorbei an den Gastronomiebetrieben ein „Schaulaufen" wird – lässt sich nicht nur die neuste Laufmode präsentieren, sondern angeblich sogar der neue Partner fürs Leben finden. Beliebte Jogging-Terrains sind auch der **Stadtpark** oder der **Alsterwanderweg** weiter nördlich. Wer am **Elbufer** entlang joggen möchte, startet idealerweise am Museumshafen in Övelgönne (Bus 112). Je nach Puste ist das Ziel der Fähranleger Teufelsbrück (5 km) oder Blankenese (10 km). Zurück fährt der Bus 36 über die Elbchaussee.

Skaten

Gute Wege und Touren für Inline-Skater beschreibt www.brummels-tourenseiten.de. Das **I-Punkt-Skateland** bietet eine 1500 m² große Halle sowie eine Freianlage für Skater. Mo–Fr 15–20, Sa/So/Fei und in den Hamburger Schulferien ab 13 Uhr. Mi und Fr Night-Session ab 16 Jahren, 20–24 Uhr. Eintritt je nach Uhrzeit 0–4 €. Ausrüstung kann man für 3–5,50 €/Tag ausleihen. Spaldingstr. 131, ✆ 040-234458, U 2/3, S 21 Berliner Tor. Eine Rollschuhbahn bietet auch im Sommer Planten un Blomen (siehe Spaziergang Neustadt S. 128).

Fahrrad-Touren

Ganz naheliegend ist eine Tour um die **Außenalster**. Besonders reizvoll gestaltet sich auch eine Fahrt **entlang der Elbe nach Wedel** oder vorbei an den flachen Deichen durch das **Alte Land** (hier muss man allerdings mit der Fähre, z. B. von den Landungsbrücken, übersetzen → Ausflüge S. 263).

Der Allgemeine Deutsche Fahrrad Club (ADFC) hat eine **Fahrradkarte** für Hamburg herausgebracht. Die Regionalkarte Hamburg und Umgebung bietet 23 Vorschläge und zahlreiche Infos für Tages- und Wochenendtouren. Die Regionalkarte ist für 6,80 € beim ADFC zu haben, der Hamburg Radatlas für 13,90 €. www.adfc.de.

Schwimmen

Alle Infos zu den folgenden und weiteren Schwimmbädern der Stadt finden Sie unter **www.baederland.de** bzw. der Sammelnummer ✆ 040-188890.

Alster-Schwimmhalle (Hohenfelde): Eines der größten und professionellsten Schwimmbäder Hamburgs, u. a. mit 50-m-Sportschwimmbecken, Sprungtürmen und Außenbecken. Eintritt ab 5,70 € (für 1:30 Std.). Tägl. 6.30–23, Sa/So ab 8 Uhr. Ifflandstr. 21. U 1/2 Lübecker Straße.

Freizeitbad Bondenwald (Niendorf): Besonderes Highlight ist die 106 m lange Röhrenrutsche für Kinder. Darüber hinaus ganzjährig beheiztes Außenbecken und im Sommer ein Freibad. Guter Saunabereich (Di Frauentag). Eintritt ab 5,70 € (1:30 Std.), Tageskarte 8,30 €, Sauna 15 €. Mo–Fr 9–22, Sa/So ab 8, Freibad bis 20 Uhr. Friedrich-Ebert-Str. 71. Bus 5, 191 (Freizeitbad Bondenwald).

Die Alster: Ein riesiger Freizeitsee mitten in der Stadt

»» **Mein Tipp:** **Holthusenbad** (Eppendorf): Das feudale Bad ist auch bekannt wegen des großen Wellness- und Spa-Angebots. Wellenbad ab 19 Uhr, beheiztes Außenbecken mit kleiner Liegewiese vorhanden. Ab 20 Uhr spezielle Licht- und Soundeffekte. Eintritt ab 5,20 € (1 Std.), Tageskarte Bad 9,50 €, Sauna (Mo/Mi Frauentag) 15,70 €. Sept.–April tägl. 9–23 sonst bis 22 Uhr, Wellnessbereich 11–22/21 Uhr. Goernestr. 21. U 3 Kellinghusenstraße. ««

Naturbad Stadtparksee (Winterhude): Ein Freibad mitten im Stadtpark. Das Wasser ist naturbelassen, und mit dem „Schumachers" befindet sich ein Biergarten direkt nebenan. Tageskarte 2,90 €. Bei schönem Wetter tägl. 11–20 Uhr (bei extrem gutem oder sehr schlechtem Wetter geänderte Zeiten). U 3 Saarlandstraße, dann 5 Min. zu Fuß.

Wellness & Spa

Hamburg verfügt über eine ganze Reihe von Einrichtungen, angefangen mit den oft exzellenten Wellnessbereichen der Luxus-Hotels. Erwähnung verdienen z. B. das **Side Spa** im gleichnamigen Designhotel nahe Ottensen oder der Spa- und Fitnessclub im **Fairmont Hotel Vier Jahreszeiten** (✆ 040-34943190), beide Anlagen sind auch für Nichthotelgäste buchbar. Darüber hinaus kann man es sich z. B. hier gut gehen lassen:

Bartholomäus-Therme (Barmbek): Empfehlenswerte Therme mit römischem Bad, Massage und großem Saunabereich (Do Frauentag). Tageskarte Bad 9,40 €, Sauna 15,20 €. Mo 15–22, Di–Fr 10–22, Sa/So 10–20 Uhr (Sa Therme erst ab 12 Uhr). Okt.–April länger geöffnet: Mo–Sa bis 23, So bis 22 Uhr. Bartholomäusstr. 95, ✆ 040-188890, www.baederland.de. Bus 172, 173 (Bachstraße).

Hamam (St. Pauli): Massage, Waschung, Peeling und dann im herrlich orientalischen Ruheraum bei Tee und Snacks oder Obst entspannen. Besonders sanft gehen die männlichen Masseure aber nicht zur Sache. Samstags steht auf Anfrage für Frauen auch eine Masseurin zur Verfügung (Frauentage Mo/Fr und alle 14 Tage So). Ab 30 €. Anmeldung erforderlich! Tägl. (außer Do) 10–22, Sa ab 11, So 11–21 Uhr. Feldstr. 39, ✆ 040-41359112, www.das-hamam.de. U Feldstraße. Neuere Filiale mit anderen Öffnungszeiten in der Seewartenstr. 10, ✆ 040-311083990, www.hamam-hamburg.de. U Landungsbrücken.

Nivea-Haus (Innenstadt): 2006 eröffnete die Firma Beiersdorf direkt am Jungfernstieg einen großen „Wellness-Tempel für Ottonormalverdiener" (Stern). Massagen, Kosmetikbehandlungen, Maniküre, Pediküre etc. Wer also dringend eine gar nicht so teure Auszeit von der stressigen Hamburgreise oder eine Badewanne mit Alsterblick benötigt, kann sich von den 21 Pflegeprofis auf 3 Etagen von Kopf bis Fuß verwöhnen lassen. Mo–Sa 10–20 Uhr. Jungfernstieg 51 (Ecke Colonnaden), ✆ 040-82224740, www.nivea.de. U/S Jungfernstieg oder Gänsemarkt.

Fitnesscenter

Fitnessclubs gibt es in Hamburg wie Sand an der Elbe. Mehr zu den Hamburger Filialen der deutschlandweit operierenden Ketten erfahren Sie auf der jeweiligen Homepage (z. B. www.fitcom.de, 6-mal in HH; www.kieser-training.de, 7-mal in HH). Eine kleine Auswahl weiterer Unternehmen:

Holmes Place Health Club (Barmbek-Süd und Bahrenfeld): Luxus pur! Fast 6000 m^2 ganz nah an der Außenalster mit großem Spa-Bereich mit verschiedenen Saunen, Whirlpool, Warmwasserpool und 25-m-Schwimmbecken; www.holmesplace.de.

Kaifu Lodge (Eimsbüttel): Bei Hamburgern – auch bei den gut gestylten – sehr beliebt für Fitness und Wellness. Hier finden auch immer wieder Partys und Events statt; www.kaifu-lodge.de.

Meridian Spa (4-mal in HH): Luxustempel, Fitness und Entspannung sind das Motto. In Eppendorf, mit 13 m hoher Kletterwand, www.meridianspa.de.

Lady Fitness (Altona): Nur für Frauen – wie der Name sagt. Mit Ernährungsberatung und Kinderbetreuung, www.lady-fitness-center.de.

Klettern

Kletterwald Hamburg: Klettern auf verschiedenen Parcours bis in 8 m Höhe im grünen Volksdorf-Park. Kletterfans ab 5 Jahren können teilnehmen. Wer oben angekommen ist, darf mit der Seilbahn wieder runterfahren. Eintritt Kinder 18 €, Erw. 24 €. März–Nov. tägl. 10–20 Uhr. ✆ 04102-200919, www.kletterwald-hamburg.com. U 1 Meiendorfer Weg und 200 m zu Fuß.

Hochseilgarten HOGA: Lange Anfahrt, aber Kletterfans werden hier vielleicht einen ganzen Tag verbringen. In 1–8 m Höhe geht es – gesichert – direkt an der Elbe über Hängebrücken, Drahtseile und diverse wackelige Angelegenheiten. Kinder, die bis 1,60 m greifen können, dürfen auch mitmachen. Eintritt 18 €, Kinder (11–16 Jahre) 14 €, bis 10 Jahre 12 €. März–Nov. tägl. (außer Mo) und an allen Feiertagen 10–19 Uhr (letzter Einlass 17 Uhr; bei schlechtem Wetter je nach Nachfrage), Dez.–Feb. nur nach Vereinbarung. Zwischen Geesthacht und Krümmel (gegenüber den Stadtwerken Geesthacht), ✆ 04176-939068, www.hoga-hochseilgarten.de. S 21 nach Bergedorf, ab Bhf. Bergedorf mit den Bussen 12, E 31 und 31 bis Geestacht ZOB, dann Bus 231 bis Pumpspeicherwerk; einfache Strecke ca. 40–50 Min.

Kilimanschanzo (Schanzenviertel): Ein verstecktes cooles Areal für Kletterfreaks direkt hinter der Roten Flora. Gegen einen Jahresbeitrag von 65 € unbegrenzter Zugang. Offenes Klettern für jedermann April bis Sept. So 15–17.30 Uhr (gegen Spende). Florapark, Eingang Lippmannstr. 60 a, ✆ 040-25485429. www.kilimanschanzo.de. Bus 3 (Bernstorffstraße) oder U/S Schanzenstern, dann 5 Min. zu Fuß.

Eislaufen

Eisbahn Planten un Blomen (Innenstadt) → Neustadt S. 128: 4300 m^2 großes Freiluftareal für schnelle Kufen und doppelte Rittberger im schönen Hamburger Mega-Garten. Im Eisbahn-Café gibt es Heißgetränke. Erw. 4,50 €, Kinder bis 13 J. 3,50 €, Leihschlittschuhe 4,90 €. Mitte Nov. bis Mitte März tägl. 10–22 Uhr. Große Wallanlagen, Eingang Holstenwall, ✆ 040-3193546, www.eisarena-hamburg.de. Bus 112 bis Handwerkskammer oder U St. Pauli, dann 10 Min. zu Fuß.

Segeln und Wassersport

Beliebtes Revier für Wassersportfreunde ist die Außenalster mit ihren Kanälen. Bei diversen Clubs und Segelschulen lassen sich Jollen, Tretboote, Kanus und Ruderboote ausleihen. Aber Achtung an alle (ungeübten) Hobbysegler: Die Alster ist bekannt für ihre plötzlich aufkommenden Windböen. Für freie Fahrt auf der Alster benötigt man den Sportbootführerschein Binnen. Zu empfehlende Segelschulen (beide in St. Georg) sind:

Käptn Prüsse, An der Alster 47 a, www.pruesse.de, Bus 6 (Gurlittstraße) oder U/S Hauptbahnhof, dann 8 Min. zu Fuß Richtung Außenalster.

Segelschule Pieper, An der Alster, www.segelschule-pieper.de. U/S Hauptbahnhof und dann 5 Min. zu Fuß.

Zuschauersport/ Sportevents

Eishockey

2002 begann die Geschichte des professionellen Eishockeys in Hamburg. Da nämlich stimmte die Deutsche Eishockey Liga

(DEL) dem Umzug der München Barons nach Norddeutschland zu. Aus ihnen wurden die Hamburg Freezers, Hamburgs erstes DEL-Team! Freunde des rasanten Spiels mit dem Puck können sich seitdem in der O2World (die ehemalige Color Line Arena) an den Heimspielen der „Eisschränke“ begeistern. Von Sept. bis Ende Feb. ist DEL-Saison. Tickets unter ✆ 01805-208408 (14 Ct./Min.), www.hamburgfreezers.de. S 3/21 Stellingen.

Fußball

Der lokale Fußballclub Nr. 1 ist der **Hamburger Sportverein (HSV)** – das einzige Gründungsmitglied der Fußball-Bundesliga, das bisher (klopf auf Holz) noch nicht abgestiegen ist. Nach Ende der Saison 2010/2011 waren das über 46 Jahre! Der Traditionsclub spielt in einem der modernsten europäischen Fußballtempel, der Imtech-Arena (früher Volksparkstadion, dann AOL-Arena, dann HSH-Nordbank-Arena) im Hamburger Volkspark. Das WM-Stadion von 2006 fasst nach erneuten Erweiterungen heute über 57.000 Zuschauer. Karten gibt es u. a. in fast allen Vorverkaufsstellen, Fanshops und online. Geschäftsstelle Sylvesterallee 7, ✆ 040-415501, www.hsv.de. Stadion S 3, 21 Stellingen.

Der **FC St. Pauli** („non established since 1910“) bildet den attraktiven Gegenpol zum Hamburger Nobelclub vom Volkspark. Seit seiner Gründung ist er im sukzessive, aber immer noch nicht fertig modernisierten Millerntorstadion auf dem Heiligengeistfeld beheimatet. Der „Fahrstuhlclub“ spielt nach etlichen Auf- und Abstiegen mittlerweile wieder in der 2. Liga und ist allein schon wegen seiner einzigartigen und alternativen Fanszene (Künstler, Studenten, Punks) europaweit bekannt. Zu jedem Spiel wird die Piratenflagge gehisst, zum Auftakt gibt es AC/DCs „hells bells“. Geschäftsstelle und Stadion, Heiligengeistfeld, Mo–Do 15–18 Uhr. ✆ 040-3178740, www.fcstpauli.de. U 3 Feldstraße.

Handball

Seit 1999 hat Hamburg wieder einen Handballverein, den **HSV Handball**. Seit seiner Gründung gab es bereits beachtliche Erfolge: Supercup- und Vize-Pokalsieger 2004 sowie Deutscher Pokal und Supercupsieger 2006, Europapokalsieger 2007 und Supercupsieger 2009. Übrigens ist der WM-Liebling „Pommes“ (Pascal Hens) HSVler. Gespielt wird ebenfalls in der O2World (ehemalige Color Line Arena); www.hsvhandball.com, ✆ 040-3098760. S 3, 21 Stellingen.

Marathon

Der **Haspa-Marathon Hamburg** findet jedes Jahr im April statt und zieht immer wieder bis zu über 1 Mio. Zuschauer an die 42,195 km lange Laufstrecke. Bei einem der weltweit renommiertesten Straßenläufe herrscht Volksfeststimmung pur. Ein schöner Standort zum Anfeuern ist z. B. km 32 am Eppendorfer Baum – hier wird jeder Läufer durch ein Spalier von jubelnden Zuschauern gepeitscht. Infos und Strecke auf www.marathon-hamburg.de.

Vom Einer bis Achter mit Steuermann: Rudern ist Kult

„Flanke Manni, ich Kopf – Tor"

... so kurz und bündig konnte nur einer das Erfolgsgeheimnis des Hamburger Sportvereins in den frühen 1980er Jahren zusammenfassen: Horst Hrubesch, in Fußballerkreisen auch als „Kopfball-Ungeheuer" bekannt. Mit seinem kongenialen Partner Manni Kaltz bildete er ein gefürchtetes Tandem, das die Gegner – ob national oder international – in ehrfürchtigem Schrecken erstarren ließ. Für den größten Triumph der 80er Jahre zeichnete freilich ein anderer Hamburger Recke verantwortlich: Felix Magath, der am Abend des 25. Mai 1983 im Endspiel des Europapokals der Landesmeister den Ball schon in der achten Spielminute zum 1:0-Endstand in die Maschen des Tores von Juventus Turin wuchtete und damit in Hamburg dezente hanseatische Begeisterung und in ganz Italien den nationalen Notstand auslöste.

Doch bei aller Wertschätzung für Manni, Horst und Felix – die eigentliche Lichtgestalt der ruhmreichen HSV-Historie, die 1919 unter dem sperrigen Vereinsnamen „Hamburg 88 Germania Falken" begann, heißt natürlich Uwe, genauer gesagt „uns Uwe". „Uns(er) Uwe" Seeler trat dem Verein 1946 als Neunjähriger bei und war bis 1972 ununterbrochen für den Hamburger Sportverein aktiv. In 519 Spielen der Seniorenmannschaft traf er 444-mal ins gegnerische Tor – mit Fuß, Stirn, Hinterkopf, Oberschenkel und allem, was sich sonst noch so eignet, um „die Kugel zu versenken".

Nicht ganz so formidabel ist seine Bilanz, was die Titel anbelangt: Von insgesamt sechs deutschen Meistertiteln, die der HSV in seiner Geschichte einfahren konnte, war „uns Uwe" nur einmal aktiv beteiligt: 1960. Manni, Horst und Felix waren da erfolgreicher, in ihre Zeit fallen immerhin zwei Meistertitel (1983 und 1984). Dennoch: Niemand käme auch nur im Traum auf die Idee, von „uns Manni" oder „uns Horst" zu reden. Und von „uns Felix" gleich gar nicht. Der ist nämlich längst Trainer und hört auf den Namen „Quälix". Aber das ist wieder eine andere Geschichte.

Pferdesport

Trabrennen: An über 100 Tagen in der Trab-Arena im Sportpark Hamburg, Luruper Chaussee 30, ✆ 040-8996580, www.hamburgtrab.de. Metrobus 3 (Trabrennbahn).

Deutsches Derby: Das alljährlich meist im Juli stattfindende Galopprennen auf der Bahn in Hamburg-Horn zählt zu den bedeutendsten der Welt. Es wurde bereits 1869 zum ersten Mal ausgerichtet und ist damit eines der ältesten außerhalb Großbritanniens. Kartenvorverkauf unter ✆ 040-6518281, www.galopp-derby.de. U 3 Horner Rennbahn.

Deutsches Spring- und Dressur-Derby: Jedes Jahr im Mai in Klein Flottbek; www.engarde.de/events. S 1, 11 Klein Flottbek.

Radrennen

Die **Vattenfall Cyclassics** sind das Radrennen in Hamburg. Jedes Jahr im August schwingen sich Fahrer der Weltelite für 251 km und Hobbyradler (55, 100 oder 155 km) auf die Drahtesel und folgen der Rennstrecke rund um Hamburg. Start und Ziel mitten in der Stadt, www.vattenfall-cyclassics.de.

Triathlon

Jedes Jahr im Juli und mitten im schönen Hamburg heißt es für Profis und Hobbysportler beim Hamburg-Triathlon 1,5 km schwimmen, 40 km Rad fahren und 10 km laufen. Für die Normalos wird auch ein Schmalspurprogramm geboten: 500 m schwimmen, 22 km radeln und 5 km laufen. Mehr unter www.hamburgcityman.de.

Veranstaltungskalender

Neben Musikveranstaltungen und Messen (www.messe-hamburg.de) bietet der alljährliche Veranstaltungskalender diverse Events zum Mitmachen und Zuschauen. Im Sommer lohnen neben den HafenCity-Veranstaltungen (von Juni bis August, www.hafencity.com) Open-Air-Kino und andere Highlights. Die genauen Termine findet man unter www.hamburg-tourism.de oder in der Tagespresse. Die wichtigsten Vorverkaufsstellen finden Sie auf S. 74.

Februar

LiLaBe: Norddeutschlands größte Faschingsfete in der Fachhochschule Bergedorf, www.lilabe.de.

März/April

Hamburger Frühlingsdom: Riesenkirmes auf dem Heiligengeistfeld in St. Pauli → S. 172).

April

Marathon Hamburg: Infos unter www.marathon-hamburg.de oder auf S. 81.

Vattenfall Lesetage: Das größte Literaturfestival Norddeutschlands mit vielen Autorenlesungen an oft außergewöhnlichen Orten, www.vattenfall.de/lesetage.

April/Mai

Lange Nacht der Museen: Etwa 50 Museen und Ausstellungshäuser öffnen ihre Türen bis nachts um 2 Uhr. Drum herum gibt's ein buntes Rahmenprogramm, Sonderbusse sind im Einsatz. Die Eintrittskarten für alle Museen zusammen kosten ca. 12 €. Infos unter www.langenachtdermuseen.hamburg.de.

Mai

Hafengeburtstag: 3-tägiger Megaevent direkt an den Landungsbrücken. Mehr unter www.hafengeburtstag.de (s. auch S. 136).

Deutsches Spring- und Dressur-Derby: Im Mai in Klein Flottbek (→ S. 82).

Japanisches Kirschblütenfest: Alljährlich spendiert die japanische Gemeinde Hamburg ein riesiges Feuerwerk auf der Alster. Besonders empfehlenswert ist das Spektakel vom Boot aus.

Kabarett-Festival: 3-wöchiges Festival mit allen Größen des deutschen Kabaretts. Infos und Karten unter www.st-pauli-theater.de und www.polittbuero.de.

Juni

››› Mein Tipp: **Altonale**: 14 Tage lang Ausstellungen, Lesungen, Flohmarkt und mehr, dazu ein dreitägiges Stadtteilfest in Altona und Ottensen. Infos auf www.altonale.de. ‹‹‹

IKFF – Internationales Kurzfilmfestival Hamburg: Hier wetteifern aktuelle Kurzfilme, z. B. in der Sparte mit dem programmatischen Titel „No-Budget". Programm unter www.shortfilm.com. Zeitnah findet auch das **Mo & Friese Kinderkurzfilmfestival** statt; Programm und mehr auch auf www.shortfilm.de.

Hamburger Zeltfestival: 4 Wochen lang Zirkus, Puppentheater, Schauspiel, Open-Air-Kino und mehr für Kinder und Erwachsene. Im Sternschanzenpark. Infos unter www.bajazzo.de. S/U Sternschanze.

››› Mein Tipp: **Spreehafenfestival**: Umsonst und draußen: Reggae, Ska und Bürgerfest mit viel Drumherum. Infos unter www.spreehafenfest.de. ‹‹‹

Hamburg Harley Days: Ein Wochenende mit Tausenden von Harleys in der Hansestadt. Den donnernden, wenig umweltverträglichen Abschluss bildet die große Parade am Sonntag. www.hamburg-harley-days.de.

Juli

Duckstein Fleetinsel-Festival: Kleinkunst, Livemusik, kulinarische Köstlichkeiten und mehr beim bunten Stadtteilfest auf der Fleetinsel; www.duckstein-festival.de.

Schlagermove – ein Festival der Liebe: Hier wird in Schlaghosen und Polyesterhemd gefeiert. Der Höhepunkt ist ein großer Umzug in St. Pauli (Start und Ziel: Heiligengeistfeld) mit vielen Wagen und Musik von Roberto Blanco bis Katja Epstein. Vorher und nachher werden jede Menge Partys im Rahmenprogramm gefeiert. www.schlagermove.de.

KinderKinder: Das Musik- und Theaterfestival beginnt mit dem Weltkindertag unter freiem Himmel im großen Stadtgarten Planten un Blomen. Darauf folgen wochenlang viele Veranstaltungen – vieles gratis! Infos unter www.kinderkinder.de.

MOGO Hamburg – Motorradgottesdienst: Der größte seiner Art in Europa und wahrscheinlich sogar weltweit wird in St. Michaelis gefeiert und nach draußen übertragen. Bis zu 40.000 Maschinen und Hunderttausende Zuschauer an der Straße. Infos unter www.mogo.de.

Galopp Derby: In Hamburg-Horn → S. 82

Hamburg Triathlon → S. 82

Juli/August

»» Mein Tipp: **Hamburg Cruise Days**: Das schon legendäre 3-Tage-„Gipfeltreffen der Luxusschiffe". Gleich mehrere große Kreuzfahrtschiffe laufen zur selben Zeit mit großem Spektakel in den (in den vergangenen Jahren von Michael Batz) kunstvoll beleuchteten Hamburger Hafen ein; die Kreuzfahrtunternehmen präsentieren ihre Konzepte. Ausklang mit feierlicher Schiffsparade. ««

Beginn des **Schleswig-Holstein Musik Festivals**: Deutschlands wichtigstes Sommer-Klassik-Spektakel mit vielen Veranstaltungen in Hamburg. Alle Infos unter www.shmf.de.

Der Hamburg Jedermann: Ein Hamburg-Klassiker ist diese Theateraufführung vor der Kulisse der Speicherstadt, direkt am Fleet vor dem alten Kesselhaus. Am Sandtorkai/Auf dem Sande. Vorverkauf ✆ 040-3696237, www.hamburg-jedermann.de.

»» Mein Tipp: **Open-Air Sommertheater im Römischen Garten**: fünfwöchiges Theaterevent oberhalb der Elbe nahe dem Falkensteiner Ufer. Gespielt wird mehrmals die Woche, meist 19.30 Uhr. Eintritt ca. 15–25 €. Wer möchte, kann sich sein Theaterdinner selbst mitbringen, www.theater-nn-hamburg.de. ««

Rathauskonzerte der Hamburger Symphoniker: Unter freiem Himmel im Innenhof des Rathauses; Infos unter www.hamburgersymphoniker.de.

Sommerdom: Riesenkirmes auf dem Heiligengeistfeld in St. Pauli → S. 172

Christopher Street Day: Auch in Hamburg findet die mehrtägige Gay-Großveranstaltung mit riesigem Umzug statt. Infos unter www.csd-hamburg.de.

August

Vattenfall Cyclassics: Radrennen für Profis und Hobbyradler → S. 82

Dockville Festival: Musikfestival auf der Elbinsel Wilhelmsburg mit Punkrock, Avantgarde, Elektro, Kunst und mehr. www.dockville.de.

August/September

Alstervergnügen: Ein großes Straßenfest mit Fressbuden, Musik, Veranstaltungen und Kirmes rund um die Binnenalster sowie am Rathausmarkt; www.alstervergnuegen.de.

Reeperbahnfestival: Musikeventmit Bands aus der ganzen Welt. www.reeperbahnfestival.com.

September

Hamburger Theaternacht: 25 Theaterhäuser in Hamburg beteiligen sich mit Aufführungen, Shows und Spezialprogrammen. Drum herum ergänzen Partys das Angebot; www.hamburger-theaternacht.de.

Filmfest Hamburg: Die kleine Schwester der Berlinale; www.filmfesthamburg.de.

Nacht der Kirchen: Kirchenmusik in mehr als 100 Kirchen, freier Eintritt zwischen 18 und 24 Uhr. Infos unter www.ndkh.de.

Harbour Front Literaturfestival: prominentes, wirklich empfehlenswertes Literatur festival mit etwa 100 Veranstaltungen an diversen Orten. www.habour-front-hamburg.com.

Moto-Revival: Für Oldtimer-Freunde ein großes Vergnügen, etwa 300 Traumfahrzeuge präsentieren sich einen Tag lang am 1,7 km langen Stadtparkparcours. www.motorevival.de.

Oktober

Hanseboot: Die internationale Bootsmesse ist die maritimste Messe in Hamburg; www.hamburg-messe.de/hanseboot.

Lesbisch Schwule Filmtage Hamburg: Deutschlands erstes Filmfestival für Schwule und Lesben. Infos unter www.lsf-hamburg.de.

Oktober/November

Bach-Wochen: Im schönen barocken Kirchenschiff des Hamburger Michel. Konzertinfos unter www.michel-musik.de.

November

Weihnachtsdom: Riesenkirmes auf dem Heiligengeistfeld in St. Pauli → S. 172.

November/Dezember

»» Mein Tipp: **Markt der Völker**: Christkindlmarkt im Völkerkundemuseum, wunderbarer und besonderer Kunsthandwerksmarkt mit Produkten aus der ganzen Welt. Eintritt ca. 6 €. Infos unter www.voelkerkundemuseum.com. ««

Dezember

Weihnachtsmärkte: In der Innenstadt.

Silvesternacht: Direkt an den Landungsbrücken mit gigantischem Feuerwerk und Hunderttausenden von Zuschauern. Vorsicht vor herumfliegenden Böllern und Raketen.

Wissenswertes von A bis Z

Behinderte

Grundsätzlich erhalten Menschen mit Behinderung einen ersten guten Überblick über geeignete Verkehrsmittel, Unterkünfte, Gastronomie, Theater und mehr unter www.hamburg-tourism.de.

Hotel- und Reiseratgeber für Körperbehinderte, herausgegeben von der Fremdenverkehrsmarketing GmbH. Bestellbar unter: FMG, Postfach 2154, 400466 Meerbusch, ✆ 040-54807877, www.fmg-verlag.de.

Handicap-Info – der Behinderten-Ratgeber, Online-Plattform, u. a. auch konkrete Tipps für den Hamburg-Aufenthalt; www.handicap-info.de.

Leben mit Behinderung, kulturelle Veranstaltungen für behinderte und nichtbehinderte Menschen. Südring 36, ✆ 040-2707900, www.lmbhh.de.

Stadtführungen für Gehörlose bietet Gerritje Deterding, ✆ 04163-868030.

Museumsführungen für Gehörlose bietet Martina Bergmann vom Museumsdienst Hamburg, ✆ 040-42855827.

Diplomatische Vertretungen

Österreichisches Honorarkonsulat, Kurze Mühren 2, ✆ 040-30801205, www.bmaa.gv.at.

Das **Schweizerisches Generalkonsulat** hat seit 2009 geschlossen – ein Honorarkonsulat soll eröffnen. Solange hilft die Botschaft in Berlin, Otto-von-Bismarck-Allee 4A, ✆ 030-3904000, www.eda.admin.ch.

Ermäßigungen

Ermäßigungen bei Eintrittspreisen für Museen und andere touristisch interessante Einrichtungen gewähren die Hamburg CARD und die Hamburg CARD plus Region. Mit der Hamburg CARD kann man darüber hinaus die öffentlichen Verkehrsmittel frei nutzen. Mehr dazu lesen Sie im Kapitel „Unterwegs in Hamburg/Touristische Angebote", S. 42.

Feiertage

Gesetzliche Feiertage in Hamburg sind Neujahr, Karfreitag, Ostermontag, 1. Mai, Christi Himmelfahrt, Pfingstmontag, Tag der Deutschen Einheit (3. Okt.) und 1. und 2. Weihnachtstag.

Fundbüro

Zentrales Fundbüro der Freien und Hansestadt Hamburg, auch für Fundstücke aus U-Bahnen und Bussen. Bahrenfelder Str. 254–260, ✆ 040-428113501. Mo 9–16, Di 7–13 , Mi 9–13, Do 9–13 und 14.30–18, Fr 9–12 Uhr. S Altona und Metrobus 2 (Gaußstraße).

Fundbüro Flughafen Hamburg, für alle Gegenstände, die am Flughafen gefunden wurden. Hat man etwas im Flugzeug vergessen, sind allerdings die Fluggesellschaften zuständig. Mo–Fr 6–23 Uhr (Öffnungszeiten variieren), ✆ 040-4050751010.

Fundbüro Hamburger S-Bahnen, DB-Züge, Bahnen in Deutschland und Europa, Deutsche Bahn AG, Hachmannplatz 10 / Wandelhalle, ✆ 040-39182857, Fund-Service-Hotline ✆ 09001-990599 (

59 Ct./Min.), tägl. 8–20, So ab 10 Uhr. Liegt der Verlust weniger als eine Woche zurück, sind die Service-Points am Bahnhof zuständig.

Geld

Die Banken haben in der Regel Mo–Fr 9–13 und 14.30–16 Uhr geöffnet, am Do oft bis 18 Uhr. Längere Öffnungszeiten haben:

Hauptbahnhof, Reisebank (Wandelhalle), tägl. 7.30–22 Uhr.

Bahnhof Altona, Reisebank, Mo–Fr 7.30–20, Sa/So 9–14 und 14.45–17 Uhr.

Bei **Verlust der EC-/Maestro-Karte** sollten Sie diese umgehend unter ✆ 01805-021021 sperren lassen. Alternativ dazu wählt man ✆ 116116, die **gebührenfreie zentrale Sperr-Notrufnummer**, die darüber hinaus auch das Sperren von Kreditkarten, Handys, Mitarbeiterausweisen etc. erledigt; www.sperr-notruf.de.

Flughafen, Reisebank, Terminal 1 tägl. 6–22 Uhr; Teminal 2 tägl. 8–21 Uhr.

Reeperbahn, Wechselstube, Reeperbahn 59, Mo–Do 13–20, Fr/Sa 15–22 Uhr.

Gepäckaufbewahrung

Diverse Aufbewahrungsmöglichkeiten am Hauptbahnhof:

Gepäckzentrum, tägl. 7–22 Uhr, 5 € pro Tag und Stück, ✆ 040-391850475.

Schließfächer am Nordsteg (Schließfach-Aufsicht tägl. 7–22 Uhr), große Fächer 5 €, kleine 2,50 €. Genommen werden nur Münzen zu 50 Cent, 1 oder 2 €, keine Restgeldrückgabe.

Schließfächer am Südsteg, große Fächer 4 €, kleine 2 €.

Darüber hinaus befinden sich Schließfächer an den **Bahnhöfen Altona**, **Dammtor** und **Bahnhof Harburg**. Die Wege sind jeweils ausgeschildert. Auch hier sollte man unbedingt 50-Cent- und 1-Euro-Stücke vorrätig haben.

Gesundheit

Wichtige Notrufe siehe unten „Notruf".

Ambulanz Hafen Hamburg, im Gesundheitszentrum St. Pauli (ehemaliges Hafenkrankenhaus), Seewartenstr. 10, Haus 3, 20459 Hamburg, ✆ 040-313153, Mo–Fr 8–18, Sa 10–13 Uhr.

AKK Altonaer Kinderkrankenhaus, rund um die Uhr Kinder-Notfall-Ambulanz, Bleickenallee 38, ✆ 040-889080.

Notfallpraxis Altona, Stresemannstr. 54, 22769 Hamburg, ✆ 040-228022, tägl. 19–24, Mi bereits ab 13 sowie Sa/So/Fei ab 7 Uhr.

Notfallpraxis Farmsen, Berner Heerweg 124, 22159 Hamburg, ✆ 040-228022, tägl. 19–24, Mi bereits ab 13 sowie Sa/So/Fei ab 7 Uhr.

Information

Hamburg Sales & Service Center: ✆ 040-30051300, tägl. 9–19 Uhr. Die zentrale telefonische Auskunftsstelle von Hamburg Tourismus gibt Informationen zu Übernachtungsmöglichkeiten, Veranstaltungen, Städtepauschalreisen, öffentlichem Nahverkehr und mehr. Auch im Internet zu erreichen unter www.hamburg-tourism.de bzw. www.hamburg-tourismus.de. Schriftliche Anfragen richtet man an die Hauptstelle der Touriszentrale Hamburg, Postfach 102249, D-20015 Hamburg, ✆ 30051333.

Tourist Information im Hauptbahnhof: Ausgang Kirchenallee, Mo–Sa 9–19, So/Fei 10–18 Uhr. U/S Hauptbahnhof.

Tourist Information am Hafen: St. Pauli Landungsbrücken (zwischen Brücke 4 und 5) tägl. 9–18, Do–Sa bis 19 Uhr.

Tourist Information Hamburg Airport Office: Flughafen Fuhlsbüttel, im neuen Airport-Plaza zwischen Terminal 1 und 2, Ankunftsbereich, tägl. 6–23 Uhr.

Tourist Information CCH Konzertkasse Dammtorbahnhof: Ausgang Dammtorbahnhof Richtung CCH, Mo–Fr 8–19.45, Sa 10–16 Uhr.

Internet

Wer sich vorab im Internet über Hamburg informieren möchte, hat eine Fülle von Möglichkeiten:

www.hamburg.de, www.hamburg-tourismus.de, www.hamburg-web.com, www.hamburg-magazin.de, www.hvv.de, www.mopo.de, www.abendblatt.de, www.hafen-hamburg.de.

Internetcafés gibt es mittlerweile überall. Einfach mal in der Umgebung nachfragen! Eine Mini-Auswahl:

Cyber ZOB, Copyshop und Internetcafé im zentralen Busbahnhof hinterm Hauptbahnhof. Adenauerallee 78 (Innenstadt).

Internet Café, Flughafen Fuhlsbüttel, Terminal 2, Ebene 2.

New Gate Internet Café, Dammtor-Bahnhof, Theodor-Heuss-Platz 1 (neben McDonald's).

Klima und Reisezeit

Hamburg ist zu jeder Jahreszeit eine Reise wert. Dabei beschreiben die Hanseaten ihr Wetter als durchaus „abwechslungsreich", da „das Wasser manchmal von oben, mal von der Seite und gelegentlich auch von unten kommt". Allen Vorurteilen zum Trotz liegen die Niederschläge aber nicht über dem deutschen Durchschnitt. Der Winter lockt mit Eisschollenspaziergängen an der Elbe und – wenn man Glück hat – sogar mit einer zugefrorenen Außenalster, auf der dann ein regelrechtes Volksfest stattfindet. Besonders lohnenswert ist eine Hamburg-Reise aber von Mai bis September. Dann locken bei oft wunderbarem Wetter die Alster, die Elbe und zahlreiche Parks und Grünflächen zum Genießen und Verweilen.

Wegen des maritimen Einflusses ist das Hamburger Klima mild – milder jedenfalls als im östlichen Hinterland. Meist jedoch weht eine frische, im Sommer angenehme Brise. Im Winterhalbjahr hingegen kann es, muss aber nicht, stürmisch werden. Die Sonne lässt sich mit durchschnittlich 230 Stunden am häufigsten im Mai blicken. Der Juli ist mit 17,4 °C der wärmste, der Januar mit 1,3 °C der kälteste Monat. Im Hochsommer steigen die Temperaturen oft auf wohlige 28 °C an, mitunter kann das Thermometer auch mal die 35-Grad-Marke übersteigen. Im Lauf eines Jahres fallen durchschnittlich 774 mm Niederschlag (in München etwa 1000 mm). Zu jeder Jahreszeit empfiehlt sich ein Schirm oder Regenkleidung im Gepäck.

Notruf

Polizei: ✆ 110

Notarzt und Feuerwehr: ✆ 112

Krankenwagen: ✆ 040-19222

Zahnärztlicher Notdienst: ✆ 01805-050518

Pannenhilfe: ADAC, ✆ 01802-222222, ACE, ✆ 01802-343536

Ärztlicher Notfalldienst der Kassenärztlichen Vereinigung: ✆ 040-228022 (tägl. 19–7, Mi 13–7 Uhr).

Zahnärztlicher Notdienst der Kassenzahnärztlichen Vereinigung: ✆ 01805-050518 (tägl. 19–1, zusätzlich Mi/Fr 16–18 und Sa/So 10–12/16–18 Uhr.)

Privatärztlicher Notdienst: ✆ 19246

Apotheken-Notdienst: ✆ 0800-2282280

Öffnungszeiten

Geschäfte in der Innenstadt öffnen meist erst um 10 Uhr (im Karolinen- und Schanzenviertel frühestens ab 11 Uhr) und schließen um 20 Uhr. In einzelnen Stadtteilen wie Winterhude, Eppendorf, Altona schließen die Läden oft schon zwischen 18 und 19 Uhr, samstags vielfach um 15 oder 16 Uhr. Supermärkte haben in der Regel Mo–Sa von 8 bis 20 oder gar bis 22 Uhr geöffnet, kleinere Filialen oder Lebensmittelgeschäfte allerdings samstags meist nur bis 18 Uhr.

Post

Postämter gibt es in jedem Stadtteil, die Öffnungszeiten variieren stark (siehe Filialfinder unter www.deutsche-post.de). Die zentralsten sind:

Postamt im Hauptbahnhof, Hachmannplatz/Wandelhalle , Mo–Sa 5–22, So 6–22 Uhr.

Postamt Mönckebergstraße 7, Levantehaus, Mo–Fr 9–19, Sa 9–15 Uhr.

Radio

Hamburg bietet wie jede andere Großstadt eine ganze Reihe von Radiosendern, u. a.:

NDR 2, Servicewelle mit Unterhaltung und Popmusik „für den ganzen Norden".

NDR Kultur, Kultur- und Klassikradio.

Radio Hamburg, Unterhaltungsradio für Hamburg, hauptsächlich Musik aus den 90ern und Aktuelles.

106!8 rock 'n pop, Pop- und Rockmusik.

N Joy, die fünfte NDR-Welle richtet sich an das jugendliche Publikum.

Oldie 95, „Oldies der 60er und 70er".

Schwule und Lesben

Nach Köln und Berlin ist Hamburg die dritte Gay-Hochburg. Als ultimativer Stadtteil für Schwule und Lesben gilt St. Georg.

Aktuelle Infos zu Hamburg bieten die beiden schwulen Zeitschriften **hinnerk.de** und **schwulissimo.de**. Ansonsten sei die Buchhandlung Männerschwarm empfohlen, die noch ein paar schwule Reiseführer in petto hat (→ St. Georg, S. 165).

Lesbisch-Schwule Filmtage in Hamburg → Veranstaltungskalender S. 85

Frauencafé endlich, Café und diverse Veranstaltungen wie Partys, Lesungen oder Ausstellungen. Dragonerstall 11, ✆ 040-341345, www.frauenhotel.de.

Hein & Fiete, eine Einrichtung für schwule und bisexuelle Männer. Angebote zur HIV-Prävention, Infoladen und jede Menge Information. Mo–Fr 16–21, Sa 16–19 Uhr. Pulverteich 21, ✆ 040-240333, www.heinfiete.de.

Hamburgs Sportverein für Schwule und Lesben – STARTSCHUSS, 16 Sportarten im Angebot, ✆ 0700-78278724877, www.startschuss-hamburg.de.

Kulturbeutel, Hamburgs schwule Theatergruppe. Infos, Termine und Karten unter ✆ 0172-7701599 (mobil), www.kulturbeutelhamburg.de.

Stadtbesichtigung von oben

Hamburg HighFlyer, der Fesselballon vor den Deichtorhallen bietet einen Blick aus 150 m Höhe → Kastentext S. 49.

Stadtführungen/Rundfahrten

In Hamburg bieten diverse Veranstalter Stadtführungen, Stadtteilführungen oder Themenführungen zu Fuß, mit dem Fahrrad oder auch mit dem Bus an. Einige Tickets erhält man in den Tourist-Informationen der Stadt, andere beim jeweiligen Veranstalter.

Top-Tour Hamburg, geboten werden Rundfahrten mit dem rot-blauen Doppeldeckerbus. Die Hop-on-hop-off-Touren starten und enden in der Kirchenallee am Hauptbahnhof oder an den Landungsbrücken. Ein- und aussteigen kann man aber an verschiedenen Haltestellen. Erw. 15 €, Kinder bis 14 J. im Familienticket frei. Ermäßigung mit der Hamburg CARD. Karten in den Tourist-Informationen. www.hansa-rundfahrt.de.

„Auge in Auge mit den Giganten"

Unter diesem Motto bietet die Firma Jasper Busfahrten um und im Hamburg Hafen an. Die höchst informative 3-stündige Tour führt auch zu Örtlichkeiten, die der Öffentlichkeit sonst nicht zugänglich sind. Zu sehen gibt's Containerriesen, Containerterminals, Stapler, die Köhlbrandbrücke und mehr. Auch weitere Touren wie „Flughafen" oder „Filmstadt" sind bei Jasper im Angebot. Erw. ab 28 €, Kinder 4–12 J. 15 €. Meist Sa 9.30 und Sa/So 13.30 Uhr. Weitere Termine erfragen. Anmeldung erforderlich! Buchungen: Mo–Do 8.30–17, Fr bis 16 Uhr; ✆ 040-22710610; www.jasper.de.

Gala Tour Hamburg, in 2½ Std. werden 50 km zurückgelegt, man kommt so auch in unbekanntere Ecken Hamburgs (Elbvororte, über die (!) Köhlbrandbrücke und Hafencity). Karten in den Tourist-Informationen. Erw. 20 €, Kinder 10 €, Ermäßigung mit der Hamburg CARD. www.hansa-rundfahrt.de.

Roter Doppeldecker, ✆ 040-7928979, die roten Doppeldeckerbusse fahren die Sehenswürdigkeiten der Stadt an. An 28 Haltestellen kann man ein- und aussteigen. Gestartet wird an den Landungsbrücken 1–2 oder am Hauptbahnhof in der Kirchenallee. Mit

Immer bunt was los in der Hansestadt…

einem Tagesticket lässt sich so bei freier Zeiteinteilung die Stadt erkunden. Erwachsene zahlen 17,50 €, Kinder bis 12 J. frei, eine kombinierte Stadt-Hafen-Rundfahrt kostet 23 €, Kinder bis 12 J. zahlen 5 €. Tickets gibt es im Bus, in der Bahn, an den Tourist-Informationen am Hauptbahnhof bzw. am Hafen sowie in vielen größeren Hotels. www.die-roten-doppeldecker.de.

Gelber Doppeldecker bietet ähnliche Touren wie sein rotes Pendant.

Angebote der Hamburg Tourismus GmbH, sie ist nicht nur Verkaufsstelle diverser Stadtrundfahrten, sondern bietet selbst auch Stadtrundgänge zu verschiedenen Themen an. Darunter Hafencity, St. Pauli, Kontorhäuser, Speicherstadt, Ottensen, Harburger Bahnhof oder Rathaus, Bergedorf, diverse Führungen über den Ohlsdorfer Friedhof und Blankenese. Infos unter ✆ 040-30051364, www.hamburg-tourism.de.

a-tour Architekturführungen, bieten fundierte und interessante Fahrrad-, Bus- oder Fußtouren mit verschiedenen Themen an. ✆ 040-23939717 oder www.a-tour.de.

Museum der Arbeit, das Haus organisiert auch kulturgeschichtliche Stadtführungen. Programm auf www.museum-der-arbeit.de.

Stattreisen Hamburg, interessante und thematisch unterschiedliche Stadtrundgänge und Fahrradtouren, darunter z. B. mit Lola (der ehemaligen Bardame) durch St. Pauli, der Hafen per Rad, Frauen am Hafen, Schanzenviertel, die Stadt für Kinder, jüdisches Leben und vieles mehr. Treffpunkte und Preise variieren (ca. 7–18 €). Das komplette Programm findet man unter www.stattreisen-hamburg.de. Infohotline ✆ 040-4303481. Programmheft auch in den Tourist-Informationen erhältlich.

Kurverwaltung St. Pauli, der gemeinnützige Verein mit dem originellen Namen lädt jeden Di, Do und Sa zu Führungen über die Reeperbahn und rund um den Kiez ein. Geführt von einem „Kurschatten", erleben die Teilnehmer den Stadtteil aus der Insider-Perspektive, bekommen also auch Ecken zu Gesicht, die Touristen sonst verborgen bleiben. Anmeldung nicht erforderlich. Kurverwaltung St. Pauli e. V., ✆ 040-31790747, www.kurverwaltungstpauli.de. Treffpunkt: U St. Pauli/Ausgang Millerntor. Beginn 20 Uhr. 10 € pro Person.

Historische Hurentour, 2-stündige Tour, bei der eine Führerin in typischer Hurentracht aus dem 19. Jh. von der Geschichte, der Entwicklung und der heutigen Situation der Frauen erzählt. Jeweils Do–Sa 20 Uhr, 28,50 €, Mindestalter 18 Jahre. Treffpunkt: Davidwache/Spielbudenplatz, ✆ 01805-5125225, www.hurentour.de. Anmeldung erwünscht.

Kultourfreude, die Kunsthistorikerin Melanie Ucke bietet thematische Stadtteilführungen an. Termine, Themen und Dauer nach Absprache. ✆ 040-23764772, www.kultour freude.de.

Stadtführungen per Fahrrad

Hamburg-City-Radtour, Bernd Kaupert, Nienstedter Str. 13, ✆ 040-81992239, 0172-5117657 (mobil), www.hamburg-radtour.de. ■

Twietenkieker – in Hamburg reisen, Carsten Ruthe, Harmsenstr. 20, ✆ 040-85382794, www.twietenkieker. ■

Telefonieren

Internationale Vorwahl für Deutschland: ✆ 0049

Ortsvorwahl Hamburg: ✆ 040. Aus dem Ausland entfällt die erste 0 nach der Auslandsvorwahl.

Öffentliche Telefonzellen: Die Telefonzellen funktionieren zum großen Teil mit Telefonkarten, erhältlich z. B. an Kiosken und Verkaufsstellen der U/S Bahnhöfe.

Telefonauskunft: national ✆ 11833 oder ✆ 11880, international ✆ 11834, im Internet unter www.telefonbuch.de.

Zeitungen/Zeitschriften

Kostenlose Veranstaltungstipps: In vielen Kneipen, Cafés, Museen und anderen Locations in Hamburg wird das Magazin **hamburg:pur** ausgelegt. Es erscheint monatlich mit aktuellen Tipps zu Kino, Nachtleben und Kultur. Alle Infos finden Sie auch im Internet unter www.hamburg-pur.de.

Sonstige Stadtmagazine: „Hinnerk" (informiert die Schwulenszene in Norddeutschland), „Oxmox" (empfohlen für Livemusik), „Prinz" sowie „Szene Hamburg".

Tageszeitungen: „Hamburger Abendblatt" Beilage jeden Do oder täglich unter der Rubrik „Live"), „Hamburger Morgenpost" (kurz „Mopo", mit Veranstaltungstipps).

Bodos Bootssteg

Stadttouren

Tour 1

Die Altstadt

In der Gegend rund um die Petrikirche liegt Hamburgs Keimzelle. Hier irgendwo stand vermutlich die Hammaburg, die der Stadt ihren Namen gab, hier wurden bei Ausgrabungen die Reste eines Wehrturms aus dem frühen 11. Jahrhundert gefunden: Alt-Hamburgs erster steinerner Bau, in dem sich vermutlich der Bischof verschanzte, wenn Gefahr drohte.

Aus der Folgezeit, in der sich die Stadt wegen ihrer günstigen Lage glänzend entwickelte, blieb kaum etwas erhalten. Verantwortlich dafür ist neben dem Großen Brand von 1842 und den vernichtenden Bombardements im Zweiten Weltkrieg die mitunter ungezügelte Abrisslust der Hansestädter. Rund um die Hammaburg – ursprünglich slawische Befestigungsanlage, dann Stützpunkt zur Missionierung des heidnischen Nordens und Bischofssitz – entwickelte sich ab etwa 830 eine kleine Kaufmanns- und Handwerkersiedlung: der Kern dessen, was später in den Annalen die *Alte Stadt* genannt werden sollte. Ab dem 12. Jh. bekam die bischöfliche Siedlung Konkurrenz durch die sog. *Neue Stadt,* die sich um die Neue Burg am Alsterufer gruppierte und das weltliche, lange Zeit von den Grafen von Schauenburg beherrschte Gegenstück zur Bischofssiedlung darstellte. Der Zusammenschluss der beiden Althamburger Siedlungskerne erfolgte dann zu Beginn des 13. Jh. Das, was heute unter dem Namen Hamburger Altstadt firmiert, umfasst beides: die mittelalterliche *Alte* bzw. *Bischofsstadt* und die mittelalterliche *Neue Stadt.* Mit dem begrifflichen Pendant *Neustadt* ist dagegen ein wesentlich jüngerer Teil der heutigen Innenstadt gemeint, nämlich der, der sich im 17. Jh. im Zuge der Westerweiterung Hamburgs herausbildete (siehe auch *Die Neustadt,* S. 116 f.).

In städtebaulicher Hinsicht alt ist die Altstadt allerdings nicht – zumindest nicht sonderlich. Der eingangs erwähnte

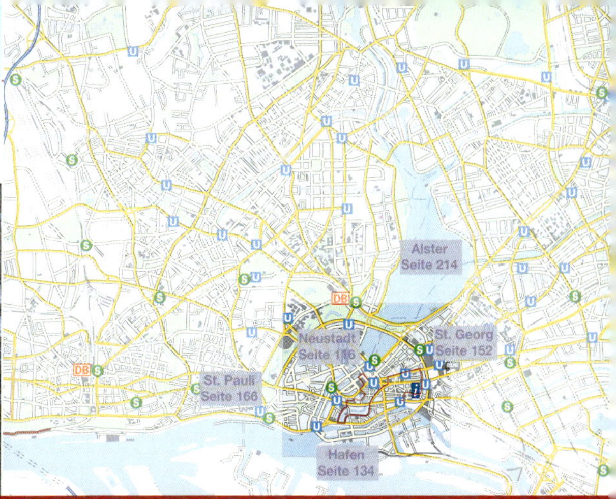

Die Altstadt

Große Brand, der am 5. Mai 1842 in einem Speicher in der Dammstraße ausbrach und sich rasend schnell durch die enge Altstadtbebauung in Richtung Jungfernstieg fortpflanzte, zerstörte nahezu 1300 Gebäude und machte 20.000 Menschen obdachlos. Was nach der Katastrophe folgte, war kein bloßer Wiederaufbau, sondern eine groß angelegte Neugestaltung des Innenstadtgebiets, insbesondere im Bereich um die Kleine Alster: Fleete wurden begradigt, Straßen verbreitert und mit Steinpflasterung versehen und eine Reihe großzügiger Gebäude errichtet, die Hamburg mit einem Schlag städtebaulich aus dem Mittelalter in die Neuzeit katapultierten. Prunkstück des Ganzen war der sich zur Kleinen Alster hin öffnende Rathausmarkt mit den angrenzenden Alsterarkaden (siehe *Die Neustadt*, S. 126).

Doch während das Rathausmarktensemble noch heute zumindest einen kleinen Eindruck vom architektonischen Gestaltungs- und Modernisierungswillen jener Jahre vermittelt (vieles ist freilich erst später hinzugekommen wie etwa das Rathaus selbst), ist anderes längst wieder von der Bildfläche verschwunden, z. T. schlicht deshalb, weil es neuen Bauvorhaben Platz machen musste. Der Schriftsteller Hans Henny Jahnn hat seinen Hamburger Mitbürgern in diesem Zusammenhang einmal recht salbungsvoll mangelnde „Ehrfurcht vor dem Gewesenen, vor den Denkmalen der eigenen Geschichte" attestiert. Dass man den Hamburger Stadtplanern auch ohne jedes Pathos gehörig den Marsch blasen kann, hatte lange vor Jahnn bereits der erste Direktor der Hamburger Kunsthalle Alfred Lichtwark bewiesen. Er sprach in Abwandlung des stolzen hanseatischen Ehrentitels von der „Freien und Abrissstadt Hamburg" und bezog sich damit auf die Komplettschleifung der historischen Wohnhäuser auf den Elbinseln Kehrwieder, Brook und Wandrahm, die der geplanten Speicherstadt hatten weichen müssen.

An die großen Zerstörungen, die der Zweite Weltkrieg mit sich brachte, erinnert heute noch die Ruine der Nikolaikirche, die als Mahnmal nahezu unverändert stehen geblieben ist. Andere zerstörte Gebäude wie etwa die Katharinenkirche wurden mehr oder minder originalgetreu wiederaufgebaut, insgesamt geschah dies jedoch in geringerem Umfang als in anderen deutschen Städten. Dennoch lohnt ein Gang durch die Altstadt, man sollte sich nur etwas freimachen von dem, was üblicherweise mit diesem Begriff assoziiert wird. Einer der Höhepunkte ist das Kontorhausviertel mit seinen imposanten Klinkerfassadengebäuden, die ab den 1920er Jahren entstanden sind und mittlerweile allesamt unter Denkmalschutz stehen.

Einem waschechten Hamburger Altstädter werden Sie auf Ihrem Spaziergang vermutlich nicht allzu häufig begegnen. Das gesamte Altstadt-Gebiet zählt nur noch ca. 1700 Einwohner, der allergrößte Teil des etwa 2,4 km² großen Areals ist mittlerweile zum Geschäfts- und Bürogebiet geworden. Die zwei übrig gebliebenen Wohnviertel sind das Katharinenviertel zwischen Kleine Reichenstraße und Reimerstwiete und der Altstädter Hof zwischen Steinstraße und Burchardplatz.

Spaziergang

Sowohl die U-Bahn-Station Rathaus als auch die Station Jungfernstieg befinden sich in unmittelbarer Nähe des → **Rathauses**, dem zentralen Blickfang der Altstadt und Startpunkt dieser Tour. Bauliches Vorbild des → Rathausmarkts war der Markusplatz in Venedig. Venezianisches Flair kommt aber – nicht nur wegen des feuchteren Wetters – meist nur architektonisch auf. (Venedig stand übrigens auch Pate für die angrenzenden weißen Alsterarkaden hinter der Kleinen Alster; siehe *Neustadt*, S. 126). Wie planvoll das ganze Rathausmarktensemble nach dem verheerenden Stadtbrand von 1842 angelegt wurde, kann man schön von der im Jahr 2006 eröffneten → **Europapassage** aus erkennen.

Die → **Kleine Alster**, die direkt am Rathausmarkt liegt und die Grenze zur Neustadt bildet, wird aus der nahen Binnenalster (siehe S. 125) gespeist und war einst ein von der Großen Bleichen bis auf den heutigen Rathausmarkt reichender aufgestauter See. Heute ist sie viel kleiner und hat eine Schleuse. Nach Nordosten hin, in Richtung Binnenalster, wird sie von der Reesendammbrücke überspannt. Diese führt weiter zum Jungfernstieg (siehe *Neustadt*, S. 126).

Um 1900 wurde zwischen Alsterfleet und Altem Wall, der direkt neben dem Rathaus entlangführt, eine Reihe von Kontorhäusern und Versicherungs- bzw. Bankgebäuden errichtet. In einem davon, einst Sitz der Reichsbank, befindet sich heute das → **Bucerius Kunst Forum**, das jährlich vier hochkarätige Ausstellungen präsentiert.

Vor dem Bucerius Kunst Forum links entlang gelangt man zum Eingang des piazzaartigen Rathausinnenhofs mit dem → **Hygieia-Brunnen** im Zentrum. Hinter dem Rathaus steht die → **ehemalige Börse**. Die beiden Gebäude lehnen quasi mit ihren Rückseiten aneinander – ein Indiz für die traditionell engen Verbindungen zwischen Politik und Wirtschaft in der Hansestadt.

Überqueren Sie die Große Johannisstraße (vom Rathausinnenhof rechts) und gehen Sie kurz rechts. Über die Börsenbrücke (links ab) erreichen Sie nach wenigen Metern den düsteren Backsteinbau der → **Patriotischen Gesellschaft**, einer zur Zeit der Aufklärung gegründeten Vereinigung, die die Entwicklung der Stadt in vielerlei Hinsicht mitgeprägt hat. Gehen Sie rechts herum. Von dort sind es nur wenige Schritte zum Neß (heute eine Straße) am Platz Bei der alten Börse und zum Nikolaifleet, dem ehemaligen Hauptabfluss der Alster, wo sich im Hochmittelalter der Hafen, die städtische Waage und die Hamburger Bank befanden.

Das Bucerius Kunstforum am Rathausmarkt

Blickt man über den Nikolaifleet, erkennt man gegenüber zwei prächtige Kontorhäuser: rechts den **Globushof** (1907/08), dessen Giebel Neptun und zwei Schiffsmodelle zieren, und links den **Laeiszhof**, der 1897/98 für den Reeder Ferdinand Laeisz gebaut wurde. Seine Reederei wurde weltbekannt durch die „Flying-P-Liner", schnelle Segler, die generell den Anfangsbuchstaben „P" im Namen trugen – nach dem initialen „P" in Pudel, dem Spitznamen der mit einer üppigen Lockenpracht gesegneten Reedersgattin Sophie Laeisz. An Letztere und an die skurrile Geschichte rund um die Schiffsnamen (die heute übrigens von der Reederei noch immer nach dem gleichen Muster vergeben werden) erinnert ein kupferner Pudel auf dem Dach des Laeiszhofs.

Überspannt wird der Nikolaifleet von der 1266 erstmals erwähnten und 1881 neu gebauten **Trostbrücke**, die einst die Verbindung zwischen der bischöflichen Alten Stadt und gräflichen Neuen Stadt bildete. Daran erinnern die Statuen ihrer jeweiligen Gründer Bischof Ansgar und Graf Adolf III. von Schauenburg.

Über die Trostbrücke, deren Name angeblich daher rührt, dass hier zum Tode Verurteilte ihren letzten Segen erhielten, geht es nun geradeaus auf die zerstörte → **Nikolaikirche** zu, ein Mahnmal für die Opfer des Krieges und der nationalsozialistischen Gewaltherrschaft.

An der Nordseite der Ruine breitet sich der Hopfenmarkt aus, der lange Zeit als Hamburger Großmarkt diente. In seiner Mitte steht der **Vierländerin-Brunnen** (nach den Vierlanden südlich der Elbe), der 1978 zu Ehren der einstigen Hauptlieferantinnen der Hamburger Märkte hier aufgestellt wurde (vorher stand er am Meßberg).

Wenn Sie sich nun links halten, gelangen Sie über die Cremonbrücke, die die Willy-Brandt-Straße überspannt, zur → **Deichstraße**, die von althamburgischen Bürgerhäusern aus dem 17. und 18. Jh. gesäumt wird. Im Haus Nr. 42 (das Vorderhaus steht noch) brach 1842 der Große Brand aus, eine Gedenktafel erinnert daran. Fleetgänge, wie der zwischen Nr. 39 und 41 oder zwischen Nr. 21 und 23, ermöglichten den freien Zugang zum Wasser. Von hier aus gut zu erkennen: Die Gebäude wurden als Wohn- und Speicherhäuser genutzt.

Gehen Sie am Ende der Deichstraße links und über die Brücke wieder links. Die gleiche Architektur erwartet Sie im → **Cremon**, ursprünglich eine Marschinsel, die den ersten Siedlern der gräflichen Neuen Stadt als Weideland diente.

Übernachten (S. 51)
14 Pension am Rathaus

Essen & Trinken (S. 112/113)
5 Daniel Wischer
16 Le Plat du Jour
21 Fillet of Soul
22 Gröninger Bierkeller
23 Nido
24 Ti Breizh
25 Die Fischküche
26 Alt Hamburger Aalspeicher

Cafés (s. S. 113)
6 Zentrale
11 Die Rösterei
13 Café Paris

Einkaufen (S. 114)
2 Mipoong
3 Vintage & Rags
4 Dr. Götze Land & Karte
7 Design Studio JAK
8 Rathauspassage
9 Europa Passage
10 Levantehaus
12 Freitag
17 Mikiko Sato Gallery
18 Hengevoss-Dürkop
19 Flo Peters Gallery
20 Manufactum

Nachtleben
1 CIU
15 Markthalle (S. 76)

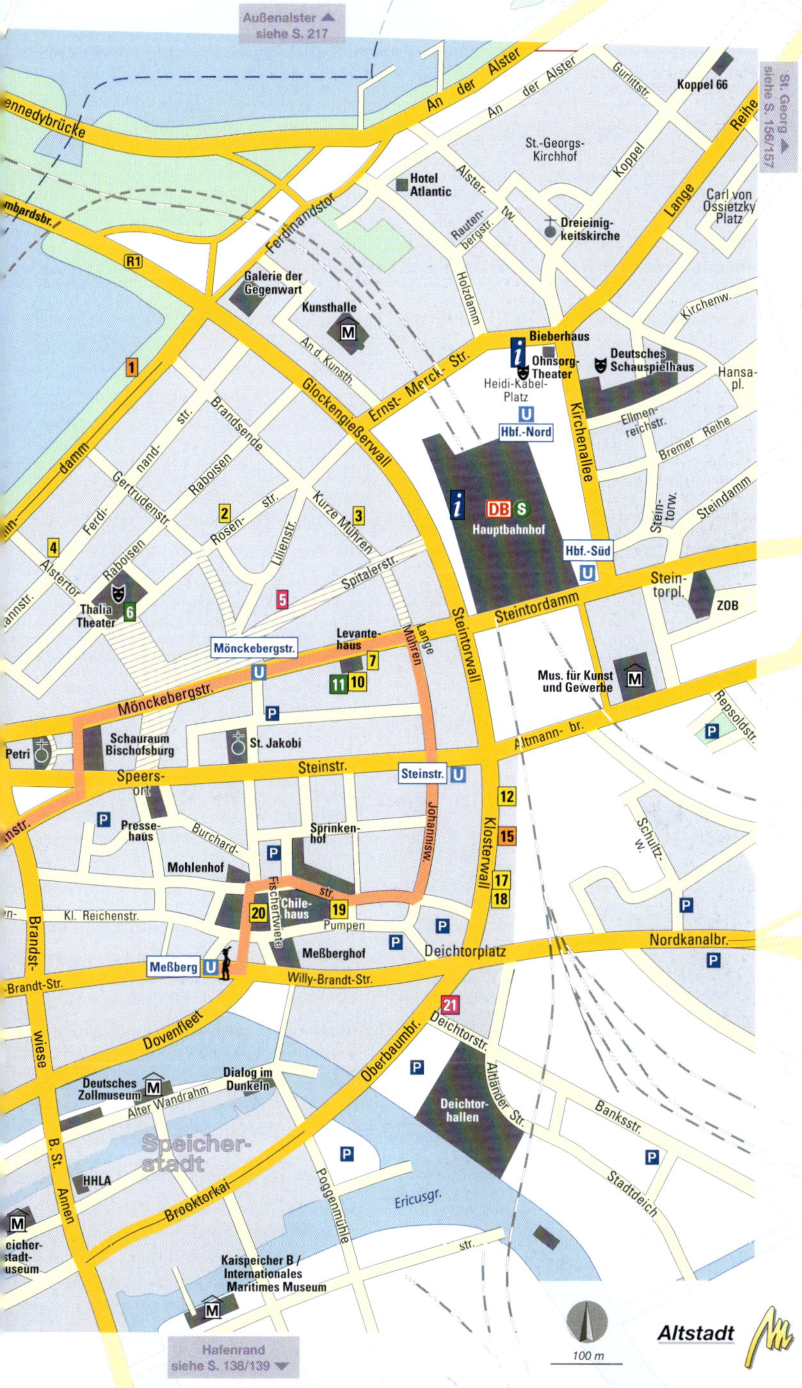
Außenalster
siehe S. 217
St. Georg
siehe S. 156/157
Hafenrand
siehe S. 138/139
Kennedybrücke
An der Alster
Lombardsbr.
R1
Ferdinandstor
Hotel Atlantic
Alster-tw.
Rautenbergstr.
St.-Georgs-Kirchhof
Koppel
Gurlittstr.
Koppel 66
Lange Reihe
Carl von Ossietzky Platz
Dreieinigkeitskirche
Galerie der Gegenwart
Kunsthalle
Holzdamm
Bieberhaus
Kirchenw.
Deutsches Schauspielhaus
Ohnsorg-Theater
Heidi-Kabel-Platz
Hansa-pl.
Hbf.-Nord
Ellmenreichstr.
Bremer Reihe
Kirchenallee
An d. Kunsth.
Ernst-Merck-Str.
Glockengießerwall
Ballindamm
Ferdinandstr.
Brandsende
Raboisen
Gertrudenstr.
Rosenstr.
Kurze Mühren
Lilienstr.
Spitalerstr.
Hauptbahnhof
DB
S
Steintorw.
Steindamm
Hbf.-Süd
Steintorpl.
ZOB
Steintordamm
Alstertor
Hermannstr.
Thalia Theater
Mönckebergstr.
Levantehaus
Lange Mühren
Steintorwall
Mus. für Kunst und Gewerbe
Repsoldstr.
Altmannbr.
Petri
Schauraum Bischofsburg
St. Jakobi
Speersort
Steinstr.
Johannisw.
Klosterwall
Schultzw.
Pressehaus
Burchardstr.
Sprinkenhof
Mohlenhof
Kl. Reichenstr.
Fischertwiete
Chilehaus
Pumpen
Meßberghof
Deichtorplatz
Nordkanalbr.
Meßberg
Willy-Brandt-Str.
Brandstwiete
Dovenfleet
Oberbaumbr.
Deichtorstr.
Altländer Str.
Deichtorhallen
Banksstr.
Stadtdeich
Deutsches Zollmuseum
Dialog im Dunkeln
Alter Wandrahm
Speicherstadt
HHLA
St. Annen
Brooktorkai
Poggenmühle
Ericusgr.
Speicherstadtmuseum
Kaispeicher B / Internationales Maritimes Museum
100 m
Altstadt

Später wurde die Insel mit einem Ringdeich versehen, in 30 gleich große Grundstücke geteilt und mit Bürgerhäusern bebaut.

Von der Verlängerung des Cremon, die Katharinenstraße, geht's dann links in den Grimm, ebenfalls eine ehemalige Marschinsel. Zur Rechten sehen Sie die → **Katharinenkirche** mit ihrer schönen barocken Kuppel. Sie war Hamburgs erste Kirche, in der evangelisch gepredigt wurde.

Folgen Sie nun dem Grimm. Die Türumrahmung aus Sandstein am Haus Nr. 12 von 1617 stammt ursprünglich von einem anderen Haus am Speersort.

Über die Kreuzung Willy-Brandt-Straße gelangt man weiter in die Domstraße. Direkt an der Ecke steht das **Zürichhaus**, das man als modernes Kontorhaus bezeichnen kann. Bei seinem Bau in den späten 80er Jahren wurden Reste mittelalterlicher Kaianlagen gefunden.

Der düstere Backsteinbau der Patriotischen Gesellschaft

Ein kleiner Abstecher um die Ecke des Zürichhauses bringt Sie zurück ins 19. Jh.: In der Großen Reichenstraße 27 steht das **Afrikahaus**, das 1899 von Martin Haller und Hermann Geißler für die Reederei Carl Woermann errichtet wurde (sein Sohn Adolph war der größte deutsche Westafrikakaufmann mit Niederlassungen u. a. in Kamerun und Gabun). Die üblicherweise für die Innenhöfe von Kontorhäusern genutzte Keramikverkleidung findet man hier ausnahmsweise auf der Fassade. Den Eingang des Gebäudes ziert die Skulptur eines urwüchsigen afrikanischen Kriegers mit Lendenschurz und Speer, im Innenhof posieren zwei große Elefanten.

Über die Domstraße geht es weiter Richtung → **Pressehaus**, in dem heute die Redaktion der ZEIT sitzt. Gegenüber sehen Sie mit → **St. Petri** die älteste der fünf Hauptkirchen Hamburgs. An der anderen Seite des Platzes hat vielleicht der → **Schauraum der Bischofsburg** wieder geöffnet. An der Ostseite der Kirche ist das 1911 errichtete **Hulbehaus** mit einem Erker im Stil der niederländischen Renaissance ein netter Blickfang.

Nun geht's zur **Mönckebergstraße**, der Sie ein Stück in östlicher Richtung folgen. Benannt ist sie nach dem ehemaligen Bürgermeister Johann Georg Mönckeberg, dem der Brunnen gegenüber dem Rappolthaus (Nr. 11) gewidmet ist. Direkt neben dem Brunnen, in einer ehemaligen Vorlesehalle aus Sandstein, befindet sich ein Starbucks, das sich Elbphilharmonie-Kulturcafé nennt, mit Infos zur neuen Elbphilharmonie in der HafenCity. Als die Mönckebergstraße – heute eine lange, überfüllte Einkaufsmeile – 1908 als Verbindung zwischen Rathaus und Bahnhof gebaut wurde, verlief die Schneise mitten durch ein Arbeiterwohnviertel, das schon seit der verheerenden Choleraepidemie von 1892 als Sanierungsgebiet ausgewiesen war. Neuer und besserer Wohnraum wurde allerdings nicht geschaffen, stattdessen setzte man auf Strahlkraft und Außenwirkung und stampfte edle Kauf- und Kontorhäuser aus dem Boden.

In der Mönckebergstraße 8–12 (vorher lohnt noch ein Abstecher nach rechts zur sehenswerten → **Jakobikirche**) befindet sich der **Barkhof**, ein ehemaliges Doppelkontorhaus, in dem heute eine Ladenpassage untergebracht ist. Exklusivere Geschäfte findet man weiter auf der rechten Seite im → **Levantehaus**. Das **Klöpperhaus** (Nr. 3) von Fritz Höger beherbergt heute den Kaufhof. Der Namensgeber und einstige Hausherr Wilhelm Klöpper handelte mit Wolle, die Bronzeschafe an der Ecke Mönckebergstraße/Lange Mühren erinnern daran.

James-Bond-Fans werden das Parkhaus wiedererkennen, das an der Ecke Lange Mühren steht. In *Der Morgen stirbt nie* mit Pierce Brosnan schoss aus den oberen Etagen sein BMW und fuhr in eine eigens für den Film kreierte Autovermietung. 007 stieg aus und gab ganz entspannt den Schlüssel ab.

Von der Mönckebergstraße geht's nun rechts ab in die Lange Mühren und weiter auf dem Johanniswall Richtung Buchardstraße. Hier beginnt das eigentliche **Kontorhausviertel**. Alle Gebäude verfügen über expressionistische Klinkerfassaden und Paternoster im Inneren. Ein schönes Beispiel ist der → **Sprinkenhof** gleich auf der Ecke. Das spitz zulaufende Kontohaus ist das berühmte → **Chilehaus**. Nördlich davon am Buchardplatz der **Mohlenhof**, ein Wohnhaus mit Hermes-Figur an der Fassade. Verlässt man das Chilehaus über die Südseite, erreicht man den → **Meßberghof**.

Das Pressehaus

Über die große Willy-Brandt-Straße hinweg sieht man die → **Deichtorhallen**. Sie bieten quasi den Auftakt zur Kunstmeile, die sich am Klosterwall und Steintorwall in Richtung Nordwesten fortsetzt. Vom Meßberg aus erkennt man das **„Spiegel"-Hochhaus**. Von den U-Bahn-Stationen Meßberg oder Steinstraße kann man nun den Rückweg antreten.

Sehenswertes

Rathaus

Das heutige Rathaus ist schon das sechste der Stadt. Nach dem Stadtbrand von 1842, bei dem der unmittelbare Vorgänger des heutigen Gebäudes gesprengt werden musste, um die weitere Ausbreitung des Feuers zu verhindern, zogen die Hamburger fast die gesamte Innenstadt in neuer Konzeption hoch. Ein paar Jahrzehnte lang wurden jede Menge Entwürfe für das neue Rathaus eingereicht, doch erst nachdem sich Martin Haller und einige Kollegen zum *Rathausbaumeisterbund* zusammengeschlossen hatten, kamen die Dinge langsam ins Rollen. Auf dem Rathausmarkt wurden 4000 Pfähle in den Alstermarschboden gerammt, die das Gewicht des 111 m breiten, 70 m tiefen und 112 m hohen Gebäudes tragen. Für die beachtliche Höhe sorgt der steil aufragende Mittelturm, der den Baukörper in zwei gleich große Abschnitte teilt.

4000 Pfähle tragen das Hamburger Rathaus

Heute zählt das 1897 eingeweihte Gebäude, das den Zweiten Weltkrieg fast schadlos überstanden hat, zu den bedeutendsten erhaltenen Bauwerken des Historismus in Deutschland. Seine prachtvolle Fassade nimmt in vielerlei Hinsicht Bezug auf die Geschichte Hamburgs, der Hanse und Deutschlands. So sind zwischen den Fensternischen 20 Kaiserstatuen zu sehen, angefangen von Karl dem Großen bis zu Franz II., mit dem das deutsch-römische Kaiserreich 1806 zu Ende ging. Ganz auf das bürgerliche Selbstbewusstsein der freien Hansestädter gemünzt ist die goldene Inschrift über dem Hauptportal: LIBERTATEM QUAM PEPERERE – MAIORES DIGNE STUDEAT – SERVARE POSTERITAS, was etwa so viel bedeutet wie: „Mögen die Nachkommen die Freiheit bewahren, die ihre Vorfahren in Würde erwarben."

Prachtvoll ist auch das Innere des Rathauses, in dem 647 Zimmer und Säle untergebracht sind – sechs mehr als im Buckingham Palace, worauf die Hamburger mächtig stolz sind. Betritt man das Gebäude durch den Haupteingang, gelangt man zunächst in eine große Säulenhalle, die wie in einem Hamburger Kontorhaus schlicht „Diele" genannt wird. Die Säulen sind mit Medaillons versehen, die berühmte Hamburger Persönlichkeiten (Kaufleute, Bankiers, Künstler etc.) darstellen. Von der Diele gelangt man zu zwei großen Treppenhäusern, die in den linken und den rechten Gebäudetrakt führen. Der linke ist der Bürgerschaft und damit dem Stadt- bzw. Landesparlament vorbehalten, der rechte dem Senat, der oberstes Organ

Blick vom Rathausmarkt bis zur Alten Post

Die Altstadt
→ Karte S. 98/99

der Kommunalverwaltung und Landesregierung ist. Legislative und Exekutive des Stadtstaates Hamburg treffen sich im Obergeschoss des Rathauses also gewissermaßen auf Augenhöhe.

Den „Demarkationspunkt" bildet der mit Gemäldeansichten der ehemaligen Stadtrepubliken Athen, Rom, Amsterdam und Venedig geschmückte **Turmsaal**, über dem sich der riesige Rathausturm erhebt. Während der Turmsaal mit vergoldeten Gittertoren und Onyxsäulen ausgestattet ist, gibt sich der Plenarsaal der Bürgerschaft eher hanseatisch dezent.

Der mit 46 m Länge, 18 m Breite und 15 m Höhe größte und gleichzeitig prunkvollste Saal des Rathauses ist der Große Festsaal: riesige Kronleuchter, kolossale Wandgemälde, die die frühe Entwicklung Hamburgs bis in die Hansezeit nachzeichnen, vergoldete Figuren der bürgerlichen Tugenden, kassettierte Decken und, und, und.

Nicht gerade bescheiden ausgestattet sind auch **Kaiser-** und **Phönixsaal**. Ersterer erinnert an Wilhelm II., der hier anlässlich der Eröffnung des Nord-Ostsee-Kanals festlich dinierte, Letzterer an die Zerstörung der Stadt beim Großen Brand und den folgenden Wiederaufbau. Nicht betreten, sondern nur kurz vom Eingang aus blickinspizieren darf man die Ratstube, den Sitzungssaal des Senats. Sie ist komplett fensterlos, für Helligkeit sorgt ein Oberlicht. Der Senat tagt somit quasi altgermanisch unter freiem Himmel ...

Erw. 3 €, erm. 2 €, Familienkarte 6 €, Kinder bis 14 Jahre 0,50 €. Führungen auf Deutsch: Mo–Fr 10–15, Sa bis 17, So bis 16 Uhr jeweils halbstündlich. Führungen auf Englisch oder Französisch bei Bedarf stündlich. Achtung: Bei offiziellen Veranstaltungen fallen die Führungen aus, was recht häufig vorkommt – daher lieber im Vorfeld erkundigen. Rathausmarkt, ✆ 42831-2470, www.hamburg.de. U Rathaus.

Rathausmarkt

Das architektonische Zusammenspiel auf dem Gebiet des heutigen Rathausmarktes wurde vor allem nach den Ideen von Gottfried Semper und Alexis de Chateauneuf geschaffen. Als Vorbild diente der Markusplatz in Venedig. Die Wassertreppe, die im Viertelkreis zur

Kleinen Alster hinunterführt, wurde 1842 von J. H. Maack konzipiert.

Neben der Kleinen Alster begrenzen die zum Ensemble gehörenden schmucken Alsterarkaden (siehe *Die Neustadt*, S. 126) den großen Platz.

Das Ehrenmal für die Gefallenen beider Weltkriege neben der Wassertreppe – eine Stele von Claus Hoffmann mit dem Relief einer trauernden Mutter mit Kind von Ernst Barlach – ist eine Teilrekonstruktion, das Original des Reliefs fiel der Zerstörungswut der Nazis zum Opfer.

In den 1960er Jahren war der Platz noch bedeutender Verkehrsknotenpunkt im Straßenbahnnetz. 1980–82 wurde er verkehrsberuhigt und grundlegend umgestaltet. Heute ist der Rathausmarkt Ort für Events wie Weihnachtsmarkt oder Freiluftkino. 1982 wurde im Südosten des Platzes als Mahnung zur Humanität die Rekonstruktion eines ebenfalls in der Nazizeit vernichteten Heinrich-Heine-Denkmals aufgestellt.

Europa Passage

Die fast 25 m hohe Einkaufshalle eröffnete im Oktober 2006. Sie liegt strategisch günstig auf der Verbindung vom Hauptbahnhof zum Jungfernstieg. 120 Geschäfte haben auf den fünf Geschossen Platz. 21 Bögen überspannen die 160 m lange Halle. Ein gläserner Panoramaaufzug eröffnet den Blick auf die Binnenalster. Ohnehin hat man in verschiedene Richtungen sehr gute Ausblicke.

Mo–Sa bis 20 Uhr, Gastronomie tägl. bis 23 Uhr. U Rathaus.

Kleine Alster

Die heute durch die Alsterarkaden (siehe S. 126) und den Rathausmarkt begrenzte Kleine Alster war vor dem Großen Brand ein kleiner See. Bei der Gestaltung des Rathausmarktes und dem Bau der Alsterarkaden 1842/43 wurde sie stark verkleinert und in das Gesamtensemble integriert. Die Kleine Alster verbindet die Binnenalster mit dem Alsterfleet, das im 13.–15. Jh. Teil eines schützenden Festungsgrabens war. Heute ist sie der Hauptentwässerungsgraben der Alster in den Binnenhafen. Wegen der geringen Höhe der Brücken kann die Kleine Alster nicht von großen Schiffen befahren werden. Sie wird aber von Alsterdampfern auf dem Weg zur Elbe durchquert.

Bucerius Kunst Forum

Das alte Gebäude der Reichsbank rechts neben dem Rathaus beherbergt seit 2002 das private Kunstmuseum der *ZEIT-Stiftung Ebelin und Gerd Bucerius*. Unter dem Motto „Internationale Kunst am Rathausmarkt" richtet es jährlich vier Ausstellungen aus, die jeweils von renommierten Gastkuratoren konzipiert werden. Präsentiert werden meist keine großen Künstlerretrospektiven, sondern Themenausstellungen wie *Kunst an der Seidenstraße* (2003), *Spanische Malerei in deutschen Sammlungen* (2005) oder *Die Erfindung des Bildes „Frühe italienische Meister bis Botticelli"* (2011/12). Gewöhnlich gehen den Ausstellungen öffentliche Symposien zum jeweiligen Thema voraus, die Ausstellungen selbst werden durch ein Begleitprogramm mit Vorträgen etc. ergänzt. Im Café Canaletto im Untergeschoss des Bucerius Kunst Forums hat man einen schönen Blick auf Alsterfleet und Schleuse. Spezialität des Hauses ist natürlich nicht irgendetwas, sondern – Absinth. Denn, so der Cafébetreiber, „die spektakulärsten Kunstwerke der Welt sind im Absinthrausch entstanden".

Tägl. 11–19, Do bis 21 Uhr. Erw. 8 €, ermäßigt 5 €, unter 18 Jahren frei, montags für alle Erw. 5 €. Ermäßigungen mit BahnCard oder Hamburg CARD erfragen. Rathausmarkt 2, ✆ 3609960, www.buceriuskunstforum.de. U Rathaus oder U/S Jungfernstieg.

Hygieia-Brunnen

In der Hofmitte hinter dem Rathaus steht der Hygieia-Brunnen von 1895/

96. Zentrale Figur und Namensgeberin ist die griechische Göttin der Gesundheit, die über einen am Boden liegenden Drachen triumphiert. Der Drachen steht für die verheerende Choleraepidemie, die Hamburg 1892 heimgesucht und über 8000 Todesopfer gefordert hatte. Der Triumph über die Krankheit war aber weniger Götterwerk als vielmehr das Ergebnis umfangreicher Maßnahmen zur Verbesserung der hygienischen Verhältnisse (insbesondere bei der Trinkwasserversorgung), die nach dem Abklingen der Epidemie in Angriff genommen wurden. Außer Symbolkraft hatte der Brunnen übrigens auch einen ganz praktischen Nutzen: Im Sockel befinden sich mehrere Öffnungen, durch die befeuchtete Frischluft angesaugt und über einen Kanal ins Innere des Rathauses geleitet wurde.

Der Hygieiabrunnen im Innenhof des Rathauses

Ehemalige Börse

Die Hamburger Börse wurde bereits 1558 gegründet, zunächst als reine Freiluftveranstaltung auf einem gepflasterten Platz an der Trostbrücke. Ihr erstes Dach bekam sie 1583 am gleichen Standort in einem eigens dafür errichteten Renaissancegebäude, das knapp 90 Jahre später (1669) durch einen Anbau erweitert wurde. Im 19. Jh. nahm der Börsenhandel dann solche Ausmaße an, dass ein größerer Neubau hermusste. Der entstand zwischen 1837 und 1841 am Adolphsplatz, wo die Börse noch heute residiert. Allerdings hat das klassizistische Gebäude, das den Großen Brand von 1842 fast unbeschadet überstand, durch Erweiterungsbauten in den Jahren 1858 (Börsen-Arkaden), 1884 (Westflügel zum Alten Wall) und 1912 (Ostflügel zur Großen Johannisstraße) erheblich an Umfang gewonnen. Für das Gesamtbild prägend war auch der 1897 abgeschlossene Bau des neuen Rathauses an der Rückseite des Börsenareals.

Seit 1952 steht der im Zweiten Weltkrieg erheblich zerstörte, danach aber nach historischem Vorbild wiederaufgebaute Gebäudekomplex unter Denkmalschutz. Innen wird immer noch gehandelt, doch seit dem Auszug der Wertpapierbörse im Jahr 2005 geht alles ein wenig gemächlicher zu. Teile des Gebäudes werden von der Handelskammer Hamburg genutzt, die hier nach groß angelegten Umbauarbeiten ein „Haus im Haus“ errichten ließ: einen fünfgeschossigen Kubus, der im Raum zu schweben scheint. Ein repräsentativer Treffpunkt für die Hamburger Wirtschaft wurde hier geschaffen.

Adolphsplatz 1. U 3 Rathaus oder U 1/2 bzw. S 1/3 Jungfernstieg und 2 Min. zu Fuß.

Patriotische Gesellschaft

Die Patriotische Gesellschaft wurde 1765 zunächst unter dem Namen *Hamburgische Gesellschaft zur Beförderung der Künste und nützlichen Gewerbe* gegründet. Ganz dem Geist der Aufklärung entsprechend, verstand sie sich als Hüterin von Toleranz und Vernunft und leitete daraus ihr praktisches Programm zur Beförderung gemeinnütziger Projekte ab. Tatsächlich ist eine Vielzahl von Innovationen in der Hamburger Stadtgeschichte auf ihre Initiative zurückzuführen, etwa die Einführung des Blitzableiters und des Kartoffelanbaus, die Gründung öffentlicher Bibliotheken (die in Hamburg bis heute „Bücherhallen" heißen) oder die Einrichtung von Arbeitsvermittlungsstellen. Darüber hinaus war sie maßgeblich an der Gründung des Museums für Kunst und Gewerbe beteiligt und richtete Zeichenschulen ein, aus der sich das Hamburger Berufsschulwesen entwickelte.

Das Haus der Patriotischen Gesellschaft wurde 1845–47 an der Stelle des alten Rathauses errichtet, das im Zuge des Großen Brandes gesprengt werden musste. 1923–25 wurde das Gebäude um vier Geschosse erweitert, jedoch im Zweiten Weltkrieg schwer beschädigt. Dabei gingen wertvolle Archive, Bibliotheken und Modellsammlungen verloren. Bei den Wiederaufbauarbeiten wurde das Innere völlig neu gestaltet. Die Losung der Patriotischen Gesellschaft lautet übrigens: „Viele tragen Honig hinein, zum Wohle aller".

Mahnmal St. Nikolai

Trostbrücke 4–6, ✆ 366619, www.patriotische-gesellschaft.de. U 2 Rathaus und 4 Min. zu Fuß.

Nikolaikirchturm, Mahnmal St. Nikolai

Die Nikolaikirche wurde 1195 als Kapelle gegründet und im 13./14. Jh. zu einer großen Hallenkirche ausgebaut. 1842 wurde der dreischiffige Backsteinbau beim Großen Brand völlig zerstört. Den Wettbewerb zum Wiederaufbau gewann zwar der gebürtige Altonaer Gottfried Semper, zum Zuge kam aber der englische Architekt George Gilbert Scott, dessen Entwurf an den großen gotischen Kathedralen des Mittelalters angelehnt war. Der Steinkirchturm des 1874 fertiggestellten Baus ist mit seinen 145 m der dritthöchste Deutschlands.

Im Zweiten Weltkrieg wurde St. Nikolai fast völlig zerstört (als Ersatz entstand 1962 eine neue Nikolaikirche am Klosterstern in Harvestehude). Der stark beschädigte Turm wurde mit Spendengeldern und öffentlichen Mitteln restauriert und dient heute zusammen mit der Ruine des Kircheninnenraums als Gedenkstätte für die Opfer von Krieg und nationalsozialistischer Gewaltherrschaft. Im Turm hängt übrigens eine Kopie von Oskar Kokoschkas Mosaik des Gekreuzigten Jesus. Das Original befindet sich in farbiger Ausfertigung in der neuen St.-Nikolai-Kirche in Harvestehude am Klosterstern (siehe S. 241).

Mit einem 2005 in den Turm eingebauten gläsernen Fahrstuhl kann man bis auf eine Höhe von 76 m nach oben fahren. Von dort aus bietet sich eine herrliche

Die Altstadt
→ Karte S. 98/99

In der Deichstraße

Aussicht über die Stadt und den Hafen. In der ehemaligen Krypta – der Abstieg erfolgt durch die Glaspyramide, die sich auf dem Vorplatz erhebt – finden regelmäßig Ausstellungen und Veranstaltungen statt. Das gut erhaltene Kellergewölbe unter der Kirche, das von Anfang an für eine kommerzielle Nutzung vorgesehen war und mit dem Mietertrag den Bau mitfinanzieren sollte, beherbergte jahrzehntelang eine Weinhandlung mit einem Weinmuseum. 2005 wurde Insolvenz angemeldet. Über die weitere Nutzung wurde immer noch nicht entschieden.

Erw. 3,70 €, erm. 2,90 €, Kinder ab 6 J. 2 €. Dokumentationszentrum und Panoramalift tägl. 10–17, Mai–Sept. bis 20 Uhr. Weitere Infos auch über Konzerte, Lesungen etc. beim Förderkreis Nikolaikirche: www.mahnmal-st-nikolai.de, ✆ 371125. Willy-Brandt-Str. 60. U 3 Rödingsmarkt und ca. 8 Min. zu Fuß.

Deichstraße

Die Deichstraße wird als *dikstrate* 1304 erstmals erwähnt. Der Name geht auf den damals im Zuge der Erschließung des Viertels rund um den Rödingsmarkt erbauten Schutzdeich zurück. Im 17. und 18. Jh. wurden hier Außendeichhäuser errichtet, die bis heute teilweise die althamburgische Bauweise mit einer typischen Kombination aus Wohn- und Geschäftshaus dokumentieren. Eindrucksvoll wirkt die Giebelreihe des teils restaurierten, teils wiederhergestellten Häuserensembles vom Nikolaifleet aus. Dorthin gelangt man durch die Fleetgänge. Trotz des Großen Brandes, der 1842 genau in der Deichstraße ausbrach, blieben im südlichen Teil der Straße ein paar Häuser verschont. Einige Besonderheiten:

Das **Haus Nr. 19** mit der reich verzierten Fassade im Rundbogenstil entstand unmittelbar nach dem Großen Brand. Über das Haus **Nr. 25** griff das Feuer seinerzeit auf die Ostseite der Straße über. Dabei wurde sein hübsches barockes Portal in Mitleidenschaft gezogen und nach der Katastrophe kurzerhand zugemauert; erst bei Restaurierungsarbeiten in den 1970er Jahren kam es wieder zutage. Auf der Fleetseite konnte übrigens die Fachwerkfront aus dem 17. Jh. erhalten werden.

Das **Haus Nr. 27** ist der älteste, noch erhaltene Warenspeicher Hamburgs. Zeitweise hatten hier Bardowicker Gemüsehändler ihre Lager, daher auch der Name **Bardowicker Speicher**. Das Bürgerhaus in **Nr. 37** stammt ca. von 1680 und konnte in den Jahren 1978–80 dank der Initiative „Rettet die Deichstraße" rekonstruiert werden. Eine zweigeschossige Bürgerhausdiele mit bemalter Balkendecke, die Galerie und eine prunkvolle Treppe konnten so wiederhergestellt werden. **Haus Nr. 47** wurde im Zweiten Weltkrieg schwer beschädigt, restauriert wurde der Giebel aus dem 18. Jh.

Cremon

Der Cremon ist eine der ältesten Straßen Hamburgs und verläuft mit seiner Verlängerung, der Katharinenstraße, auf dem Westdeich der ehemaligen Insel gleichen Namens. Im 12. Jh. wurde diese ersten Siedlern als Weidefläche für das Vieh zugewiesen, Anfang des 13. Jh. erfolgte dann die Eindeichung. Die Bebauung war die gleiche wie in der Deichstraße und auf dem Grimm. Da die von den Nazis 1937 zur hanseatischen Traditionsinsel gekürte Cremon (zwischenzeitlich wurden hier sogar Kunstwerke eingelagert) 1943 heftig bombadiert wurde, ist von den damals hübsch restaurierten Bürgerhäusern nichts mehr zu sehen. Übrig geblieben sind lediglich vier Speicher (Nr. 33–36) auf der Fleetseite. Das Cremon-Haus Nr. 11–12 stammt von 1905/06, das Kontorhaus Nr. 37–38 wurde 1890 nach Plänen von Martin Haller erbaut.

St.-Katharinen-Kirche

Die Katharinenkirche wurde im Zweiten Weltkrieg größtenteils zerstört, lediglich die Außenmauern und der aus dem 13. Jh. stammende Schaft des 114 m hohen Turmes blieben erhalten. Bei der Rekonstruktion in den 1950er Jahren orientierte man sich am baulichen Zustand des 17./18. Jh., als die dreischiffige Kirche mit einem barocken Turmhelm mit doppelter Arkadenrunde versehen (1656/57) bzw. die Westfassade neu gestaltet worden war. Die goldene Krone vor der Spitze ist übrigens der Legende nach aus vom Piraten Störtebeker erbeutetem Gold gefertigt. Im Inneren der Kirche sind von der historischen Ausstattung lediglich zwei Steinepitaphe aus dem 17. Jh. erhalten geblieben, einige historische Stücke wie eine Holzfigur der hl. Katharina aus dem 15. Jh. wurden hinzugekauft.

Mindestens bis Ende 2012 wird renoviert. Ab Mitte des Jahres könnte die Kirche für Besucher wieder geöffnet sein. Infos unter: www.katharinen-hamburg.de. Katharinenkirchhof, Eingang an der Südseite. U 1 Meßberg.

Pressehaus

Der Klinkerbau wurde 1938 für das nationalsozialistische *Hamburger Tageblatt* errichtet. Am Eingang Curienstraße sieht man noch das Emblem der Zeitung, die *Tageblattkogge*, auf deren Segel zu NS-Zeiten ein Hakenkreuz eingemeißelt war. Nach dem Krieg wurde das Pressehaus Verlagshaus der SPD-Parteizeitung, dann wurden hier *Spiegel* und *Stern* produziert. Heute sitzt hier die Redaktion der ZEIT.

Curienstraße 1/Speersort 1. U 3 Rathaus oder Mönckebergstraße und jeweils ca. 5 Min. zu Fuß.

St.-Petri-Kirche

Erstmals im 12. Jh. als Marktkirche erwähnt, ist St. Petri die älteste der fünf Hauptkirchen Hamburgs und – so wird vermutet – vielleicht sogar die Nachfolgerin des ersten Hamburger Doms. Im 14. Jh. wurde sie als gotische Hallenkirche neu errichtet und im 15. Jh. durch den Bau eines zweiten südlichen Seitenschiffs erweitert. Beim Großen Brand wurde St. Petri fast vollständig zerstört, danach aber nach Entwürfen von Alexis de Chateauneuf und Hermann Peter Fersenfeldt modifiziert wiederaufge-

Die Altstadt
→ Karte S. 98/99

St. Petri

baut. Der 132,6 m hohe Turm stammt aus dem Jahr 1878. Den Zweiten Weltkrieg überstand die Kirche weitestgehend unbeschadet.

Einige wertvolle Stücke der Innenausstattung konnten während des Großen Brandes noch rechtzeitig in Sicherheit gebracht werden. Darunter die Schalldeckelbekrönung der Kanzel (etwa aus dem Jahr 1400), ein restauriertes Tafelbild des hl. Ansgar, eine Sandsteinfigur der stehenden Madonna mit Kind (um 1470) und am Chor über dem rechten Lesepult eine vom Lübecker Meister Bernt Notke gefertigte Holzstatue des hl. Ansgar (um 1480). Berühmt ist auch der bronzene Türzieher mit Löwenkopf am linken Flügel des Kirchenportals.

Andere Stücke der einstigen Kirchenausstattung befinden sich heute in der Kunsthalle: der Petri-Altar von Meister Bertram und das Standbild Christus als Schmerzensmann (Meister Franke um 1420).

Mo–Fr 10–18.30, Mi bis 19, Sa 10–17, So 9–20 Uhr. Jeden Mi findet in der Petrikirche um 17.15 Uhr eine *Stunde der Kirchenmusik* statt. Turmbesteigung (544 Stufen auf 123 m Höhe) Mo–Sa 10–16.30, So bis 11.30–16.30 Uhr. www.sankt-petri.de. U Mönckebergstraße.

Ehemaliger Schauraum Bischofsburg

1962 stieß ein Baggerfahrer bei Ausschachtungsarbeiten (Ecke Speersort/Kreuslerstraße) auf zwei ringförmige Steinansammlungen mit 4,40 m bzw. 19 m äußerem Durchmesser. Erstere entpuppte sich als Überbleibsel eines Brunnenschachtes, Letztere als Fundament eines Turms. Vieles spricht dafür, dass es sich um die Reste eines um 1035 für Bischof Bezelin Alebrand errichteten Wohn- und Verteidigungsturms handelt und damit um die letzten Zeugnisse des ersten Steinbauwerks innerhalb des Heidenwalls. Der Bischofsturm, auch Steinernes Haus genannt, könnte nach

Berechnungen ca. 22 m hoch gewesen sein. Der Bischofsturm am Domplatz im Untergeschoss des St. Petri-Hofes kann nach längeren Baumaßnahmen wieder besichtigt werden.

Im Untergeschoss von Dat Backhus.Mo–Sa von 7 bis 20 Uhr/ kostenfrei. Auskunft: www.helmsmuseum.de.

St.-Jakobi-Kirche

Erstmals wurde die Kirche 1255 erwähnt. Nur die Umfassungsmauern und der untere Teil des Turms sind in ihrer alten Form erhalten geblieben. Heute ist St. Jakobi ein wuchtiger Backsteinbau, dessen Inneres eine Reihe von Kostbarkeiten birgt. Herausragend ist eine Arp-Schnitger-Orgel von 1693, die zwischen 1989 und 1993 grundlegend restauriert wurde. Bedeutend sind auch die drei mittelalterlichen Altäre im Chor, im ersten bzw. zweiten rechten Seitenschiff sowie das Deckengemälde, das die bürgerlichen Tugenden darstellt.

Ein Schiff aus 4,8 Mio Backsteinen: das Chilehaus von Fritz Höger

April–Sept. MoSa 10–17, Okt.–März 11–17 Uhr sowie jeden So nach den Gottesdiensten. Do 12 Uhr Orgelführung. Kostenlose Kirchenführung jeden 1. und 3. Samstag im Monat um 14 Uhr sowie jeden 2. Mittwoch um 11.30 Uhr. Infos zu Konzerten und diversen Veranstaltungen unter www.jacobus.de. Steinstraße. U 3 Mönckebergstraße.

Levantehaus

Das Kontor- und Geschäftshaus wurde 1911/12 unter dem Namen Hubertushof errichtet und bis zum Jahre 1994 als Bürohaus mit erdgeschossigem Einzelhandel genutzt. 1995–1997 wurde es in eine vielseitig genutzte, feine Einkaufspassage mit eleganten Geschäften und Lokalen umgebaut. Die Umbenennung in Levantehaus erfolgte in den 30er Jahren in Anlehnung an den ersten großen Mieter in der Geschichte des Gebäudes, die Deutsche Levante-Linie. Die Schifffahrtsgesellschaft war 1889 gegründet worden und stellte regelmäßige Verbindungen zwischen der Hansestadt und den Häfen der Levante (Kleinasien, Syrien, Ägypten etc.) her.

Mo–Sa 10–19, Sa 10–18 Uhr – einige Geschäfte sind bis 20 Uhr geöffnet. Mönckebergstr. 7. U/S Hauptbahnhof oder U 3 Mönckebergstraße.

Sprinkenhof

Der größte Gebäudekomplex im Kontorhausviertel (und zeitweise das größte europäische Kontorhaus überhaupt) wurde von Fritz Höger und den Gebrüdern Gerson konzipiert und in mehreren Bauabschnitten zwischen 1927 und 1943 errichtet. Die charakteristische Klinkerfassade sieht so aus, als hätte man ein Rautennetz über sie gestülpt. Die hervorstehenden kreisrunden Knäufe mittendrin sind mit allerlei Motiven aus den Bereichen Handel, Seefahrt, Industrie etc. versehen. An anderen Stellen glitzern dem Betrachter vergoldete Terrakottaplättchen entgegen. Ein wirklich sehenswerter Bau.

Buchardstr. 6–14. U 2 Meßberg.

Bronzetür der St. Jakobikirche mit Szenen aus dem Leben des Jakobus

Die Altstadt
→ Karte S. 98/99

Chilehaus

Das wohl berühmteste Hamburger Kontorhaus wurde für den Kaufmann und Reeder Henry Brarens Sloman gebaut, der sein Vermögen mit Salpeterhandel in – natürlich – Chile gemacht hatte. Architekt war der „Kontorhaus-Spezialist" Fritz Höger, der sich an dem von Sloman ausgeschriebenen Architekturwettbewerb beteiligt und prompt gewonnen hatte. Die Arbeiten begannen 1922 und waren zwei Jahre später abgeschlossen, nachdem die formidable Menge von 4,8 Millionen roten Backsteinen verbaut worden war. Wer auf den markanten Bau von Südosten kommend zusteuert, erkennt sofort ein Schiff: Ganz spitz läuft das Haus hier zu und stellt den Bug des „Flaggschiffes aus Stein" – wie das Haus auch bezeichnet wird – dar. Weiße Metallgeländer, die die obersten Stockwerke des Hauses umrunden, erinnern an die Reling eines Schiffes. Die in verschiedenen Rottönen schimmernde Fassade ist an allen Seiten mit diversen künstlerischen Ornamenten versehen.

Meßberghof

Der ehemalige Ballinhof – 1938 wurde der Name des jüdischen Reeders ersetzt – ist an der Südseite des Chilehauses gelegen. Hier lohnt ein Blick ins viel fotografierte Treppenhaus, das sich wie ein gigantisches Schneckenhaus nach oben windet. Eine Tafel am Haus erinnert daran, dass im Meßberghof die Firma Tesch & Stabenow ihren Sitz hatte, die das Giftgas Zyklon B in die Konzentrationslager lieferte.

Deichtorhallen

Zur Versorgung der Händler dienten lange die Großmärkte auf dem Hopfenmarkt und auf dem Meßberg. 1906–11 wurde aufgrund von Platzmangel ein ganz neuer Großmarkt ins Leben gerufen: die 1911/13 erbauten Deichtorhallen. Ganz nah an den Straßen, am Hafen und den Gleisen gelegen, dienten die überdachten Hallen bis 1962 als Obst- und Gemüsegroßmarkt, anschließend bis 1984 als Blumengroßmarkt. In der nachfolgenden Zeit sollten die im „Hamburger Heimatstil" verkleideten Stahlkonstruktionen abgerissen werden. Kurt A. Körber, Industrieller und Mäzen, rettete das Gebäudeensemble und ermöglichte den 1988/90 vollzogenen Ausbau zum Kunstmuseum. Dabei stehen in den sich gegenüberliegenden ehemaligen Großmarkthallen – der nörd liche dreischiffige Langbau hat eine Ausstellungsfläche von 3800 m^2, 2000 m^2 mehr als die südliche Halle – v. a. zeitgenössische Fotografie, Architektur, Design und Kunst der Gegenwart im Mittelpunkt. Im südlichen **Internationalen Haus der Photographie** sind als feste Dauerleihgaben F. C. Gundlachs *Bild des Menschen in der Photographie* (Kunst- und Modefotografie) und immer wieder Teile des umfangreichen Pressefotoarchivs des *Spiegel* in die Ausstellungen integriert.

Di–So 11–18 Uhr, jeden 1. Do im Monat bis 21 Uhr. Eintritt (Preise variieren je nach Ausstellung): Meist je Halle 9 €, ermäßigt 6 €, Di ab 16 Uhr 4,50 € für alle. Kombikarte Nord- und Südhalle 12 € für 2 Tage gültig, erm. 9 €, Kinder unter 18 J. frei. Deichtorstr. 1–2, www.deichtorhallen.de. U 1 Steinstraße oder Bus 34 bis Steinstraße/Deichtorhallen.

Praktische Infos

(siehe Karte S. 98/99)

Restaurants

Die Fischküche 25, mit Blick auf die Speicherstadt. Die Küche ist einsehbar. Im Sommer sitzt man schön draußen auf der Terrasse. Die Karte reicht vom Büsumer Krabbenbrot bis zum 3-Gänge-Fischmenü. Das nicht gerade günstige Essen (Hauptgerichte 12,90–35 €, Menüs ab 34 €) ist meist seinen Preis wert. Hinzu kommen ein tadelloser Service und angenehmes Ambiente. Tägl. außer So 12–24, Sa ab 16, Küche jeweils bis 22.30 Uhr. Kajen 12, ✆ 365631, www.die-fischkueche.de. U 3 Baumwall oder Rödingsmarkt.

Alt Hamburger Aalspeicher 26, frisch geräucherter Aal aus Bad Zwischenahn und der eigenen Räucherei sowie andere Fischgerichte. Das Restaurant befindet sich in einem originellen alten Speicher in der historischen Deichstraße mit Blick auf den Nikolaifleet (der besonders gut vom neuen Wintergarten aus ist). Hauptgerichte 9,50–26,50 €. Tägl. 12–24 Uhr. Deichstr. 43, ✆ 362990, www.aalspeicher.de. U 3 Rödingsmarkt und 5 Min. zu Fuß.

Daniel Wischer 5, schon 1924 eröffnete die heute älteste Fischbraterei Hamburgs. Guter und recht günstiger Fisch, als Fischbrötchen, Backfisch oder Fish 'n' Chips auch „to go" (ab 4,50 €). Größere Gerichte im Restaurant ca. 6–13 €. Tägl. (außer So) 11–20 Uhr. Spitaler Str. 12, ✆ 32525815, www.danielwischer.de. U 3 Mönckebergstraße.

Fillet of Soul 21, Restaurant in den Deichtorhallen. Die täglich wechselnde Mittags- und Abendkarte bietet gelungene internationale Küche. Die Köche – beide haben schon im Vier Jahreszeiten gewirkt – lassen sich in der ganz offenen Küche über die Schulter schauen. Ein nettes Lokal mit gutem Service. Bei schönem Wetter auch draußen zwischen den Museumshallen 45 Plätze. Hauptgerichte 20–25 € (Mittagstisch 7-9,50 €). Mo 11–15, Di–Sa 11–24 (Küche bis 22 Uhr), So 11–18 Uhr. Deichtorstr. 2, ✆ 70705800, www.fillet-of-soul.de. U 1 Steinstraße oder Bus 34 bis Steinstraße/Deichtorhallen.

Nido 23, hier wird österreichische mit asiatischer Küche gekreuzt, heraus kommt dabei so manch interessante Variante. Wer also nichts gegen Schnitzelstückchen in Makirolle oder Kaiserschmarrn aus dem Wok hat, kann hier mal was ausprobieren. Hauptgerichte 11–26 €. Tägl. (außer So) 11.30–15 und 18–23, Sa nur 18–23 Uhr. Cremon 35–36, ✆ 51310317, www.nido-hamburg.de. U 3 Rödingsmarkt und 8 Min. zu Fuß oder Bus 6 (Auf dem Sande).

Le Plat du Jour **16**, ein schnuckeliges Bistro, hier hat sich schon oft Ulrich Wickert blicken lassen. Der Mittagstisch ist bei Journalisten und Mittagspäuslern aus der Umgebung sehr beliebt. Das Essen schmeckt ebenso gut wie der Wein. Hauptgerichte 13–19 €. Tägl. 12- [illegible] 321414, www.lep[illegible]

ungewohnt, lecker, TOLLE Lokation, günstig, nicht f. gr. Hunger

»» Mein Tipp: [illegible] Haus aus dem Ja[illegible] Damals wurden h[illegible] es und Galettes aus der Bretagne angeboten. Galettes sind leckere Pfannkuchen aus Buchweizen, die mit allerlei Süßem und/oder Herzhaftem belegt werden – da hat man die Qual der Wahl. Cidre und einen schönen Blick auf den Nikolaifleet mit der Rückseite der Cremon gibt's übrigens auch. Drinnen ist alles hübsch hell in Weiß und Blau, draußen sitzt man toll auf dem Steg über dem Wasser. Dem Restaurant ist die *Boutique de la mer* (Mode und Typisches aus der Bretagne) angeschlossen. Speisen bis 9,80 €. Tägl. 12 bis mind. 22 Uhr. Deichstr. 39, ✆ 37517815, www.ti-breizh.de. U 3 Rödingsmarkt und 5 Min. zu Fuß. «««

Ti Breizh:
Lust auf Crêpes?

Gröninger Bierkeller **22**, das traditionelle Brauhaus ist in Braukeller und Gasthaus unterteilt. Die Küche bietet typisches rustikales Brauhausessen. Im Gasthaus mit gutem Blick auf die Speicherstadt kann man am Tisch selbst grillen. Der Braukeller befindet sich im 800 Jahre alten Kellergewölbe und bietet Haxen, Leberkäs und mehr nach Gewicht. Braukeller tägl. ab 11 Uhr (open end), Sa und Fei ab 17, So 15–22 Uhr. Willy-Brandt-Str. 47, ✆ 331381, www.groeninger-hamburg.de. U 1 Meß-berg.

Cafés und Kneipen

Café Paris **13**, für alle, die sich in Hamburg wie in Paris fühlen wollen, ein sehr lohnenswerter Abstecher. Kaffee trinkt man hier très français aus Schalen, zu essen gibt es neben Frühstück à la carte (am Wochenende sogar bis 16 Uhr!) Croques und größere Gerichte 12–26 € (Tageskarte 9–15 €). Die französische Kaffeehauseinrichtung unter einer gewölbten, mit Malereien versehenen Decke schafft ein schickes Ambiente. Ein Erlebnis! Allerdings ist der Geräuschpegel in dem stets sehr gut besuchten Lokal extrem hoch. Mo–Fr 9–23.30, Sa/So ab 9.30, Küche bis 23.30 Uhr. Rathausstr. 4, ✆ 32527777, www.cafeparis.net. U 3 Rathaus.

Zentrale **6**, ein recht anspruchsvolles Publikum besucht die Hausbar des Thalia Theaters. Im 60er-Jahre-Ambiente gibt es diverse Veranstaltungen wie Lesungen, Theater, Musik vom Plattenteller sowie Jazz- und andere Konzerte. Öffnungszeiten unterschiedlich, bei Veranstaltungen im Theater meist ab 19 Uhr. Lesungsbeginn meist um 20.30, Konzerte ab 22 Uhr. Alstertor 1, ✆ 32814444, www.thalia-theater.de. U/S Jungfernstieg oder U 3 Mönckebergstraße.

CIU' **1**, drinnen wie draußen eine moderne und edlere Adresse. Wenn es warm genug ist, sitzt es sich schön auf der in der Binnenalster schwimmenden Terrasse. Die Preise sind bei der Lage natürlich nicht von schlechten Eltern. Für 8–21,50 € gibt's Snacks, Salate, Pasta oder Rumpsteak (ab 18 Uhr). Abends wird es bei guten Cocktails und Zigarren loungig. Tägl. ab 16, So ab 18 Uhr. Ballindamm 14–15, ✆ 32526060, www.ciudiebar.de. U 1 Jungfernstieg und ca. 8 Min. zu Fuß.

Die Rösterei **11**, im 1. Stock der gediegenen Levantehaus-Einkaufspassage (siehe S. 114). Sehr leckere Torten, kleine Gerichte und Kaffee bis zum Abwinken – bei über 20 Sorten sollte doch für jeden etwas dabei sein! Das Café ist allerdings sehr groß und damit nicht unbedingt heimelig. Tägl. 9–21, So 10–20 Uhr. Mönckebergstr. 7, ✆ 30393735, www.dieroesterei.com. U 3 Mönckebergstraße.

Einkaufen

Mipoong 2, nicht nur Lebensmittel, sondern alles vom elektrischen Reisekocher über Geschirr bis hin zu Räucherstäbchen und asiatischen Accessoires. Tägl. (außer So) 10–19, Sa bis 18 Uhr. Rosenstr. 2, ✆ 324431. U 3 Mönckebergstraße.

Dr. Götze Land & Karte 4, eine riesige Auswahl an Reiseliteratur und Kartenmaterial zu allen Ecken der Welt. Auch jede Menge Schnickschnack passend zum Thema. Ein Muss für jeden Reisefan. Tägl. (außer So) 10–19, Sa bis 18 Uhr. Alstertor 14–18, ✆ 3574630, www.landundkarte.de. U/S Jungfernstieg.

Manufactum 20, Thomas Hoof setzt mit seiner „Früher-war-alles-besser"-Devise Millionen von Euro im Jahr um. Jetzt hat er im Chilehaus in Hamburg eine 650 m^2 große Filiale mit anspruchsvollen Retro-Artikeln aus allen Lebensbereichen eröffnet. Mo–Fr 10–19, Sa bis 18 Uhr. Fischertwiete 2 (Eingang Buchardplatz), ✆ 30087743, www.manufactum.de. U 1 Steinstraße. ■

Flo Peters Gallery 19, Fotogalerie im Chilehaus mit Schwerpunkt Schwarz-Weiß-Fotografie des 20. Jh. Tägl. (außer So) 10–18, Sa 11–15 Uhr. Pumpen 8, ✆ 30374686, www.flopetersgallery.com. U 3 Meßberg.

Hengevoss-Dürkop 18, Fotogalerie mit dem Schwerpunkt Neue Medien, auch Videokunst. Mi–Fr 12–18, Sa bis 14 Uhr und nach Vereinbarung. Klosterwall 13, ✆ 30393382, www.hengevossduerkop.de. U 1 Steinstraße.

Mikiko Sato Gallery 17, seit 2002 zeigt hier die Japanerin Mikiko Sato Werke zeitgenössischer japanischer Künstler. Tägl. 11–16 Uhr. Klosterwall 13, ✆ 32901980, www.mikikosatogallery.com. U 1 Steinstraße.

Design Studio JAK 7 hier präsentieren frisch gebackene Designer der „Akademie JAK Fashion und Design" ihre Stücke und nehmen auch individuelle Aufträge entgegen. Tägl. (außer So) 10–19, Sa bis 18 Uhr (in der Adventszeit bis 20 Uhr). Im Levantehaus, Mönckebergstr. 7, ✆ 85103823, www.jak.de. U 3 Mönckebergstraße.

Vintage & Rags 3, schöner, vollgestopfter Secondhandladen mit sehr breitem und interessantem Angebot an Klamotten aus den 60er und 70er Jahren. T-Shirts, Kleider, Mäntel, Jacken, Taschen – alles, was das Herz begehrt. Tägl. (außer So) 11–20, Sa 10–20 Uhr. Kurze Mühren 6, ✆ 330107, www.vintage-rags.de. U 1 Steinstraße.

Europa Passage 9, im Oktober 2006 eröffnete die fast 25 m hohe und 160 m lange Passage, die auf fünf Geschossen 120 Geschäften Platz bietet. Sie liegt auf der Verbindung vom Hauptbahnhof zum Jungfernstieg. Ein gläserner Panoramaaufzug eröffnet den Blick auf die Binnenalster. Geschäfte tägl. (außer So) 10–20, Gastronomie tägl. 8–23 Uhr. Ballindamm/Ecke Bergstraße, ✆ 36174390, www.europa-passage.de. U/S Jungfernstieg oder U 3 Rathaus.

Levantehaus 10, direkt an der Mönckebergstraße gelegen, die ähnliche Geschäfte beherbergt wie jede andere Fußgängerzone in deutschen Städten – das Levantehaus sticht hier allerdings hervor: Elegant und stilvoll, mit einem Angebot von Kleidung bis hin zu Wohnaccessoires, zieht das alte Kontorhaus ein gediegeneres Publikum an. Auch kulinarisch hat es einiges zu bieten, z. B. das Restaurant Tschebull. Tägl. (außer So) 10–20 (Sommer) bzw. 10–19 Uhr (Winter), Sa 10–18 Uhr (in der Adventszeit bis 20 Uhr). Mönckebergstr. 7, ✆ 326816, www.levantehaus.de. U Mönckebergstraße oder U/S Hauptbahnhof.

Rathauspassage 8, diese vom Diakonischen Werk gegründete Passage befindet sich unter dem Rathausmarkt und ist auch der Eingang zu U- und S-Bahn. Die hier betriebenen Läden (Kiosk, Modeläden, Eine-Welt-Laden, größeres Antiquariat) beschäftigen Langzeitarbeitslose. An Hamburgs längster Bücherwand werden mehr als 50.000 gespendete Bücher verkauft. Tägl. (außer So) ab 8 Uhr. www.rathauspassage.de. U/S Jungfernstieg oder U 3 Rathaus. ■

Freitag 12, wer kennt sie noch nicht, die Taschen aus Lkw-Plane mit einem Sicherheitsgurt als Tragegurt? Mittlerweile wurde die Produktpalette enorm erweitert. In Hamburg befindet sich ganz in der Nähe der Deichtorhallen der vormals erste Freitag-Shop Deutschlands. Tägl. (außer So) 11–20, Sa 10–18 Uhr. Klosterwall 9, ✆ 3287020, www.freitag.ch. U 1 Steinstraße.

Tour 2

Die Neustadt

Neustadt und Altstadt bilden zusammen die Hamburger Innenstadt. Die Neustadt sucht man heute vor allem zum Konsumieren auf – mit Jungfernstieg und den schicksten und teuersten Einkaufspassagen wird Shopping großgeschrieben.

Doch die Neustadt bietet mehr. Neben ihrer schönen Lage direkt an der Binnenalster besitzt sie spannende bauliche Zeugnisse aus verschiedenen Jahrhunderten sowie den riesigen Park Planten un Blomen. Nicht zu vergessen: Der Michel, Hamburgs berühmtes Wahrzeichen, gehört ebenfalls zur Neustadt. Nicht weit davon hat sich die Gegend rund um den Großneumarkt gemausert. Mit hübschen Geschäften und netten Lokalen geht es hier gemütlicher zu als auf den Konsummeilen an der Binnenalster. Die heutige Neustadt (nicht zu verwechseln mit der Ende des 12. Jh. entstandenen gräflichen Siedlung, der sog. *Neuen Stadt*, im heutigen Altstadtbereich) entwickelte sich erst im 17. Jh., als Hamburg nach Westen mit einem neuen Festungsring umgeben und das nunmehr abgesicherte Areal nach und nach besiedelt wurde. Aus großen Gartenflächen wurden Wohngebiete, 1648 entstand die Kirche St. Michaelis, heute besser bekannt als der Hamburger Michel. Wirtschaftlich und politisch konnte die Neustadt aber lange nicht an die Altstadt heranreichen, ihr fehlten die Fleete und der Hafenanschluss. So wurde sie zunehmend ein Wohnviertel für die Mittel- und Unterschicht, für Hafenarbeiter und Tagelöhner.

Mit dem gegen Ende des 18. Jh. einsetzenden Bevölkerungswachstum wurde es voll in der Neustadt, bis 1885 stieg die Einwohnerzahl auf ca. 100.000 an (heute knapp 12.000). Die Fachwerkhäuser drängten sich dabei besonders in Hafennähe dicht an dicht, und es entstanden die sog. Gängeviertel, soziale Brennpunkte mit katastrophalen Wohn- und Hygieneverhältnissen, ho-

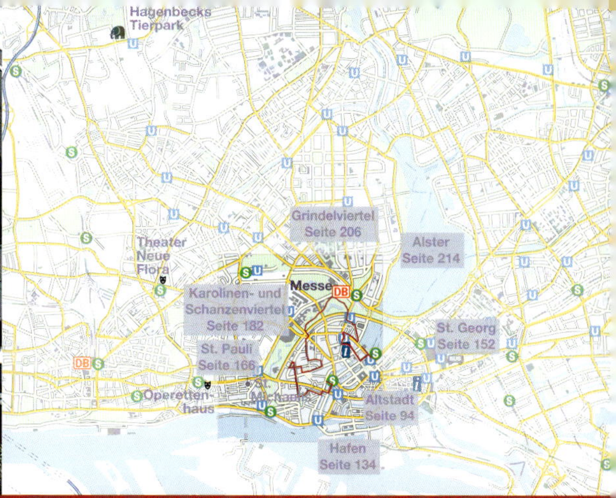

her Kriminalitätsrate und allen Problemen, die sonst noch dazugehören. Erst nach der verheerenden Cholera-Epidemie von 1892 – dem letzten großen Ausbruch der Krankheit in Deutschland überhaupt – wurden die dringend notwendigen Sanierungsmaßnahmen in die Wege geleitet. Saniert wurde allerdings nicht in einem Rutsch, sondern schrittweise bis in die 1930er Jahre hinein, als die Nazis die potenziellen oder tatsächlichen Brutstätten des Kommunismus mit buchstäblich aller Gewalt endgültig beseitigen wollten. Dass der sukzessiven Grundrenovierung nahezu alle historischen Gebäude zum Opfer fielen, versteht sich von selbst. Lediglich ein paar steinerne Zeitzeugen sind stehen geblieben und vermitteln einen Eindruck vom früheren Leben. Auch einige wenige Spuren der einst hier ansässigen jüdischen Gemeinde sind noch aufzuspüren.

Schicker als in den Gängevierteln ging es schon im 18. und 19. Jh. rund um den heutigen Neuen Wall zu. Wer das nötige Geld und gesellschaftliches Renommee besaß, bummelte und vergnügte sich hier. Heute ist der Jungfernstieg mit seinen Seitenstraßen die Hauptschlagader des modernen Einkaufsbummels. Hinzu kommen die seit 1980 entstandenen modernen Passagen zwischen Gänsemarkt und Alsterfleet, darunter das ehemalige Luxushotel Hamburger Hof, die Galleria zwischen Großer Bleichen und Bleichenfleet, das Hanse-Viertel auf 200 glasüberdachten Metern Länge. Die architektonisch imposante Europa Passage gehört zur Hamburger Altstadt (siehe S. 114).

Spaziergang

Vom Jungfernstieg bis Planten un Blomen

Der Spaziergang beginnt an der **U/S-Bahn-Station Jungfernstieg**. Wir begeben uns von dort an die westlichste (also linke) Ecke der Binnenalster am Jungfernstieg. Der **Jungfernstieg** – mit der Reeperbahn die bekannteste Straße Hamburgs – schließt die Binnenalster nach Süden ab. Bereits Mitte des 17. Jh. war er hübsch als Allee angelegt und

Passagen-Hopping in der Neustadt

Selbst bei richtigem Hamburger Schietwedder kann man in der Hansestadt stundenlang trockenen Fußes bummeln gehen. Sämtliche Einkaufspassagen liegen in oder in unmittelbarer Nähe der Neustadt und können nacheinander „abgearbeitet" werden. Weitere Möglichkeiten wie die Europapassage oder das Levantehaus (siehe S. 114) bietet die Altstadt.

Hanse-Viertel 12: In der zwischen Gänsemarkt und Rathaus gelegenen glasüberdachten Passage hat man die Auswahl zwischen rund 60 Geschäften und Restaurants. Begehbar ist die Passage über die Poststraße und die Große Bleichen. Neben Damen- und Herrenmode, Schuhen, Sportbekleidung, Stoffen und Einrichtungsgegenständen sind hochwertige Schreibwaren im Sortiment. Die Passage wird gerne von einem gut situierten und eher älteren Publikum besucht. Mo–Fr 10–20, Sa 10–18 (im Winter bis 20 Uhr). Poststr. 33, ✆ 36174350, www.hanseviertel.de.

Alte Post: Das schöne alte Gebäude direkt am Fleet stammt aus dem Jahr 1847. Innen ein paar exklusivere Bekleidungsgeschäfte, eine Galerie und ein Restaurant. Poststr. 11.

Bleichenhof: Mode, Kulinarisches und Accessoires sind unter Glasarkaden versammelt. Die Passage ist immer wieder Schauplatz für Ausstellungen. Hinein kommt man über die Bleichenbrücke oder die Große Bleichen. Ecke Große Bleichen/Bleichenbrücke. Mo–Sa 10–20 Uhr.

Alsterarkaden 16: Sie liegen zwischen Schleusenbrücke und Jungfernstieg. Entstanden sind die schicken, mediterran angehauchten Arkaden nach dem Großen Brand von 1842. Unter weißen Rundbögen kann man in vielen edlen Designergeschäften shoppen, ohne nass zu werden. Fast alle Geschäfte Mo–Sa 10–20 Uhr.

Alsterhaus: Ganz neu renoviert, exklusives und traditionsreiches Hamburger Kaufhaus. Mode, Feinkost, Weine, Papeterie, Schmuck, Wohnaccessoires, Wäsche u. v. m. Mo–Sa 10–20 Uhr. Jungfernstieg 16–20, ✆ 359010, www.alsterhaus.de.

Gänsemarktpassage 5: Sie zieht mit den eher jüngeren Läden und erschwinglicheren Waren ein jüngeres Publikum an. Die Gastronomie passt mit den üblichen Bagel- und Kaffee-Ketten ins Bild. Begehbar ist die Passage von den Colonnaden oder vom Gänsemarkt aus. Mo–Sa 10–20 Uhr. Gänsemarkt 50, ✆ 3501680, www.gaensemarktpassage.de.

Hamburger Hof 10: Eine frisch renovierte Passage mit eleganten Geschäften auf der Seite des Jungfernstiegs und jüngeren, flippigeren Läden auf der Seite zur Poststraße hin. Kalifornische oder thailändische Restaurants laden zum Verweilen, Sehen und Gesehenwerden ein. Mo–Fr 10–19, Sa 10–18 Uhr. Jungfernstieg 26, ✆ 3501680, www.hamburger-hof-passage.de.

die beliebteste Flaniermeile der Stadt. Überliefert ist, dass hauptsächlich die unverheirateten Töchter der wohlhabenden Bürger Hamburgs, eben die Jungfern, hier flanierten. Eine Art Heiratsmarkt also.

Vom gewählten Standort aus hat man einen guten Überblick über diverse Highlights der Neustadt. Der Pavillon von 1952/53 auf der Wasserseite steht unter Denkmalschutz und ist bereits der sechste an dieser Stelle. Der älteste geht auf das Jahr 1799 zurück, damals wurde er mit Champagner und Hummer eröffnet. „Das schönste Lokal Deutschlands", wie ihn der ehemalige Bürgermeister Max Brauer einmal nannte, ist er heute wohl nicht mehr. Schön ist aber weiterhin die Lage mit dem Blick auf die → **Binnenalster**. Auch nach der kompletten Renovierung des Jungfernstiegs befinden sich auf seiner Alsterseite die Schiffsanleger der Alsterschifffahrt (siehe S. 125 f.).

Schaut man, den Blick auf die Binnenalster gerichtet, nach links, fällt auf der als „Neuer Jungfernstieg“ bezeichneten Straße eine blendend weiße Fassade unter einem beflaggten Dach auf. Hier befindet sich eine der ersten Adressen der Stadt: das **Vier Jahreszeiten**, eines der weltweit besten Hotels, das bei seiner Gründung 1897 gerade mal elf Zimmer anzubieten hatte.

Wer Lust hat, geht den Neuen Jungfernstieg noch weiter bis zum **Amsinck-Palais** (Nr. 19) mit den vergoldeten Schmiedeeisengittern an den Fenstern. Hier residierte im 19. Jh. der Bankier Gottlieb Jenisch, nach dessen Bruder der Jenisch-Park jenseits der Elbchaussee benannt ist (siehe *Das Elbufer*, S. 251). Heute logiert hier der legendäre Übersee-Club, der nach dem Ersten Weltkrieg gegründet wurde, um die brachliegenden Beziehungen zwischen der Hansestadt und den Weltmärkten wiederzubeleben, und der sich heute um die Förderung des Wirtschaftsraums Hamburg generell bemüht.

Zurück geht der Blick zur Häuserseite des eigentlichen Jungfernstiegs: rechts mit der schlichten hellen Fassade das Streits-Haus, ein ehemaliges Hotel, das 1955 in ein Bürogebäude mit heute noch betriebenem Programmkino umgewandelt wurde.

Mit Blick auf die Kirchtürme von St. Petri rechts und St. Jakobi links (siehe *Die Altstadt*, S. 108/110) flanieren wir nun den Jungfernstieg Richtung Rathaus an den im Folgenden beschriebenen Häusern entlang. Das **Salomon-Heine-Haus** (Nr. 34), so genannt, weil in einem Vorgängerbau an gleicher Stelle Heinrich Heines Onkel Salomon lebte, besticht mit seiner hübschen Jugendstilfassade. Das rote Sandsteingebäude in Nr. 26–30 ist der **Hamburger Hof**, einst ein edles Hotel, später Kontorhaus und seit den 1970er Jahren Bürohaus mit Einkaufspassage. Die Hamburger Hauptfiliale der ehemaligen

Planten un Blomen: ein riesiger Garten mitten in der Stadt

Dresdner Bank, heute **Commerzbank** (Nr. 22) ist ein Gebäude von Martin Haller. Der vornehmste Kaufpalast der Stadt ist wohl das links der Bank gelegene **Alsterhaus** (Nr. 16–20), das heute zum Karstadt-Quelle-Konzern gehört.

Vor der Reesendammbrücke, welche die Kleine Alster überspannt, führt der Weg rechts in die weiß verputzen → **Alsterarkaden**. Traumhaft ist der Blick aus den Arkadenbögen auf das Rathaus, pittoresk sind die Schwäne auf der Kleinen Alster. In der Silvesternacht 1989 brannte ein Teil der Alsterarkaden ab, auch die **Mellin-Passage** war davon betroffen. Sie zweigt von den Arkaden hinter einem schicken Porzellangeschäft rechts ab und ist mit Baujahr

1848 eine der ältesten Einkaufspassagen in Deutschland. Der vom Feuer zerstörte Teil wurde wieder aufgebaut. Beachtenswert sind die bei Renovierungsarbeiten unter dicken Farbschichten wiederentdeckten Deckenmalereien.

Biegen Sie nun von der Mellin-Passage links in den Neuen Wall ein, der 1707 als Verkehrsweg in die Stadt hinein angelegt wurde. Der Name weist noch auf die hier ehemals aufgeworfene Befestigung von 1543 hin. Der Neue Wall ist heute eine teure Geschäftsstraße. Kurz darauf biegen wir rechts in die Poststraße ab. Das dominante Gebäude zur Linken hinter dem malerischen Bleichenfleet mit dem hübschen Turm ist die → **Alte Post** – mit einer frisch renovierten und neu eröffneten Ladenpassage. Am Einkaufszentrum Hanse-Viertel vorbei kommt man zum Körnerhaus mit seiner Pfeilerfassade (Nr. 37–39). Rechts und links beeindrucken interessante Fassaden. In der Poststraße 36 (auf der rechten Seite) befindet sich das ehemalige **Wohnhaus von Friedrich Gottlieb Klopstock**, über dessen Eingang eine Büste des Dichters prangt.

Die Poststraße führt am Ende rechts in die **ABC-Straße**, deren seltsamer Name daher rührt, dass die Häuser hier ursprünglich nicht durchnummeriert, sondern durchbuchstabiert waren. Einige der hiesigen Gebäude stammen noch aus dem frühen 19. Jh. und damit aus der Zeit vor dem Großen Brand.

Folgt man der ABC-Straße rechts herum, kommt man am **Gänsemarkt** raus, der vielleicht deswegen so heißt, weil hier früher die Gänse gesammelt wurden, um sie dann durch das damalige Dammtor auf die nördlichen Wiesen der Stadt zu treiben.

Ehemals stand übrigens dort, wo heute die Gänsemarktpassage ihre Besucher empfängt, das Deutsche Nationaltheater, in dem Gotthold Ephraim Lessing von 1767 bis 1770 als Dramaturg arbeitete.

Karolinen- und Schanzenviertel siehe S. 185
Einkaufen (S. 133)
1 Elfenreich
5 Gänsemarktpassage
7 Männersache
8 Koko von Knebel
10 Hamburger Hof
12 Hanse-Viertel
14 Alsterhaus
15 Hamburgische Bücherstube Felix Jud
16 Alsterarkaden
17 Frida Kolorida
18 Zwang B
25 Sautter & Lackmann
26 Antiquariat Reinhold Pabel
28 Souvenirs am Michel
Nachtleben (S. 75/76)
3 [m]eatery
21 Cotton Club
Pl. d. jüd. Deport.
Moorweidenstr.
Tiergartenstraße
kl. Moorweide
Hamburger Univ.
E.-Siemers-Allee
Tesdorpf-str.
Moorweide
Parksee
Congress Centrum Hamburg
Mittelweg
Neue Rabenstr.
DB
Dammtor-Bahnhof
Th.-Heuss-Pl.
Alsterterr.
St.-Petersburger-Str.
Planten un Blomen
Marseiller Str.
Messegelände
B.d. Kirchhöfen
Jungiusstr.
Alter Botanischer Garten
Wallgraben
Denkmal für die Opfer von Krieg und Faschismus
G.-Mahler-Park
Alsterglacis
Stephans-pl.
Esplanade
Lombardsbr.
Gorch-Fock-Wall
Kleine Wall-anlagen
Museum für Kommunikation
Stephanspl.
Fehlandtstr.
Neuer Jungfernstieg
Dammtorwall
Drehbahn
Gr. Theaterstr.
Colonnaden
Staatsoper
Laeiszhalle
Dragonerstall
Caffamacherreihe
Dammtorstr.
Gustav-Mahler-Pl.
Binnenalster
Joh.-Brahms-Pl.
Valentinskamp
Gänsemarkt
Speckstr.
Neue ABC-Str.
Gänseviertel
ABC-Str.
Gerhofstr.
Jungfernstieg
Bäckerbr.-gg.
K.-Wilhelm-Str.
Poolstr.
Pilatuspool
Kurze Str.
Neustädter Str.
Fuhlentw.
Bleichenbr.
Poststr.
Alsterpavillon
Kohlhöfen
Rademachergang
Kornträgergang
Hohe Bleichen
Alte Post
Alsterarkaden
Ballindamm
Alstertor
Jungfernstieg
Reesendammbrücke
Europa-passage
Hermannstr.
Bleichen-Hof
Bleichenbr.
Kleine Alster
Markusstr.
Brüderstr.
Wexstr.
Bucerius Kunst Forum
Rathausmarkt
Rathaus
Commeterhaus
Schauraum Bischofsburg
Altstadt siehe S. 98/99
Brahms-Museum
Markusstr.
Großneumarkt
Alter Steinweg
Düsternstr.
Stadthausbr.
Neuer Wall
Hygieia-Br.
St. Petri
Rathausstr.
Neanderstr.
Steinweg
Alsterfleet
Börse
Gr. Joh.-Str.
Schauenburgerstr.
St. Ansgar
Michaelisbr.
Grask.
Alter Wall
Patriotische Gesellschaft
Gr. Bäckerstr.
Domstr.
Pressehaus
Ludwig-Erhard-Straße
St. Michaelis
Börsenbr.
Neß
Englische Planke
Teilfeld
Herrengrabenbr.
Gr. Burstah
Mahnmal St. Nikolai
Krayenkamp
Krameramtsstuben
Rödingsmkt.
W.-Brandt-Str.
Nikolaikirchturm
Nikolaibr.
Ost-West-Str.
Brandstwiete
Admiralitätsstr.
Bleichenfleet
Herrlichkeit
Steintw.
Deichstr.
Grimm
Schaarmkt.
Schaarsteinw.
Rödingsmkt.
Nikolaifleet
St. Katharinen
Deutsches Zollmuseum
Katharinenstr.
Cremon
Zippelhs.
Neustädter Neuer Weg
Stubbenhuk
Steinhöft
Kajen
HHLA
B. St. Annen
Baumw.
Steintwietenhof
B.d. Mühren
Neuer Wandrahm
Verlag Gruner + Jahr
Baumwall
Vorsetzen
Miniatur Wunderland
Kehrwieder
A. d. Sande
Hamburg Dungeon
Brook
Pickhuben
Hafenrand siehe S. 138/139
150 m
Neustadt

Die Colonnaden warten noch mit traditionellen Geschäften wie „Münzen und Briefmarken Matthies" auf

Gewidmet wurde ihm eine bei Tauben sehr beliebte Statue auf dem Platz. Das rote Backsteingebäude der alten **Finanzdeputation** am Gänsemarkt 36 stammt von Fritz Schumacher.

Folgt man dem Jungfernstieg zurück bis fast zur Binnenalster, öffnet sich nach ein paar Metern zur Linken mit den → **Colonnaden** eine sehenswerte, teils von einem Arkadengang flankierte Straße aus der Gründerzeit, über die man nach etwa 200 m den Gustav-Mahler-Platz erreicht. Biegen Sie von dort links in die Große Theaterstraße ein. Gehen Sie an der renommierten **Hamburger Staatsoper** vorbei, die 1955 in einem fast komplett neuen Gebäude wiedereröffnet wurde, nachdem der Vorgängerbau im Zweiten Weltkrieg weitgehend zerstört worden war. Weiter geht es rechts in die Dammtorstraße zum Stephansplatz. Noch auf der linken Seite der Dammtorstraße empfing bis 2009 in der alten Oberpostdirektion das ehemalige Museum für Kommunikation seine Besucher. Das Gebäude aus dem Jahr 1887 war einst das größte Postgebäude der Welt.

Der großzügige weiße Gründerzeitbau am Stephansplatz (diagonal gegenüber) beherbergte ursprünglich ein feudales Hotel, anschließend lange Zeit eine Bank. Seit 2006 residiert hier die Hamburger Spielbank.

Gegenüber von Spielbank und alter Postdirektion befindet sich der Eingang zu → **Planten un Blomen**. Aber sehen Sie sich, bevor es links vor dem kleinen Kiosk in die Parkanlagen hinuntergeht, das → **Denkmal für die Opfer von Krieg und Faschismus** an.

Gehen Sie nun in Planten und Blomen hinein. Rechts am Wallgraben entlang führt der Weg parallel zum Gorch-Fock-Wall durch die Grünanlagen – nach so viel Stadt eine wahre Oase der Ruhe mit vielen idyllischen Eckchen. Vorbei am Alten Botanischen Garten und durch die Kleinen Wallanlagen sehen Sie bald rechts das Untersuchungsgefängnis. Es gehört zum → **Justizforum** mit seinen monströsen Gebäuden, die sich oberhalb des Parks um den Sievekingplatz gruppieren. Gehen Sie hoch zur Straße, von hier aus haben Sie einen guten Blick.

Von der Laeiszhalle zum Michel

Gegenüber (auf der anderen Straßenseite des Gorch-Fock-Walls) befindet sich der Johannes-Brahms-Platz. Er wurde nach dem großen Komponisten benannt, der in der nahe gelegenen Speckstraße geboren wurde. Der Musik ist auch die den Platz dominierende → **Laeiszhalle** gewidmet. Was vor der Halle steht und ein wenig aussieht wie ein Hotdog im ausgefransten Brötchen, ist eine Bronzeplastik von Maria Pirwitz, die damit die „Fülle der Musik" von Brahms ehrt. Auch der Granitkubus an der Ecke Dragonerstall ist dem Komponisten gewidmet.

Raus aus dem tosenden Verkehr geht es nun quer über den Johannes-Brahms-Platz, rechts in den Pilatuspool und dann links in die ruhigere Poolstraße. Dabei kommen Sie rechts am Brahmskontor vorbei.

Die Neustadt
→ Karte S. 120/121

Hummel, Hummel – Mors, Mors

Der Hamburger Wasserträger, auf den der heutige Hamburger „Schlachtruf" zurückgeht, hieß Johann Wilhelm Bentz (1787–1854) und war ein griesgrämiger Mann, der hier in der Neustadt wohnte. Beim Verrichten seiner kräftezehrenden Wasserträgerarbeit neckten ihn die Kinder auf der Straße und riefen ihm „Hummel, Hummel" (eigentlich ein Spitzname für die ungeliebten Gerichtsdiener) hinterher. Seine verärgerte Reaktion war „Mors, Mors!", plattdeutsch für „Hintern". Beim Denkmal kommt die Antwort von dem Jungen mit dem nackten Popo am Memel-Haus gegenüber. Der Hummel-Brunnen am Rademachergang wurde in der NS-Zeit errichtet und sollte die Heimatverbundenheit und die heile Feierabendwelt sichern helfen.

Hier saß vor 1933 der Deutschnationale Handlungsgehilfenverband (DHV). Das hübsche Kontorhaus wurde in den letzten Jahren komplett entkernt, die neogotische Fassade steht noch. Markant sind die Bronzeskulptur eines Elefanten mit Reiter an der Seite Poolstraße und die Jünglingsstatuen, die sich übereinander geordnet auf der gegenüberliegenden Seite die Fassade hochziehen. Unter den Arkaden des Brahmskontors befindet sich das Kellertheater.

In der Poolstraße entstand 1842–44 im Hinterhof die **Tempelsynagoge** (Nr. 12–13) der jüdischen Gemeinde. 1931 wurde sie durch einen Neubau in Harvestehude ersetzt, das hiesige Gebäude fiel 1944 einem Bombenangriff zum Opfer. Lediglich Eingang und Apsis sind noch erhalten und befinden sich heute skurrilerweise auf dem Areal eines Autohauses.

In der Verlängerung der Poolstraße, den Kohlhöfen (Nr. 28), stand einst das erste offizielle Gebäude der **Hamburger öffentlichen Bücherhallen** (1907–1909). Ihre Entstehung ist – wie so viele gemeinnützige Institutionen Hamburgs – ein Verdienst der Patriotischen Gesellschaft (siehe S. 105).

Von den Kohlhöfen geht's nun links in den Rademachergang, wo man auf den Hummel-Brunnen mit dem berühmten Hamburger Wasserträger stößt.

Am Ende des Rademachergangs biegen Sie jetzt nach rechts in den Kornträgergang und dann wieder rechts in die Wexstraße ein. Sie befinden sich nun mitten im ehemaligen Gängeviertel. Nach vielen Debatten über Erhalt oder Abriss des Gängeviertels bildete die Wexstraße 1867 den ersten Durchbruch oder die erste Schneise durch das damals übervölkerte Gebiet. Erst in den 1870er Jahren wurden erste Sanierungspläne für das Gängeviertel verabschiedet. Die Wexstraße und die benachbarte Brüderstraße sind übrigens nach den Brüdern Wex benannt, die durch Sanierungen und Spekulation stadtbekannt wurden. Während die Bebauung auf der einen Seite zu den Straßen hin schick und repräsentativ wirkt, fehlen den Wohnungen auf der anderen Seite Licht und Platz.

Die Sanierung des gesamten Gängeviertels verlief sehr schleppend. Neue Anstöße für die Umsetzung der Erneuerungspläne lieferten die Cholera-Epidemie von 1892 und der Hafenarbeiterstreik von 1896/97, dessen Aktivisten-Zentrum im Gängeviertel lag. 1933–38 wurden die Reste des Gängeviertels abgerissen, wohl auch, weil das Gebiet als Hochburg der KPD den Nationalsozialisten höchst unliebsam geworden war. Heute hat sich die Gegend rund um die Wex- und Brüderstraße fein herausgeputzt. Individuelle kleine Geschäfte, Kneipen und Restaurants machen das Viertel zu einem beliebten Teil der Neustadt.

Die Wexstraße führt nun geradewegs auf den → **Großneumarkt** zu. Einigen ist vielleicht das Haus Ecke Thielbek aus der TV-Serie *Großstadtrevier* mit Jan Vedder bekannt. Bis 2005 war hier die Großneumarktwache untergebracht.

Vom Großneumarkt kann man schon die große Uhr von St. Michaelis sehen, aber zunächst macht der Spaziergang einen kleinen Schlenker zur **Traditionsinsel Peterstraße:** Über die Markusstraße, die hinter der Häuserzeile rechts vom Platz abzweigt, gelangt man links durch einen Durchgang zunächst in die Neanderstraße, wo sich einst ein jüdischer Friedhof befand und von 1800 bis 1925 die sog. Judenbörse abgehalten wurde, ein täglicher Straßenmarkt mit kleinen Ständen.

Attraktion nicht nur für Fans der Klassischen Musik:
Die Laeiszhalle am Brahmsplatz

An der Ecke Markus-/Neanderstraße steht rechterhand ein hübsches altes Hamburger Bürgerhaus. Es beherbergt den Lichtwarksaal und gehört zu einem ganzen Gebäudeensemble, das sich gegenüber in der Peterstraße und den dort angrenzenden Hütten fortsetzt. „Alt" ist hier allerdings nur Fassade, und zwar im wahrsten Sinne des Wortes. Denn mit einer Ausnahme handelt es sich um Neubauten aus den 1960er bis 80er Jahren, denen man ein historisches Kleid übergestülpt hat. Das Schnittmuster für die detailgetreu nachgebildeten Fassaden aus dem 16.–18. Jh. holte man sich von Gebäuden, die andernorts in Hamburg abgerissen worden waren. Hier in der ehemaligen Arbeitergegend hatten solche prachtvollen Häuser nie gestanden, die Traditionsinsel ist also nicht mehr und nicht weniger als ein recht gut gemachtes Plagiat, ein Stück authentisches Hamburg ist sie nicht. Einzige Ausnahme ist das ehemalige → **Beyling-Stift**, das bereits Mitte des 18. Jh. hier in der Peterstraße errichtet und im Zuge der Gestaltung der Traditionsinsel restauriert wurde. Heute ist hier u. a. das → **Brahms-Museum** untergebracht sowie nebenan das Telemann-Museum.

Nach dem Abstecher in die Peterstraße gehen Sie zurück zur Neanderstraße und biegen nun rechts ab. Geradewegs geht es auf das Wahrzeichen Hamburgs zu: → **St. Michaelis** oder auch einfach der **Michel**, eine der bedeutendsten Barockkirchen in Norddeutschland. Auch wenn der Touristenrummel rund um die wohl berühmteste Kirche Hamburgs eher abschreckend wirkt, lohnt sich ein Besuch und die Aussicht vom Turm über Stadt und Hafen.

Folgt man der Straße Englische Planke am Michel entlang bis zum Ende, eröffnet sich gerade herunter ein Blick auf das bizarre Gebäude des Verlags Gruner + Jahr. Biegen Sie nun links in den Krayenkamp ein, dann erreichen Sie hinter einer weiteren Linkskurve die → **Krameramtswohnungen**. Vorsicht, den Eingang (Nr. 10) auf der rechten Straßenseite kann man leicht übersehen. Die kleinen Fachwerkhäuser geben – wenn man sich den Touristenrummel wegdenkt – einen Eindruck von den Wohnverhältnissen im 17. Jh.

Biegen Sie nun (von den Krameramtswohnungen kommend) rechts in den Krayenkamp ein und wieder rechts in die Straße Teilfeld; anschließend geht es links in den Herrengraben und über die mehrspurige Ludwig-Erhard-Straße. Auf der anderen Seite führt ein Stück weiter rechts die Admiralitätsstraße links herum auf den Fleethof zu, der mit mehreren Lokalitäten zu einer Pause einlädt. Für den Rückweg sind die S-Bahn-Station Stadthausbrücke oder die U-Bahn-Station Rödingsmarkt nicht weit.

Die Neustadt → Karte S. 120/121

Sehenswertes

Binnenalster

Die Alster ist eigentlich ein rechter Nebenfluss der Elbe. Sie entspringt ca. 25 km nördlich von der Innenstadt im Timhagener Brook. Durch Aufstauung entstand schon im 13. Jh. ein großes Alsterbecken. Im 17. Jh. wurden Binnen- und Außenalster durch den Bau einer neuen Befestigung getrennt. Entlang dieser Befestigungslinie verlaufen die Lombards- und die Kennedybrücke. Die **Alsterfontäne**, ein 1987 installierter Springbrunnen in der Mitte der Binnenalster, kommt in den Sommermonaten zum Einsatz und erreicht eine Höhe von bis zu 35 m. Die gesamte Binnenalster umfasst 18 ha.

Der „Kriegsklotz“, eine steinerne Heldenverehrung ...

Alsterarkaden

Die direkt an der nördlichen Seite der Kleinen Alster gelegenen schneeweißen Alsterarkaden entwarf Alexis de Chateauneuf 1842/43 im Zuge der Neugestaltung des Rathausmarktes. Hinter dem schicken weißen Arkadengang sieht man mit der Nummer 9–13 ebenfalls von Chateauneuf entworfene Häuser mit einfacher weißer Putzfassade aus dem Jahr 1846. Ein Großteil der Arkaden brannte 1989/90 wegen Brandstiftung ab, die Fassaden dieser Häuser konnten jedoch erhalten bleiben. Das Eckhaus auf der Seite des Jungfernstiegs hebt sich dagegen in seiner Größe und Fassadengestaltung von den anderen Häusern hinter dem Bogengang ab und wurde – genau wie das Eckhaus zur Schleusenbrücke – mehrfach umgestaltet. Diskutiert wird immer noch, ob die Arkaden schon immer weiß oder ursprünglich ockergelb waren. Die Alsterarkaden mit ihren hübschen schmiedeeisernen Laternen waren übrigens schon von Beginn an Einkaufspassage. Von den Alsterarkaden aus bietet sich eine wunderbare Aussicht auf Rathaus und Rathausmarkt.

Alte Post

Wieder ein Hauch von Italien und Toskana, wieder war Alexis de Chateauneuf (Rathausmarkt und Alsterarkaden) am Werk (1845–47). Mit der Alten Post kombinierte er die für die toskanische Renaissance repräsentative Architektur mit Elementen der nordischen Spätgotik. In dem Gebäude mit dem charakteristischen Uhrturm hatten sich in Zeiten, in denen es noch kein Monopol gab, vier Poststationen eingerichtet. Nach dem Ende der Sanierungsarbeiten 2011/2012 sind hier wieder Büros und eine Ladenpassage ansässig.

Poststr. 11. U 1/2 und S 1/3 Jungfernstieg oder U 3 Rathaus und jeweils 3 Minuten zu Fuß.

Colonnaden

Die Colonnaden wurden 1876/77 als Verbindungsstraße zwischen Innenstadt und Dammtorbahnhof gebaut. Die Ostseite des gesamten südlichen Straßenabschnitts säumen beeindruckende Arkaden. Die Bauherren der damaligen Privatstraße waren die Brüder Adolph und Ernst Wex, die

... und der Gegenentwurf

Finanzierung wurde durch eine eigens gegründete Kommanditgesellschaft auf Aktien sichergestellt. Ziel des Ganzen war die Erschließung von Baugrundstücken, auf denen dann zwischen 1877 und 1895 luxuriöse Etagenwohnhäuser mit Neorenaissancefassaden und Geschäftsräumen in den Erdgeschossen errichtet wurden, die dem pfiffigen Brüderpaar eine Menge Geld einbrachten.

Denkmal für die Opfer von Krieg und Faschismus

Das wohl umstrittenste Denkmal der Stadt entstand 1936 als Ehrenmal für die im Deutsch-Französischen Krieg von 1870/71 gefallenen Soldaten eines Hamburger Infanterieregiments. Es präsentiert sich als etwas gräulich eingefärbter Klotz mit eingemeißelten Soldaten und der Inschrift „Deutschland muss leben und wenn wir sterben müssen". Dass die britische Besatzungsmacht es nach dem Zweiten Weltkrieg nicht einfach einem Abrisskommando überantwortete, soll auf die Überredungskünste eines damals bei den Briten angestellten Hamburger Denkmalpflegers zurückzuführen sein. Und so stand es weiter da und wurde wie nicht anders zu erwarten mehrfach zum Treffpunkt von SS-Traditionsverbänden und anderen (neo)nazistischen Gesellen. Andere wiederum, die es nicht so gern mochten, pinselten oder sprühten es in regelmäßigen Abständen mit grüner, roter oder sonst einer Farbe an. Anfang der 1980er Jahre kam der Senat dann auf die famose Idee, dem Ehrenmal „für den Krieg" einen Gegenentwurf „gegen den Krieg" an die Seite zu stellen. Flugs wurde ein Wettbewerb ausgeschrieben, bei dem Alfred Hrdlicka das Rennen machte, der schon bald mit der Arbeit „Mahnmal gegen den Krieg" begann. Leider konnte er nur einen Teil seiner Pläne verwirklichen, dann ging das Geld aus. Und so steht der Kriegsklotz heute immer noch da und genießt die Gesellschaft seines etwas ungeordnet anmutenden unvollendeten Denkmalkollegen.

Dammtordamm/Ecke Gorch-Fock-Wall (in den Grünanlagen). U 1 Stephansplatz, S 11/ 21/31 Dammtor.

Frida Kolorida

Planten un Blomen

Auf einem ehemaligen Zoo- und Friedhofsgelände entstand 1934/35 eine repräsentative Parkanlage für die Niederdeutsche Gartenschau, der plattdeutsche Name *Planten un Blomen* bedeutet schlicht „Pflanzen und Blumen". Zur ursprünglichen Anlage gehörten der große Parksee, einige Tropengärten und der **Rosengarten** mit etwa 300 verschiedenen Rosenarten. Mit den Kleinen und Großen Wallanlagen wurden später Teile der früheren Befestigungsanlage der Stadt in den Park integriert, außerdem kam der **Alte Botanische Garten** hinzu, in dem man sich diverse Schaugewächshäuser anschauen kann. Zu den Attraktionen zählen die **Wasserlichtkonzerte**: Dann werden zu den Klängen meist klassischer Musik die Wasserfontänen im Parksee farbig angestrahlt.

Sehenswert ist auch der **Japanische Garten** mit Wasserläufen und dem idyllischen Teehaus, das in unregelmäßigen Abständen zu kostenfreien Veranstaltungen einlädt (Teezeremonien, Go-Spiele, Kalligrafie, koreanisches Trommeln etc).

Wer mehr auf Bewegung setzt, kann sich auf der **Rollschuhbahn** austoben, im Winter mutiert der Parcours dann zur **Kunsteislaufbahn**.

In den **Kleinen Wallanlagen** befindet sich das Justizforum (siehe unten). Eine besondere Sehenswürdigkeit in den **Großen Wallanlagen** ist das Museum für Hamburgische Geschichte. Für Kinder interessant ist der große Spielplatz (am Wochenende mit Ponyreiten) und die Mitmach-Töpferstube in den Großen Wallanlagen (Mai–Aug. Mo–Fr 14.30–18.30 Uhr, ab 4 J.).

Alter Botanischer Garten: Im Sommer 9–16.45, So ab 10; im Winter 9–15.45, So ab 10 Uhr.

Wasserspiele: Von Mai bis August um 22 Uhr, im September um 21 Uhr farbige Wasserlichtkonzerte im Parksee (folgen Sie der Beschilderung). Zusätzliche Wasserspiele mit Musik finden während der Saison sonn- und feiertags um 14 Uhr statt (Wasserspiele ohne Licht und Musik tägl. 14, 16 und 18 Uhr). U 1 Stephansplatz, S 11/21/31 Dammtor.

Minigolf: April–Sept. tägl. 10–21 Uhr. Eintritt 3,50 €, Kinder 2,50 €.

Kunsteislaufbahn: Nov.–März tägl. 10–22, Mo/Mi bis 20 Uhr. Eintritt 4,50 €, Kind 3,50 €. Schlittschuhverleih ab 4,90 €, www.eisarena-hamburg.de.

Rollschuhbahn: 25. März bis 30. Sept. tägl. 9–21 Uhr. Eintritt frei. U 2 Messehalle oder U 3 St. Pauli oder Bus 112 (Handwerkskammer), www.plantenunblomen.hamburg.de.

Museum für Hamburgische Geschichte

Das eindrucksvolle Backsteingebäude mit dem einem Leuchtturm ähnelnden Türmchen wurde 1914–1922 von Fritz Schumacher erbaut, 1989 folgte die elegante Glasüberdachung des Innenhofs. 1922 öffnete das Museum mit Exponaten aus den Beständen des Vereins für Hamburgische Geschichte seine Pforten und begeistert seitdem Besucher, die sich auf eine Zeitreise in die Vergangenheit der Hansestadt begeben möchten. Die Räume des kulturhistorischen Museums sind denen barocker Kaufmannshäuser nachempfunden und beherbergen die verschiedensten Objekte von Haushaltsgeräten aus dem 17. Jh. bis hin zur Ladung eines Schmugglerschiffs, außerdem historische Bild- und Textdokumente sowie ein Modell des Salomonischen Tempels und eine authentisch nachgebildete Kaufmannsdiele. Man erhält auf diese Weise einen guten Einblick in Stadtentwicklung, Alltag und Kultur Hamburgs von 800 n. Chr. bis zur Gegenwart. Die dargestellten Etappen der Entwicklung der Stadt reichen von den Anfängen als kleine spätsächsische Siedlung am Ufer der Alster bis zur Großstadt des 21. Jh. mit dem Mammutprojekt HafenCity. Das angeschlossene Café Fees ist empfehlenswert.

Eintritt 8 €, erm. 5 €, Familie 12 €, Kinder unter 18 J. frei (Fr 4 € oder 2 Erw. mit Kindern 6 €). Di–Sa 10–17, So 10–18 Uhr. Holstenwall 24, ✆ 4281322380, www.hamburgmuseum.de. U 3 St. Pauli.

Justizforum

Der mitten in den Wallanlagen gelegene Sievekingplatz – benannt nach einem ehemaligen Präsidenten des Oberlandesgerichts – bildet das Zentrum des Justizforums. Schon aus dem Park zu erkennen ist das düster und gewaltig wirkende Untersuchungsgefängnis, ein Bau von Fritz Schumacher aus den 1920er Jahren. Über einen Tunnel ist er mit dem 1882 eingeweihten Strafjustizgebäude verbunden. Im Hanseatischen Oberlandesgericht sitzt das Hamburgische Verfassungsgericht. Mit seinen Kuppeln und der beeindruckenden Säulenfront wirkt der Bau monströs und mächtig. Auf der anderen Seite des Platzes sieht man das Ziviljustizgebäude mit einem Erweiterungsbau. Hier befindet sich das Kaiser-Wilhelm-Denkmal, das einst vom Rathausplatz hierher verlegt wurde.

Metrobus 3 Sievekingplatz oder U 2 Messehallen und ca. 7 Min. zu Fuß.

Laeiszhalle

Eine der größten Kultureinrichtungen Hamburgs für hauptsächlich klassische Musik, aber auch diverse andere Musikrichtungen. Die Musikhalle ist einer Stiftung des Reeders Carl Heinrich Laeisz und seiner Frau Sophie zu verdanken. Das neobarocke Gebäude stammt – wie so einiges in Hamburg – von Martin Haller und Wilhelm Emil Meerwein. Zwei Säle stehen für Veranstaltungen zur Verfügung. Der große mit ca. 2000 Sitzplätzen verfügt über eine Beckerath-Orgel, der kleine bietet etwa 640 Zuhörern Platz. Darüber hinaus wird das kleinere Studio E für „Musik-zum-Feierabend-Veranstaltungen" genutzt.

Johannes-Brahms-Platz, ✆ 3576660, Karten unter ✆ 34 69 20, www.laeiszhalle.de. Bus 35/36/3/112 (Johannes-Brahms-Platz) oder U 2 Gänsemarkt.

Großneumarkt

Glaubt man Uwe Timm, hat hier Lena Brückner 1946 die berühmte Currywurst erfunden: Seit 2003 erinnert eine Gedenktafel (Haus Nr. 10) daran: „Auf dem Großneumarkt stand die Imbiss-Bude, in der im Dezember 1946 Lena Brückner die legendäre Sauce zur heute weltweit bekannten Currywurst erfand. Wir Hamburger würdigen ihren kulinarischen Geniestreich bis in alle Zeiten."

Die Neustadt → Karte S. 120/121

Dabei streiten sich die Hamburger bis heute mit den Berlinern, die in Berlin-Charlottenburg folgende Tafel angebracht haben: „Hier befand sich der Imbissstand, in dem am 4. September 1949 Herta Heuwer [...] die pikante Chillup-Sauce für die inzwischen weltweit bekannte Currywurst erfand. Ihre Idee ist Tradition und ewiger Genuss!“ Wer nun Recht hat, sei dahingestellt. Die Currywurst ist aber bei Weitem nicht alles, was den Hauptplatz der Neustadt auszeichnet. Der Großneumarkt diente ab Anfang des 19. Jh. als Sammelplatz der Hamburger Bürgerwehr und war Mittelpunkt des ehemaligen Gängeviertels. Nach Umgestaltungs- und Umbaumaßnahmen im späteren 19. Jh. und nach dem Zweiten Weltkrieg etablierten sich rund um den Großneumarkt etliche Clubs und Kneipen. Darunter der legendäre **Cotton Club** als prominentester Jazzkeller Hamburgs. Mittwochs und samstags wird am Großneumarkt ein Wochenmarkt abgehalten.

St. Michaelis oder einfach: der Michel

S 1/2/3 Stadthausbrücke und 8 Min. zu Fuß.

Beyling-Stift und Brahms-Museum

Das **Beyling-Stift** wurde 1751 als Wohnhaus errichtet, als Altenwohnsitz diente es ab 1899. Durch einen engen Gang gelangt man in den malerischen Innenhof des Stifts, die Fachwerkgebäude um den Hof herum stammen aus den Jahren 1760–70. Ein Seitenflügel beherbergt heute das Johannes-Brahms-Museum mit authentischen Schriftstücken des 1883 ganz in der Nähe geborenen Komponisten, einer größeren Präsenzbibliothek und all seinen Werken auf CD.

Eintritt 4 €, erm. 2 €. Die Öffnungszeiten variieren stark: meist Di–So 10–17 Uhr. Auskunft im Internet oder telefonisch. Peterstraße 39, ✆ 41913086, www.brahms-hamburg.de. U 3 St. Pauli.

St.-Michaelis-Kirche (Michel)

Der Michel ist das unumstrittene Wahrzeichen Hamburgs und eine der schönsten Barockkirchen Norddeutschlands. Seine bauliche Karriere begann um 1600 etwa 200 m vom heutigen Standpunkt entfernt als Friedhofskapelle. 1606 erfolgte dann der Ausbau zu einer kleinen Kirche, deren Nachfolger noch heute existiert. Sie ist dem hl. Ansgar geweiht und wird im Volksmund der Kleine Michel genannt.

Die erste große Michaeliskirche entstand dann zwischen 1641 und 1667 am heutigen Standort, fiel aber nicht einmal hundert Jahre später einem durch Blitzschlag ausgelösten Brand zum Opfer. Auch dem 1750 begonnenen Neubau war kein allzu langes Leben beschieden, denn 1906 schlugen erneut die Flammen zu und zerstörten den Bau zu großen Teilen. Der originalgetreue Wiederaufbau begann noch im selben Jahr und war 1912 abgeschlossen. Neueste Sanierungsarbeiten im neuen Jahrtausend sind seit Ende 2009 komplett abgeschlossen.

Äußeres Prunkstück des Michels ist der 132 m hohe kupferverkleidete Turm. In etwa 83 m Höhe bietet eine Aussichtsplattform einen wunderbaren Blick über Stadt und Hafen. Erreichbar ist sie über geschätzte 449 Stufen oder mit dem Aufzug (auch dann sind noch über 50 Stufen zu bewältigen). Den Turm schmückt die größte Kirchturmuhr Deutschlands mit gigantischen Maßen: Ihr Durchmesser beträgt 8 m, der große Zeiger ist 4,91 m lang und 130 kg schwer, die Ziffern sind 1,35 m groß. Morgens um 10 und abends um 21 Uhr spielt ein echter Turmbläser – der Türmer – ein Trompetensolo. Nur sonntagmorgens darf er ein bisschen länger schlafen, denn dann ist er erst um 12 Uhr dran.

Für den überwältigenden Eindruck des Innenraums von St. Michaelis – die freitragende Decke ist 27 m hoch – sorgen zum einen der Anstrich in Weiß, Grau und Gold, zum anderen die kunstvoll geschwungenen Emporen und der 20 m hohe Altar aus Marmor.

Mittags um 12 wird für gewöhnlich die Orgel im Michel für 10 bis 15 Minuten gespielt. 2550 Sitzplätze stehen für das kleine kostenfreie Orgelkonzert im Innenraum zur Verfügung.

Im Gewölbe unter der Kirche finden regelmäßig Konzerte bei gruftiger Kerzenbeleuchtung statt; auch die Kirchenkonzerte sind sehr empfehlenswert.

Turmbesteigung 4 €, erm. 3,50 € Kind 6–15 J. 3 €. Krypta inkl. Zeitreise durch die Geschichte Hamburgs 3 €, erm. 2,50 €, Kind 2 €. Beides zusammen 6/5/4 €. Mai–Okt. tägl. 9–17.30, Nov-April tägl. 10–17.30 Uhr. Krayenkamp 10, ✆ 37678100, www.st-michaelis.de. Konzerte: Infos unter www.michel-musik.de. Kirchenführungen: Anmeldung und Information unter ✆ 376780. S 1/2/3 Stadthausbrücke oder U 3 Baumwall bzw. Rödingsmarkt.

Krameramtswohnungen

Die Krameramtswohnungen, direkt hinter dem Michel am Krayenkamp gelegen, stammen aus dem 17. Jh. Das Krameramt stellte als Verband der ansässigen Händler den arbeitsunfähigen Krämern und den Kramerwitwen die kleinen Wohnungen quasi als Sozialwohnungen zur Verfügung. Eine davon ist original erhalten geblieben und kann besichtigt werden. Weiterhin befinden sich in dem kleinen Fachwerkkomplex heute eher touristische Geschäfte, ein Antiquariat und das Lokal *Krameramtsstuben*.

Tägl. 10–17 Uhr. Krayenkamp 10, ✆ 37501988. S 1/2/3 Stadthausbrücke oder U 3 St. Pauli bzw. Rödingsmarkt.

Die Neustadt → Karte S. 120/121

Praktische Infos

(siehe Karte S. 120/121)

Restaurants

Vapiano 13, eine weitere Filiale der Pasta- und Pizza-Restaurant-Kette und immer für eine warme Mahlzeit gut. Genauere Beschreibung siehe S. 211. Tägl. 11–24, So/Fei 12–24 Uhr (Küche jeweils bis 23 Uhr). Hohe Bleichen 10, ✆ 35019975, www.vapiano.de. U 1/2 und S 1/2/3 Jungfernstieg oder U 2 Gänsemarkt.

Old Commercial Room 27, hier soll er am besten schmecken, der berühmte Labskaus, und hier lernt man auch, dass da wirklich kein Fisch hineingehört! Auch andere norddeutsche und Hamburger Spezialitäten. Die Preise sind für das fast immer gute Essen mehr als angemessen (Hauptgerichte ab 11,90 bis 32,90 €, es gibt auch günstigere kleine Speisen). Mittagstisch bis 15 Uhr. Wer Lust hat, Küche und Kultur der Hamburger kennenzulernen, sollte einmal hier einkehren. Tägl. 12–23.30 Uhr. Englische Planke 10, ✆ 366319, www.oldcommercialroom.de. U 3 Baumwall oder S 1–3 Landungsbrücken bzw. Stadthausbrücke und jeweils 8 Min. zu Fuß.

[m]eatery 3, ein ganz besonderes Steakrestaurant mit edlem Fleisch und feiner Einrichtung im Designhotel SIDE. Perfekter Service und gute Cocktails aus der Bar (s. u.)! Hauptgerichte 13–27 €, Steaks ab 22 € bis bedeutend mehr. Mo–Fr 12–23, Sa/So 15–23 Uhr. Drehbahn 49, ✆ 30999595, www.side-hamburg.de. U 1 Stephansplatz oder U 2 Gänsemarkt und 3 Min. zu Fuß.

Casse Croûte 4, wirkt wie ein Bistro, die französische Küche ist jedoch sehr viel anspruchsvoller, als das Interieur verspricht. Hauptgerichte 12–30 €. Am Wochenende unbedingt vorher reservieren. Tägl. 12–24, So/Fei ab 17 Uhr. Büschstr. 2, ✆ 343373, www.cassecroute.de. U 2 Gänsemarkt.

RIADs 9, ein besonders guter Libanese mit großer Auswahl an vegetarischen Vorspeisen. Hier soll sich der Gast wie im Paradies fühlen (das nämlich bedeutet „riad" übersetzt), und das kann er auch! Der Service ist gut, das Essen richtig lecker! Hauptgerichte 10–19 €, Mittagstisch 6–8 €. Mo–Fr 11.30–15.30 und 18–24, Sa 16–24, So 13–24 (Küche jeweils bis 23 Uhr). Johannes-Brahms-Platz 7, ✆ 35716923, www.riads.de. U 2 Gänsemarkt oder Bus 35/36/112 (Johannes-Brahms-Platz).

Capriccio 19, ein wirklich guter Italiener mit authentischer Küche, gutem Service und angenehmem Ambiente. Draußen einige Tische im Innenhof auf der Terrasse. Mittagstisch 5,50–8,50 € (12–15 Uhr), abends Hauptgerichte 8,50–23,50 €). Mo–Sa 12–15 und 18–23 Uhr. So Ruhetag. Thielbek 12, ✆ 18079219, www.capriccio-hh.de. S 1/2/3 Stadthausbrücke und jeweils 8 Min. zu Fuß.

Restaurant Fischmarkt 29 → S. 150, Hafen

Taparía con Carvalho 30 → S. 150, Hafen

››› Mein Tipp: **Lilienthal 11**, Kronleuchter, hübsch verputzte Wände und Stuckdecken schaffen eine romantische Atmosphäre. Zum Mittagstisch kommen hauptsächlich Mitarbeiter des nicht weit entfernten Axel-Springer-Hauses, abends leicht gediegenes Publikum. Hauptgerichte 12,90–22,50 €, Mittagstisch 6,50–12 €. Mo–Fr 11.30 Uhr bis open end, Sa ab 17.30, Küche jeweils bis 23 Uhr. Kaiser-Wilhelm-Str. 71, ✆ 352993, www.restaurant-lilienthal.com. U2 Gänsemarkt oder Bus 35/36/112 (Johannes-Brahms-Platz). ‹‹‹

Matsumi 2, ein traditionsreiches japanisches Restaurant, das gern von Landsleuten besucht wird. Neben authentisch zubereiteten warmen Speisen auch sehr gutes Sushi. 50 verschiedene Rohfische auf der Karte. Snacks ab 6 €, Hauptgerichte ab 25 €, Sushi/Sashimi ab 20 €. Tägl. (außer So) 12.30–14.30 und 18.30–23, Fei nur 18.30–23 (Sushi/Küche jeweils bis 22 Uhr). Colonnaden 96, ✆ 343125, www.matsumi.de. U 1 Stephansplatz.

Ständige Vertretung 22, für alle die es rustikal und eher deftig mögen: gut für eine Shoppingpause oder zur Erholung nach einer Erkundung der Neustadt. Guter und günstiger Mittagstisch für 5,90 €. Draußen sitzt man schön auf dem Platz am Fleethof. Hauptgerichte 8–18,50 €. Tägl. 11–1, Küche bis 23 Uhr. Stadthausbrücke 1–3, Fleethof, ✆ 36006001, www.staev.com. S 1/2/3 Stadthausbrücke.

Rialto 23, ein passender Name, denn die tadellose europäische Küche wird direkt am Bleichenfleet serviert. Großen Einfluss, auch auf die Weinkarte, haben dabei Italien und Österreich. Mittagstisch 6,90–10,50 €. Hauptgerichte 16–22 €. Tägl. 12–23 Uhr. Michaelisbrücke 3, ✆ 364342, www.rialto-hamburg.de. S 1/2/3 Stadthausbrücke.

Cafés, Kneipen, Nachtleben

››› Mein Tipp: **La Chance 20**, Kleines, helles, hübsch eingerichtetes und gemütliches Café/Bistro in der immer schöner werdenden Wexstraße. Sehr beliebt bei den Schaffenden in der Gegend. Auf der Karte: gefüllte Ofenkartoffeln ab 4,90 €, Crepes oder Quiche (5,90 –9,60 €). Auch leckerer hausgemachter Kuchen! Mo–Fr 10–19, Sa 11–18 Uhr. Wexstr. 31, ✆ 38637431, www.la-chance-hh.de. U2 Gänsemarkt oder S 1/2/3 Stadthausbrücke und jeweils 8 Min. zu Fuß. ‹‹‹

Cotton Club 21, der älteste Jazzclub Hamburgs (seit 1959). Fast jeden Abend Livejazz. Eintritt 5–15 €. Mo–Sa ab 20, So 11–15 Uhr Frühschoppen (nicht im Sommer). Alter Steinweg 10, ✆ 343878, www.cotton-club.de. U 3 Rödingsmarkt oder S 1/3 Stadthausbrücke.

››› Mein Tipp: **Erste Liebe Bar 23**, Wechselnde Ausstellungen in stylisch-reduziertem Ambiente mit hohen Decken und großen Fenstern. Sehr gelungen! Viele Kunstmagazine und mehr zum Lesen. Guter Kaffee, guter Kuchen, guter Salat mit Ziegenkäse. Draußen sitzt man herrlich am großen Platz auf der Fleetinsel. Mo–Fr 9–20, Sa 10–18 Uhr. Michaelisbrücke 3, 36901808, www.ersteliebebar.de. S 1/2/3 Stadthausbrücke. ‹‹‹

Frauencafé Endlich 6, Mischung aus Café, Kneipe und Restaurant. Nur für Frauen! Di–Sa ab 16, So ab 9 Uhr, dann von 9 bis 13 Uhr

Frühstückbüffet. Dragonerstall 11, ✆ 351616, www.frauenhotel.de. U 2 Gänsemarkt.

[m]eatery 3, die silber-grüne Bar zum neuen [m]eatery-Restaurant im Design-Hotel SIDE. Gemütliches Chillen bei klassischen und edel verfeinerten Cocktails. Weil die schicke Bar zum nicht gerade günstigen Hotel gehört, sind auch dessen Gäste und die, die es gerne wären, da. Tägl. 12–2 Uhr. Drehbahn 49, ✆ 309990, www.side-hamburg.de. U 2 Gänsemarkt.

Einkaufen

Das berühmte Hamburger Schmuddelwetter kann in der Innenstadt niemanden mehr abschrecken. Jede Menge Einkaufspassagen sorgen dafür, dass man trockenen Fußes nach Herzenslust bummeln kann. Zugegeben: Für manch kurze Strecke von einer Einkaufspassage zur nächsten ist ein Schirm doch angebracht. Am Neuen Wall findet man die Kreationen von internationalen Modemachern (Armani, Joop, Jil Sander etc.). Tradition wird am Jungfernstieg ganz großgeschrieben. Nett sind auch die kleineren Lädchen in der Gegend Wex- und Brüderstraße.

Zwang B 18, Buchbinderei und Verkauf von außergewöhnlichen Postkarten, Fotoalben, Kladden und Papier. Das Besondere: Zwang B fertigt auch nach Wunsch an. Mo–Fr 10–18 Uhr, Sa nach Vereinbarung. Kohlhöfen 2, ✆ 30703974, www.zwang-b.de. U 2 Gänsemarkt und 10 Min. zu Fuß oder Bus 35/36/112 (Johannes-Brahms-Platz).

››› Mein Tipp: **Frida Kolorida 17**, Ein ganz kleiner, ganz bunter, liebevoll eingerichteter Laden mit mexikanischer Handwerkskunst, Geschenken, Schmuck, Accessoires von bekannten und weniger bekannten Designern, selbst gemachten Pestos und Marmeladen und vielem Schönen mehr. Herrlich zum Gucken und Einkaufen. Di–Fr 11–19, Sa bis 16 Uhr. Kohlhöfen 9, ✆ 63607791, www.fridakolorida.de. U 2 Gänsemarkt oder S 1/2/3 Stadthausbrücke und jeweils 8 Min. zu Fuß. ‹‹‹

Sautter & Lackmann 25, Buchhandlung mit sehr breitem Angebot aus allen Bereichen der Kunst: Malerei, Architektur, Fotokunst, Film, Kunsthandwerk, Grafik- und Produktdesign, Mode, Webdesign und DTP. Tägl. (außer So) 10–19, Sa 11–18 Uhr. Admiralitätstr. 71/72, ✆ 373196, www.sautter-lackmann.de. S 1/2/3 Stadthausbrücke.

Antiquariat Reinhold Pabel 26, im historischen Gebäude des Krameramtes. Vergriffene und seltene Bücher aus den verschiedensten Bereichen sind hier zu finden. Mo–Sa 9–18 Uhr. Krayenkamp 10b, ✆ 364889, www.antiquariat-pabel.de. U 3 Baumwall oder S 1/2/3 Landungsbrücken bzw. Stadthausbrücke und jeweils 8 Min. zu Fuß.

Hamburgische Bücherstube Felix Jud 15, in der historischen Mellin-Passage befindet sich die älteste Buchhandlung Hamburgs. Tägl. (außer So) 10–18.30, Sa bis 16, in der Adventszeit bis 18 Uhr. Neuer Wall 13, ✆ 343409, www.felix-jud.de. U 1/2 oder S 1/3 Neumarkt.

Koko von Knebel 8, der ultimative Mode- und Accessoireladen für den Hund. Schickste Halsbänder, stylische Tragetaschen, Sofas und Kostüme für Wuffi. Mo–Sa 11–19 Uhr. ABC-Straße 4, ✆ 35018668, www.kokovonknebel.com. U 1/2 oder S 1/2/3 Jungfernstieg und 5 Min zu Fuß.

Alsterhaus 14, das exklusive und traditionsreichste Hamburger Kaufhaus. Mode, Feinkost, Weine, Papeterie, Schmuck, Wohnaccessoires, Wäsche u. v. m. Mo–Sa 10–20 Uhr. Jungfernstieg 16–20, ✆ 359010, www.alsterhaus.de. U 1/2 oder S 1/2/3 Jungfernstieg.

Elfenreich 1, hübsche, leicht verspielte, bunte und raffinierte Mode zu erschwinglichen Preisen. Wer Noa Noa, Odd Molly oder die Blutsgeschwister mag, ist hier richtig. Mo–Sa 10–20 Uhr. Dammtorstr. 22, ✆ 346802, www.unselfenreich.de. U 2 Gänsemarkt oder U 1 Stephansplatz.

››› Mein Tipp: **Souvenirs am Michel 28**, Ein etwas spannenderer Souvenirladen: Neben den traditionellen Mitbringseln gibt es hier eine schöne Auswahl an diversen richtig hübschen und/oder lustigen Hamburg-Artikeln von Hamburger Designern. Wer nix findet, ist selber schuld. Mo–So 9–19, im Winter bis 18.30 Uhr. Krayenkamp 13, ✆ 371672, www.souvenirs-am-michel.de. U 3 Baumwall oder S 1/2/3 Landungsbrücken bzw. Stadthausbrücke und jeweils 8 Min. zu Fuß. ‹‹‹

Männersache 7, richtig gut gekleidet sein, ohne zu verarmen, könnte gelingen, wenn man hier ein paar Schnäppchen schlägt. Und das ist nicht abwegig: Es gibt Designermode aus der Vorsaison und Secondhandware. Tägl. (außer Di/So) 11–18.30, Sa bis 15 Uhr. Johannes-Brahms-Platz 9, ✆ 344 469. U 2 Gänsemarkt oder Bus 35/36/112 (Johannes-Brahms-Platz).

Die Neustadt → Karte S. 120/121

Hafenrand mit Speicherstadt und HafenCity

Der Hafen ist das Herz der Hansestadt und ihre meistbesuchte Attraktion – noch vor St. Pauli. Publikumsmagnet ist neben der Hafenpromenade und der obligatorischen großen Hafenrundfahrt die historische Speicherstadt mit der ganz neu entstehenden HafenCity, dem derzeit größten und wohl ehrgeizigsten Bauprojekt Europas.

Der Seehafen Hamburg – so genannt, obwohl es bis zur Nordsee (Cuxhaven) noch satte 110 km sind – ist der drittgrößte Containerhafen Europas (nach Rotterdam und Antwerpen) und mittlerweile weltweit die Nr. 15 in Sachen Containerumschlag. Er breitet sich auf einer Fläche von 74 km^2 aus und umfasst damit etwa ein Zehntel des gesamten Stadtgebiets.

Pro Jahr löschen hier über 12.000 Schiffe ihre Ladung oder nehmen Waren auf, die wiederum in weltweit über tausend Häfen verschifft werden. Nach Hamburg gelangen auf diesem Weg u. a. Kaffee aus Südamerika, Teppiche aus dem Orient, Tee aus Indien oder Hightech-Produkte aus Japan.

150.000 Menschen arbeitendirekt im Hafen oder sind bei Reedereien, Speditionen und anderen Dienstleistern sowie Zulieferbetrieben aller Art beschäftigt. Der Hafen ist damit der größte Arbeitgeber und der bedeutendste Wirtschaftsfaktor der Region.

Einen schönen Eindruck von der Hafenwelt vermitteln große Hafenrundfahrten, die an den Landungsbrücken angeboten werden (siehe auch S. 45 f.).

Geschichte des Hafens

Am Ende des 12. Jh. entstand am Nikolaifleet in der heutigen Altstadt ein erster Hafen. Im 16. Jh. wurde die Norderelbe mit in das Hafengebiet einbezogen.

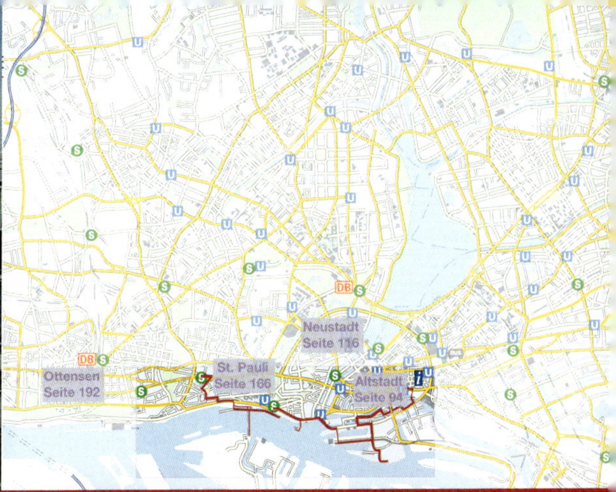

Der Hafen

Als die Schiffe größer wurden, verschob man das Hafenzentrum in Richtung des heutigen Binnenhafens an die Alstermündung. Von den ankernden Schiffen wurden die Waren mit kleinen Schuten und Ewern (flache Boote) über die Fleete zu den Speicherhäusern transportiert.

Das Hafengebiet dehnte sich dann fortschreitend in Richtung Süden aus. Als in der Mitte des 19. Jh. die ersten Dampfschiffe die Segler ersetzten und ein wahrer Schifffahrtsboom einsetzte, reagierte man mit einem weiteren großzügigen Ausbau. Für Aufschwung sorgte auch der Anschluss ans Eisenbahnnetz, denn dadurch konnten die Waren sofort vom Schiff auf die Gleise umgeladen und zügig weitertransportiert werden.

In zahlreichen Werften entstanden immer neue Schiffe, doch Mitte der 1970er Jahre erlitt der Schiffsbau zunehmend Konkurrenz aus dem ostasiatischen Raum. Massive Einbrüche drohten. Auch aus diesem Grund – und weil Hamburg schon immer mit der Zeit ging – vollzog sich in den 80er Jahren eine wirtschaftliche Neuausrichtung des gesamten Hafens.

Containerhafen Hamburg

Während in vergangenen Zeiten Barkassen und Schuten durch den Hafen schipperten, schwer beladene Sackkarren über die Kais geschoben wurden, Unmengen an Waren in den Speicherhäusern lagerten und in den Kneipen am Hafenrand beim Seemannsliedersingen die hart verdiente Heuer draufging, stehen im Hamburger Hafen heute Hightech-Containerterminals, die das Löschen der meisten Schiffe vollautomatisiert und computergesteuert übernehmen. Die genormten „Schatzkisten der Meere" stapeln sich in den Terminals zu Tausenden, jeden Tag wird geliefert und abtransportiert – per Schiff, per Bahn oder per Lkw. Infolge der sehr viel schnelleren Abfertigung können die enormen Liegekosten der Großcontainer (etwa 40.000 Dollar am Tag) deutlich reduziert werden. Was im Zuge dieser kolossalen Hafenmodernisierung allerdings verschwand, ist die gute alte Hafenromantik. Und mehr noch: Für den Bau des modernsten Computerterminals Europas musste ein ganzes Dorf weichen – Altenwerder, von dem heute nur noch Kirche und Friedhof existieren.

Hafengeburtstag

Jedes Jahr um den 7. Mai feiern die Hamburger Hafengeburtstag. An eben diesem Tag im Jahre 1189 soll Kaiser Friedrich Barbarossa den Hamburgern einen Freibrief ausgestellt haben, der ihnen neben anderen Privilegien die zoll- und abgabenfreie Fahrt auf der Unterelbe bis zur Nordsee zusicherte. Eine entsprechende Urkunde wird noch heute im Hamburger Staatsarchiv aufbewahrt – nur leider stammt sie aus dem Jahr 1256, ist also gewissermaßen eine Zweitausfertigung der Originalschrift, die in den Wirren der Zeiten verloren gegangen ist (wenn es sie denn jemals in dieser Form gegeben hat). Nicht unwahrscheinlich, dass die Hamburger Kaufleute dabei auch inhaltlich etwas nachgeholfen haben ... Anlässlich des Hafengeburtstags werden alljährlich unzählige Verkaufsstände und Buden aufgebaut, hinzu kommen eine Windjammerparade mit den schönsten Segelschiffen der Welt, Ballett tanzende Schlepper, Fontänen sprühende Feuerlöschboote, ein abendliches Feuerwerk und allerorten Livemusik.

Speicherstadt

Der ehemals weltgrößte zusammenhängende Lagerhauskomplex entstand ab 1881 anlässlich des Anschlusses Hamburgs an das Zollgebiet des Deutschen Reiches. Nach der Reichsgründung war Hamburg genau wie Bremen noch Zollfreiheit für das gesamte Stadtgebiet zugesagt worden, doch schon bald übte die politische Führung um Reichskanzler Bismarck Druck auf die Stadt aus, diesen Sonderstatus aufzugeben. Der Interessenausgleich zwischen Hamburger Senat und Reichsregierung sah die folgende Kompromisslösung vor: Hamburg verzichtete auf seine allgemeine Zollausschlussstellung, behielt aber ein klar umgrenztes Freihafengebiet, in dem Transitwaren weiterhin zollfrei gelagert, gehandelt, neu verpackt und gestückelt oder veredelt werden durften – eine Regelung, die bis heute gilt. Auf diesem Areal mussten Lagerkapazitäten geschaffen werden, denn für Speicherhäuser, die außerhalb des Freihafens lagen, hatte sich das Zollprivileg ja erledigt. Für den Bau der Speicherstadt wurde die komplette Fachwerkbebau-

Theaterkulisse für den „Hamburger Jedermann“ in der Speicherstadt

Kontrast von Alt und Neu in der HafenCity

Hafenrand mit Speicherstadt und HafenCity → Karte S. 138/139

ung des Kehrwieder- und Wandrahmquartiers abgerissen, insgesamt 20.000 Menschen mussten umgesiedelt werden. Etwa die Hälfte der Bausubstanz fiel den Bombardements des Zweiten Weltkriegs zum Opfer. Einige völlig zerstörte Blöcke wurden nicht wieder aufgebaut und im Laufe der Jahre durch moderne Bürogebäude ersetzt, bei teilzerstörten Gebäuden entschied man sich für eine originalgetreue Rekonstruktion. Heute stehen die prächtigen neugotischen Backsteinspeicher, die alle über straßen- und wasserseitige Eingänge verfügen, unter Denkmalschutz. Eingelagert wird hier aber immer noch, meist hochwertige Ware wie etwa teure Orientteppiche. Darüber hinaus haben hier etwa 300 verschiedene Firmen ihre Niederlassungen.

Jeden So um 11 Uhr, von April bis Ende Okt. auch Sa um 15 Uhr gibt es **Führungen durch Speicherstadt und Speicherstadtmuseum** (www.speicherstadtmuseum.de). Dauer 1½ Std., pro Pers. 8 €, erm. 6 €. Auch regelmäßig Kinderführungen. Treffpunkt Kornhausbrücke/Neuer Wandrahm.

HafenCity

Gut 130 Jahre nach dem Beginn des Mammutprojekts Speicherstadt steht Hamburg erneut inmitten einer gigantischen städtebaulichen Herausforderung. Ort des Geschehens ist wieder das Hafengebiet, der Zweck ist diesmal allerdings ein ganz anderer: Unter dem Label HafenCity entsteht – so die offizielle Zielsetzung – „ein lebendiger innenstädtischer Raum mit einer feinkörnigen Nutzungsmischung aus Wohnen, Büro, Freizeit, Einzelhandel und Kultur", sprich ein völlig neuer Stadtteil. Bis Mitte der 2020er Jahre sollen insgesamt 5800 Wohnungen für 12.000 Einwohner sowie Büros, Hotels, Lokale und Geschäfte für mehr als 45.000 Arbeitsplätze entstehen. Hinzu kommen Kultureinrichtungen wie die gigantische neue Elbphilharmonie, Museen, Gastronomiebetriebe, Parks, Plätze und Promenaden. Ein Großteil der Pläne wurde bereits umgesetzt. Dabei ergibt die unmittelbare Nachbarschaft zur historischen Speicherstadt ein spannendes architektonisches Miteinander von Alt und Neu.

Die HafenCity ist nicht als autonome Trabantenstadt konzipiert, sondern versteht sich als Erweiterung des bestehenden Innenstadtbereichs. Dementsprechend wird sie 2012 neben dem bestehenden Busanschluss durch die neue U 4 an das städtische Schnellbahnnetz angeschlossen werden. Über den aktuellen Stand der baulichen Dinge informiert ein eigens eingerichtetes Informationscenter in einem ehemaligen Kesselhaus am Sandtorkai 30.

Übernachten (S. 51)

1 Hotel Hafen Hamburg
4 Jugendherberge Auf dem Stintfang (S. 52/60)
7 Hanse Clipper Haus (S. 59)
8 Clipper Elblodge (S. 59)
13 Das Feuerschiff

Cafés (S. 151)

2 Towerbar
5 Amphore
16 KaiserPerle

Essen & Trinken (S. 150/151)

3 Restaurant Fischmarkt
6 Riverkasematten
9 Tapería con Carvalho
11 Fleetschlösschen
12 Oberhafen-Kantine
14 Chilli Club
15 Carls

Nachtleben (S. 76)

10 Frau Hedis Tanz Kaffee

Spaziergang

Der Spaziergang beginnt an der **U-Bahn-Station Meßberg** direkt gegenüber dem Chilehaus (siehe S. 111). Aus dem Untergrund kommend, folgen Sie den Hinweisschildern *Wandrahmsteg/ Deichtorhallen* und überqueren dann den Wandrahmsteg zum Teerhof. Sie sehen dabei linkerhand den imposanten dreieckigen Glaskomplex **Deichtorcenter**, den selbst konzipierten Sitz des Architekturbüros Hadi Teherani. An der Ecke Alter Wandrahm/Poggenmühle befindet sich die Ausstellung → **Dialog im Dunkeln**, ein wahres Erfahrungsfeld der Sinne – nur zu sehen bekommt man hier buchstäblich nichts ...

Von der Poggenmühlenbrücke aus (links hinter dem Ausstellungsgebäude) hat man einen ersten schönen Blick in die Speicherstadt hinein. Fleete durchziehen das ganze Areal. Bei Niedrigwasser und Ebbe sind diese eigentlichen Zufahrtswege manchmal komplett ohne Wasser und dadurch nicht befahrbar.

Bevor Sie hinter der Poggenmühlenbrücke rechts in den Brooktorkai hineingehen, werfen Sie doch einen Blick auf die imposante Glasfassade des neuen Gebäudes der Spiegel-Gruppe. Hier an der sogenannten Ericusspitze kommen erstmals alle Redaktionen der Verlagsgruppe unter einem Dach zusammen. Vom Brooktorkai gelangen Sie nach etwa 300 m (der Weg kreuzt die Shanghaiallee, die für Oldtimerfans zum → **Prototyp Automobilmuseum** führen würde) links über eine stufenförmige Promenade und eine Fußgängerbrücke zum ältesten Speicher, dem **Kaispeicher B**, in dem seit 2008 das → **Internationale Maritime Museum Hamburg** seine Besucher empfängt. Ein Gang durch die Vorhalle gibt einen ersten Eindruck, gehen Sie draußen über die Busanbrücke in Richtung Osakaallee. Links herum kommen Sie zum interessanten Osaka Nachhaltigkeitspavillon – ein Informationszentrum für Hamburg als Europäische Umwelthauptstadt.

Hafenrand mit Speicherstadt und HafenCity

Zurück auf der Tour gehen wir am Störtebeker Denkmal hoch zur Osakaallee Richtung Norden zurück, die bald zur Straße Bei St. Annen wird. Lassen Sie das kleine Fleetschlösschen rechts liegen und queren Sie den Holländischen Brook. Zur Rechten passiert man das im Volksmund auch „Rathaus der Speicherstadt" genannte → **Verwaltungsgebäude der Hamburger Hafen und Logistik AG (HHLA)**. Dahinter ein Blick auf die Speicher. Auch wenn man aus vielerlei Perspektiven den Eindruck hat, die Speicherhäuser seien leer und ungenutzt, wird doch in den vielen Stockwerken ganz normal gearbeitet; diverse Firmen sind hier ansässig.

Wer mag, macht einen Abstecher zur **Kornhausbrücke** Sie überspannt den Zollkanal, der vom 13. bis 16. Jh. als Stadtgraben ein Teil der Stadtbefestigung war und noch vor wenigen Jahren an seiner Hafenseite die Zollgrenze zwischen Freihafen und Zollgebiet bildete. Die Brücke ist von der Stadtseite aus mit Statuen von Kolumbus und Vasco da Gama bestückt. Zur Rechten sehen Sie das → **Deutsche Zollmuseum**, das u. a. mehr als 150 Jahre Schmuggelgeschichte dokumentiert.

Geht man nun ein paar Schritte die Straße Bei St. Annen wieder zurück, erreicht man rechts herum am St. Annenufer das → **Speicherstadtmuseum**, wo es neben einer gelungenen Ausstellung über den einstigen Arbeitsalltag in den Lagerhäusern auch noch leckeren Kuchen gibt.

Vom Speicherstadtmuseum gelangt man über den Kannengießerort (geradeaus ein Blick auf die Katharinenkirche mit ihrer kupfernen Kuppel und links daneben die Nikolairuine) zum Neuen Wandrahm. Dieser führt links herum am Zollkanal entlang in den Brook und weiter zur Brooksbrücke. Auf dem Weg dorthin lohnt ein Blick von der kleinen Brücke Kibbelsteg, die sich zwischen den Häusern mit den Aufschriften *Hälssen & Lyon* und *Interexpress Köster* aufspannt und über weitere Brücken über den Brooksfleet und den Sandtorkai bis zum Kreuzfahrtterminal führt.

Die Brooksbrücke zieren auf der Stadtseite Europa und Hammonia, auf der Hafenseite St. Ansgar (der Patron der Stadt) und Kaiser Barbarossa.

Wir gehen links, werfen aber noch einen kurzen Blick auf zwei meist an den langen Besucherschlangen zu erkennende Attraktionen, die man geradeaus auf der Straße Kehrwieder erreichen kann. Tagtäglich besuchen Tausende sowohl das → **Hamburg Dungeon**, eine gruselige Geisterbahn durch die Geschichte Hamburgs, und das → **Miniatur Wunderland**, eine riesige, mit viel Humor und Charme aufgebaute Modelleisenbahnlandschaft.

Für eine genauere Einführung in die gigantische **HafenCity** die wir uns nun noch einmal näher ansehen wollen, lohnt nun ein kostenfreier Besuch im → **Kesselhaus**, das Sie über die Brücke „Auf dem Sande" links erreichen. Hier befindet sich ein Infocenter mit einem Modell der HafenCity, die als riesiges Bauprojekt in den nächsten 10–15 Jahren die Innenstadt um 40 % vergrößert haben wird. Im Kesselhaus kann man sich sehr gut bei Kaffee und Kuchen für den weiteren Weg stärken.

Deichtorcenter von Hadi Teherani

Hinter dem Gebäude führt rechts herum die Straße Am Sandtorkai zum interessanten → **Spicy's Gewürzmuseum** und dem im gleichen Gebäude untergebrachten → **Afghanischen Museum**. Wer diesen Abstecher auslassen will, überquert (vom Kesselhaus kommend) die Straße Am Sandtorkai und geht am China-Shipping-Gebäude (zu erkennen an den riesigen roten Stahlkonstruktionen an der Fassade) vorbei, um links herum auf die Pontons des Traditonsschiffhafens zu gelangen. Hier geht es direkt an einigen Architekturschmuckstücken entlang zu den **Magellanterrassen**. Der einstige Sandtorhafen wurde 1866 als erstes künstliches Becken des immer größer werdenden Hafens eröffnet. Seeschiffe wurden direkt an den Sandtorkais festgemacht, sodass sie viel schneller gelöscht werden konnten. 19 fahrbare Dampfkräne waren dabei im Einsatz. Die nun im Traditionsschiffhafen an Pontons liegenden historischen Segler und Dampfer können besichtigt werden. Werfen Sie doch noch einen Blick in den gläsernen Elbphilharmonie-Pavillon oben an den Terrassen – hier gibt's Infos rund um die neue Elbphilharmonie und ein anschauliches Modell zu bewundern.

Gehen Sie jetzt hoch zum Großen Grasbrook. Dieser führt an den Marco-Polo-Terrassen vorbei zum Hafen City View Point.

Der orangefarbene Turm wird je nach Entwicklungsstand des Projekts immer mal wieder seinen Standort wechseln

Klaus Störtebeker

Jedes Kind kennt ihn, doch die gesicherten historischen Fakten hinter der Legende Klaus Störtebeker sind dünn. Möglicherweise stammt er aus Wismar, jedenfalls wird er dort 1380 das erste Mal namentlich erwähnt: Ein „nicolao stortebeker" – so eine Art Aktennotiz im *Wismarer Buch der Ächtungen* – sei Opfer einer brutalen Schlägerei geworden, seine Peiniger habe man daraufhin aus der Stadt verwiesen.

Wann genau Störtebekers fulminante berufliche Karriere als Pirat begann, ist ebenfalls nicht klar. Sicher ist jedoch, dass er und seine Mitstreiter, die *Vitalienbrüder*, 1389 im dänisch-mecklenburgischen Konflikt um die schwedische Königskrone die von den Dänen belagerte Stadt Stockholm mit Lebensmitteln („Viktualien") versorgten und dabei ganz nebenbei auch einige dänische Schiffe um ihre Fracht brachten. Das Ganze lief bisweilen durchaus gesittet ab, denn die Vitalienbrüder waren gewissermaßen mit offiziellen Papieren ausgestattet, sog. Kaperbriefen, die nach Vorlage beim Kapitän des Beuteschiffes nicht selten die gewünschte Wirkung zeigten. Dass sich andererseits nicht jeder Kapitän von den Vorzügen einer derart geregelten Übergabe seines Schiffes überzeugen ließ, liegt auf der Hand und bietet noch heute reichlich Stoff für bluttriefende Piratenfilme.

Eine Zeitlang fuhren die Vitalienbrüder um Störtebeker und seinen fast ebenso bekannten Kompagnon Goedeke Michels auch mit Kaperbriefen der Hanse. Irgendwann aber hatte sich die politische Großwetterlage so verändert, dass die Hanse kein Interesse mehr an der Erbeutung dänischer Schiffe hatte und den Vitalienbrüdern ihre Unterstützung entzog.

Störtebeker, der seinen Namen seiner Trinkfestigkeit verdanken soll („Stürz den Becher"), scherte das wenig. Im Gegenteil: Von nun an hatte er auch die reich beladenen Koggen der hanseatischen Pfeffersäcke im Visier. Die mächtigen Hansestädte, allen voran Hamburg, reagierten prompt und gingen mit großen Flottenverbänden gezielt gegen die einstigen Verbündeten vor. 1400 bzw. 1401 – die Datenlage ist auch hier unklar – wurde Störtebeker mit seiner Mannschaft vor Helgoland gefangen genommen, nach Hamburg überstellt und schließlich auf dem Grasbrook vor den Scharfrichter geführt. Einer Legende zufolge bat Störtebeker unmittelbar vor seiner Hinrichtung, man möge diejenigen Männer verschonen, an denen er – ohne Kopf – noch vorbeilaufen könne. Elf seiner Mitstreiter soll er geschafft haben – der Scharfrichter war nicht beeindruckt und brachte seine Arbeit wie vorgesehen zu Ende …

Die Landungsbrücken

und bietet einen guten Überblick über die Baustelle HafenCity. Interessant ist auch das riesige Unilever-Gebäude am Ende des Großen Grasbrooks. Von hier aus öffnet sich der Blick auf die Liegeplätze der Kreuzfahrtschiffe und die Norderelbe.

Gehen Sie nun ein Stück den Großen Grasbrook zurück und biegen Sie vor den Magellanterrassen links in den Kaiserkai ein. Auf der rechten Seite passieren Sie das **Messmer Momentum** mit seinem Teemuseum, einer Teelounge und natürlich einem Teeshop und toller Terrasse mit herrlichem Ausblick (tägl. 11–20 Uhr, Eintritt frei). Der Kaiserkai führt geradewegs – an vielen neuen Gebäuden mit futuristischer Glasarchitektur vorbei – zur vielleicht 2014 fertiggestellten → **Neuen Elbphilharmonie** im alten Kaispeicher A. Auf der Sandtorhafen-Klappbrücke informiert eine große Tafel über dieses neue kulturelle Highlight Hamburgs. Es lohnt sich übrigens, alle zwei Jahre wiederzukommen, um die rasante bauliche Entwicklung des ganzen Gebietes zu bestaunen.

Wir verlassen nun die HafenCity, folgen der Klappbrücke über den Sandtorhafen und gelangen links zur westlichen Niederbaumbrücke. Von hier aus genießt man nun einen ersten freien Blick auf Wasser, Schiffe, City-Sportboothafen und Niederhafen. Am Baumwall beginnt links herum die flutsicher erhöhte, am Wochenende von unzähligen Besuchern frequentierte **Hafenpromenade.** Folgen Sie dieser entlang dem Straßenzug Vorsetzen/Johannisbollwerk in Richtung Landungsbrücken. Zunächst geht es am alten **Feuerschiff** vorbei, das heute als Restaurant und Hotel genutzt wird (siehe S. 51). Hinter der U-Bahn-Station Baumwall erkennen Sie rechts auf der Häuserseite das imposante grau-grüne Verlagsgebäude von **Gruner + Jahr** (u. a. *Stern, Brigitte, Capital*), das 1990 fertiggestellt wurde. Dahinter sehen Sie den Michel (siehe S. 130), das Wahrzeichen Hamburgs.

Westlich des Verlagsgebäudes befindet sich – begrenzt durch Neustädter Neuen Weg und Ditmar-Koel-Straße – das sog. Portugiesenviertel, in dem man gut essen gehen kann (s. u.). Auf der Hafenseite sticht zwischen den Fähren und anderen Schiffen ein alter, großer, weißer Stückgutfrachter ins Auge, die

→ **Cap San Diego**. Erreichbar ist das begehbare Museumsschiff über die Überseebrücke. Von dieser Brücke aus starteten übrigens im 19. Jh. Passagierschiffe mit einem Großteil der 5 Mio. deutschen Auswanderer, die im fernen Amerika ihr Glück suchen wollten. Ein Stück weiter liegt der grün-rot-weiße Großsegler → **Rickmer Rickmers**, der heute ebenfalls musealen Zwecken dient.

Ein- und Auslaufen der Schiffe

Ab oder bis Finkenwerder (westlich des Hafens) werden ein- und auslaufende Seeschiffe von einem Hafenlotsen übernommen und geführt. Die Lotsenschiffe erkennt man an der rot-weißen Flagge. Der Lotse geht über Jakobsleitern (Strickleitern) an Bord. Ab Finkenwerder sind dann Seelotsen im Einsatz, die die Schiffe bis zur Nordsee oder zurück begleiten. Beim Ein- und Auslaufen größerer Schiffe, die nicht mit eigener Kraft im Hafen fahren dürfen, helfen Hafenschlepper beim Bugsieren in das jeweilige Hafenbecken oder bis zum Liegeplatz. Ihr ganzes Können stellen sie alljährlich im Mai (am Wochenende nach dem Hafengeburtstag) beim Schlepperballett unter Beweis.

Vorbei an diversen kleinen Schleppern und Barkassen, die hier im Wasser auf ihren Einsatz warten, kommt man zu den → **Landungsbrücken**.

Durch die mächtigen Bogendurchgänge des Empfangsgebäudes erreichen Sie die Brückenpontons. Gehen Sie über die Brücke 1 gleich hinter dem großen Uhrturm zu den Pontons hinunter. Meist wimmelt es hier von Menschen, die inmitten von Fischbrötchen- und Souvenirständen einen Blick auf das Hafentreiben werfen. Hinzu kommen die sog. Anreißer, die lauthals große und kleine Hafenrundfahrten anpreisen.

Von den Brücken aus sieht man auf der gegenüberliegenden Seite mit **Elbe 17** das größte Trockendock Europas. Hier werden die mächtigsten Seeschiffe der Welt eingedockt und repariert.

Westlich der Landungsbrücken liegt stadtseitig unter einem markanten Kuppelbau der Eingangsschacht zum → **Alten Elbtunnel**, der mit einem Fahrstuhl (auch für Pkw!) oder über Treppen zu erreichen ist. Von der anderen Seite aus – nach 450 m Tunnel erreicht man Steinwerder – hat man dann einen schönen Blick auf Stadt, Landungsbrücken und Hafenpromenade.

Hinter der letzten Landungsbrücke führt der Weg kurz hoch zur St.-Pauli-Hafenstraße, dann weiter über die Uferpromenade. Oberhalb der Landungsbrücken befindet sich eine Anhöhe. Gut zu erkennen ist hier rechts das schön gelegene Hotel Hafen Hamburg, das sich ganz in Weiß präsentiert. Im roten Backsteingebäude links vom Hotel ist das **Bundesamt für Seeschifffahrt und Hydrographie** untergebracht. Daneben, im Fritz-Schumacher-Bau von 1910–14, befindet sich das berühmte **Bernard-Nocht-Institut** für Schiffs- und Tropenkrankheiten.

Weiter geht es unterhalb der Straße an einem ehemaligen Politikum der Hansestadt vorbei: die bunten besetzten Häuser der → **Hafenstraße**. Zum **Fischmarkt** (siehe ausführlich auf S. 247) ist es nun nicht mehr weit. Vorher führt der Weg aber über die Hafentreppe und den Hein-Köllisch-Platz zur S-Bahn-Station Reeperbahn. Alternativ können Sie zur U- bzw. S-Bahn-Station Landungsbrücken zurückgehen oder den Bus 112 nehmen.

Sehenswertes

Dialog im Dunkeln

Unter dem Motto „Entdecke das Unsichtbare“ führen Blinde kleine Gruppen durch komplett verdunkelte Räume. Aus Winden, Düften, Temperaturen und Tönen werden Alltagssituationen und Orte gestaltet und für den Sehenden als Blinden erlebbar. Ein Spaziergang durch einen Park oder der Besuch einer Bar werden so in völlig lichtlosen Räumen zu einem einzigartigen Erlebnis.

Di–Fr 9–17, Sa 10–20, So/Fei 11–19 Uhr, Mo geschlossen. Standard-Tour (60 Min.) Mo–Fr 9–12.45 Uhr, Erw. 15 €, erm. 9,50 €, Kinder bis 12 J. 7,50 €. Erweiterte Tour (90 Min.) Di–Fr ab 13 Uhr und am Wochenende ganztags plus 4 €. Dinner in the dark 55 €. Telefonische Reservierung erforderlich! Alter Wandrahm 4, ✆ 3096340 oder 0700/44332000 (12 Cent/Min.), www.dialog-im-dunkeln.de. U 1 Meßberg.

Hamburg Dungeon und Miniatur Wunderland

Internationales Maritimes Museum Hamburg (Kaispeicher B)

Im Kaispeicher B, dem ältesten Lagerhaus der Speicherstadt, ist seit 2008 eine groß angelegte Ausstellung zur Schifffahrts- und Marinegeschichte zu sehen. Es handelt sich um die Privatsammlung von Peter Tamm, der lange Zeit Vorstandsvorsitzender des Axel Springer Verlags war und die Exponate über Jahrzehnte zusammengetragen hat.

Auf insgesamt 14.000 m² Ausstellungsfläche werden über 36.000 Schiffsmodelle, 35.000 Konstruktionspläne von Schiffen, eine Vielzahl nautischer Geräte, Gemälde und Grafiken sowie historische Uniformen und andere Militaria bis hin zu Machtinsignien aus der NS-Zeit präsentiert. Darüber hinaus beschäftigt sich das Museum mit Meeresforschung. Eine Bibliothek mit Archiv und ein Schaudepot befinden sich im angeschlossenen Heinemann-Speicher. Im Erdgeschoss sind ein Museumsshop und ein gutes Café mit Außenterrasse untergebracht. Kritiker werfen den Initiatoren eine zu breite und unkritische Darstellung der Militärgeschichte und einen allzu sorglosen Umgang mit NS-Devotionalien vor.

Eintritt 12 €, Kleinfamilie 14 €, Familie 24 €. Jeden Freitag um 11 Uhr kleine Führung zum Thema Meeresforschung. Kaispeicher B, Koreastr. 1, ✆ 30092300, www.internationales-maritimes-museum.de. Di–Mi u. Fr–So 10–18, Do bis 20 Uhr. Bus 3 (Bei St. Annen).

Prototyp Automobilmuseum

Das 2009 eröffnete Museum präsentiert in einem schönen alten Speicher über drei Ebenen verteilt auf knapp 3500 m^2 die traumhaftesten Renn- und Sportfahrzeuge. Besonders Porsche-Fans kommen auf ihre Kosten. Zusätzlich zur Technik gibt's auch noch ein wenig Kunst und Kultur rund ums Automobil.

Di–So 10–18 Uhr. Eintritt 9 €, Kinder 4–14 J. 4,50 €. Shanghaiallee 7. ✆ 39996968, www.prototyp-hamburg.de. U 1 Meßberg.

Hamburger Hafen und Logistik AG (HHLA)

Die Hamburger Hafen und Logistik AG geht auf die 1885 gegründete Hamburger Freihafen-Lagerhaus-Gesellschaft (HFLG) zurück. Diese zeichnete damals für die Errichtung der Speicherstadt verantwortlich und bot sämtliche Dienstleistungen rund ums Lagern an. Die Gesellschaft wuchs beständig und wurde nach enormen Investitionen in den 1970er Jahren zum „Hafenriesen". Der mittlerweile privatisierten, teils börsennotierten Gesellschaft gehören u. a. die drei Containerterminals Tollerort, Altenwerder und Buchardkai. Das Hauptverwaltungsgebäude der Gesellschaft wurde 1904 von den Hamburger Architekten Hanssen und Meerwein sowie Johannes Grotjan erbaut. Herausgekommen ist ein Backsteingebäude im historisierenden Stilmix, das sich mit seinem Uhrentürmchen, den Balkonen und Arkaden stark von den umgebenden Speicherhäusern abhebt.

Bei St. Annen 1, www.hhla.de. U 1 Meßberg und 5 Min. zu Fuß.

Deutsches Zollmuseum

Das 1992 eröffnete Haus ist der Nachfolger des im Zweiten Weltkrieg komplett zerstörten Reichszollmuseums. Über 2000 Ausstellungsstücke dokumentieren die Geschichte des Zollwesens – von der Antike bis heute. Darunter sind z. B. die (rekonstruierte) Tracht eines römischen Zollbeamten, der seinen Dienst am Limes verrichtete, oder die martialisch anmutende Pickelhaube eines Lübecker Zollbeamten von 1919. Natürlich beschäftigt sich das Museum auch mit der kriminellen Umgehung von Zollbestimmungen, sprich mit dem Schmuggel und den teilweise äußerst findigen Lösungen, Waren unentdeckt über die Grenzen zu schaffen.

Tägl. außer Mo 10–17 Uhr. Eintritt 2 €, bis 18 J. frei. Alter Wandrahm 16, ✆ 30087611, www.museum.zoll.de. U 1 Meßberg/Ausgang Deichtorhallen und 5 Min. zu Fuß.

Speicherstadtmuseum

Das in einem Lagerhaus vom Ende des 19. Jh. untergebrachte Museum widmet sich der Geschichte der Speicherstadt und zeigt dem Besucher, wie sich der Arbeitsalltag in den Speicherhäusern einst gestaltete. Den Schwerpunkt der Illustration bildet der Tee- und Kaffeehandel, zu sehen sind u. a. traditionelle Arbeitsgeräte und Importgüter in Originalverpackungen. Betrieben wurden die Lagerhäuser übrigens von sog. Quartiersmannsfirmen, die die Waren im Auftrag Dritter lagerten, begutachteten und sortierten.

Abgerundet wird das Museumsprogramm durch Sonderausstellungen. Einmal im Monat finden darüber hinaus Krimilesungen statt.

Tägl. außer Mo 10–17, April–Okt. auch Mo bis 17 Uhr sowie am Wochenende bis 18 Uhr. Eintritt 3,50 €, erm. 2,50 €, Schüler 2 € unter 6 J. frei. Führungen durch das Museum und die Speicherstadt ganzjährig So 11, April–Okt zusätzlich 15 Uhr. St. Annenufer 2, ✆ 321191, www.speicherstadtmuseum.de. U 1 Meßberg, Bus 3 und 6 (Brandstwiete).

Hamburg Dungeon

Mit einer Art Achterbahn begibt sich der Besucher auf eine interaktive Gruselzeitreise durch die Abgründe der

Hafenrand mit Speicherstadt und HafenCity
→ Karte S. 138/139

Stadtgeschichte. Man begegnet blutrünstigen Piraten, kämpft sich durch den großen Brand von 1842, flieht auf einer Wasserfahrt vor einer gewaltigen Springflut und muss aufpassen, dass man sich nicht mit Pest oder Cholera infiziert. Wer sich von alldem wirklichen Informationszugewinn erhofft, wird allerdings eher enttäuscht sein – im Vordergrund steht das Spektakel.

Tägl. 10–18, April–Okt Sa bis 19, Juli/Aug. tägl. bis 19 Uhr Letzter Einlass immer eine Stunde vor Schließung. Eintritt 21 €, bis 14 J. 17 €. Kehrwieder 2, ✆ 36005520, www.hamburgdungeon.com. Bus 6 (Auf dem Sande) oder U 3 Baumwall und ca. 5 Min. Fußweg.

Miniatur Wunderland

TOLL!! Danach ist man k.o. vor lauter Eindrücken ...

schen Betrieb mit über 180 Mitarbeitern und zu einer der Top-Attraktionen Hamburgs gemausert. Auf einer Gesamtmodellfläche von gegenwärtig 1150 m² hat eine Heerschar von Technikern und Modellbauern sieben Länder, Landschaften bzw. Städte nachgebildet, durch die sich ein verzweigtes Netz von Eisenbahngleisen zieht, zurzeit in einer Gesamtlänge von etwa 12.000 m. Insgesamt 830 Züge fahren durch Hamburg, den Harz, die Schweizer Alpen oder Skandinavien und müssen dabei an der einen oder anderen der 900 Signalanlagen Stopps einlegen. Drum herum tobt derweil das Leben, in Szene gesetzt von 200.000 Figuren, die irgendwo inmitten von 3500 Häusern und über 215.000 Bäumen platziert sind. Alle 15 Minuten wird in der Modellwelt ein Tagesablauf simuliert. Eine neue Attraktion ist der Nachbau des Flughafens Hamburg inklusive startender Flieger. Vorsicht: oft erhebliche Wartezeiten beim Kartenkauf, besser online buchen.

Die Öffnungszeiten haben sich schon häufig geändert. Mo–Sa 8–22, So 8.30–20 Uhr. Eintritt 12 €, erm. 8–10 €, Kinder unter 16 J. 6 €, Kinder unter 1 m Größe frei (nur in Begleitung der Eltern). Kehrwieder 2, Block D, ✆ 30051505, www.miniatur-wunderland.de. Bus 6 (Auf dem Sande) oder U 3 Baumwall und ca. 5 Min. zu Fuß.

Schuppen 50 A: Wer sich für Schiffe und den Hafen interessiert, dem sei das **Hafenmuseum Hamburg** nahegelegt. In den 100 Jahre alten denkmalgeschützten Schuppen im Freihafen gibt es allerlei zu sehen: Schwimmdampfkräne, Exponate zur Technik des Schiffbaus, eine historische Kaffeeklappe und vieles mehr (Di–So 10–18 Uhr. Eintritt 5 €, bis 18 Jahre frei). Schön ist eine Fahrt mit der Barkasse maritime circle line von der Landungsbrücke 10 oder der S Veddel und Bus 256 zur Australiastraße.

Kesselhaus

Wo früher mit großen Gasturbinen die Energieversorgung der angrenzenden Speicherhäuser sichergestellt wurde, ist heute das Infocenter der HafenCity untergebracht. Das riesengroße Stadtentwicklungsprojekt wird hier erklärt, visualisiert und multimedial erfahrbar gemacht. Den Mittelpunkt der Ausstellung bildet ein 8 x 4 m großes Modell der HafenCity im Maßstab 1:500. Im Foyer kann man sich per Webcam über den jeweiligen Stand der Arbeiten auf den Baustellen informieren. Wer mehr sehen möchte, kann sich der „Landgang"-Führung über das Baugelände anschließen: jeden Samstag um 15 Uhr, von Mai bis Sept. auch Do 18.30 Uhr (Start am Modell). Und wer dringend einen Snack oder guten Kuchen braucht, wird im etwas unruhigen, aber dennoch netten Selfservice-Café des Kesselhauses versorgt.

Tägl. außer Mo 10–18, Mai–Sept. Do bis 20 Uhr. Am Sandtorkai 30, ✆ 36901799. Bus 6 (Auf dem Sande) oder U 3 Baumwall und 5 Min. zu Fuß.

Die Neue Elbphilharmonie im Modell

Hafenrand mit Speicherstadt und HafenCity → Karte S. 138/139

Spicy's Gewürzmuseum

Riechen, Schmecken und Anfassen lautet das Motto des seit 1993 in einem historischen Speicherhaus beheimateten Privatmuseums, dessen Inhaberin selbst jahrelang im Gewürzhandel tätig war. Das sinnliche Erlebnis wird ergänzt durch Informationen über Anbau, Verarbeitung, Vorratshaltung und Verwendung von Gewürzen bzw. deren Rohstoffen.

Tägl. außer Mo 10–17 Uhr. Juli–Okt. auch montags. Eintritt 3,50 €, Kinder bis einschl. 11 J. 1,50 €. Am Sandtorkai 32, ✆ 367989, www.spicys.de. Bus 6 (Auf dem Sande) oder U 3 Baumwall und 5 Min. zu Fuß.

Afghanisches Museum

Im selben Speicherhaus wie Spicy's Gewürzmuseum bekommt man Einblicke in die Tradition und Kultur Afghanistans. Schuhmacher, Brotbäcker, Teppichknüpfer und „Porzellandoktoren" zeigen Facetten des Landes am Hindukusch, das wenig mit den alltäglich über den Bildschirm flatternden Schreckensbildern zu tun hat. An den Taliban kommt man allerdings auch hier nicht ganz vorbei, und sei es nur beim Betrachten der von den Gotteskriegern 2001 zerstörten Buddha-Statuen von Bamiyan, die im Privatmuseum von Nek Mohamad als Modell nachgebildet sind.

Tägl. 10–17 Uhr. Eintritt 3 €, Kinder unter 12 J. 1,50 €, 12–18 Jahre 2,50 €. Am Sandtorkai 32/1, ✆ 378236, www.afghanisches-museum.de. Bus 6 (Auf dem Sande) oder U 3 Baumwall und 5 Min. zu Fuß.

Neue Elbphilharmonie

Die Elbphilharmonie im Kaispeicher A ist eines der absoluten Highlights des HafenCity-Projekts, auch in architektonischer Hinsicht. Nach Plänen der Stararchitekten Herzog & de Meuron wurde das trapezförmige rote Backsteingebäude mit einem imposanten gläsernen Aufsatz versehen, der beide Konzertsäle für 2200 bzw. 600 Besucher beherbergt. Das Ganze sieht aus wie ein gigantischer Eisblock mit wellenförmiger „Dachlandschaft" und hat schon – das war auch die Vision der Macher – einen ähnlichen Wiedererkennungswert wie das markante Opernhaus von Sydney. Dem künftigen „Untersatz“ des Gesamtgebäudes, ein aus dem Jahr 1963 stammender denkmalgeschützter Kaispeicher, wurde die neue Rolle als Parkhaus zugeteilt. Außerdem sollen in den Komplex nach Abschluss der Bauarbeiten ein Hotel, gastronomische Betriebe und auch Appartements für Wohnzwecke integriert sein.

In künstlerischer Hinsicht hat sich der eindrucksvolle Kulturklotz klassische Musikkultur, Musik des 21. Jahrhunderts und anspruchsvolle Unterhaltungsmusik auf die Fahnen geschrieben. Die Fertigstellung dauert länger als erwartet: 2014 soll der Spielbetrieb beginnen.

Am Dalmannkai/Niederbaumbrücke. U 3 Baumwall und 4 Min. zu Fuß.

Cap San Diego

Das laut Eigenwerbung „größte fahrtüchtige zivile Museumsschiff der Welt“ liegt seit 1986 an der Überseebrücke und kann dort nach Lust und Laune inspiziert werden. Eine Dauerausstellung mit dem Titel „Ein Koffer voller Hoffnungen“ befasst sich mit der Geschichte Hamburgs als Auswanderungshafen. Darüber hinaus finden gelegentlich Sonderausstellungen zur Seefahrtsgeschichte statt. Die *Cap San Diego* ist der letzte erhaltene klassische Stückgutfrachter und wurde 1961/62 für die Reederei Hamburg-Süd gebaut. Sie war bis 1981 in Betrieb und fuhr hauptsächlich nach Südamerika.

Die weitgereiste Rickmer Rickmers

Tägl. 10–18 Uhr. Eintritt 7 €, Kinder unter 14 J. 2,50 €. Überseebrücke, ✆ 364209, www.capsandiego.de. U/S Landungsbrücken, U 3 Baumwall oder Bus 112.

Rickmer Rickmers

Der ehemalige Ostindien-Fahrer erinnert an die Zeit der großen Segelschiffe. Die *Rickmer Rickmers* – ebenfalls Museumsschiff und nicht weit von der *Cap San Diego* entfernt – wurde 1896 in Bremerhaven gebaut und war einer der letzten Großsegler mit Stahlrumpf. Im Grunde war sie aber bereits bei ihrem Stapellauf ein seetechnischer Dinosaurier, denn etwa 80 Jahre nach Erfindung der Dampfschifffahrt waren die Tage der Segelschifffahrt eigentlich schon gezählt. Die ständige Ausstellung gibt Einblicke in das Leben an Bord eines Windjammers, die Sonderausstellungen widmen sich ganz unterschiedlichen Themen – im Herbst 2007 wurden beispielsweise Skulpturen einer Hamburger Künstlerin gezeigt.

Tägl. 10–18, im Sommer bis 20 sowie Do–Sa bis 21 Uhr. Eintritt 4 €, Kinder 4–12 J. 3 €, Schüler/Studenten 3,50 €. Landungsbrücken, Brücke 1a, ✆ 3195959, www.rickmer-rickmers.de. U/S Landungsbrücken.

Landungsbrücken

Hölzerne Zugangsbrücken und große Pontons für Dampfschiffe waren die Vorgänger der heutigen Landungsbrücken. Als aber am Ende des 19. Jh. der beginnende Boom der Dampfschiffe und mit ihm derjenige der Ausflugsschifffahrt neue Schiffsanlegestellen erforderlich machte, wurde umgebaut. Das große Empfangsgebäude entstand zwischen 1906 und 1910 nach Entwürfen von Ludwig Raabe und Otto Wöhlecke, die im Zweiten Weltkrieg stark zerstörten Pontons wurden zwischen 1953 und 1955 modernisiert wiederaufgebaut. Neben dem Turm am Ostende befindet sich eine Normaluhr und ein Wasserstandsanzeiger.

Alter Elbtunnel

Der Tunnel wurde zwischen 1907 und 1911 erbaut und bildet die kürzeste Verbindung zwischen St. Pauli und dem gegenüberliegenden Elbufer in Steinwerder. Die 448,5 m langen Tunnelröhren unterqueren die Elbe in 23,5 m Tiefe und sind über einen knarrenden hölzernen Aufzug oder viele Treppenstufen erreichbar. Das denkmalgeschützte repräsentative Eingangsgebäude von den Architekten Raabe und Wöhlecke (wie die Landungsbrücken) wurde jüngst grundsaniert, voraussichtlich bis 2012 werden nun nach und nach die zwei Röhren runderneuert. Jährlich passieren etwa 700.000 Fußgänger und rund 300.000 Pkw die mit cremefarbenen und mintgrünen Kacheln sowie kunstvollen Meerestier-Schmuckreliefs verzierten Röhren.

Für Fußgänger und Radfahrer unbeschränkt und kostenfrei begeh-/befahrbar. Eingangsgebäude westlich hinter den Landungsbrücken. U/S Landungsbrücken.

Die bunten Häuserfassaden in der geschichtsträchtigen Hafenstraße

Hafenstraße

Mit der Hafenstraße (eigentlich St.-Pauli-Hafenstraße) verbinden sich Erinnerungen an die westdeutsche Hausbesetzerszene der 80er und 90er Jahre. Die leer stehenden Häuser wurden im Oktober 1981 von Punks, Wohnungslosen und Autonomen in Beschlag genommen und waren jahrelang quasi Anarchie-Zone. Alle Räumungsbefehle blieben wirkungslos. Bürgermeister Klaus von Dohnanyi geriet über die Hafenstraße in einen unlösbaren Konflikt mit seiner Partei, in dessen Folge er 1988 zurücktrat. Heute gehören die Häuser einer Genossenschaft mit dem bezeichnenden Namen „Alternativen am Elbufer“. Die Aufregung ist abgeflaut, doch die bunten Gebäude bleiben eine Touristenattraktion.

Praktische Infos

(siehe Karte S. 138/139)

Restaurants

Die **HafenCity** hat mittlerweile einiges an Gastronomie zu bieten. An den Landungsbrücken befinden sich eher zahlreiche Imbissbuden mit Fischbrötchen und Fastfood und eine Handvoll akzeptable Restaurants. Ein guter Tipp für Hungrige ist das **Portugiesenviertel** auf der gegenüberliegenden Straßenseite hinter dem Baumwall. Hier gibt es u. a. viele hübsche oder auch preiswerte spanische und portugiesische Restaurants und Tapas-Bars.

Fleetschlösschen 11, sehr gut für eine warme Mahlzeit, leichte Küche. Innen klein und gemütlich. Im Sommer kann man auf dem kleinen Rasen vorm Schlösschen oder daneben direkt am Wasser sitzen. Drei Tagesgerichte, oft Nudeln, guter Salat, auch Wraps und immer was Vegetarisches dabei. Hauptgerichte 4,50–8,50 €. Tägl. 8–22, Okt.–März bis 20 Uhr. Brooktorkai 17, ✆ 30393210, www.fleetschloesschen.de. U 1 Meßberg.

Futtern wie bei Muttern: Die **Oberhafen-Kantine 12**, in einem winzigen, krummen Häuschen untergebracht, und schon mal unter den Fittichen von Christa Mälzer, der Mutter des TV-Kochs Tim Mälzer, hat wieder eröffnet. Sie ist die einzig erhaltene von ehemals 20 alten Kaffeeklappen im Hamburger Hafen. Nun haben sich die Macher des Rialto an der Fleetinsel ihrer angenommen. Leckere norddeutsche Hausmannskost mit Bier und Wein in wunderbar-ehrlicher Hafenatmosphäre. Warme Gerichte ab 6,50 €. Di–So 12–21 Uhr. Koreastr. 39. www.oberhafenkantine-hamburg.de. U 1 Meßberg/Ausgang Deichtorhallen und 10 Min. zu Fuß.

Chilli Club 14, die „Asian Brasserie" passt sich ganz stylish rot-golden in die HafenCity ein. Die Mischung aus Restaurant, Bar und Lounge liegt direkt an den Magellanterrassen mit Blick auf den Traditionsschiffhafen und ist extrem angesagt. Moderne asiatische, mehrfach hochgelobte Küche mit Wok-Gerichten, Sushi, Dim-Sum (7,50 €) oder asiatische Tapas (5,50–9 €). Hauptgerichte ab ca. 13 €. An der Bar werden sehr gute Cocktails gemixt. Besonders schön sitzt man auch auf der Terrasse. Tägl. 12–23 Uhr. Am Sandtorkai 54, ✆ 35703580, www.chilliclub.de. Bus 6

››› **Mein Tipp:** **Carls 15**, Die sehr beliebte und immer gut besuchte Brasserie ist ein gediegen-rustikales Restaurant, das Bistro direkt nebenan ist gemütlicher und kleiner. Genau wie das Interieur ist in beiden Varianten auch die Küche ein Mix aus Norddeutschland und Frankreich. Riesige Fenster öffnen den Blick auf Elbe und Elbphilharmonie. Im Bistro Suppen, Salate (ab 4,80 €) und warme Gerichte wie Quiche und Ofenkartoffeln (7,90–12,50 €). In der Brasserie Mittagsgerichte 9,50–31 €, abends Hauptgerichte 23–28 €. Bistro Mo–So 12–22.30 Uhr. Brasserie 12–14.30 (Küche) und 18–23 Uhr (Küche), So durchgehend geöffnet. Am Kaiserkai 69, ✆ 300322400, www.carls-brasserie.de. U3 Baumwall und 4 Min. zu Fuß. ‹‹‹

Restaurant Fischmarkt 3, tolles Fischrestaurant nahe dem Portugiesenviertel, mit Variationen von Labskaus und Garnelenpfännchen bis hin zu Riesengarnelen und köstlichem Hummer in mediterranem Ambiente. Hauptgerichte 14,50–24,50 € (mittags 10–12,50 €). Mo–Fr 12–15 und 18–23.30 (Küche bis 22.30 Uhr), Sa 13–23.30 (Küche bis 22.30 Uhr.). So Ruhetag. Ditmar-Koel-Str. 1, ✆ 363809, www.restaurant-fischmarkt.de. U/S Landungsbrücken.

Tapería con Carvalho 9, sehr gemütliche Tapas-Bar im Portugiesenviertel. Die Tapas schmecken gut, die diversen Weine und das San-Miguel-Bier passen prima dazu. Vier Personen können zusammen die *Tapas a la Michaela* bestellen und für 15,50 € pro Nase eine schöne Probiertour durch die kleinen spanischen Köstlichkeiten unternehmen. Einzelne Tapas ab 2 €. Di–Sa 18–24 Uhr, So/Mo Ruhetag. Brauerknechtsgraben 45, ✆ 37519875, www.taparia-con-carvalho.de. U 3 Baumwall.

Riverkasematten **6**, inmitten der roten Backsteine eines historischen Gebäudes, dunkle Vorhänge, Holzfußboden. Leckere Tapas, aber auch gute asiatisch angehauchte Hauptspeisen – eine Cross-over-Küche in gediegenem Ambiente. Schöne Terrasse an der Hafenstraße mit Blick zur Elbe. Mittagsbuffet Mo–Fr 12–15 Uhr für 9,90 €, Hauptgerichte 12–22 €. Tägl. ab 12 Uhr (open end), Küche bis 23 Uhr. Sa Frühstücks-büffet ab 10 Uhr für 15,90 €, So ab 10 Uhr Frühstücksbrunch für 18 €. Ab 14 Uhr wieder Essen à la carte. St. Pauli Fischmarkt 28–32, ✆ 30060190, www.river-kasematten.de. S Reeperbahn und 5 Min. zu Fuß.

Cafés und Kneipen

Allein für den gigantischen Hafenblick lohnt sich ein Besuch im nahen **20up**, der Bar im 20. Stock des recht neuen **Empire River Side Hotels** (siehe S. 179, St. Pauli).

Towerbar **2**, im Hotel Hafen Hamburg. Von hier oben hat man bei guten Cocktails einen tollen Ausblick auf den Hamburger Hafen und den Rest der Stadt. Tägl. 18–2, Do–Sa bis 2.30 Uhr. Hotel Hafen Hamburg, Seewartenstr. 9, ✆ 3111370450, www.hotel-hafen-hamburg.de. U/S Landungsbrücken.

Amphore **5**, gemütlich frühstücken, nett zu Mittag essen, nachmittags Kaffee und Kuchen genießen oder abends einen Cocktail schlürfen. Die Amphore ist ein unspektakuläres, sympathisches Lokal in toller Lage und bietet, zumindest wenn man draußen und vorne sitzt oder den Hals reckt, einen Blick auf die vorbeifahrenden Schiffe auf der Elbe. Mittagstisch 3–6 €, Hauptgerichte 5–9 €. Tägl. ab 10 Uhr (open end). Hafenstr. 140, ✆ 31793880, www.cafe-amphore.de. S Reeperbahn.

››› **Mein Tipp:** **KaiserPerle** **16**, Das Bistro hat sich schnell zu einem der Highlights und einer Institution in der Hafencity entwickelt. Drinnen haben nur 8 Gäste Platz, draußen aber 32, und die Lage direkt am Wasser ist der Hammer! Wer keinen Platz bekommt, kann es sich auf den Stufen in Richtung Wasser bequem machen. Kleine Küche mit regionalen leichten Speisen. Mittagstisch 11–15 Uhr (empfehlenswert die Frikadellen!), leckerer selbst gemachter Kuchen, kleine Abendkarte ab 17.30 Uhr. März–Okt. bei gutem Wetter tägl. ab 11 Uhr (open end). Am Kaiserkai 23, ✆ 36091790, www.kaiserperle.de. U 3 Baumwall und 5 Min. zu Fuß. ‹‹‹

Hafenrand mit Speicherstadt und HafenCity
→ Karte S. 138/139

Ehrlich speisen in der legendären Oberhafenkantine

St. Georg

St. Georg ist der wohl schillerndste Hamburger Stadtteil. Hier die Schokoladenseite mit Nobelhotels, edlen Villen und Naherholungsmöglichkeiten direkt an der Außenalster, dort – zwischen Hansaplatz und Steindamm – ein sozialpolitisches Desaster. Mittendrin, in der Langen Reihe hat sich einer der nettesten Szenetreffs der Stadt etabliert: Eine lebhafte Restaurant- und Kneipenkultur, kleine Geschäfte, Kunst und das heitere Lebensgefühl locken kunterbunte Menschenmassen hierher…

Doch nicht nur Aussätzige, auch unliebsame Institutionen und Gewerbe wurden nach St. Georg verbannt: Im 16. Jh. befanden sich hier beispielsweise der Hamburger Galgen, ein Pestfriedhof und jede Menge stinkende Schweineställe. Aber die Stadt sollte wachsen, und schon Ende des 17. Jh. wurde St. Georg durch den Bau des *Neuen Werks*, einer neuen Wallanlage, in die Befestigung Hamburgs eingegliedert. Ab 1830 durfte sich St. Georg dann mit dem Titel „Vorstadt“ schmücken, die offizielle Eingemeindung nach Hamburg erfolgte 1868.

Eine tiefe Zäsur für die Entwicklung des Viertels, dessen Einwohnerzahl sich bis zur Jahrhundertwende kontinuierlich in die Höhe geschraubt hatte, stellte der Bau des Hauptbahnhofs dar, der 1906 eingeweiht wurde. Hotels schossen wie Pilze aus dem Boden, und Vergnügungsstätten aller Art eröffneten. Neben Theater, Varieté und Gastronomie gedieh damit natürlich auch die Prostitution, mit der der Stadtteil – genau wie mit dem später hinzugekommenen Drogenproblem – bis heute zu kämpfen hat.

Im Zweiten Weltkrieg wurde St. Georg schwer zerstört. Zwischen 1966 und 1975 gab es sogar Pläne, den kompletten Stadtteil zwischen Alster und Hansaplatz abzureißen und in eine Art Bürostadt umzuwandeln. 200 m hohe Bürotürme sollten das Gesicht der

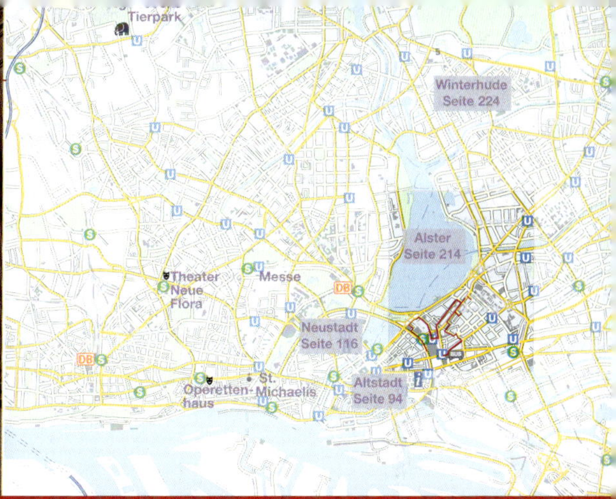

ganzen Stadt verändern. Allgemeine Erleichterung herrschte, als die Pläne vom Tisch waren. Anstatt das Areal zu planieren, investierte man in die behutsame Renovierung der Wohnhäuser. Das Ergebnis ist noch lange nicht perfekt, kann sich aber – in weiten Teilen – durchaus sehen lassen.

Mit seinen 1,8 km2 Gesamtfläche ist St. Georg recht überschaubar. Umso erstaunlicher die großen Kontraste im Stadtbild: Richtig edel präsentiert sich das Viertel in der Gegend um die Außenalster. Dort stehen herrschaftliche Villen und Nobelhotels wie das berühmte, schwanenweiß verputzte Atlantic oder das neuere Royal Meridien mit seiner eleganten glänzenden Fassade.

Die Straße An der Alster und ihre Nebenstraßen beherbergen eine Menge herrschaftliche Villen, und die Eigentumswohnungen in dieser Gegend bis zur Langen Reihe sind bei Besserverdienenden heiß begehrt.

Die Lange Reihe selbst ist heute die inoffizielle Hauptstraße des Viertels. Hier zu wohnen ist „in", ganz im Gegensatz zu früher! Die ehemals offene Drogenumschlagmeile nahe dem Auto- und Baby-Strich hat sich stark gewandelt: Eine Vielzahl von Cafés, Restaurants und individuellen Geschäften säumt die Straße. Als Mekka der Lesben- und Schwulenszene beherbergt diese Gegend viele Gay-Cafés und -Clubs. Draußen sitzen und die Menschen vorbeischlendern lassen macht hier besonderen Spaß.

Die Schattenseite St. Georgs konzentriert sich heute in der Gegend rund um Hansaplatz und Steindamm: Traurig heruntergekommene Jugendstil-Altbauten, Sexshops, Ramschsupermärkte, billige Absteigen, Junkies, Stricher und Obdachlose beherrschen hier die Szenerie.

Ebenso kontrastreich wie das Straßenbild des Viertels ist auch St. Georgs kulturelles Angebot. Es reicht von klassischen Musentempeln wie dem Deutschen Schauspielhaus oder der renommierten Kunsthalle bis hin zu den kunsthandwerklichen Ateliers in der Koppel 66 oder zum mehrfach preisgekrönten Kabarett Polittbüro.

Dass sich auch in Sachen Religion in St. Georg nicht alles über einen Kamm scheren lässt, versteht sich von selbst:

Auf engem Raum sorgen sich hier der katholische Dom St. Marien, die evangelische Dreieinigkeitskirche, die Moschee Merkez Camii und die vor allem den schwulen und lesbischen Gläubigen verpflichtete Metropolitan Community Church um das Seelenheil ihrer Schäfchen.

Spaziergang

Ausgangspunkt ist die Nordseite des → **Hauptbahnhofs** am Glockengießerwall. Von der oft sehr zugigen Ecke vor der Wandelhalle – so nennt sich die Eingangs- und Einkaufshalle, die hier den Durchgang zur Bahnhofshalle ermöglicht – bekommt man noch keinen umfassenden Eindruck von der imposanten Stahl-Glas-Konstruktion. Interessierten empfiehlt sich ein Blick hinein bis auf die Gleise.

Aus der Wandelhalle heraus rechts den Glockengießerwall hinunter führt der Weg in Richtung Alster zur → **Kunsthalle Hamburg**. Auf etwa halber Strecke dorthin lohnt ein Blick auf die Straße, genauer: zu den Mittelspuren, die über einen Tunnel führen. Die Skulptur einer liegenden Dame, die alle Viere von sich streckt, stammt von Aristide Maillol. Sie trägt den Namen *Der Fluss* und symbolisiert mit ihren vier Extremitäten die Elbe, die Alster, die Bille und den berühmten „Hamburger Regenfluss“.

Weiter geht es auf die Rotunde der Kunsthalle zu. Die Kunsthalle besteht aus zwei miteinander verbundenen Gebäuden: einem terrakottafarbenen Backsteingebäude mit reichem Figurenschmuck aus dem Jahr 1869 sowie dem 1919 fertiggestellten Muschelkalksteinanbau mit auffälliger Kuppel, an dem Sie zuerst vorbeikommen. Ein Fußgängerweg führt von hier, vorbei am Hubtertus Wald Forum, zur dazugehörigen Galerie der Gegenwart hinauf. Sie wurde dem Museum 1997 angegliedert und katapultierte Hamburg mit ihrer Sammlung in die Erste Liga für Kunst der Moderne. Sie hat die Form eines imposanten, schlichten Kubus auf einer angedeuteten, quasi abgeschnittenen Pyramide. Gehen Sie quer über den „roten Platz“. Auf der hinteren Seite der Pyramide erfolgt nun der „Abstieg“ vom Kunsthallenkomplex.

Hinter der Unterführung rechterhand erreicht man das berühmte → **Hotel Atlantic**. James-Bond-Kenner erinnern sich sicher an eine Szene aus *Tomorrow never dies*, als 007 spektakulär über das Dach des Hotels vor seinen Widersachern flüchtet. Das Atlantic liegt direkt an der Außenalster, die St. Georg auf seiner gesamten Länge nach Nordwesten hin abgrenzt – letzteres sicherlich einer der Gründe für die Beliebtheit des Stadtteils.

Der weitere Weg führt uns aber nicht die Alster entlang (siehe S. 214 f.), sondern vor dem Atlantic rechts in den Holzdamm hinein. Auf der rechten Seite reihen sich einige hübsche Häuser aus der Biedermeierzeit aneinander (Nr. 2, 4, 6, 14 und 18–24, ein Stück weiter noch die Nummern 34–40 sowie 45 und 47), gegenüber zieht sich das Atlantic ein ganzes Stück in die Straße hinein. Direkt hinter dem Hotel liegt die „Berufliche Schule an der Alster“. In dem Gebäude aus dem 19. Jh. war einst die **Klosterschule St. Johannis** untergebracht, die erste Hamburger Schule mit weiterführenden Bildungsmöglichkeiten für Mädchen.

Geradeaus über die Kreuzung Ernst-Merck-Straße führt der Weg links auf den Heidi-Kabel-Platz. Von dort aus öffnet sich ein guter Blick auf das → **Deutsche Schauspielhaus**, eine der bedeutendsten Bühnen des Landes. Auf der Nordseite des Platzes – also zur Linken – steht das **Bieberhaus**, ein mit Paternoster ausgestattetes Kontorhaus aus dem Jahr 1910. Seit 2011 ist hier

Das Bieberhaus am Heidi-Kabel-Platz

St. Georg
→ Karte S. 156/157

das Ohnsorg-Theater untergebracht. Auf der gegenüberliegenden Seite des Hauses (biegen Sie dafür am Ende des Platzes links in die Kirchenallee), lohnt ein Blick in das Stammgeschäft von **Mutterland**, das mit einem tollen Sortiment an heimischen Lebensmitteln und angeschlossener Gastronomie lockt.

Folgen Sie der Kirchenallee; mitunter lohnt an ihrem Ende ein kurzer Abstecher zum **Kattenhof** in der St. Georgstraße 5–7. Das idyllische Fachwerkensemble der Hinterhofzeile entstand nach dem Großen Brand, die Häuser dienten als Notunterkünfte. Ein Hinweisschild mit der Aufschrift „Privat“ weist aber darauf hin, dass man die Idylle besser nicht stören sollte. Manchmal kann man aber durch das geöffnete Tor einen Blick hinein erhaschen.

Zurück auf der Kirchenallee, geht es weiter bis zum St. Georg Kirchhof. Vor uns erhebt sich die → **Dreieinigkeitskirche St. Georg** mit ihrem grünen Kuppeldach. Vor der Kirche ist in Bronze die Kreuzigung Jesu auf dem Kalvarienberg dargestellt. Außerdem ist dort eine von 1986 stammende Installation mit 24 Schiffswrackblechen zu sehen, die an den Niedergang der Hamburger Werftindustrie erinnern soll.

Auf der Koppel geht es nun weiter Richtung Nordosten. Die *Alte Flöte,* noch fast gegenüber der Kirche, soll das älteste Lokal der Stadt sein (1661). In der Gründerzeit sind zwischen Koppel und der parallel verlaufenden Langen Reihe einige Gänge und Hinterhöfe (Nr. 4–6), Terrassen (Nr. 46) und Passagen (Nr. 14 und 76) entstanden. Auch ein Beispiel für die zahlreichen Stifte St. Georgs findet sich hier, das **August-Heerlein-Stift** in Nr. 17 (linkerhand), das Ende des 19. Jh. für „unbemittelte christliche Witwen und Jungfrauen aus gebildeten Gesellschaftskreisen“ eingerichtet wurde. Zum Eigennamen hat es die → **Koppel 66** gebracht, der erklärende Untertitel lautet **Haus für Kunst & Handwerk.** Den mittlerweile 15 Ateliers mit

Einkaufsmöglichkeiten ist ein einladendes Café angeschlossen, das – wenn Sie der Hunger später überkommen sollte – auch von der Langen Reihe 75 aus zu erreichen ist.

Ruhig und beschaulich führt die Koppel weiter bis zur Schmilinskystraße. Bevor weiter östlich eine lebhaftere Gegend auf uns wartet, führt von hier aus ein kleiner Abstecher links zur **Schmilinskystr. 6**, wo der Friedensnobelpreisträger Carl von Ossietzky von 1913 bis 1916 wohnte. In der früheren Brotfabrik residiert heute ein Fahrradgeschäft. Einige schicke klassizistische Wohnhäuser säumen die Schmilinskystraße. Die vielen Handwerker und Kleingewerbebetriebe, die St. Georg einst prägten, sind größtenteils verschwunden und haben Ateliers, Mode-Lädchen und Design-Auslagen Platz gemacht.

Zurück in die entgegengesetzte Richtung kommt man rasch zur Langen Reihe, dem Herzstück von St. Georg. Die schwule Buchhandlung *Männerschwarm* auf der anderen Straßenseite passt übri-

gens gut ins Viertel – St. Georg ist mit diversen Angeboten Hamburgs Gay-Paradies. Unser Weg führt rechts in die Lange Reihe hinein. Wer möchte, macht vorher noch einen Abstecher zum ältesten Krankenhaus Hamburgs und zu einem kleinen Park: die Lange Reihe ein Stück links hoch gehen und an der Litfasssäule rechts in die Bülaustraße oder weiter oben in die Lohmühlenstraße einbiegen. Beide führen zum Lohmühlenpark. Er säumt das **Allgemeine Krankenhaus St. Georg**, das bei seiner Entstehung Europas größtes und modernstes Hospital war. Erbaut wurde es nach einem Entwurf von Carl Ludwig Wimmel und später durch diverse Um- und Neubauten erweitert.

Weiter geht es nun die Lange Reihe zurück in Richtung Innenstadt. Architektonisch bietet die Straße ein buntes Sammelsurium, das von Fachwerkhäusern bis zu gründerzeitlichen Etagenbauten reicht. Erwähnenswert ist das **Haus Nr. 92**, ein düsterer gotisierender Backsteinbau. Durch einen Bogen erreicht man die Terrasse mit Hinterhofbebauung. Ein ähnlicher Hinterhof befindet sich auch beim **Haus Nr. 88**; **Nr. 84** verfügt über einen kuscheligen Wohnhof.

St. Georg → Karte S. 156/157

Über die Danziger Straße bietet sich ein Abstecher zur → **Domkirche St. Marien** an. Der Weg zurück zur Langen Reihe führt direkt auf das **Geburtshaus von Hans Albers** (Nr. 71) zu.

Die bunte, aber entspannte und fast dörflich wirkende Lange Reihe ist im weiteren Verlauf in Richtung Hauptbahnhof gespickt mit netten Geschäften, die Produkte aus aller Welt anbieten: tibetanische Wandbehänge, Mode aus Italien, Gewürze aus Indien ... Diverse Kneipen, Restaurants und Cafés lockern das Angebot auf. Das **Haus Nr. 61** aus dem Jahr 1621 ist übrigens das älteste erhaltene Gebäude in St. Georg. Die **Nr. 29** ist der **Handelshof**, ein von Fritz Höger entworfenes Kontorhaus.

Wer mag, geht nun am Carl-von-Ossietzky-Platz vorbei und von der Langen Reihe wenig später links in die Baumeisterstraße zur dunkleren Seite des Stadtviertels. Den von Drogen und Prostitution dominierten Teil von St. Georg erreicht man mit dem ehemals zentralen Hansaplatz, ursprünglich ein Viertel mit repräsentativen Etagenhäusern aus wilhelminischer Zeit. Manche meinen gar, in architektonischer Hinsicht sei dies bis heute eine der schönsten Ecken des Stadtteils, obwohl die Häuser extrem sanierungsbedürftig sind.

Der blonde Hans

Der Sohn von Schlachter Wilhelm Albers erblickte in der Langen Reihe 71 das Licht der Welt. Der blonde Hans trat aber nicht in die Fußstapfen des Vaters, sondern wurde ein berühmter Schauspieler und Sänger. In 500 Bühnenstücken und 176 Filmen war und ist er zu sehen, Dutzende Musiktitel hat er aufgenommen. Richtig berühmt wurde er an der Seite von Marlene Dietrich mit dem *Blauen Engel* im Jahr 1930 – die Rede ist, wie kann es anders sein, von Hans Albers. Einen weiteren Meilenstein seiner Filmkarriere setzte er 1944 mit *Große Freiheit Nr. 7.* Der Streifen wurde als einer der ersten Farbfilme in der gleichnamigen Straße in St. Pauli gedreht und zeigt Albers als unglücklich verliebten Sänger und Musiker auf der Reeperbahn. Der Soundtrack zum Film gilt als sein größter musikalischer Erfolg. Begraben ist der blonde Hans auf dem schönen Ohlsdorfer Friedhof im Norden Hamburgs (siehe S. 258).

In der Mitte des Platzes steht der **Hansa-Brunnen** von 1878, heute ein Treffpunkt zwielichtiger Gestalten. Rund um den Platz und in den abzweigenden Straßen bieten diverse Shops Handykarten sowie persisches, orientalisches oder türkisches Fastfood feil. Vollgestopfte Billigkaufhäuser wechseln mit indischen Lebensmittelgeschäften ab, Videotheken mit türkischen Frisören. Unser Weg kreuzt die Bremer Reihe mit ihren zahlreichen Absteigen und führt zum berühmt-berüchtigten Steindamm. Bunte Leuchtreklamen locken im Dunkeln Kunden auf die billige Meile direkt hinter den Hauptbahnhof.

Wer mag, kann noch einen Abstecher zur Moschee machen: Links vorbei an einer Sparkasse und dem Polittbüro, die Kabarettbühne von Lisa Politt und Gunther Schmidt („Herrchens Frauchen") geht es weiter oben rechts ab in die Böckmannstraße. Hier steht die **Zentral-Moschee Hamburg: Merkez Camii**, die sich zusammen mit Barbier, Reisebüro und türkischem Markt in einem alten Schwimmbad befindet. Im Steindamm sitzt übrigens auch der Rat der islamischen Gemeinschaften.

Folgen Sie dem Steindamm zurück Richtung Hauptbahnhof. Airline-Filialen, Spielhöllen, Sexshops und billige Hotels säumen den Weg. Türkische Kaufhäuser offerieren alles von der Wasserpfeife bis zu billigen Handys und Stoffgirlanden.

Am Steintorplatz angekommen, fällt links mit dem großen, geschwungenen Glasdach der **Zentrale Busbahnhof (ZOB)** ins Auge. Die imposante Konstruktion – nur 21 schlanke Stahlstützen halten das 190 m lange und teilweise 37 m breite flügelartige Dach – wurde vom Architekten- und Ingenieurverein Hamburg zum *Bauwerk des Jahres 2003* gewählt und erhielt 2006 den *Outstanding Structure Award* der Internationalen Brücken- und Hochbau-Vereinigung.

Auf der gegenüberliegenden Seite sieht man das beeindruckende Gebäude des → **Museums für Kunst und Gewerbe.** Vom benachbarten Hauptbahnhof haben Sie Anschluss an S- und U-Bahn.

Aristide Maillols „Der Fluss"

St. Georg
→ Karte S. 156/157

Sehenswertes

Hauptbahnhof

Eingeweiht wurde der Bahnhof im Dezember 1906. Die Bahnhofshalle aus Eisen und Glas ist 37 m hoch, 74 m breit und 121 m lang und damit die größte in Deutschland. Die Neorenaissance-Elemente in der sog. Wandelhalle haben wir Kaiser Wilhelm II. zu verdanken – er fand die ursprünglichen schlichteren Pläne „einfach scheußlich". Imposant ist der Blick von der Halle aus auf die in ihrer Gesamtheit ein Stockwerk tiefer liegenden Gleise. Hier lassen sich herrlich ein- und ausfahrende Züge und die An- und Abreisenden beobachten.

Kunsthalle Hamburg

Auf knapp 12.000 m² Ausstellungsfläche präsentiert die Hamburger Kunsthalle eine eindrucksvolle Auswahl an Werken, die alle europäischen Kunstepochen ab dem Mittelalter abdeckt. Die Kunsthalle Hamburg gehört damit zu den größten und bedeutendsten Kunstmuseen Deutschlands und genießt auch internationales Renommee.

Wie beim Deutschen Schauspielhaus (s. u.) ging die Initiative für den Bau der Kunsthalle vom Hamburger Großbürgertum aus. Das durch Spendengelder finanzierte Gründungsgebäude des heutigen Kunstkomplexes – ein im Stil der italienischen Renaissance gehaltener Backsteinbau – entstand zwischen 1862 und 1869. Exakt 50 Jahre später (1919) wurde der Anbau aus Muschelkalkstein eröffnet, 1997 schließlich folgte der markante weiße Kubus von Oswald Mathias Ungers, in dem die Galerie der Gegenwart untergebracht ist. Präsentiert wird dort eine Sammlung, die von Klassikern der Pop-Art bis zu zeitgenössischer Installationskunst reicht. So z. B. die Tropfsteinmaschine von Bogomir Ecker, die einen Stalagmiten und einen Stalaktiten entstehen lässt, die sich in der rasenden Geschwindigkeit von 10 mm pro 100 Jahre aufeinander zubewegen ...

Das Janssen- wie auch das Hegewisch-Kabinett wurden eigens für den begnadeten Hamburger Zeichner Horst Janssen in der Galerie der Gegenwart eingerichtet, beide präsentieren in wechselnden Ausstellungen das druckgrafische und zeichnerische Werk des 1995 verstorbenen Künstlers.

Gediegener geht es in den älteren Gebäudekomplexen zu. Ein Schwerpunkt dort liegt auf der deutschen Malerei des 19. Jh., die u. a. mit bedeutenden Werken von Caspar David Friedrich *(Wanderer über dem Nebelmeer)* und Philipp Otto Runge *(Der Morgen)* vertreten ist. Beeindruckend ist auch das Kupferstichkabinett des Altbaus, das mit seinen mehr als 100.000 Blättern zu den größten Sammlungen Europas gehört.

Die Dauerausstellungen des Hauses werden durch rund 20 Sonderausstellungen im Jahr ergänzt, dazu kommen Aktionen wie die interaktive Familienführung, Ferienkurse für Kinder, das Untitled Breakfast, bei dem man für 30 € im Bistro einen Brunch erhält und zwischendurch an mehreren Führungen durch die Galerie der Gegenwart teilnehmen kann, sowie spezielle Angebote für Menschen mit Behinderung.

Di–So 10–18, Do bis 21 (vor Feiertagen 10–18 Uhr), Silvester und Neujahr 12–18 Uhr. Erw. 10 €, erm. 5 €, Familien 14 €, unter 18 J. frei. Am „Goldenen Freitag" zahlen Senioren ab 65 J. 10 € inkl. Kaffee und Kuchen. Glockengießerwall, ✆ 428131-200, www.hamburger-kunsthalle.de. U/S Hauptbahnhof.

Hotel Atlantic

Das schicke „weiße Schloss an der Alster" wurde 1909 mit einem Galadiner eröffnet – nur die Crème de la Crème Hamburgs war geladen. Bis zum Zweiten Weltkrieg wurden hier hauptsächlich Erste-Klasse-Fahrgäste der großen Luxusdampfer untergebracht, darunter Großindustrielle und geadelte Häupter aus aller Welt. Heute zieht das 254-Zimmer-Haus Stars, Geschäftsleute und Kurzurlauber gleichermaßen an. Auch Nichtgäste dürfen abends der Pianobar einen Besuch abstatten. Dort sind die Chancen groß, auf Udo Lindenberg zu treffen, der hier seit Jahren seinen permanenten Wohnsitz hat. Seit 2010 steht das Gebäude unter Denkmalschutz.

An der Alster 72–79, www.kempinski.atlantic.de. U/S Hauptbahnhof und 5 Min. zu Fuß.

Kunsthandwerk und Design bietet die Koppel 66

Deutsches Schauspielhaus

Das mit knapp 1200 Plätzen größte deutsche Sprechtheater wurde 1906 als Privattheater eröffnet. Initiatoren waren zahlungskräftige Hamburger Geschäftsleute, die die Theaterlandschaft der Hansestadt um eine repräsentative Bühne für das Großbürgertum erweitern wollten, auf der insbesondere die Klassiker gezeigt werden sollten. Den Bau im neobarocken Stil – Vorbild war das Wiener Volkstheater – übernahm das seinerzeit renommierte Architektenbüro Fellner & Hermann, das sich auf Theatergebäude in ganz Europa spezialisiert hatte. Die Fassade ist mit Büsten von Goethe und Schiller, Lessing, Kleist, Shakespeare und Grillparzer geschmückt, ganz oben sieht man Skulpturendarstellungen der Musen. Richtig prachtvoll ist der Zuschauerraum, in dem ursprünglich sogar 1800 Besucher Platz hatten: tiefes Rot, leuchtendes Gold und reichlich Figurenschmuck.

Sein wohl größtes Renommee hatte das Haus in der Zeit zwischen 1955 und 1963 unter der Intendanz von Gustaf Gründgens. Aber auch danach zählte es stets zu den profiliertesten Theatern im deutschen Sprachraum, allein dreimal wurde es zum Theater des Jahres gekürt.

Kirchenallee 39, ✆ 24871-0, www.schauspielhaus.de. U/S Hauptbahnhof.

Dreieinigkeitskirche

Die heutige Kirche ist der Nachfolger einer von Johann Leonhard Prey zwischen 1743 und 1747 errichteten Barockkirche, die im Zweiten Weltkrieg fast vollständig zerstört wurde (ein Modell des ursprünglichen Baus kann in der Kirche besichtigt werden). Nur der 67 m hohe Turm konnte nach dem Zweiten Weltkrieg originalgetreu wiederaufgebaut werden. Das Kirchenschiff wurde von Heinz Graaf komplett neu gestaltet, lediglich Reste der barocken Seitenportale sind in den Nordeingang eingearbeitet. Konzipiert wurde der Neubau als Konzertkirche mit großer Orgel und genügend Raum für ein Orchester. Etwa 700 Besucher können jeweils an den fünf bis zehn übers Jahr verteilten Kirchenmusikveranstaltungen teilnehmen.

Links neben dem Kirchturm steht eine Statue des hl. Georg als Drachentöter, vor dem Portal die Replik einer Kreuzigungsgruppe vom Ende des 15. Jh. Das Original wird in einer Kapelle im Erdgeschoss des Turms aufbewahrt.

Sa 12–14 Uhr, So vor und nach dem Gottesdienst, sonst nach Absprache mit dem Kirchenbüro. St. Georgs Kirchhof 19, ✆ 24328, www.stgeorg-borgfelde.de. U/S Hauptbahnhof und ca. 4 Min. zu Fuß.

St. Georg
→ Karte S. 156/157

Koppel 66, Haus für Kunst und Handwerk

In einer früheren Maschinenfabrik haben sich in zwölf Werkstätten und Ateliers 20 Künstler und Kunsthandwerker niedergelassen. Mode und allerlei anderes aus Textil, Schmuck, Malerei, Grafik und Buchbinderei sind hier unter einem Dach vereint. Besucher sind jederzeit willkommen, können sich umschauen, einkaufen und im Café Koppel prima Kaffee trinken. Im Advent gibt es hier regelmäßig einen beliebten kunsthandwerklichen Weihnachtsmarkt.

Koppel 66, ✆ 43270934, www.koppel66.de.

Domkirche St. Marien

Der neoromanische Backsteinbau entstand zwischen 1890 und 1893 nach Plänen des auf Sakralbauten spezialisierten Architekten Arno Güldenpfennig. Zur Domkirche wurde er erst mit der Wiederbegründung des Erzbistums Hamburg im Jahr 1995. Nach den jüngsten Sanierungsarbeiten und einer langen Schließzeit erstrahlt der Dom in neuem Glanz und ist für Besucher wieder geöffnet.

Mo–Fr 9–19, So/Fei 8–19 Uhr (außerhalb der Gottesdienste). Danziger Str. 60, ✆ 243015, www.mariendomhamburg.de. U Lohmühlenstraße.

Bischofskirche St. Marien

Museum für Kunst und Gewerbe

Das 1877 eröffnete Museum – eines der größten und meistbesuchten Hamburgs – präsentiert so unterschiedliche Exponate wie altägyptische Grabreliefs, mittelalterliche Goldschmiedekunst und moderne Digitalfotografie. Vieles lässt sich im weitesten Sinne unter dem Stichwort „Gebrauchskunst" subsumieren, seien es historische Buchillustrationen oder moderne Weblayouts, Vierländer Trachten, wie sie einst auf dem Hamburger Gemüsemarkt getragen wurden, oder zeitgenössisches Modedesign, verschnörkelte Jugendstilzimmer oder schrill-bunte Sitzmöbel aus der Werkstatt italienischer Möbeldesigner. Besonders umfangreich ist die fotografische Sammlung des in einem imposanten Neorenaissancegebäude untergebrachten Museums, die aus konservatorischen Gründen allerdings nur jeweils ausschnittweise innerhalb thematischer Sonderausstellungen zu sehen ist. Eindrucksvoll ist auch die der Sammlung Buchkunst angeschlossene Gerd-Bucerius-Bibliothek mit rund 160.000 Medien und 450 Zeitschriften zu allen Fachgebieten, die im Museum behandelt werden. Literatur für zu Hause bietet die Buchhandlung Felix Jud & Co, die im Museum einen Shop betreibt. Für Kinder sehr spannend ist das angeschlossene Hubertus Wald Kinderreich (ab 5 J. und ohne Anmeldung geöffnet am Wochenende) im Untergeschoss des Hauses.

Di–So 11–18 Uhr (Café-Restaurant bis 17, Do bis 20 Uhr), Do bis 21 Uhr (an oder vor Feiertagen nur bis 18 Uhr). Erw. 8 €, ermäßigt sowie Do ab 17 Uhr 5 €, unter 18 J. frei. Audio-Guides werden kostenlos angeboten. Steintorplatz 1, ✆ 428134-2732, www.mkg-hamburg.de. U Hbf. Süd oder U/S Hauptbahnhof.

Praktische Infos

(siehe Karte S. 156/157)

Restaurants

Bistrot le Souterrain 31, weder schön gelegen noch sonderlich gemütlich. Umso mehr überraschen die wirklich gute Küche und der angenehme Service, sodass sich ein Besuch für Fans der klassischen französischen Kochkunst wirklich lohnt. Hauptgerichte 9,50–23,50 €. Menus 21,50–37,50 €. Di–Fr 12–14 und 18 Uhr bis open end, Sa 18 Uhr bis open end, So/Mo Ruhetage. Ferndinand-Beit-Str. 7, ✆ 249362, www.bistrot-le-souterrain.de. U/S Hauptbahnhof.

Turnhalle St. Georg 6, die uralte umgebaute Turnhalle aus dem 19. Jh., in der noch die Turnringe von der Decke hängen, ist als Bar und Treffpunkt recht beliebt. Der Geräuschpegel ist enorm, trotzdem ist das große und modern eingerichtete Restaurant mit einer langen Bar im Hintergrund meist gut besucht. Der Service sieht gut aus, ist aber nicht immer schnell zur Stelle. Sa 11–14 Uhr Frühstücksbuffet (11,90 €), So 11–14 Uhr großes Frühstücks- oder Brunchbuffet (18,90 €), Mo–Fr drei Frühstücksvarianten im Angebot. Hauptgerichte 15–28,90 €. Tägl. ab 9.30 Uhr (open end), So ab 11, Küche 12–24 Uhr. Lange Reihe 107, ✆ 28008480, www.turnhalle.com. U 1 Lohmühlenstraße oder Bus 6 Krankenhaus St. Georg,

Cox 19, innen erinnert die Mischung aus Bistro und Restaurant an Paris. Serviert wird sehr gute kreative europäische Küche der etwas gehobeneren Kategorie. Die Preise sind fair und die Gäste überwiegend sehr zufrieden. Auch für den günstigeren Mittagstisch zu empfehlen. Hauptgerichte 19–24 €. Mo–Fr 12–15 und 19–23.30, Sa/So nur 18–23.30 Uhr. Greifswalder Str. 43, ✆ 249422, www.restaurant-cox.de. U/S Hauptbahnhof.

Il Buco 28, winzige Trattoria im Souterrain mit sehr gemütlicher Atmosphäre, nicht weit vom Hansaplatz. Hervorragendes Essen (besonders die hausgemachte Pasta) und exzellenter Service. Besser vorher reservieren! Hauptgerichte 10–30 €. Mo–Sa 18–24 Uhr. Zimmerpforte 5, ✆ 247310. U/S Hauptbahnhof.

Kham 10, die Küche vereint Thailand, Tibet, Japan und Indien und ist empfehlenswert. Das bistroähnliche Lokal verteilt sich eher schlicht auf zwei Ebenen. .Hauptgerichte 8–17 €. Mittagsbuffet 10,50 €, So 16,50 €. Di–Fr 11.30–23.30, Sa/So/Fei 14–23.30 Uhr. Lange Reihe 97, ✆ 28004868, www.kham-hamburg.de. U/S Hauptbahnhof.

Kouros 5, beliebtes griechisches Restaurant ganz nah an der Alster, in dem auch Udo Lindenberg häufig gesehen wurde. Hauptgerichte 8,50–22,50 €. Tägl. 18–24 Uhr. An der Alster 28, ✆ 244540, www.kouros-restaurant.de. U Lohmühlenstraße, U/S Hauptbahnhof oder Bus 6 (Krankenhaus St. Georg).

Restaurant Central 24, ein immer gern besuchtes Bistro in der Langen Reihe. Hier werden vornehmlich Salate, Pizzen und Pastagerichte gegessen. Hauptgerichte 8,50–21,50 €. Mo–Fr 12–1 Uhr (warme Küche 12–15 und ab 17 Uhr), Sa/So 17–23.30 Uhr. Lange Reihe 50, ✆ 28053704. U/S Hauptbahnhof.

Cafés und Kneipen

Kyti Voo 18, Muffins, Cookies, Apfel- und Käsekuchen sowie leckere Biotorten werden hier von Schwulen und Heteros gleichermaßen gerne verputzt. Auch warme Snacks wie die begehrten getoasteten Panini (2–3 €) und Bagels sowie Mittagstisch (Suppe ab 3,60 €, Pasta ab 4,90 €, Salate, Ofenkartoffeln). Abends gibt's leckere Cocktails. Im Sommer quirlig und besonders attraktiv wegen der

St. Georg
→ Karte S. 156/157

großen Terrasse mit Leute-Gucken-Bonus. Alles sehr amerikanisch. Tägl. ab 9 Uhr (open end), Sa/So ab 10 Uhr. Lange Reihe 82, ☎ 28055565, www.kytivoo.de. U 1 Lohmühlenstraße oder U/S Hauptbahnhof.

Regionales aus dem „Mutterland"

LAYBACK Loungebar 4, Rumchillen auf weißen Ledersofas, im Schummerlicht sieht's dann sogar gemütlich aus. Gute Getränkekarte mit einem breiten Cocktailangebot und Mini-Snacks für den kleinen Hunger. Tägl. (außer So) ab 19, Sa ab 20 Uhr. Lange Reihe 113, ☎ 28056677, www.layback-hamburg.de. U 1 Lohmühlenstraße oder U/S Hauptbahnhof.

››› Mein Tipp: **Bar Le Ciel 13**, Im 8. Stock des Le Royal Méridien und damit hoch genug, um mit wunderbarem Blick auf die Alster geniale Cocktails zu schlürfen: einfach himmlisch! Das zugehörige Restaurant Le Ciel bietet übrigens hervorragende Küche. Tägl. 10.30–2 Uhr. An der Alster 52–56, ☎ 21001070, www.leciel.de. U/S Hauptbahnhof. ‹‹‹

Generation Bar (G-BAR) 14, Neonbeleuchtung und sehr reduzierte Einrichtung. Die schwule Bar hat einige Partys in petto und bietet immer wieder Karaoke. Tägl. von 18 bis mind. 2 Uhr. Lange Reihe 81, ☎ 28004690, www.generation-bar.de. U/S Hauptbahnhof.

Grüneberg 15, vor allem im Sommer ein begehrtes Lokal, da man so hübsch draußen auf der Terrasse zur Straße sitzen und die facettenreiche Szene des Viertels vorbeiziehen lassen kann. Besonders gerne von der Gay-Szene besucht, aber offen für und gut genutzt von allen. Frühstück, Sandwiches, Salate, Pasta, Mittagstisch (ab 5,90 €) und eine große Getränkekarte. Tägl. ab 9 Uhr. Lange Reihe 86, ☎ 28055707. U/S Hauptbahnhof.

Max und Consorten 29, wer es rustikal mag, wird sich hier wohlfühlen. Nach Jahrzehnten ist die alteingesessene Kneipe inklusive Inventar nun ein paar Häuser weiter gezogen. Ob das der Beliebtheit Abbruch tut, wird sich bald zeigen. Frühstück, deftige Speisen und immer für ein Bier gut. Hauptgerichte 5–8 €. Mo–Fr ab 11, Sa/So ab 10 Uhr (open end). Spadenteich 1, ☎ 245617, www.maxundconsorten.de. U/S Hauptbahnhof.

Café Gnosa 11, Hamburgs bekanntestes Schwulen- und Lesben-Café, auch für Heten offen. Die hauseigene Konditorei versorgt die Gäste mit unglaublich leckeren Kuchen. Ein netter Service in uriger Atmosphäre, und bei schönem Wetter kann man wunderbar an der Langen Reihe sitzen und Leute angucken. Großes Frühstück, Mittagstisch (6,20 €) sowie Abendkarte. Tägl. ab 10, Fr/Sa bis 2 Uhr. Lange Reihe 93, ☎ 243034, www.gnosa.de. U Lohmühlenstraße oder U/S Hauptbahnhof.

Café Koppel 17, rein vegetarisches Café, empfehlenswert nicht allein für ein gutes Frühstück (3,50–9,40 €), auch der Biokaffee, die Biosnacks oder der extrem leckere Biokuchen lohnen eine Rast – entweder drinnen in nettem Ambiente oder draußen im Innenhof. Die Koppel ist eigentlich ein Zusammenschluss von Designern, die hier in der alten Maschinenfabrik Räume angemietet haben, um ihre Kunst unter die Leute zu bringen (siehe auch S. 161). Tägl. 10–23 Uhr. Lange Reihe 75 oder Koppel 66, ☎ 249235, www.koppel66.de. U/S Hauptbahnhof. ■

Bar Hamburg 26, mehr als 70 Whiskeys und 50 Wodkasorten sowie über 250 Cocktails. Die Bar ist riesig und verfügt über zwei

Ebenen und drei schicke Lounges. Wenn man Glück hat, kann man hier berühmte Designer und Topmodels antreffen. Dresscode! Tägl. ab 19 bis mind. 2, am Wochenende bis mind. 4 Uhr. Rautenbergstr. 6–8, ✆ 28054880, www.barhamburg.com. U/S Hauptbahnhof.

Einkaufen

St. Georg ist ja nicht riesengroß. Zum kleinen Shoppingbummel begibt man sich einfach in die Lange Reihe, wo es diverse Geschäfte zum Rumstöbern gibt. Hier nur ein paar Besonderheiten:

Mutterland 30, ein toller Laden im historischen Bieberhaus. Hier wird ein breites Sortiment an kulinarischen Köstlichkeiten „made in Germany" geboten: vom Körrisaft (echter FC-St.-Pauli-Ketchup) bis hin zu verschiedenen Sorten Mutterland-Biohonig. Vieles ganz frisch und vieles ganz bio. Dazu gibt's Bücher, Geschirr, Besteck oder andere zum Thema mehr oder weniger passende Dinge, die sich als Mitbringsel eignen. Verköstigung im Laden und daher auch für einen Snack zwischendurch empfehlenswert! Ernst-Merck-Str. 9–11, ✆ 28407978, www.mutterland.de. U/S Hauptbahnhof. ■

Männerschwarm 9, schwule Buchhandlung. Belletristik, Bildbände, Comics, Filme, auch englische Titel. Eintritt erst ab 18 Jahren. Mo–Sa 10–19.30 Uhr. Lange Reihe 102, ✆ 436093, www.maennerschwarm.de. U 1 Lohmühlenstraße oder U/S Hauptbahnhof.

Bücher Thiede 21, allerlei Vergriffenes aus unterschiedlichen Genres. Auch Zeitschriften und Comics, Filmposter, Fotos, Biografien und Drehbücher. Mo–Sa 10–20 Uhr. Lange Reihe 54, ✆ 2802430, www.buecherthiede.de. U/S Hauptbahnhof.

››› Mein Tipp: **Lagerhaus** 23, Eine wunderbare Palette aus Geschirr, Mode, Möbeln, Büchern, Geschenkartikeln und Schnickschnack bietet dieses Shop-in-shop-Konzept. Hier vergeht die Zeit wie im Fluge. Die angeschlossenen Tagesbar serviert u. a. Kaffee, Wein und Mittagstisch. Mo–Fr 10–20, Sa 10-19 Uhr. Lange Reihe 27, ✆ 241416, www..lagerhaushamburg.de. U/S Hauptbahnhof und ca. 3 Min. zu Fuß. ‹‹‹

Brasserie Hamburg 8, hier gibt es neue und gebrauchte Blech- und Holzblasinstrumente. Der Laden ist bei Hobby- wie bei Profimusikern sehr beliebt und verfügt über eine eigene Werkstatt. Di–Fr 12–18, Sa 12–16 Uhr. Koppel 94, ✆ 243728, www.brasseriehamburg.de. U/S Hauptbahnhof.

Koppel 66 → Sehenswertes, S. 161

St. Georg
→ Karte S. 156/157

Die Koppel 66: Designer, Kaffee und mehr

Tour 5

St. Pauli: ein Kiezbummel

Das berühmt-berüchtigte Vergnügungsviertel rund um die Reeperbahn, der sogenannte Kiez, ist viel mehr als eine sündige Meile zwischen Leuchtreklame, Sexshops, Spielhöllen und Kunden des horizontalen Gewerbes. Denn außer Rotlicht hat St. Pauli auch Kabarett und Kleinkunst, Musikveranstaltungen und große Shows, gute Clubs und angenehme Kneipen im Angebot. Die Hamburger Szene hat den Kiez als Ausgehviertel längst wiederentdeckt.

Seinen heutigen Namen erhielt St. Pauli 1833, als es vom Rat offiziell zur Hamburger Vorstadt erklärt wurde. Davor (und im Volksmund noch lange danach) hieß das Gebiet Hamburger Berg und war wie alle vor der Stadtmauer gelegenen Ansiedlungen ein Standort für all jene Gewerbe, die innerhalb der Stadt aus den unterschiedlichsten Gründen unerwünscht waren. Einem dieser Gewerbe verdankt die heute weltberühmte Vergnügungsmeile St. Paulis ihren Namen: Um Seile (= Reepe) anfertigen zu können, musste Faserhanf in langen *Reeperbahnen* ausgelegt und anschließend in Form gedreht werden. Dafür war viel Platz notwendig, Platz, den man innerhalb der Stadtmauern nicht hatte.

Die von den Reepmachern hergestellten Seile und Taue wurden in erster Linie für die Schiffe im nahen Hafen verwendet. Dort beherrschten wie in jedem großen Hafen der Welt eher robuste Naturen das Bild, die nach getaner Arbeit oder nach einer langen, anstrengenden Seereise nur noch eines im Sinn hatten: sich zu amüsieren. Kein Wunder also, dass findige Geschäftsleute schon früh auf die Idee kamen, genau dieses Bedürfnis zu befriedigen.

Vor dem Millerntor – damals das westliche Haupttor Hamburgs – wurden bereits im 18. Jh. Spielbuden aufgebaut, in denen Zauberer, Feuerspucker, Marionettenspieler, Musiker und allerlei andere bunte Gesellen ihre vergnügungs-

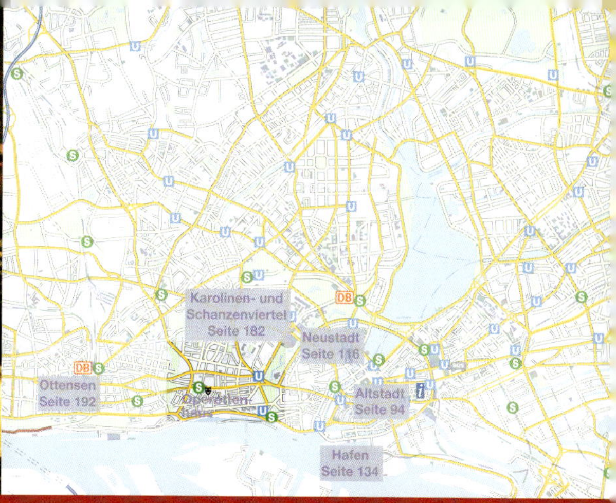

süchtige Klientel mit allem versorgten, was das bedürftige Herz begehrte. Natürlich durfte bei alldem eines nicht zu kurz kommen: die Liebe oder – besser gesagt – der kurze Sinnenrausch, den man sich bei mehr oder minder professionellen Damen erkaufen konnte. Und so wurde St. Pauli bald zum weithin bekannten Sündenbabel, dessen Verlockungen auch so manch ehrbarer Stadtbürger nicht widerstehen konnte.

Bis zur Aufhebung der Torsperre im Jahr 1861 war es allerdings nicht ganz einfach, sich im Schutz der Dunkelheit unerkannt ins sündige Vergnügen zu stürzen und nachher wieder ebenso unerkannt in den Schoß der Bürgerlichkeit zurückzukehren. Denn wer das Tor nach Einbruch der Dunkelheit passieren wollte, musste sich beim Torwächter melden – und zahlen.

Doch mit der Aufhebung der rigiden Ein- und Austrittsbestimmungen wandelte sich nicht nur die Situation für die von Fleischeslust geplagten Honoratioren der Stadt, der gesamte Zuschnitt des Amüsierbetriebs änderte sich, St. Pauli wurde professioneller. Zu den provisorisch zusammengezimmerten Buden gesellten sich binnen kürzester Zeit fest installierte Etablissements, darunter Restaurants, Bierpaläste, Kaffeehäuser, ein Zirkus, Tanz- und Stimmungslokale sowie Varietés und Theater.

Das bunte Treiben, das zunehmend auch Intellektuelle und Künstler faszinierte, war natürlich nur die eine Seite der Medaille. Abseits vom Spielbudenplatz, der heute noch so heißt wie eh und je, entwickelten sich Wohngebiete, in denen vorrangig Handwerker und Arbeiter lebten und sich meist auf engem Raum zurechtfinden mussten. Von 1820 bis 1894, als St. Pauli zum Stadtteil Hamburgs erklärt wurde, stieg die Einwohnerzahl von gerade einmal 6000 auf 72.000 an. Die Einkünfte der Menschen waren meist bescheiden, was sich bis heute nicht geändert hat. Im innerstädtischen Vergleich belegt St. Pauli nach wie vor einen der unteren Plätze auf der Einkommensskala.

Der Amüsierbetrieb St. Pauli führte derweil sein Eigenleben, ganz unbeeindruckt davon, wie viele Menschen sich drum herum ansiedelten. Auch nach

Die berühmte Davidwache

der Jahrhundertwende änderte sich daran nichts, lediglich der Erste Weltkrieg brachte einen kurzen Einbruch mit sich, von dem sich das Geschäft aber schnell wieder erholte. Und selbst die Nazis, denen das bizarre Kiez-Geschäft in all seinen Schattierungen ideologisch nicht in den Kram passte, konnten faktisch nichts an den Verhältnissen ändern, die von ihnen installierten Sichtblenden an den Enden der Prostituiertenmeile Herbertstraße hatten eher kosmetischen Charakter.

Im Zweiten Weltkrieg wurden fast alle Gebäude am Spielbudenplatz zerstört, lediglich das St. Pauli Theater blieb verschont. Beim Wiederaufbau investierte man erneut in die Sparte Amüsement, doch ab den 1960er Jahren machte St. Pauli dann zusätzlich auf ganz andere Weise Furore. Beat-, Pop- und Rock-Clubs wie *Indra*, *Kaiserkeller* oder der *Star-Club* – in allen dreien traten übrigens die damals noch völlig unbekannten *Beatles* auf – ließen das Viertel für kurze Zeit zum Mekka der ersten nachkriegsdeutschen Alternativkultur werden.

In den 1970er Jahren, als mit der Eröffnung des computergesteuerten Containerhafens die zahlungskräftige Klientel der Seeleute immer mehr von der Bildfläche verschwand, stürzten dann viele Etablissements des Rotlichtmilieus in eine Krise. Der Kampf um die Pfründe wurde immer unerbittlicher geführt, Bandenkriege und Schwerkriminalität bestimmten die Tagesordnung.

Auch die 1980er Jahre waren alles andere als rosig für das Milieu, denn ab Mitte des Jahrzehnts grassierte die Furcht vor HIV-Infektionen, die dem Geschäft nicht unbedingt förderlich war. Vielleicht war es diese Stagnation auf dem „Markt der Lüste", die das Viertel für schrille Kultur-Etablissements wie das Schmidt Theater und sogar für Produzenten von Mainstream-Musicals interessant machte.

Die große Freiheit bei Tag

St. Pauli
→ Karte S. 170/171

Insgesamt jedenfalls ist die Zahl der Strip- und Live-Sex-Shows in den letzten zwei Jahrzehnten deutlich zurückgegangen. Trotzdem fasziniert das Milieu immer noch, vor allem Touristen, die tagtäglich scharenweise über die Reeperbahn oder die Große Freiheit ziehen, um zumindest einen Blick auf die bisweilen durchaus schonungslos formulierten Ankündigungstexte der Shows zu werfen. Was sich innen dann tatsächlich abspielt, wissen wir natürlich nicht. Aber es gibt verlässliche Berichte, denen zufolge selbst das zartdumpfe Bienenpärchen Maja und Willi bereits wild und hemmungslos kopulierend auf einer der einschlägigen Bühnen gesichtet worden ist …

Was Ihre eigene Sicherheit angeht, müssen Sie sich auf dem Kiez übrigens keine übertriebenen Sorgen machen. Zwar gehört die Kriminalität genauso zum Viertel wie die Davidwache, aber auf offener Straße ausgefochtene Gewaltexzesse finden mittlerweile sehr selten statt. Auf zweierlei sollten Sie dennoch achten: auf Ihre Geldbörse, die im Getümmel schnell einen dankbaren Abnehmer finden kann, und auf die überhöhten Preise in zwielichtigen Lokalen: Ein Bier kostet mancherorts 25 Euro …

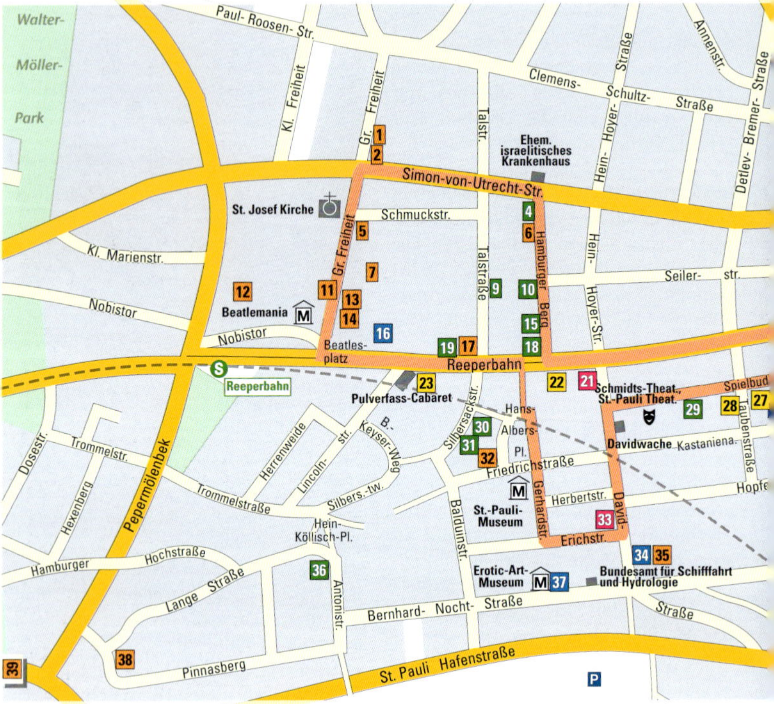

Spaziergang über die Reeperbahn

Der Bummel über den Kiez beginnt am **Millerntorplatz** direkt oberhalb der U-Bahn-Station St. Pauli. Ganz nah hinter dem U-Bahnhof steht ein Torhäuschen, das letzte Überbleibsel des einstigen Stadttors. Am Millerntorplatz beginnt schon die berühmt berüchtigte **Reeperbahn**.

Halten Sie sich links und laufen Sie an den zwei „Tanzenden Türmen" der Architekten Bothe, Richter und Teherani die Straße ein Stück hinauf. Hinter der Querstraße Beim Trichter beginnt der zur Reeperbahn gehörende **Spielbudenplatz**, der 2006 komplett renoviert wurde. Dort ballt sich – aufgelockert durch einige Kneipen – die Theaterkultur St. Paulis. An der Ecke steht mit gelb umrahmtem Eingang das weinrot verglaste **Operettenhaus**. Mitte der 1980er begann hier mit dem Musical Cats der Musical-Boom in Deutschland, später kamen *Mamma Mia* mit den altbekannten ABBA-Songs und Ich war noch niemals in New York mit Udo-Jürgens-Hits auf die Bühne. Seit 2010 steht *Sister Act* auf dem Programm.

Als Nächstes passieren wir das **Panoptikum**, das heute größte Wachsfigurenkabinett Deutschlands, das bereits 1879 eröffnet wurde. In einem 50er-Jahre-Bau sind über 130 Wachsfiguren von Promis aller möglichen Genres zu sehen – neben Napoleon und Kleopatra finden

Übernachten (S. 58)

3 East
16 A & O Hotel Reeperbahn
34 Empire Riverside Hotel
37 Kogge

Einkaufen (S. 181)

22 Schuh Messmer
23 Schuh Blicker
26 Hundertmark
27 Esso-Tankstelle Taubenstraße (S. 171)
28 Condomerie

Cafés/Kneipen (S. 178)

4 Blauer Peter IV (S. 175)
9 Wunderbar
10 Barbarabar
15 Ex-Sparr (S. 175)
18 Zum Goldenen Handschuh
19 Zur Ritze
29 Sommersalon
30 Zum Silbersack
31 Hasenschaukel
36 Café Geyer

Nachtleben (S. 179-181)

1 Indra
2 Gruenspan
5 Große Freiheit 36/Kaiserkeller
6 Roschinsky's
7 Safari (S. 174)
8 Bar Morphine (S. 174)
11 Dollhouse (S. 174)
12 China Lounge
13 Halo (S. 171)
14 Cult
17 Moondoo
20 Angie's Nightclub
24 Molotow und Meanie Bar
25 Hörsaal
32 King Calavera
35 20up
38 Christiansen´s
39 Golden Pudel Club

Essen & Trinken (S. 178)

21 Lukullus
33 Cuneo

Neustadt siehe S. 120/121
Hafen siehe S. 138/139

100 m

St. Pauli

sich Madonna oder Jan Fedder. Danach stößt man auf ein paar Kneipen und Geschäfte. Direkt daneben, im **Molotow** **24** mit der Meanie Bar ist über der Tür zu lesen, welche Größen der Rockgeschichte hier den Laden schon zum Kochen gebracht haben. Am **Sexy Heaven** vorbei – hier treiben es die Paare nicht nur auf der Leinwand, sondern auch davor – passiert man den **Hörsaal** **25**, angesagt besonders bei jungen Leuten, und gelangt zum **Hundertmark** **26**, ein Mekka für moderne Cowboys, also für Jeans- und Westernstiefelfans. Die **Esso-Tankstelle** **27** in der nächsten Seitenstraße, der Taubenstraße, ist übrigens eine wahre Goldgrube. Nicht, weil dort getankt wird, sondern weil sich hier die ganze Nacht über Nachtschwärmer und Kiezbewohner mit Flüssigem versorgen.)

Hinter dem **Docks Club** und dem **Sommersalon** **29** glänzt der Spielbudenplatz wieder mit Kultur, vertreten durch das → **Schmidt Theater**, das → **Schmidts Tivoli** und das → **St. Pauli Theater**. Über dem Schmidts Tivoli empfängt der beliebte **Angie's Nightclub** **20** seine Gäste.

An der aus Film und Fernsehen berühmten → **Davidwache** vorbei biegt man nun links in die Davidstraße ein. Hier stehen abends – nach strengen Platzregeln angeordnet – die Prostituierten. Das Fastfood-Restaurant an der Ecke wurde nachträglich mit Marmor verkleidet, weil die Frauen, einen Fuß an die Wand gestemmt, wohl die vorige Fassade ruiniert hatten.

Das Volksfest Hamburger Dom

Das größte Volksfest des Nordens. Eine riesige Kirmes, die jeweils einmal im Frühling für 30 Tage, im Sommer für 31 Tage und im Winter für 30 Tage etwa 9 Mio. Menschen auf das Heiligengeistfeld direkt an der U-Bahn-Station St. Pauli und somit an der Reeperbahn zieht. Der Vorgänger des „Doms" geht schon auf das Jahr 1329 zurück und war ein Markttreiben rund um den damaligen Mariendom (daher der Name) mit Händlern, Gauklern und Quacksalbern. Heute gibt es hier jede Menge Karussells und Kirmesbuden.

Auf der rechten Seite stößt man nach ein paar Metern auf den **Salon Harry**. Der Frisör hat laut Eigenwerbung den Beatles damals ihren Pilz-Schnitt verpasst. Harry steht fast immer draußen vor der Tür (wenn er nicht gerade Haare schneidet), um den vorbeifahrenden Touri-Bussen zu winken, in deren Inneren garantiert seine Geschichte erzählt wird.

An der Ecke zur Friedrichstraße steht das 2010 umgezogene → **St. Pauli Museum**. Die Davidstraße weiter hoch folgt hinter den roten Eisentoren auf der rechten Seite der Eingang zur berühmt-berüchtigten **Herbertstraße**. Auf der etwa 100 m langen Straße für den männlichen Schaufensterbummel bieten sich die Damen des horizontalen Gewerbes an und versuchen, die meist doch

Auf der sündigen Meile ...

Wer erkennt die vier Gestalten?

nur schaulustigen Kunden zu locken. Wer will – nur die Männer, und nur die über 18! –, darf natürlich die Abkürzung durch die Herbertstraße nehmen.

Alle anderen gehen an der sündigen Schaufenstermeile vorbei und bleiben noch ein Stück auf der Davidstraße. Auf der rechten Seite steht gleich ein Haus ganz in Weinrot. Was aussieht wie eine Nachtbar, ist das **Cuneo**, ein bei Hamburgern sehr beliebtes, alteingesessenes italienisches Restaurant.

Weiter geht es – geradeaus wird schon der Hafen sichtbar – rechts herum in die Erichstraße (eine Seitenstraße weiter, in der Bernhard-Nocht-Straße, erreicht man das **Erotic-Art-Museum**, auch eine gute Einstimmung auf das Viertel ...). Von der Erichstraße rechts ab durch die Gerhartstraße gehen Sie in Richtung Reeperbahn zurück. Dabei führt der Weg dieses Mal am anderen Zugang zur **Herbertstraße** vorbei. Nicht uninteressant sind die Gesichter der Touristen, die herauskommen.

Die Gerhartstraße führt geradeaus auf den Hans-Albers-Platz zu (zum „Blonden Hans" siehe auch S. 158). Hier ist besonders am Wochenende abends und nachts einiges geboten. Touristen und torkelnde Teenager drängeln sich auf dem Platz. Am Straßenrand buhlen Huren um Freier, mittendrin blickt Hans Albers von seinem Betonsockel in Richtung Große Freiheit. Die vielen Kneipen rund um den Platz sind am Wochenende gerammelt voll. Hier wird gebaggert, lautstark gegrölt und die ganze Nacht abgefeiert.

Unterhalb des Platzes führt die Reeperbahn links herum zum → **Pulverfass-Cabaret**, einem Travestietheater, das von St. Georg hierhergezogen ist. Auf dem Weg dorthin, auf der gegenüberliegenden Seite (Reeperbahn 140), residiert die legendäre **Ritze**, die vielleicht berühmteste Kneipe der Reeperbahn. Hier wurde 1981 der Zuhälter Fritz Schoer (Spitzname Chinesen-Fritz) mit einer Smith & Wesson vom Barhocker geschossen. Heute ist die Kneipe eine ruhige Bier-Pinte. Auch Promis wie Udo Lindenberg, Heinz Hönig und Ralf Richter treiben sich hier gerne mal rum. Das Besondere: Im Keller wird geboxt. René Weller, Darius Michalczewski und Henry Maske haben schon hier trainiert. Gäste werden bereitwillig in den Keller geführt.

St. Pauli
→ Karte S. 170/171

Der **Star-Club**, 1962 von Kiez-Legende Horst Fascher und Manfred Weissleder gegründet, wurde schnell zu einem der angesagtesten Musikclubs Europas. Im Gründungsjahr 1962 landeten die Star-Club-Macher auch ihren – rückblickend betrachtet – größten Coup: Sie engagierten die *Beatles*, die sich vorher im *Indra* und im *Kaiserkeller* ihre ersten Sporen verdient hatten. Genau 79-mal standen die vier Jungs aus Liverpool auf der Bühne des Star-Club und begründeten hier ihre Weltkarriere. Darüber hinaus traten Größen wie Ray Charles, Jerry Lee Lewis oder Little Richard auf. Als Ende der 60er angesagte Rockbands nur noch in großen Hallen spielten, musste der Club in der Neujahrsnacht 69/70 schließen. Zunächst zog ein Sex-Theater ein, 1983 zerstörte dann ein Feuer das Haus. Ein Gedenkstein steht im Innenhof der Großen Freiheit 29.

Ein Stück weiter geht es am neu benannten Beatles-Platz mit → **Beatlemania-Museum** rechts in die Große Freiheit, der ehemalige Standort des legendären Star-Club (siehe Kastentext). Die Straße gehörte vor der Verschiebung der Stadtteilgrenzen im Jahr 1949 zu Altona, ihr Name geht auf die große Religionsfreiheit zurück, die dort schon früh herrschte.

Das einst berüchtigte Café Keese

Auf den ersten Blick sieht in dem Straßenzug alles nach Rotlicht pur aus, doch neben Sexshows und Bordellen gibt's hier auch jede Menge Tanzclubs und Kneipen. Erwähnenswert sind der Schickimicki-Club **Halo** **13** für die Youngsters, das weltbekannte **Dollhouse** **11** und das härtere **Safari** **7**.

Auf der rechten Seite folgt an der Ecke nach dem **Funky Pussy Club** die **Große Freiheit 36**. Seit 1985 existiert dieser Konzert-Club, in dem schon Größen wie Prince oder David Bowie aufgetreten sind.

Der bereits 1959 eröffnete **Kaiserkeller**, in dem ebenfalls Popmusik-Geschichte geschrieben wurde, befindet sich direkt daneben (an der Ecke zur Schmuckstraße). Ein skurriles Bild inmitten der Clubs und Kneipen bietet links die katholische **Kirche St. Joseph**. An der Mauer ein Schild: „Es gibt nichts, womit Jesus nicht fertig wird."

Ein Stück weiter geradeaus stößt man auf die Kreuzung Simon-von-Utrecht-Straße. Über die Kreuzung hinweg erreicht man zwei Musikclubgrößen aus der Vergangenheit, das **Grünspan** und dahinter das **Indra** mit Biergarten. Wir aber gehen jetzt rechts herum ein Stückchen die Simon-von-Utrecht-Straße entlang. Nach der Kreuzung Talstraße ist auf der linken Seite ein schmucker cremeweißer Bau zu sehen. Das heutige Ortsamt von St. Pauli wurde 1843 als israelitisches Krankenhaus eröffnet und damals von Heinrich Heines Onkel Salomon gestiftet.

Genau gegenüber führt die Straße Hamburger Berg wieder rechts zur Reeperbahn hinunter. Direkt rechts an der Ecke der alternative **Blauer Peter IV.** **4** und das **Roschinsky's** **6**, weiter runter die kuschelige **Barbarabar** **10** oder die scheinbar älteste Tätowierstube Deutschlands. Irre gebaggert wird im **Ex-Sparr** **15**. Ein Kracher ist der **Goldene Handschuh** **18** – tagsüber betrinken sich hier die älteren Semester bei günstigen Preisen. 1975 wurde die Kneipe berühmt, als Stammgast Fritz Honka als Frauenmörder von St. Pauli überführt wurde.

Am Ende des Hamburger Bergs geht es links herum zurück in Richtung Millerntor. Zwischen Spielhöllen, Piepshows, Videokabinen und Table-Dance-Bars findet man bis zum Millerntor auf dieser Seite nur noch ein paar erwähnenswerte Einrichtungen. Darunter das **Café Keese** – berühmt und berüchtigt wurde es schon in den 50ern mit dem damals wohl empörenden Ball Paradox mit Damenwahl. Seit 2006 blödeln hier im **Quatsch Comedy Club** die Stand-up-Comedians mit Thomas Hermanns. Wenn man das in einem früheren Pornokino untergebrachte private **Imperial Theater** (hinter dem Hotel Imperial) erreicht hat, ist die Rundtour über den Kiez fast schon beendet und die U-Bahn-Station St. Pauli in sichtbarer Nähe.

Der blonde Hans schaut in die Ferne

Die **Kicker von St. Pauli** kennen wir als „Weltpokalsiegerbesieger", Kult-Elf oder Verein mit der Totenkopf-Flagge. Seit ihrer Gründung 1910 durchlebten sie ein ständiges Auf und Ab. 1948 gelangte die „Wunder-Elf" bis ins Halbfinale der Deutschen Meisterschaft, ein anderes Mal spielte sie nur noch Oberliga. Der momentane Präsident heißt Corny Littmann, auch bekannt als Chef des Schmidts Tivoli und Schmidt Theaters. Der Kult-Club mit seiner einzigartigen und alternativen Fanszene (insbesondere Künstler, Studenten und Punks) ist in ganz Europa bekannt. Trotz derzeit mal wieder 2. Liga pilgern zu jedem Heimspiel bis zu 20.000 Zuschauer ins teilweise (noch) marode, aber schon im Umbau befindliche Millerntorstadion auf dem Heiligengeistfeld. Getreu dem Motto: „You never walk alone!"

Sehenswertes

Schmidt Theater/ Schmidts Tivoli

Schon das Eröffnungsdatum deutet an, dass es hier etwas schräg zugeht: Am 8. 8. 1988 um 8.08 Uhr empfingen Corny Littmann und Ernie Reinhardt, besser bekannt als Lilo Wanders, im **Schmidt Theater** ihre ersten Gäste mit der schrillen Show *Sag bitte und ich sing*. Legendär wurde später die Kleinkunstrevue *Schmidt Mitternachtsshow*, die bis in die frühen 90er Jahre regelmäßig vom NDR und anderen ARD-Regionalsendern ausgestrahlt wurde.

Nachdem das alte Gebäude abgerissen werden musste, residiert das Schmidt Theater seit 2005 in einem neuen modernen Bau mit einer auffälligen roten Glasfassade. Innen ist es plüschig, samtig und heimelig, den Rang erreicht man über eine große geschwungene Treppe. Programmatisch ist alles beim Alten geblieben: Kleinkunst, Kabarett, Varieté, Musicals und Musikshows – alles ein wenig spaciger inszeniert als andernorts. Im ersten Stock lädt das Fingerfood-Restaurant *Dips 'n Stix* zur Stärkung ein.

Schmidt Theater in recht neuem Gewand

Direkt neben dem Schmidt Theater zieht **Schmidts Tivoli** seit den 1990er Jahren Horden von Zuschauern in die weiße Gründerzeitvilla. Musiktheater wie das schon legendäre Musical *Heiße Ecke* gehören ebenso zu den Publikumsmagneten wie die abendfüllenden Gastspiele berühmter Kabarettisten, Komiker, Musiker oder Schauspieler. Zum Schmidts Tivoli gehört auch die Jazz-Bar Angie's Nightclub.

Schmidt Theater: Spielbudenplatz 24–25, Schmidts Tivoli: Spielbudenplatz 27–28. Kartenhotline jeweils ✆ 31778899. Schnellbus 36/37 Davidstraße oder U 3 St. Pauli und 6 Min. zu Fuß oder S 1/3 Reeperbahn und 6 Min. zu Fuß.

St. Pauli Theater

Das Theater wurde bereits Mitte des 19. Jh. unter dem Namen Urania-Theater eröffnet und ist damit die älteste privat betriebene Bühne der Stadt. Es profilierte sich schon bald als Theater für populäre Mundartstücke mit Lokalkolorit und behielt diese Tradition bis in die 1970er/80er Jahre bei. Dann folgte wegen der inzwischen übermächtigen Konkurrenz des Ohnesorg-Theaters der Kurswechsel hin zu modernem Boulevardtheater mit überregional bekannten Stars wie Marika Rökk oder Willy Millowitsch. Inzwischen wird ein programmatischer Mix aus Comedy, Kabarett, Musik und – so die Macher – „anspruchsvollem Volkstheater" geboten. Für Letzteres stehen

u. a. Theaterklassiker, die gut zum eher derben St.-Pauli-Milieu passen wie etwa die *Dreigroschenoper*.

Spielbudenplatz 29–30, ✆ 47110666, www.st-pauli-theater.de. Schnellbus 36/37 Davidstraße oder U 3 St. Pauli und 6 Min. zu Fuß oder S 1/3 Reeperbahn und 6 Min. zu Fuß.

Davidwache

Die tausendfach fotografierte und gefilmte Polizeiwache auf der Reeperbahn (übrigens *Davidwache* und nicht *Davidswache*) ist eine der ältesten und gleichzeitig eine der modernsten der Hansestadt, denn der markante Fritz-Schumacher-Klinkerbau von 1914 wurde 2004 renoviert und erweitert. Die Fassade des Altbaus ist mit Figuren und Ornamenten von Richard Kuöhl bestückt. Der runde Turm an der Davidstraße wird heute nicht mehr genutzt. Hier führten früher Treppen in die Wohnungen der Wachleute, die einst im zweiten Stock hausten. So konnten die Wachleute von ihrer Wohnung aus die sündige Meile beobachten. In der Davidwache arbeiten rund 150 Polizisten. Sie haben auch ein wachsames Auge auf die Betrunkenen, die hier Nacht für Nacht im Keller ihren Rausch ausschlafen dürfen ...

Schnellbus 36/37 Davidstraße oder U 3 St. Pauli und 6 Minuten zu Fuß oder S 1/3 Reeperbahn und 6 Minuten zu Fuß.

Beatlemania

Ein spannendes Beatlesmuseum im Gebäude des ehemaligen Erotic-Art-Museums in St. Pauli. Beatles-Manie auf fünf Etagen mit echtem Hamburg-Bezug – sogar die Bühnenbretter des legendären Stageclubs haben hier endlich einen gebührenden Platz gefunden. Perfekt arrangiert für einen sehr kurzweiligen Museumsbesuch.

Tägl. 10–20 Uhr, Eintritt 12 €, Kinder bis 14 J. 8 €. Nobistor 10, ✆ 31171818, www.beatlemania-hamburg.com. U 3 St. Pauli oder S 1/3 Reeperbahn und jeweils 7 Min. zu Fuß.

Kultur auf der Reeperbahn

St. Pauli
→ Karte S. 170/171

Pulverfass Cabaret

Das Pulverfass Cabaret wurde in den 70ern in St. Georg eröffnet. Es wurden für damalige Zeiten noch gewagte Travestieshows aufgeführt. Seit 2001 hat es sich hier auf der Reeperbahn im ehemaligen Oase-Kino etabliert und bietet eine Mischung aus Conférence, Chanson, Parodie und Männerstrip. Man sagt, wer in der Travestie etwas werden will, kommt um die Institution Pulverfass nicht herum. Der Direktor ist Heinz Diego Leers.

Reeperbahn 147, ✆ 249791 und 247878. S 1/3 Reeperbahn.

St. Pauli Museum

Das Museum ist dem Leben auf dem Kiez gewidmet. Dabei spielt auch die Musikszene der 60er eine große Rolle. Darüber hinaus hat hier Erwin Ross (mittlerweile 79 Jahre alt), der sog. „Rubens von St. Pauli“, sein Atelier. Er hat neben den langen Beinen, durch die hindurch man in die Boxerkneipe *Zur Ritze* gelangt, viele Pin-ups für den Kiez geschaffen.

Di–Do 11–21, Fr/Sa bis 23, So 11–20 Uhr. Eintritt 5 €, erm. 4 €. Davidstr. 17, ✆ 4392080, www.st-pauli-museum.com. U 3 St. Pauli oder S 1/3 Reeperbahn und jeweils ca. 10 Min. zu Fuß.

Praktische Infos

(siehe Karte S. 170/171)

Restaurants

Bis zum frühen Morgen findet man auf der und rund um die Reeperbahn genügend geöffnete Restaurants und Imbisse für eine Stärkung zwischendurch. Etwas abseits gibt es auch am Hein-Köllisch-Platz ein paar gemütliche Lokale zum Pausieren.

Cuneo 33, das legendäre italienische Restaurant ist seit über 100 Jahren in Familienbesitz. Weinrote Wände schaffen ein gemütliches Ambiente, die traditionelle italienische Küche ist empfehlenswert. Deshalb kann Franco Cuneo auch jeden Tag viele Stammgäste in seinem Restaurant begrüßen, das fast immer ausgebucht ist. Unbedingt reservieren! Hauptgerichte 8–20 €. Tägl. (außer So) ab 17.45 Uhr (open end). Davidstraße 11, ✆ 312580, www.cuneo1905.de. U 3 St. Pauli oder S 1/3 Reeperbahn.

Lukullus 21, laut Bratwurstkennern sollte es hier einst die beste Bratwurst der Stadt geben. Hier trifft man sie alle – die Wachhabenden wie die Huren, die Reeperbahntouristen wie die Einheimischen. Tägl. 11–6, Fr/Sa bis 7 Uhr. Spielbudenplatz/Ecke Davidstraße. U 3 St. Pauli oder S 1/3 Reeperbahn.

Cafés und Kneipen

Café Geyer 36, ein sehr gemütliches Kneipencafé zum Frühstücken, Kaffeetrinken, Rumhängen, Lesen und Sichwohlfühlen. Etwas abseits der Reeperbahn, im Sommer auch zum Draußensitzen. Tägl. 10–1 Uhr, Küche mit wechselnden kleinen Gerichten bis 24 Uhr. Hein-Köllisch-Platz 4, ✆ 23936122. S 1/3 Reeperbahn, dann 6 Min. zu Fuß.

Hasenschaukel 31, die Lampenschirme sind alte Puppen in Rüschenkleidern, und mit Rüschenkleidern und Affenschaukeln im Haar dressen sich passend auch die Frauen hinterm Tresen. Zum gepflegten Bier schaut man in den künstlichen Kamin und lauscht Indie, Punkrock, Elektro oder anderen Klängen. Mi–Sa ab 19 Uhr. Silbersackstr. 17, ✆ 18012721, www.hasenschaukel.de. S 1/3 Reeperbahn.

Zum Goldenen Handschuh 18, Schmuddelkult mit Musik aus der Jukebox und einigen schmutzigen Witzen an der Theke. Tagsüber genießt besonders die ältere Generation die günstigen Preise, abends querbeet. Tägl. durchgehend geöffnet. Hamburger Berg 2, ✆ 310690, www.goldener-handschuh.de. U 3 St. Pauli oder S 1/3 Reeperbahn.

Zum Silbersack 30, eine echte St.-Pauli-Traditionskneipe. Menschen aus allen Schichten treffen sich hier, darunter auch immer wieder Promis. Solange die Gesundheit mitmacht, wird wohl Erna Thomsen mit ihren über 87 Jahren die Kneipe weiterleiten und, so oft sie mag, selbst hinter dem Tresen stehen. Das macht sie seit 1949! Aus der Musikbox tönen die ganzen alten, oft hanseatischen Ohrwürmer. Tägl. 11–4, Fr/Sa bis 6 Uhr.. Silbersackstr. 9, ✆ 314589. S 1/3 Reeperbahn.

Zur Ritze 19, wer in die legendäre Kneipe mit dem berühmten Boxkeller möchte, muss erst durch die Schwingtür mitten durch die gespreizten Frauenbeine mit roten Lackschuhen hindurch. Viele Kiezgrößen und Promis sind hier Stammgäste. Ein Stockwerk tiefer boxen deutsche Profis. Tägl. 14–4, Sa/So 14–8 Uhr. Reeperbahn 140, ✆ 3193946. S 1/3 Reeperbahn.

Nachtleben

Bars und Clubs

Angie's Nightclub 20, im 20er-Jahre-Stil ist dieser Liveclub eingerichtet. Mit diversen Veranstaltungen und Konzerten sowie einer eigenen Hausband, die Funk, Soul, Pop und Rock spielt, ist der Club eine Institution für ein breites Publikum. Dazu können Drinks und Cocktails geschlürft werden. Eintritt 10 €. Mi–Sa ab 21.30 Uhr (open end). Vorsicht: Sommerpause ungefähr von Mitte Juli bis Mitte August. Spielbudenplatz 27, ✆ 31778811, www.angies-nightclub.de. U 3 St. Pauli oder S 1–3 Reeperbahn.

››› **Mein Tipp:** **20up** 35 Welch ein gigantischer Ausblick auf den Hafen und die schönste Stadt der Welt! Die stylische Bar im 20. Stock des neuen Designhotels Empire Riverside – zwischen Reeperbahn und Hafen gelegen, mit den bodentiefen Fenstern, dem schicken Publikum und den wirklich guten (aber nicht günstigen) Drinks und Cocktails – lohnt unbedingt einen Besuch. ✆ 3111970470. www.empire-riverside.de. S Reeperbahn. ‹‹‹

China Lounge 12, ehemalige China-Restaurants haben halt ihren Charme: Auf vier Ebenen werden für ein hübsch gestyltes und überwiegend junges Publikum v. a. House, Drum 'n' Bass und Entspannendes auf den Teller gelegt. In regelmäßigen Abständen gibt's ohne zusätzliche Kosten kleine asiatische Snacks. Eintritt Do 5 € (Studenten frei), Fr/Sa 8 €. Do/Fr/Sa ab 23 Uhr. Nobistor 14, ✆ 31976622, www.china-hamburg.de. S 1–3 Reeperbahn.

Cult 14, bei Redaktionsschluss war noch unklar, ob der Cult-Club noch oder schon wieder geöffnet hat. Vormals eine kleine, gut besuchte Partylocation für ein Publikum meist jenseits der 20. Stuck, alte Kinosessel und Kitsch sorgen für schummrige Gemütlichkeit. Getanzt wurde zu Musik aus den 70er, 80er und 90er Jahren. Zu später Stunde immer kuschelig eng. Homepage befragen! Eintritt war Fr/Sa 6,50 €. Tägl. (außer So/Mo) ab 22, Fr/Sa ab 23 Uhr, Konzerte nach Programm. Große Freiheit 2, ✆ 29822180, www.cult-hh.de. S 1–3 Reeperbahn.

Große Freiheit 36 und Kaiserkeller 5, Mainstream-Musik, Konzerte, Partys. Oft sehr junges Publikum. Eintritt bis 6 €. Große Freiheit 36: Do–Sa ab 22 Uhr. Kaiserkeller: Mi–Sa ab 22 Uhr, bei Konzerten abweichend. Große Freiheit 36, ✆ 3177780, www.grossefreiheit36.de. S 1/3 Reeperbahn.

››› **Mein Tipp:** **Frau Hedis Tanz Café** (Karte S. 138/139), Ein kultiger Klassiker: mit Frau Hedi auf einer Barkasse über die Elbe, an Deck ein hübscher Open-Air-Club. Die Musik variiert je nach Thema des Abends. Mitte Mai–Mitte Okt. Fr ab 19, Sa ab 17 Uhr (wenn im Programm nicht anders angegeben), April sowie Mitte–Ende Okt. nur Sa. Jeweils stündlich Start bis 24 Uhr an der Landungsbrücke 10. VVK 6 €, Abendkasse 8 €, dafür kann man bis zum Schluss mitfahren. (Im Winter: Frau Hedis Landgang, Neuer Pferdemarkt 3, Di–Sa ab 20 Uhr.) ‹‹‹

Gruenspan 2, das Gruenspan hat eine lange Tradition: Headbanging zu Jimmy Hendrix und jede Menge Drogenrazzien – brav ging es hier gar nicht zu. Das Haar schütteln kann man im Gruenspan immer noch hervorragend. Oft treten bekannte Rockgrößen auf, sonst gibts Musik vom Plattenteller von Rock über Alternative bis Indie und Metal. Eintritt 5–6 € für Partys, 10–30 € für Konzerte. Öffnungszeiten je nach Veranstaltung. Große Freiheit 58, ✆ 313616, www.gruenspan.de. S 1–3 Reeperbahn.

››› **Mein Tipp:** **Golden Pudel Club** 39,Bei Elektro, House, Reggae, Hip-Hop, Punk und Rock trifft sich die Subkultur. Autor und Satiriker Rocko Schamoni und Musiker Schorsch Kamerun haben hier eine Institution mit ordentlichem Hafencharakter ins Leben gerufen. Auf der Treppe, die direkt am Lokal vorbeiführt, lümmeln sich bei schönem Wetter hordenweise entspannte Menschen mit Bierflaschen. Immer wieder neue Ausstellungen auf dem Programm. Eintritt meist frei. Tägl. ab 22 Uhr. St. Pauli Fischmarkt 27, ✆ 31979930, www.pudel.com. U 3 oder S 1/3 Landungsbrücken, dann 8 Min. zu Fuß die Hafenstraße entlang. ‹‹‹

Indra 1, hier traten die Beatles im August 1960 erstmals in Hamburg auf die Bühne. Heute werden Funk, Soul, Blues und Rock 'n' Roll aufgelegt. Für Frischluftfans

St. Pauli → Karte S. 170/171

gibt's einen Biergarten. Mi–So ab 21 Uhr (open end) oder je nach Veranstaltung, im Sommer bei gutem Wetter Mi–So ab 15 Uhr im Sommergarten. Eintritt variiert. Große Freiheit 64, www.indramusikclub.com. S 1/3 Reeperbahn.

King Calavera 32, Punkrock, Rock 'n' Roll und Ska locken jede Menge interessante Gestalten auf den Hans-Albers-Platz. Eintritt bis 8 €. Do ab 20, Fr ab 21, Sa ab 22 Uhr. Hans-Albers-Platz 1, www.kingcalavera.de. U 3 St. Pauli / S Reeperbahn.

Molotow und Meanie Bar 24, ein völlig gemischtes, aber meist sehr junges Publikum findet sich im Kellerclub unter der netten Meanie Bar mit ihrer Waldtapete und wechselnden DJ-Abenden. Draußen stehen meist ähnlich viele Gäste wie drinnen. Musikrichtungen: Indie, Rock 'n' Roll, Sixties Soul, Reggae, Hip-Hop, Noisepunk, alles überwiegend live. Eintritt in die Bar frei, in den Club 3–5 € bei Partys und 5–17 € bei Konzerten. Bar tägl. ab 21 Uhr, Club Fr/Sa ab 23 Uhr, Konzerte in der Regel ab 20 Uhr. Spielbudenplatz 5, ✆ 4301110, www.molotowclub.com/www.meaniebar.de. U 3 St. Pauli oder S 1–3 Reeperbahn.

Tanz- und Cocktailbars

Christiansen's 38, über Geschmack lässt sich bekanntlich streiten, hier schmecken die Drinks und Cocktails aber wirklich. Zahlreiche nationale und internationale Auszeichnungen beweisen es. Das Angebot besteht aus über 850 verschiedenen Getränken. Klassische Barkultur und bunt gemischtes Publikum. Tägl. (außer So) 20–3, Fr bis 4, Sa bis 5.30 Uhr. Pinnasberg 60, ✆ 3172863, www.christiansens.de. S 1–3 Reeperbahn und 5 Min. zu Fuß.

Barbarabar 10, Wohnzimmeratmosphäre. Am Hamburger Berg hat Eddie Page mit seinem Kompagnon die gemütliche Bar eröffnet. Das Publikum ist sehr gemischt. Jeden Dienstag legt der DJ Hörspielklassiker wie „Die drei ???" auf. Dann lümmelt man sich ins Sofa und trinkt Bier. Mi Kickerturniere, So Liveacts. Di–So ab 20 Uhr. Hamburger Berg 11, ✆ 0160-90361519, www.barbarabar.de. S 1–3 Reeperbahn.

Hörsaal 25, Soul-, Funk- und Breaksounds in kuscheligem, rotem Licht. Sowohl Livemusik als auch Beats vom Plattenteller. Von der Terrasse vorm Lokal hat man einen schönen Blick auf das Treiben auf der Reeperbahn. März–Sept. tägl. ab 18 Uhr, Dez–

High-Tech-Schiebebühnen auf dem Spielbudenplatz

Bunte Shoppingvielfalt in der Marktstraße

El Toro **5** das spanische Restaurant ist eines der beliebtesten in der Stadt. Eine gute Weinkarte rundet das Angebot der Speisen aus diversen Regionen des Landes ab. Tapas, Fisch, Spanferkel oder Kaninchen werden köstlich zubereitet. Hauptgerichte 15–33 €. Tägl. 18–23.30 Uhr. Kleiner Schäferkamp 21, ✆ 459551, www.el-toro.de. U 2/3 Schlump.

La Luna **32**, der Ausblick auf das große Kaufhaus gegenüber ist zwar nicht so berauschend, das Essen überzeugt aber: Pasta aus eigener Herstellung, gute Pizzen und allerlei Besonderes wie gut zubereitete Wild- und Fischgerichte. Das Fleisch ist vorwiegend regional und bio, das Brot selbst gebacken. Viele Stammgäste – unbedingt vorher reservieren! Hauptgerichte 16–24,50 €, Menü ab 30 €, wer früh kommt (17.30–19 Uhr) auch Spezial-3-Gänge-Menü für 24 €. Tägl. außer So 17.30–23 Uhr. Im Sommer zwei Wochen Ferien. Neuer Kamp 13, ✆ 433666, www.laluna-hamburg.de. U 3 Feldstraße. ■

Schmitt Foxy Food **18**, „Wir geben der Wurst die Würde zurück" – so lautet das Motto der Frittenbude. Stehtische in schlichter Umgebung lenken nicht von der Hauptsache ab: z. B. „Bio-Wuchtbrumme" (Bio-Currywurst, 3,20 €) mit „GrillGold" (Pommes, 2,20 €), auf Wunsch auch mit ausgefallenen Soßen. Auch vegetarische Veggi-Griller und schweinefleischlose FlatterMann-Würste im Angebot. Mo–Mi 11–24, Do–Sa 11.30 bis mind. 1 Uhr. Schulterblatt 70, ✆ 78895330, www.schmitt-foxyfood.de. Bus 115 (Schulterblatt) oder U/S Sternschanze und 5 Min. zu Fuß.

Cafés, Kneipen, Nachtleben

Café unter den Linden **19**, in dem kleinen, gemütlichen Café mit Terrasse gleich um die Ecke von Schulterblatt und Piazza gibt es neben Frühstück selbst gebackenen Kuchen sowie leckeren hausgemachten Kleinigkeiten auch Pasta- und Hauptgerichte (6,50–9,20 €). Tägl. 9.30–1, warme Küche 12–23 Uhr. Juliusstr. 16, ✆ 438140, www.cafe-unter-den-linden.net. Bus 3 (Bernstorffstraße) oder U/S Sternschanze und 5 Min. zu Fuß.

Grüner Jäger **36**, gemütliche Sitzecken in verwinkelten Räumen schaffen in diesem kleinen ehemaligen Toilettenhäuschen echte Wohnzimmeratmosphäre. Die Musik: Elektropop, Indie, Postpunk, 60er, 70er und Britpop. Wechselnde Veranstaltungen im Programm, dann ist die Kneipe manchmal extrem voll. Auf der Livebühne gibt es immer mal wieder Konzerte. Im Sommer lockt die Gartenlaube. Am Sonntag gemeinsames Tatort-Gucken. Mi–So ab 20 Uhr bis open end, Mo/Di nur bei Konzerten. Neuer Pferdemarkt 36, ✆ 31792905, www.gruener-jaeger-stpauli.de. U 3 Feldstraße.

Schräges Schanzenviertel

eine offene Motorradwerkstatt zum „Schrauben und Klönen". Häufig werden auch Konzerte und Vortragsveranstaltungen angeboten. Von den Medien wird die Flora gerne als „Krawallzentrale" oder „Drogennest" diskreditiert. Hinter der Flora gelangt man übrigens zur Kletterwand *Kiliman schanzo* (siehe S. 80).

Schulterblatt 71, www.rote-flora.de. U/S Sternschanze und 5 Min. zu Fuß.

Das Karolinen- und Schanzenviertel → Karte S. 185

Praktische Infos

(siehe Karte S. 185)

Restaurants

Restaurants und Kneipen mit gutem Essen findet man besonders rund um das Schulterblatt und auf der dazugehörigen Piazza. Dabei überwiegen Spanier, Portugiesen und Italiener.

››› Mein Tipp: Die Bullerei 14, Der bekannte Fernsehkoch Tim Mälzer eröffnete gemeinsam mit Patrick Rüther in den historischen Viehhallen des alten Hamburger Schlachthofs ein neues Restaurant – und gewann damit gleich die goldene Palme des Leaders Club für das beste Gastronomiekonzept 2009. Mit zwei Speisekarten (die Deli-Karte für tagsüber und eine schickere Abendkarte) locken die beiden mittlerweile viele Gäste an. Tagsüber gibt's Klassiker und Gerichte von der Mafiatarte bis zum argentinischen Rinderfilet mit Zwiebelkuchen (8,90–19,90 €), abends variieren die Gerichte von gegrillter Kalbsleber bis zum Tagesfangfisch oder „Reh aus D" (18–24 €). Abgerundet wird das Ganze mit einer sehr guten Weinkarte und einem tollen, mal ganz anderen Ambiente mit offener Küche. Deli tägl. ab 11, warme Küche ab 12 Uhr. Abend-Restaurant tägl. ab 18 Uhr. Lagerstraße 34B (gegenüber von S- und U-Bahn Sternschanze), ✆ 33442110, www.diebullerei.de. S/U Sternschanze. ‹‹‹

››› Mein Tipp: Trattoria Cento Lire 29, Klein und sehr gemütlich. Mit den vielen Kissen in den großen Fenstern fühlt man sich eher wie in einem kuscheligen Café. Guter, attraktiver Service und leckeres, authentisches Essen. Ein gutes Zeichen: Hier essen auch Italiener. Mittagstisch 5,50–12,50 €, abends Vorspeisen 7,50–11,50 €, Hauptspeisen 8,50–23 €. Tägl. außer So 12–23, warme Küche 12–15.30 und 18–23, Sa durchgehend. Karolinenstr. 12, ✆ 41359177. U 2 Messehallen. ‹‹‹

haben sich hier diverse Kreativfirmen aus den Bereichen Film, Foto und Werbung in schicken Loftbüros eingerichtet.

Ein Stückchen weiter auf der linken Seite (Schulterblatt 71) fällt sofort die → **Rote Flora** ins Auge. Das bunt besprühte Gebäude war ursprünglich ein beliebtes Lustspieltheater. Den Platz gegenüber der Roten Flora besiedeln bei gutem Wetter Hunderte von Ausgehfreudigen, die die großzügig aufgebaute Bierbestuhlung nutzen. Das ganze Schulterblatt – hier als breite Flaniermeile – wird dann zu einem riesigen Freilichtlokal. Seit in den 1990ern portugiesische Pastelerien die Schanze für sich entdeckten, bezeichnen böse Zungen die Straße als Galão-Strich. Aber nicht nur Portugiesen sind vertreten: Eine bunte Vielfalt aus Restaurants und Kneipen erfreut sich großen Andrangs.

Auch in der frequentierten Susannenstraße, in die wir nun rechts einbiegen, wechseln sich diverse Restaurants und Cafés mit kleinen Geschäften, Gemüse- und Einrichtungslädchen ab. Weiter geht es rechts in die Bartelsstraße, aber nur bis zum Hostel Sternschanze auf der linken Seite. Die Backpacker-Unterkunft mit Biogastronomie bietet einen Durchgang zu zwei Innenhöfen: Hier befand sich die alte **Montblanc-Füllerfabrik**, die in den 1980er Jahren auszog. Seitdem wird das Gebäude für verschiedene Zwecke genutzt; heute hat hier neben der Volkshochschule auch das Programmkino **Kino 3001** seinen Sitz.

Über die Innenhöfe erreichen Sie wieder die Schanzenstraße, die besonders in diesem Abschnitt ein Shopping-Mekka ist. Gehen Sie links herum. An hippen Geschäften vorbei gelangt man zur U- und S-Bahn-Station Schanzenstern. Den Namen hat die Station wie der sie umgebende Park von einer sternförmigen Bastion aus dem Jahr 1681, die als Verteidigungsanlage mit der Stadtbefestigung verbunden war.

Sehenswertes

Rote Flora

Der graffitibesprühte Bau Schulterblatt 71 war ursprünglich ein Theater, das im Laufe seiner Geschichte unter verschiedenen Namen firmierte: bei seiner Eröffnung 1888 hieß es Tivoli-Theater, dann Concerthaus Flora und schließlich Flora-Theater. Gezeigt wurde ein Mix aus Konzerten, Operetten, Revuen und Varietéshows, und manchmal waren auch Box- und Ringkämpfe im Programm. Bald nach dem Zweiten Weltkrieg wurde die Flora als Kino genutzt, später bot das Billigkaufhaus *1000 Töpfe* hier seine Waren an (daher noch die gelbe Farbe).

Ende der 1980er Jahre weckte der Standort dann die Begehrlichkeiten eines findigen Musical-Produzenten, der das Gebäude abreißen und es durch ein modernes Musical-Theater ersetzten wollte, wo schon bald das *Phantom der Oper* sein Unwesen treiben sollte.

Doch die Bewohner des Viertels solidarisierten sich und gingen auf die Barrikaden. Man befürchtete den invasionsartigen Einfall von Musical-Besuchern. Die Situation eskalierte, und es kam sogar zu Straßenschlachten mit Verletzten und Festnahmen. Letztendlich konnten Bürgerinitiativen den geplanten Abriss des alten Gebäudes verhindern. Die Musical-Betreiber zogen sich schließlich entnervt zurück und bauten ihr Theater, die Neue Flora, am Holstenwall.

Heute firmiert die Rote Flora als „autonomes besetztes Kulturzentrum“ und versteht sich als „Raum für linken Widerstand“. Angeschlossen sind das *Café Niemandsland* mit sonntagabendlichen politischen Kaffeeveranstaltungen und

Übernachten (S. 54/55)
1 YoHo
2 Hotel Boritzka
3 Lindenzimmer
4 Schlaflounge
7 Pension Heinrichstraße 1
9 Fritzhotel
10 Instant Sleep
16 Schanzenstern
22 My Place
34 Pacific

Nachtleben (S. 188-190)
33 Bernsteinbar
35 Uebel & Gefährlich

Cafés (S. 188/89/90)
8 Cafébar Juli
11 Bar Rossi
12 Thier
15 Herren Simpel
16 Schanzenstern
17 Kulturhaus III&70
19 Café unter den Linden
21 Dual Bar
25 Café Klatsch
27 Yoko Mono
28 Knust
36 Grüner Jäger

Einkaufen (S. 190/191)
6 Yokozuna
13 Lille/Stor
23 Underpressure Hip Hop Store
24 Cohen + Dobernigg
26 Groove City
30 Elternhaus Mägde und Knechte
31 Hanseplatte

Essen & Trinken
5 El Toro
14 Die Bullerei
18 Schmitt Foxy Food
20 Erikas Eck (S. 184)
29 Trattoria Cento Lire
32 La Luna

Grindelviertel siehe S. 209

Neustadt siehe S. 120/121
Ottensen siehe S. 194/195
St. Pauli siehe S. 170/171

ten 17. Jh., die mit dem Schulterblatt eines Wales warb. Um 1900 war die Straße noch bis über die Kreuzung Max-Brauer-Allee hinaus ein schmucker Boulevard mit herrschaftlichen Häusern, einigen Theatern und Kaufhäusern. Heute bildet sie die Hauptschlagader des Szeneviertels (weiter oben wird es noch lebendiger). Wenn Sie zwischen Montag und Freitag in der Zeit von 7 bis 20.30 Uhr im Schulterblatt unterwegs sind, lohnt sich ein Blick in den Innenhof der Hausnummer 58. Es handelt sich um die **Alte Pianofortefabrik**, die 1873/74 in Betrieb genommen wurde. Nach einer Grundsanierung Ende der 1990er Jahre, bei der einige Zeugnisse der industriellen Vergangenheit erhalten geblieben sind (darunter der Schornstein in einem der Innenhöfe),

Den Zuzug amerikanischer Fastfoodketten, in denen die Speisen mit weit zuckerlastigeren Getränken gereicht werden, hat die Schanze dagegen bis heute verhindern können. Dies, das Vorhandensein zweier Kulturzentren, aber auch die vielfältige Kneipenszene, die glänzenden Shoppingmöglichkeiten und nicht zuletzt das bunte und weitgehend problemfreie Miteinander von Normalos, (Lebens-)Künstlern und alternativen (Non-)Konformisten machen Hoffnung auf eine angenehme Schanzenzukunft. Derzeit jedenfalls präsentiert sich die Schanze als der wohl lebendigste Stadtteil Hamburgs.

Spaziergang

Der Spaziergang beginnt an der U-Bahn-Station **Messehallen**. Die Messe begrenzt das kleine **Karoviertel** an seiner Ostseite. Direkt gegenüber der Station führt ein Fußgängerüberweg schon mitten auf die Hauptachse des Viertels, die **Marktstraße**. Hier hat zwar nie ein Markt stattgefunden, dafür läuft die Straße direkt auf den Neuen Pferdemarkt zu. Secondhandmode, Boutiquen, kleine Designerlädchen, niedliche Cafés und alte Wohnhäuser mit hübschen, inzwischen größtenteils frisch renovierten Hinterhöfen und Terrassen wechseln sich hier in bunter Vielfalt ab. Besonders an Samstagen herrscht auf der bunten Meile reges Treiben.

Nach einigen hundert Metern geradeaus erreicht man über eine kleine Brücke automatisch die **Schlachthofpassage**, die die Verbindung zwischen Karo- und Schanzenviertel darstellt. Nachdem der Schlachthof die ehemalige Rinderschlachthalle nicht mehr benötigte, war zunächst der Abriss geplant. Nach großem Widerstand wurden die Pläne schließlich fallen gelassen, und die Stadtentwicklungsgesellschaft (STEG) ließ das historische Gebäude sanieren. Heute befinden sich hier Geschäfte, Büros, der Konzertclub **Knust** und die mittlerweile über Hamburgs Grenzen hinweg bekannte **Galerie der Schlumper**, in der geistig behinderte Künstler ihre Werke präsentieren und verkaufen.

Durch die Karodiele geht es nun zur Sternstraße. Das flachere Gebäude an der Sternstraße war einst Hunde- und Pferdestall des Schlachthofs. Folgen Sie der Sternstraße rechts herum, und werfen Sie links einen Blick in die **Beckstraße** und die parallel verlaufende **Augustenpassage**. Hier entdecken Sie eine für Hamburg typische Wohnanlage mit Passagen und Terrassen aus dem ausgehenden 19. Jh.

Weiter entlang der Sternstraße Richtung Norden und die Kampstraße rechts herum führt der Weg bis zur Schlachthofmauer. Der ehemalige **Schlachthof** ist heute Fleischgroßmarkt. Das Restaurant *Die Schlachterbörse* (Kampstraße 38–42) auf der rechten Seite vor der Schlachthofmauer war ursprünglich eine rustikale Kneipe für Schlachter und Viehhändler.

Gehen Sie nun die Kampstraße in die entgegengesetzte Richtung zurück. Sie passieren dabei die Kneipe **Erikas Eck** **20**, die sich ganz auf die Angestellten des nahen Fleischgroßmarkts und auf Nachtwanderer eingestellt hat: Hier gibt's die ganze Nacht bis 14 Uhr mittags warme Kost (am Wochenende bis 9 Uhr morgens).

Am Ende der Kampstraße biegen wir links in die Schanzenstraße ein und passieren einige Geschäfte. Auf die ehemalige Stadtgrenze Hamburg-Altona weisen ein gutes Stück weiter die beiden Stadtwappen auf der Fassade des Eckhauses Schanzenstraße/Schulterblatt hin.

Gehen Sie nun rechts herum ins belebte **Schulterblatt.** Die Straße verdankt ihren Namen einer Kneipe aus dem spä-

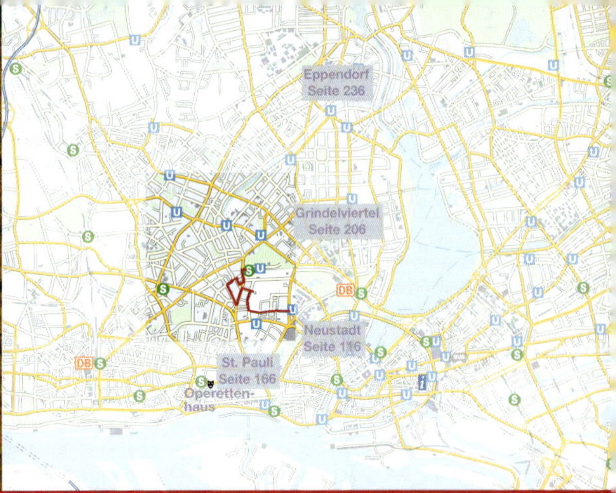

die Punks hatten hier zwischenzeitlich eine ihrer Hochburgen. Erst mit dem Zuzug der Werbeagentur *Jung von Matt*, die ihren Firmensitz in einer ehemaligen Korsettfabrik in der Glashüttenstraße hat, begann ein Wandel: Künstler, Designer, Modemacher etc. entdeckten das winzige Viertel für sich und kauften sich dort ein, wo einst Secondhandläden und Eckkneipen mit Herrengedeck ihr Publikum suchten. Besonders augenfällig ist das in der Marktstraße, dem Dreh- und Angelpunkt des Viertels.

Ganz ähnlich sind die Verhältnisse in der verwaltungstechnisch zu St. Pauli gehörenden Schanze, die unmittelbar ans Karoviertel grenzt, aber größer dimensioniert ist. In Stichworten: nach dem Krieg sanierungsbedürftiges Altbauviertel mit billigem Wohnraum, dann Stützpunkt der Alternativszene und der antibürgerlichen Protestbewegung, schließlich die partielle „Verwohlstandung" des Viertels durch die Ansiedlung von New-Economy-Firmen. In der Konsequenz explodierten die Mietpreise und schlossen alteingesessene Läden, die – nicht ohne Widerstand der Bewohner – durch schicke Boutiquen, Retro-Bars und bessere Restaurants ersetzt wurden, welche den Neo-Yuppies unweigerlich folgten.

„Mahnmal" für den Häuserkampf und bessere linksalternative Zeiten ist die Rote Flora, ein in den 1980er Jahren besetztes Theater, das bis heute als alternatives Kulturzentrum dient. Ansonsten ist die linksalternative Szene weitgehend aus dem Straßenbild verschwunden, das politisch-soziale Engagement lebt aber fort, etwa in Gestalt diverser Initiativvereine, die gegen die weitere „Veredelung" der Schanze kämpfen. Aus einer ganz anderen Ecke, nämlich der christlich-ökumenischen, kommt das 2005 eröffnete *Jesus-Center* im Schulterblatt, ein Verein, der sich der Hilfe der sozial Schwachen verschrieben hat. Auch Drogensüchtige finden hier Unterstützung, was nach der Schließung der Fixerstube *Fixstern* im Jahr 2003 dringend notwendig ist: Denn dort, wo Heroinabhängige einst ihr Methadon bekamen, wird heute Chai-Latte kredenzt.

Das Karolinen- und Schanzenviertel
→ Karte S. 185

Tour 6

Karolinen- und Schanzenviertel

Bunt, alternativ und auch bei Designern und Besserverdienern inzwischen angesagt – das Karolinenviertel lockt mit hippen Lädchen und gemütlichen Cafés. Noch bunter ist das Schanzenviertel nebenan. Die Kultstraße Schulterblatt ist eine äußerst beliebte Ausgehmeile.

Mit vielen Restaurants, Cafés und Kneipen zieht die zu Füßen der Roten Flora liegende Piazza Unmengen von Ausgehfreudigen an, die an warmen Tagen das Areal in ein einziges Straßencafé verwandeln. Die diversen Geschäfte, die von Nietenhalsbändern bis Dachshaar-Rasierpinseln alles Erdenkliche feilbieten, die alternativen Kultureinrichtungen und diversen Clubs machen das gar nicht brave Quartier zum Treffpunkt von Werbern, Punkern und Bohemiens.

Als Karolinen- oder kurz Karoviertel wird das kleine Quartier zwischen Heiligengeistfeld, Schlachthof und Messegelände bezeichnet. Auf nur 31 ha Fläche leben 3800 Bewohner, davon über ein Drittel Ausländer. Das Viertel ist eng bebaut, die meisten Häuser stammen noch aus der Gründerzeit. Obwohl seit Ende der 1980er Jahre großflächig saniert wird, sind einige davon wegen der jahrzehntelangen Vernachlässigung der Bausubstanz immer noch in einem beklagenswerten Zustand. Bevor man sich an die „Grundrenovierung" machte, die bis 2010 abgeschlossen sein soll, hatte es sogar immer wieder Pläne gegeben, das Viertel zugunsten einer Erweiterung der angrenzenden Messe komplett abzureißen.

Das Karoviertel ist von seiner Grundstruktur her eines der Armeleuteviertel Hamburgs. Im 19. Jh. lebten hier in erster Linie Schlachthofarbeiter und kleine Handwerker, und auch heute liegt für viele Alteingesessene das Geld noch nicht unbedingt auf der Straße. Ab den 1970er Jahren etablierte sich dann – angelockt von den günstigen Mietpreisen – die alternative Szene im Viertel und prägte es nachhaltig, auch

Feb. Di–So ab 19 Uhr. Eintritt frei. Spielbudenplatz 8, ✆ 65791420, www.hoersaal-hamburg.de. U 3 St. Pauli.

››› Mein Tipp: **Moondoo** 17, Coole Location mit parallel laufenden DJ-Veranstaltungen auf zwei Ebenen. Underground Soul, Funk, Rare, Dancefloor – alles, was das Herz begehrt. Freitags im Souterrain Elektroparty in der **Bar Morphine** 8, samstags Gay Club 136, während oben die Heteroparty tobt. Mondoo: Fr/Sa ab 23 Uhr; Bar Morphine Fr/Sa ab 24 Uhr. Reeperbahn 136, ✆ 31975530, www.moondoo.de. S Reeperbahn. ‹‹‹

Roschinsky's 6, jede Menge junge Leute zieht's hierher. Musik vom Plattenteller mit wechselnden DJs, schummrige Beleuchtung, kickern und tanzen. Ab Mitternacht meist ordentlich voll. Montags Gay und Freunde, dienstags Ska-Abend. Tägl. ab 20 Uhr oder zum Fußball gucken jeweils 1 Std. vor Anpfiff. Eintritt frei. Hamburger Berg 19, ✆ 3195686, www.roschinskys.de. U 3 St. Pauli oder S 1–3 Reeperbahn.

Sommersalon 29, vorwiegend junges Publikum trifft man hier bei Soul, Nu Jazz, Elektro, Funk und House. Eintritt frei. Tägl. ab 17 oder 18 Uhr (je nach Programm). Spielbudenplatz 22, ✆ 31182250, www.sommersalon.de. U 3 St. Pauli.

Wunderbar 9, schwule Partys mit Musik der 70er und 80er sowie Mitsing-Schlagern. Immer wieder Motto-Partys. Weibliche Begleitung wird auch gern hineingelassen. Tägl. ab 22 Uhr. Eintritt frei. Talstr. 14–18, ✆ 3174444, www.wunderbar-hamburg.de. U 3 St. Pauli oder S 1–3 Reeperbahn.

Einkaufen

Shoppen kann man auch auf dem Kiez. Eine große Zukunft wird dabei besonders dem Viertel oberhalb der Simon-von-Utrecht-Straße vorausgesagt, wo sich immer mehr ausgefallene Szeneläden ansiedeln. Aber auch rund um die Reeperbahn findet man neben Sexspielzeug und SM-Ausrüstung gute Outfits und ausgefallene Läden. Die Klassiker:

Condomerie 28, ein winziger Laden auf dem Kiez. Erektionsbekleidung in Form von unzähligen unterschiedlichen und irrwitzigen Kondomen. Tägl. 12–24 Uhr. Spielbudenplatz 18, ✆ 3193100, www.condomerie.de. U 3 St. Pauli.

High Heels für Mary, Gordy oder Olivia

Hundertmark Westernstore 26, erste Adresse für Großstadtcowboys. Fransenjacken aus Wildleder, Cowboyhüte, Elvis-Artikel, Gothic-Klamotten. Außerdem hat der Laden einen sehr guten Ruf, was Cowboystiefel und Jeanshosen angeht. Hier gibt's auch einen St.-Pauli-Fanshop! Mo–Fr 9.30–22, Sa 10–24, So 12–22 Uhr. Spielbudenplatz 9, ✆ 312054, www.hundertmark.de. U 3 St. Pauli oder S 1/3 Reeperbahn.

Schuh Messmer 22, das Schuhgeschäft existiert schon seit etwa 160 Jahren. Wer was Skurriles sucht, ist hier goldrichtig. Zum Beispiel hochhackige Lackstiefel, irrsinnig hohe Stilettos, Plateausandalen für die Dame oder Pumps bis Größe 46 und andere Extravaganzen für den Herrn. Das Publikum ist dementsprechend schillernd, aber auch Normalos trauen sich hinein – immerhin gibt es auch „Konservativeres". Mo–Fr 12–21, Sa 11–22, So 14–20 Uhr. Reeperbahn 77–79, ✆ 314182, www.schuh-messmer.de. U 3 St. Pauli oder S 1/3 Reeperbahn.

Schuh Blicker 23, hat ein ähnliches Angebot wie Messmer (s. o.), v. a. riesige Highheels-Auswahl. Travestiegrößen wie Mary und Gordy oder Olivia Jones wissen das Sortiment zu schätzen. Tägl. Mo–Fr 9.30–21, Sa 10–21, So/Feiertags 12–20 Uhr. Reeperbahn 143, ✆ 314209, www.blicker-schuhe.de. S 1/3 Reeperbahn.

Café Klatsch **25**, kleiner, hübscher und gemütlicher Raum im Souterrain. Schön: Man kann sein eigenes Frühstück per Ankreuzzettel kreieren. Noch schöner: Frühstück durchgehend bis 19 Uhr! Tägl. 10–20 Uhr. Glashüttenstr. 17, ✆ 4390443. U 2 Messehallen oder U 3 Feldstraße und 5 Min. zu Fuß.

»› Mein Tipp: **Bernsteinbar** **33**, Kleine sympathische Bar, die zu späterer Stunde zur Tanzbar wird. Je nach Programm Soul, Funk, Hip-Hop und Rock vom Plattenteller. Mi–Sa ab 21 Uhr. Bernstorffstr. 103, ✆ 0176-63200631, www.bernsteinbar.de. U 3 Feldstraße und 10 Min. zu Fuß. ‹«

Yoko Mono **27**, schon leicht abgewohnte Bar im Retro-Look. Tagsüber gibt es Kaffee und Kuchen, abends Jazz-Elektronik und mehr. Das Publikum ist querbeet gemischt. Sehr angenehme Atmosphäre. Der Milchkaffee mit doppeltem Espresso weckt Tote. Tägl. ab 10 Uhr. Marktstr. 41, ✆ 43182991, www.yokomono.de. U 3 Feldstraße oder U 2 Messehallen.

Bar Rossi **11**, die vor allem bei Menschen im 30+-Alter beliebten Cocktailbar mit Sommerterrasse zieht mit ihrer minimalistischen Einrichtung und der meterhohen Bar auch schicke Szenegänger an. Die Cocktails sind gut! Mo–Sa ab 18 bis mind. 3 Uhr. Zur Bar Rossi gehört auch der „13. Stock" im gleichen Gebäude, in dem wechselnde Partys andere Events stattfinden. Max-Brauer-Allee 279, ✆ 43254639, www.barrossi.de. Bus 115 (Schulterblatt) oder S Sternschanze und ca. 6 Min. zu Fuß.

»› Mein Tipp: **Herren Simpel** **15**, Die lange Theke unter hohen Decken wirkt besonders durch die Fototapete dahinter: riesige Kirschblüten vor knallblauem Himmel. Herrlich! Hinter diesem großen, hellen Entree mit einer riesigen Fensterfront zum Schulterblatt geht es über Stufen zu verwinkelten Räumlichkeiten hoch. Hier hockt man an kleinen Tischen oder geht in den hübschen Wintergarten durch. Snacks essen, Kaffee oder zu späterer Stunde Bier trinken oder Cocktails trinken und gemütlich rumsitzen. Tägl. 14–1, Fr/Sa open end, So bis 20 Uhr. Schulterblatt 75, ✆ 38684600, www.dieherrensimpel.de. Bus 115 (Schulterblatt) oder U/S Sternschanze und 5 Min. zu Fuß. ‹«

Cafébar Juli **8**, Frühstück (bis 15 Uhr), Mittagstisch mit Suppen und kleineren Gerichten (Mo–Fr) und Abendkarte (Mo–Sa). Auch Loungebereich und Galerie mit wechselnden Ausstellungen. Tägl. 11–0 Uhr, Fr open end, Sa 10 Uhr bis open end, So 10–19 Uhr. Schulterblatt 114, ✆ 43214696, www.cafebarjuli.de. S/U Sternschanze und 5 Min. zu Fuß.

Dual Bar **21**, klein, stylisch, loungig. Neben Cocktails am Abend mit Musik vom Plattenteller gibt's tagsüber auch Frühstück, Bagels und Kuchen. Mo–Fr 11 bis open end, Sa ab 14, So ab 16 Uhr. Schanzenstr. 53, ✆ 43208829, www.dualbar.de. U/S Sternschanze.

Kulturhaus III&70 **17**, das Haus erstreckt sich über vier Ebenen und bietet einen Club im Keller, eine Kneipe und diverse Veranstaltungen von Fußballgucken über Lesungen bis hin zu Theater, Konzerten und Kunstausstellungen. Tägl. 9 Uhr bis open end, Sa/So 10 Uhr bis open end. Schulterblatt 73, ✆ 41359156, www.dreiundsiebzig.de. Bus 115 (Schulterblatt) oder U/S Sternschanze und 5 Min. zu Fuß.

Abhängen auf der „Piazza"

Wilde Sachen shoppen in der Marktstraße

Thier 12, kleines DJ-Bar-Café mit Snacks und hausgemachten Sodas, abends prima Cocktails, Wein und Kölsch vom Fass. Hier kann es ganz schön eng werden. Mo–Do 12–24, Fr/Sa 12–1 Uhr. Schulterblatt 98, ✆ 41369387. Bus 115 (Schulterblatt) oder U/S Sternschanze und 5 Min. zu Fuß.

Uebel & Gefährlich 35, lauter Twens feiern hier im Hochbunker auf dem Heiligengeistfeld. Wechselnde Konzerte und Partys von Punk über Elektro oder Indie bis Pop. Party Fr/Sa ab 24 Uhr, Konzerte ab 21 Uhr. Der Eintritt variiert je nach Veranstaltung. Feldstraße 66, Bunker (Eingang rechts), www.uebelundgefaehrlich.com. U 3 Feldstraße.

Knust 28, der Liveclub, früher im Keller eines alten Kontorhauses untergebracht, hat sich mitten im Schlachthof (siehe S. 184) niedergelassen. Hier finden mehrfach in der Woche Konzerte jenseits des Mainstreams statt. Auch Lokalgrößen oder solche, die es werden wollen, geben ihre Kunst auf der Bühne oder auf dem Plattenteller preis. Zum Knust gehört auch eine Kneipe (die St. Pauli-Spiele werden hier auch geguckt) und im Sommer wird die Bühne in den Biergarten im Innenhof verfrachtet. Eintritt 4–10 € für Partys, 6–20 € für Konzerte. Fußball gucken ab 15 Uhr. Bitte nachfragen, ob der Biergarten (Mitte April bis Mitte Okt.) tägl. ab 12 Uhr noch geöffnet ist. Konzerte ab 20, Partys ab 23 Uhr. Neuer Kamp 30, ✆ 87976230, www.knusthamburg.de. U 3 Feldstraße.

Schanzenstern 16, das Bio-Restaurant gehört zum gleichnamigen Backpacker-Hostel, und so hängen hier u. a. allerlei Rucksackträger rum. Sonntags gibt es Brunch (17,50 €), an den anderen Tagen gutes Frühstücksbuffet für 8,50 € oder Eierspeisen à la carte. Auch Kuchen und warme Gerichte im Angebot, der Mittagstisch (6,90 €) ist vegetarisch. Einmal im Monat zusätzlich ein Fleischgericht auf der Karte. Alles bio! Im Sommer sitzt man sehr hübsch im Innenhof. Mo 15–1, Di–Sa 10.30–1 Uhr (Frühstücken kann man – falls die Hotelgäste nicht alle Plätze belegen – schon ab 7.30 Uhr), So 11–24 Uhr. Bartelsstr. 12, ✆ 43290409, www.schanzenstern-gasthaus.de. U 3 oder S 11/21/31 Sternschanze. ■

Einkaufen

Wer durch Schanze und Karoviertel bummelt, wird eine Menge Lädchen, First- und Secondhandboutiquen sowie Kuriositäten-

geschäfte finden. Hier nur ein kleiner Ausschnitt besonders erwähnenswerter Shoppingadressen:

Elternhaus – Mägde und Knechte 30, einer der Läden, die bereits über die Grenzen Hamburgs hinweg berühmt sind. Hier findet man frei nach dem Motto „Text auf Textil" neben bedruckten T-Shirts u. a. auch Schlüsselanhänger, Taschen, Kulturbeutel, Mützen und Babywear. Mo–Sa 12–19 Uhr Marktstr. 29, ✆ 4308830, www.elternhaus.com. U 2 Messehallen oder U 3 Feldstraße.

»» Mein Tipp: **Yokozuna** 6, Allerlei Kurioses gibt es in diesem kultigen Laden in der Verlängerung der Schanzenstraße. Asiatischer Schnickschnack (Aufkleber, winkende Katzen, Taschen etc.) neben Lomografen, Geburtstagskuchenersetzern, spaßigen Hasen- oder Monsteraufbüglern und jeder Menge anderen lustigen und schönen Dingen. Tägl. außer So 11–19, Sa bis 18.30 Uhr. Weidenallee 17, ✆ 31993729, www.yokozuna.de. U 2 Christuskirche oder U 3 Schlump und jeweils 5 Min. zu Fuß. ««

Cohen + Dobernigg 24, eine besonders geschmackvoll eingerichtete Buchhandlung direkt an der Schlachthofpassage. Ausgesuchte Bücher zu Architektur, Mode und Design werden auf der kreisrunden Verkaufstheke rund um die Kasse angeboten. An den Wänden jede Menge Belletristik. Fachkundige, einfühlsame Beratung, moderne Lesesessel laden zum Blättern ein. Tägl. außer So 10–20, Sa bis 18 Uhr. Sternstr. 4, ✆ 40185110, www.codobuch.de. Bus 3 (Neuer Pferdemarkt) oder U 3 Feldstraße und 5 Min. zu Fuß.

»» Mein Tipp: **Groove City** 26, Hip-Hop-, Reggea-, Funk- oder Soulfans kommen hier auf ihre Kosten. Der Laden bietet eine sehr gute Auswahl an Platten (Originalpressungen oder Reissues) und CDs. Kompetente nette Menschen helfen gerne weiter. Mo–Fr 11–20, Sa bis 19 Uhr. Marktstr. 114, ✆ 4302149, www.groove-city.com. U 3 Feldstraße. ««

Lille/Stor 13, Cooles zum Anziehen für die Großen (im Laden links) und Kleinen (rechts). Auch Schuhe und Geschenke. Nicht günstig, aber außergewöhnlich! Tägl. außer So 10.30–20, Sa 10.30–18 Uhr. Schanzenstraße 97, ✆ 343741, www.lille-stor.de. U/S Sternschanze.

Underpressure Hip Hop Store 23, Hip-Hop-Underground-Adresse. Platten (Hip-Hop und etwas Drum 'n' Bass), Tapes, Magazine, Shirts und mehr. Tägl. außer So 11.30–20, Sa 11–20 Uhr. Schanzenstr. 10, ✆ 43253958, www.underpressure.de. U 2 Messehallen.

Hanseplatte 31, Hier wurde eine Plattform für Hamburgs Musiker geschaffen. Die Palette an CDs, Schallplatten und DVDs reicht von Heidi Kabel und Hans Albers bis zu heutigen Lokalmatadoren wie Rocko Schamoni oder Bernd Begemann. Auch seltene Aufnahmen von Beatles-Auftritten in Hamburg sind hier zu haben. Dazu eine kleine und gute Auswahl an nettem Schnickschnack und hübschen Accessoires mit Bezug zu Hamburg. Genial für Mitbringsel. Zudem gibt es regelmäßig Lesungen und Konzerte. Tägl. außer So 11–19, Sa 10–18 Uhr. Neuer Kamp 32, ✆ 25483426, www.hanseplatte.de. U 3 Feldstraße oder Bus 3 (Neuer Pferdemarkt). ■

Kultige Lädchen finden sich rund um Schulterblatt und Susannenstraße

Ottensen

Bunt, alternativ, quirlig – Ottensen ist mittlerweile auch bei Hamburgern mit prallem Geldbeutel beliebt. Wer den Stadtteil erkundet, stößt vielerorts auf alte Zigarren-, Fisch- und Maschinenfabriken, die heute neben Büros eine vielfältige Gastronomie und jede Menge Kultur beherbergen. Viele kleinere Geschäfte und Boutiquen, nette Kneipen und der Elbblick runden das Bild ab.

Hervorgegangen ist Ottensen – heute ein Stadtteil mit hoher Lebensqualität – aus einem Bauerndorf, das 1640 unter dänische Herrschaft geriet. Ab 1840 siedelte sich vermehrt Industrie an. Besonders nach der Aufhebung der Altonaer Zollprivilegien im Jahr 1854 (man durfte vorher zollfrei Waren nach Dänemark ausführen) siedelten viele Betriebe nach Ottensen um. Von hier aus konnten sie nämlich weiterhin zollfrei nach Schleswig und Holstein liefern. Ottensen entwickelte sich so zu einem Zentrum der Glas-, Metall-, Tabak- und Fischindustrie. 1866 fiel Ottensen dann an Preußen. Erst mit dem Groß-Hamburg-Gesetz von 1937/38 kam es zu Hamburg.

Der Industriestandort Ottensen hatte ein hohes Streikpotenzial. Die Arbeitsbedingungen waren hart, die Lebensumstände widrig, die Löhne sehr gering. Rauch, Hitze und Staub beeinträchtigten die Gesundheit der Glasarbeiter, zusätzlicher Lärm die der Arbeiter in der Metallindustrie, Kälte und Feuchtigkeit plagten die Fischverarbeiter, und die Zigarrenmacher saßen oft in unzureichend belüfteten oder feuchten Wohnungen. Lungentuberkulose, im Volksmund auch „die Motten" genannt, war als Folge eine weitverbreitete Krankheit – dass Ottensen bis in die Gegenwart den Beinamen *Mottenburg* trägt, weist noch heute darauf hin.

In den 1960er Jahren vollzog sich ein Strukturwandel. Viele Industriebetriebe zogen fort oder gingen Bankrott. In die leer stehenden Fabrikgebäude und andernorts hielten nun Kunst und Kultur Einzug: Das Monsun-Theater in der

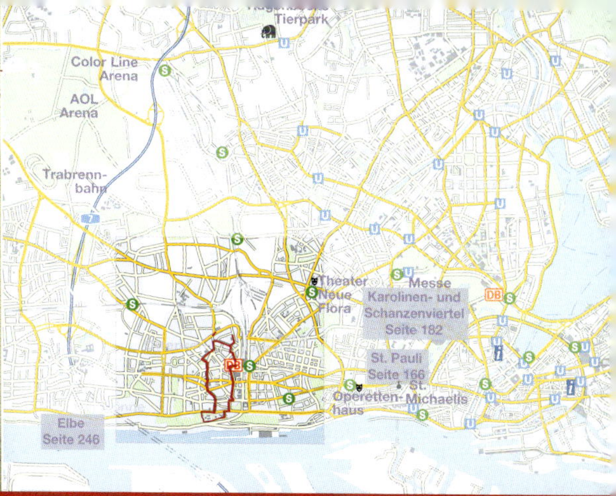

Friedensallee eröffnete, das Theater in der Basilika, das Altonaer Theater, das Altonaer Museum. Wohnraum war günstig und zog viele neue Bewohner an.

Heute hat sich Ottensen zu einem beliebten Wohnviertel gemausert. Die Mieten und Immobilienpreise im ehemaligen Elbdorf sind nicht von schlechten Eltern. Bürgerinitiativen, Stadtteilzentren, Kultureinrichtungen, Künstler und Alternative prägen das Bild genauso wie die Yuppies, die es vermehrt in den Stadtteil zieht. Kein Wunder, denn bei Gründerzeithäusern, Lofts, Elbnähe und jeder Menge Ausgehmöglichkeiten ist für jeden Geschmack etwas dabei.

Ottensen
→ Karte S. 194/195

Spaziergang

Der Spaziergang beginnt am Bahnhof Altona. Nach einigen Metern durch die Ottenser Hauptstraße, die auf diesem Abschnitt eine Fußgängerzone ist, erreicht man auf der rechten Seite die erste Station: das mit seinem roten Schriftzug nicht zu übersehende Einkaufszentrum **Mercado**. Es sorgte schon bei seiner Entstehung für allerlei Aufsehen, weil das Gebäude auf dem Gelände eines ehemaligen jüdischen Friedhofs errichtet wurde. Nach langem Streit und hartnäckigen Protesten verzichtete die Investorengruppe des Einkaufszentrums immerhin auf Ausschachtungsarbeiten für den Bau einer ursprünglich geplanten Tiefgarage. An den ehemaligen Friedhof erinnern nun moderne Gedenktafeln, die sich innerhalb des Einkaufszentrums am Treppenabgang links von den Fressständen befinden. Ein ungewöhnlicher Umgang mit der Geschichte.

Weiter führt der Spaziergang noch ein kleines Stückchen die Ottenser Hauptstraße hoch, aber bevor diese wirklich interessant wird, biegen wir zunächst links in die Straße Am Felde ein. Das Haus Nr. 136–140 auf der linken Seite ist ein gutes Beispiel für den Mietwohnungsbau des 19. Jh. Es handelt sich um ein sog. Sahlhaus, ein zweigeschossiges Gebäude mit drei Eingangstüren, die linke und rechte für die Erdgeschosswohnungen, die mittlere

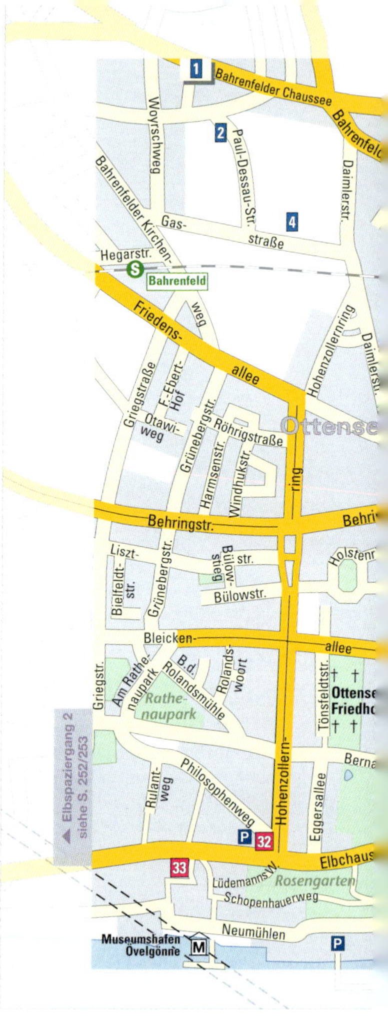

für die über ein separates Treppenhaus zu erreichenden Wohnungen im Obergeschoss. Bewohnt wurden die Sahlhäuser in erster Linie von Arbeiter- und Handwerkerfamilien.

Weiter geradeaus auf der Straße Am Felde sieht man an der Kreuzung Klausstraße/Lobuschstraße ein spitz auf die Ecke zulaufendes, blau gestrichenes Haus mit einer angeschweißten Konstruktion aus Fahrrädern an der Fassade: die **Ottenser Nase**. Derartige Häuserecken finden sich in dieser Gegend mit den krummen, verwinkelten Straßen häufig.

Die Straße Am Felde führt nach dem Abzweig Bahrenfelder Straße zum Ottenser Marktplatz. Kein gepflegter Platz übrigens, auch der dortige Brunnen will einfach keine Anhänger finden. Vom Marktplatz geht es weiter geradeaus über die Fußgängerampel Ottenser Marktplatz/Holländische Reihe. Queren Sie die Holländische Reihe, um in die Straße Klopstockplatz zu gelangen. Jetzt sind es nur noch wenige Meter bis zur barocken → **Christianskirche** linker Hand. Rund um die Kirche sieht es friedlich-verwunschen aus. Hier findet man im idyllischen Kirchhof alte bewachsene Grabstätten. Der Dichter Friedrich Gottlieb Klopstock (1724–1803) liegt hier begraben.

Verlassen Sie den Kirchhof auf der Südseite und biegen Sie rechts in die Klopstockstraße ein. Sie wird im weiteren Verlauf zur vornehmen, von schönen Villen gesäumten Elbchaussee. Aber auch auf dem Abschnitt Klopstockstraße sind die zum großen Teil aus der Mitte des 19. Jh. stammenden Häuser sehenswert. Ein Beispiel ist das ehemalige dänische Zollamt (Nr. 27–29).

Von der Elbchaussee biegen wir links in die Rainvilleterrasse ein, von deren Ende man (wenn man etwas nach rechts geht) einen herrlichen Blick auf die Elbe mit einem Teil des Hafens und auf die → **Köhlbrandbrücke** hat. Mit dem Gebäude hinter Ihnen (Rainvilleterrasse Nr. 4) steht seit 1931/32 der „Klotz" der früheren Seefahrtsschule und des späteren *Instituts für Schiffsbetrieb, Seeverkehr und Simulation* (bis 2005). Hier soll irgendwann ein Büro-Neubau entstehen. Um die schöne Aussicht auch weiter für die Öffentlichkeit zugänglich zu machen, soll das Erdgeschoss ein Restaurant beherbergen – fast wie früher, denn genau hier stand von 1795 bis 1867

das Landhaus Rainville, in dem der französische Emigrant Cesar Claude Rainville jahrelang ein beliebtes Ausflugslokal betrieb.

Am Ende der Rainvilleterrasse führt rechts der Schopenhauerweg nach ein paar Metern zu einigen Stufen, über die man den Heinepark erreicht. Oben angekommen, kann man vom „Aussichtsbalkon" noch einen Blick auf den Hafen mit seinen Containern und Kränen werfen. Durch den Heinepark gelangt man nun – halten Sie sich dafür rechts – zurück zur Elbchaussee.

Noch im Park, aber schon an der Straße sieht man ein kleines weißes Haus. Es handelt sich um das → **Heine-Haus.** Überqueren Sie vorsichtig die viel befahrene Elbchaussee. Schräg gegenüber dem Heine-Haus sehen Sie mit den Hausnummern 46–52 und 38–44 (diese stehen schon hinter der Rothestraße, in die wir gleich links einbiegen) kleinbürgerliche Reihenhäuser, die um 1850 entstanden sind und als Sommersitze für Altonaer Kaufleute oder Wohnhäuser für Gewerbetreibende dienten.

Der Schopenhauerweg

Benannt ist der Weg nach dem berühmten Philosophen Arthur Schopenhauer, der den größten Teil seiner Kindheit und Jugend in Hamburg verbrachte und dort auch eine Kaufmannslehre absolvierte. Der Schopenhauerweg beginnt in Ottensen und führt als Elbhöhenwanderweg in Richtung Westen mit immer wieder beeindruckender Elbsicht bis nach Neumühlen und Övelgönne. Das Elbufer ist dabei über verschiedene Treppen erreichbar.

Wir folgen nun der Rothestraße in Richtung Norden und kreuzen dabei zunächst die Holländische Reihe, deren Name an die calvinistischen Glaubensflüchtlinge aus den spanisch beherrschten Niederlanden erinnert, die sich hier Anfang des 17. Jh. niederließen. Am empfehlenswerten *Café Olé* rechts vorbei geht es bis zur Ecke Eulenstraße: Schon von weitem erkennt man das bunt angemalte **Stadtteilzentrum Motte**, das in einer ehemaligen Zigarrenfabrik untergebracht ist.

Bald kreuzt die Rothestraße die beliebte Ottenser Hauptstraße und wird dann zur Nöltingstraße. Nicht viel weiter oben an der Ecke Am Born/Nöltingstraße weist ein Bagger auf die ehemalige **Maschinenfabrik und Eisengießerei Menck & Hambrock** hin (über weitere Details gibt ein Infokasten neben dem Bagger Auskunft). Heute befindet sich dort ein von privat initiierter Bauspielplatz.

Wir folgen ein Stückchen der Straße Am Born und biegen rechts in die Bergiusstraße ein. Wenn nicht wieder frisch geflickt wurde, kann man hier an manchen Stellen noch Pflastersteine und alte Gleise unter dem Asphalt erkennen. Letztere wurden ursprünglich für die *Ottenser Industriebahn* gelegt, die von 1898 bis 1980 Bagger und Schiffsschrauben transportierte. Die Schiffsschrauben wurden übrigens in den Werkhallen der ehemaligen **Zeise-Fabrik** in der Bergiusstraße/Ecke Friedensallee produziert. Linker Hand erkennt man schon vor der Kreuzung an den großen Fenstern die unter Denkmalschutz stehenden Fabrikhallen. Heute werden sie verschiedentlich genutzt: Kino, Gastronomie und Geschäfte. Schon von der Bergiusstraße führt auch ein Nebeneingang direkt am Kino entlang in die Hallen.

Weiter auf der Kreuzung zur Friedensallee offenbart sich nun das alternative Ottensen von seiner belebtesten Seite. Wenn man nun links am im Sommer höchst beliebten Alma-Wartenberg-Platz vorbei der Bahrenfelder Straße bis zur Barner Straße folgte, käme man zur → **Fabrik**, einem bekannten Stadtteilzentrum mit Konzerthalle. Ursprünglich hatte hier die Firma Hespe & Lembach (gegr. 1889) ihre Fertigungshallen, in denen sie Holzbearbeitungsmaschinen herstellte.

Wir gehen zwar ein Stück die Bahrenfelder Straße in diese Richtung, biegen aber vorher rechts in die Zeißstraße ein, die ab dem Abzweig Nernstweg interessant zu werden beginnt. Eine ganze Zeile von denkmalgeschützten Arbeiter- und Handwerkerwohnungen aus dem 19. Jh. ist hier erhalten. Bei Nr. 28 eröffnet sich ein Durchgang zur früheren Drahtstiftefabrik J. D. Feldtmann.

Wer Lust hat, macht nun einen Abstecher zur ehemaligen **Dralle Haarfabrik** in der Gaußstraße (von der Zeißstraße links hinter der Osterkirche bis zur Gaußstraße, dann wieder links ab). Sie wird heute von diversen Dritte-Welt-Gruppen genutzt und als **Werkstatt 3** bezeichnet. Hier befindet sich neben Gastronomie auch der Ottenser Werkhof mit einer Zweiradwerkstatt, diversen Kleinbetrieben und Projektgruppen sowie dem mehrfach ausgezeichneten Lichtmeß-Kino.

Gehen Sie auf demselben Weg zurück und biegen Sie links in die Zeißstraße ein. Sofort führt rechts die Zeißtwiete in die Straße Hohenesch. Die ganze Gegend in und um den Hohenesch wurde wegen der vielen hier ansässigen Fischräuchereien einst Klein-Heringsdorf genannt. Die extrem schlecht bezahlte und sehr schmutzige Arbeit in den mehr als 50 Betrieben der Altonaer/Ottenser Fischindustrie, die vor 1945 40 Prozent der in Deutschland vertriebenen Fischkonserven produzierte, wurde hauptsächlich von Frauen ausgeführt. Im Hinterhof des Hauses Nr. 70 erinnern noch Schornsteine an diese Zeit. Der Spaziergang führt aber von der Zeißtwiete aus den Hohenesch links herum. Er wird nach der Kreuzung mit der Großen Rainstraße zum Hahnenkamp. Dieser führt zurück zum Bahnhof Altona. Hier endet der Streifzug durch die Ottenser Vielfalt.

Ottensen
→ Karte S. 194/195

Sehenswertes

Christianskirche

Der Namensgeber der sehenswerten Barockkirche war der dänische König Christian VI. Bei der Eröffnung im Jahre 1738 gehörte Ottensen nämlich zur Herrschaft Pinneberg, die wiederum von Dänemark regiert wurde. Der Turm mit dem Dachreiter und das Portal kamen erst Ende des 19. Jh. hinzu. Im Zweiten Weltkrieg wurde die Kirche schwer beschädigt, Kanzelaltar, Orgel und andere Teile der Innenausstattung wie das Taufbecken aus dem 13. Jh. konnten allerdings gerettet und nach dem 1956 abgeschlossenen Wiederaufbau im veränderten Kirchenschiff reinstalliert werden (die Kanzel aus dem Altar wurde ausgebaut und die frei gewordene Fläche durch das *Loblied der Erlösten,* ein Bild von Hans Gottfried von Stockhausen aus dem Jahr 1968, gefüllt). Berühmt ist die Kirche für ihr Carillon, das älteste Turmglockenspiel Deutschlands, das jeden ersten Samstag im Monat von 15.30 bis 16 Uhr ertönt.

Do 12–17 Uhr, Führungen nach Absprache. Gottesdienst So um 10 Uhr. Ottenser Marktplatz 6. ✆ 3986170, www.kirche-ottensen.de. S 1/31 Bahnhof Altona und 10 Min. zu Fuß oder ab Bahnhof Altona Bus 112/115 bis Altonaer Rathaus und 2 Min. zu Fuß.

Köhlbrandbrücke

Köhlbrand heißt der 325 m breite Elbarm zwischen der Süder- und der Norderelbe, die gleichnamige Brücke überspannt ihn zwischen Waltershof und Steinwerder. Der insgesamt 3940 m lange Brückenzug hat in der Mitte einen 520 m langen Stahlkern, der an 88 Stahlseilen hängt. Eröffnet wurde die für Fußgänger und Radfahrer gesperrte Brücke 1974, heute ist sie eines der Wahrzeichen der Hansestadt.

Heine-Haus

In der Elbchaussee 31 befand sich ehemals der Landsitz von Heinrich Heines Onkel Salomon. Als Bankier und Kaufmann war er nach dem Stadtbrand von 1842 wesentlich an der Finanzierung des Hamburger Wiederaufbaus beteiligt. Darüber hinaus zeigte er sich als großzügiger Stifter, z. B. beim Bau des Deutsch-Israelitischen Krankenhauses in St. Pauli. Auch seinem berühmten Neffen Harry, der sich nach seinem Übertritt zum Christentum Heinrich nannte, war er zeitlebens ein großzügiger Mäzen.

Das Heine-Haus im Heinepark

Heute steht von Salomon Heines Ottensener Anwesen nur noch das weiße ehemalige Gartenhäuschen im Park. Es wird als Veranstaltungs- und Ausstellungsgebäude genutzt (mit zwei bis drei Sonderausstellungen im Jahr und einer geplanten längerfristigen Ausstellung zum jüdischen Leben in Altona und Hamburg) und ist mittlerweile eine Außenstelle des Altonaer Museums.

Geöffnet nur für Ausstellungen und Veranstaltungen. Elbchaussee 31 (im Heine-Park), www.altonaermuseum.de. Ab Bahnhof Altona Bus 115 Rothestraße und ca. 3 Min. zu Fuß.

Fabrik

Die Fabrik **8** schreibt sich auf die Fahnen, ältestes Kultur- und Kommunikationszentrum in Deutschland zu sein. Die 1830 erbaute Maschinenfabrik wurde bis 1971 zu einem Kultur- und Kommunikationszentrum umgerüstet. Konzerthalle, Kunstgalerien, Kunstwerkstätten, Gastro, Filmvorführungen, Theater und mehr wurden dabei auf drei Geschossen unter einem Dach vereint. 1977 zerstörte ein Feuer die Halle. Das Gebäude aus der Gründerzeit, dessen hoher Hallenraum an ein Kirchenschiff erinnert, konnte aber nach einem Umbau 1979 wieder eröffnet werden. Auf ca. 300 Veranstaltungen im Jahr präsentieren sich Hunderte internationaler Künstler – die richtig Großen sind hier fast alle schon aufgetreten – und locken jährlich rund 170.000 Besucher an. Tagsüber fungiert die Fabrik als Stadtteil-Treffpunkt mit vielen Angeboten insbesondere für Kinder und Jugendliche.

Vorverkauf auch Mo–Fr 13–17 Uhr (ohne VVK-Gebühren) und an der Abendkasse. Barnerstr. 36, ✆ 391070, www.fabrik.de. Metrobus 2 Friedensallee.

Praktische Infos

(siehe Karte S. 194/195)

Restaurants

Le Canard 33, direkt am Elbhang hat Stararchitekt Meinhard von Gerkan sein Anwesen, in dessen Erdgeschoss sich das Le Canard befindet. Die internationale Küche gehört zur gehobeneren Kategorie und wurde schon mit einem Michelin-Stern geadelt. Bei schönem Wetter speist man auf der Lindenterrasse, der Ausblick ist großartig. Hauptgerichte 35–39 €, Lunch (zwei Gänge) 29 €. Tägl. (außer So/Mo) 12–14.30 und 18.30–22.30 Uhr. Elbchaussee 139, ✆ 88129531, www.lecanard-hamburg.de. S 1/3/31 Altona, dann Bus 36 (Hohenzollernring-Süd) und 3 Min. zu Fuß.

Teufels Küche Bistro 24, ein ganz besonderer orientalischer Freestyle-Imbiss in einer ehemaligen Schlachterei. Wie in einem richtigen Imbiss bestellt man das Essen am Tresen, aber Teufels Küche ist viel schöner als herkömmliche Fastfood-Buden. Lange Stehtische mit Hocker laden im geschmackvoll dekorierten Essraum mit den großen Fenstern zur belebten Straße zum Verweilen ein. Auch draußen auf der Straße ist bei schönem Wetter Platz. Kulinarische Besonderheiten werden hier kreiert – und alles mit orientalischem Touch. Schmeckt wunderbar! Nachteil: Es ist fast immer voll und laut, wer es also auf ein Candle-Light-Dinner abgesehen hat, geht lieber ins gleichnamige Restaurant. Gerichte 4,20–15,50 €. Tägl. 12–22, Fr–So bis 23 Uhr. Ottenser Hauptstraße 47, ✆ 39804977, www.teufels-kueche.net. S 1/3/31 Bahnhof Altona und 5 Min. zu Fuß.

Teufels Küche Restaurant 17, ein Ableger von Teufels Küche Bistro (s. o.) mit einer ähnlichen, aber etwas umfangreicheren Karte. Die Atmosphäre im geschmackvoll modern und dunkel gehaltenen Speiseraum ist bedeutend ruhiger und gemütlicher als im gleichnamigen Bistro. Auch draußen Tische. Hauptgerichte 8–16 €, diverse kleine Köstlichkeiten 3,50–8 €. Di–Fr 12–23, Sa ab 17 Uhr. Große Brunnenstr. 105, ✆ 46008891, www.teufels-kueche.net. S1/3/31 Bahnhof Altona und 10 Min. zu Fuß.

Eisenstein 12, hier soll es die beste Pizza der Stadt geben, sie heißt dann vielleicht „Heidi" oder „blöde Ziege". Aber nicht nur die wird hier serviert, sondern auch verschiedene andere (nicht nur italienische) Gerichte. Das Restaurant befindet sich in den Zeise-Hallen. Die geschmackvolle, aber sehr schallempfindliche Fabrik- und Hallenatmosphäre ist vielleicht nicht für jeden Anlass passend, aber ausgefallen. Hauptgerichte 8,30–22,50 €. Fast immer voll besetzt, also unbedingt reservieren. Mo–Sa 11–1 (Küche 12–16 u. 18–23 Uhr), So/Fei 10–1 (Frühstücksbrunch bis 15 Uhr, 19 €, Pizza und Salate ab 15, Abendkarte 18–23 Uhr). Pizza gibt's an allen Tagen durchgehend. Friedensallee 9, ✆ 3904606, www.restaurant-eisenstein.de. S 1/3/31 Bahnhof Altona und 11 Min. zu Fuß.

Die barocke Christianskirche

Il Vagabondo 7, beliebte italienische Trattoria gleich neben dem Veranstaltungshaus Fabrik. Sehr guter Service und schnörkelloses, aber leckeres Essen zu fairen Preisen. Hauptgerichte 14,50–24 €. Tägl. außer Mo 12–14.30 und 18–24, Sa 15–24, So 12–22 Uhr. Bahrenfelder Str. 242, ✆ 3903598, www.ilvagabondo.de. S 1/3/31 Bahnhof Altona und 8 Min. zu Fuß.

Ottensen → Karte S. 194/195

››› **Mein Tipp:** Ö1 32, Das Ö1 in Othmarschen ist ein Ableger vom berühmten Landhaus Scherrer. Der Sternekoch Heinz Wehmann ist für die Küche verantwortlich und das Essen folglich ein Genuss – was man bei den unglaublich günstigen Preisen kaum glauben kann. Das ist allerdings die Idee, die dahintersteckt: die Angst vor der Sterneküche nehmen und sie erschwinglich machen. Wählen kann man zwischen Kleinigkeiten, z. B. Currywurst, Pasta oder Kuchen, und wechselnde Tages- und Monatsgerichten. Gegessen wird in einem netten Fachwerkhäuschen mit kleinem Garten. Gerichte 3,50–9,50 €. Tägl. 12–24 Uhr. Elbchaussee 130, ✆ 8801325, www.landhausscherrer.de. S 1/3/31 Bahnhof Altona, dann Bus 36 (Hohenzollernring-Süd). ‹‹‹

Werkstatt 3 9, die Kneipe gehört zum Dritte Welt Zentrum in Hamburg. Ein Haus für interkulturelle Veranstaltungen, Partys, Weltmusik und Konzerte. Erwähnenswert sind der günstige Mittagstisch (Hauptgerichte 6–15 €) und die Abendkarte mit wechselnder Küche aus aller Welt. Während man drinnen etwas saalartig mit anderen Gästen zusammen an langen Tischen sitzt, ist es draußen auf dem Gehweg heimelig und angenehm. Die Portionen sind meist riesig, gutes Preis-Leistungs-Verhältnis. Dem Thema entsprechend trifft sich hier ein eher alternatives Publikum. Mo–Fr 12 bis open end (Mittagstisch 12–15 Uhr), Sa/So ab 18.30 Uhr. An allen Tagen durchgehend warme Küche. Nernstweg 32–34, ✆ 39906733, www.werkstatt3.de. S 1/3/31 Bahnhof Altona und 5 Min. zu Fuß.

Cuore Mio 31, italienische Trattoria mit genialem, eher süditalienischem Essen und einem lauschigen, kleinen Garten. Der Service ist sehr persönlich, die Gerichte stehen auf einer Tafel. Alles ist authentisch und herrlich ungeschmückt. Hauptgerichte 9–19 €. Tägl. außer So 18–24, Küche bis ca. 22 Uhr. Rothestraße 38, ✆ 39906029. S 1/3/31 Bahnhof Altona und 9 Min. zu Fuß.

Schweizweit 15, Mischung aus Feinkostladen, Weinhandlung, Café und kleinem Restaurant. Besonders das Frühstück mit dem sagenhaften Käsesortiment ist lobenswert. Im Angebot sind aber auch verschiedene gute Gerichte, darunter das wohl beste Käsefondue in Hamburg (ab 18,50 € pro Person), und köstliche Nachspeisen. Der Raum im Souterrain ist allerdings etwas eng, und die Tische stehen sehr nahe beieinander. Wer sich was Geheimes erzählen möchte, sollte das also nicht hier tun. Hauptgerichte 7,80–17,90 €. Tägl. 10–24, So bis 18 Uhr. Große Rainstr. 20, ✆ 39907000, www.schweizweit.de. S 1/3/31 Bahnhof Altona.

Die Teufels Küche in der quirligen Ottenser Hauptstraße

Café Knuth – aus guten Gründen eine Ottenser Institution

→ Karte S. 194/195

››› Mein Tipp: **Kleine Brunnenstraße 1** 27, Klein, fein und immer gut besucht. Mediterrane Küche in heimeliger Atmosphäre. Die Gerichte und Salate sind sehr schmackhaft und haben faire Preise. Dazu gibt es eine sehr gute Weinkarte. Lecker sind auch die hausgemachten Kuchen. Im Sommer kann man wunderbar draußen sitzen. Eine Reservierung ist immer angebracht. Überraschungsmenues ab 32 €. Hauptgerichte abends 11,80–19,80 €, mittags an Werktagen günstiger. Mo–Sa 12–23, Küche 12–15 und 18–23 Uhr. So erst ab 18 Uhr. Kleine Brunnenstr. 1, ✆ 39907772, www.kleine-brunnenstrasse.de. S 1/3/31 Bahnhof Altona und 5 Min. zu Fuß. ‹‹‹

Cafés, Kneipen, Nachtleben

Eisliebe Ottensen 25, hier überzeugen nicht nur die wechselnden exotischen Eissorten wie Zimt-Pflaume, Mohneis oder Milchreis-Eis, sondern auch die sehr schmackhaften altbekannten Kugeln. Bei gutem Wetter reicht die Schlange der Eishungrigen bis auf die Straße. Tägl. 12–mind. 20 Uhr, Nov.–Feb. geschlossen. Bei der Reitbahn 2, ✆ 39808482. S 1/3/31 Bahnhof Altona und 6 Min. zu Fuß.

Reh-Bar 20, der Mix aus eher schlichtem Retro-Wohnzimmer mit Hirsch an der Wand und der langen Bar ist irgendwie gemütlich. Getrunken wird Tannenzäpfle oder alles, was eine gute Bar so anbietet. Für die Hungrigen gibt's kleine Snacks. Sitzplätze sind hier zu später Stunde oft schwer zu ergattern. Mo–So ab 10 Uhr. Ottenser Hauptstr. 52, ✆ 39906363, www.rehbar.de. S 1/3/31 Bahnhof Altona und 5 Min. zu Fuß.

Café Knuth 16, das Café Knuth ist Kult! Ein sehr beliebter Ort für Kaffee, Tee und Snacks und eine gute Wahl für ein komplettes Frühstück. Wählen kann man zwischen sieben verschiedenen Varianten vom „Süßen Frühstück" für 4,20 € bis zum „Französischen Käsefrühstück" für 8,80 €. Das Publikum ist sehr gemischt: Morgens viele Mütter mit Kinderwagen, zum Mittagstisch kommt nicht nur die arbeitende Bevölkerung und abends Treffpunkt für alle. Die umfangreiche Getränkekarte bietet ab 19 Uhr auch Cocktails. Reservierung (besonders am Wochenende) unbedingt empfohlen. Tägl. ab 9 Uhr (open end), So 10–20, Frühstück bis 15 Uhr. Große Rainstr. 21, ✆ 46008708. S 1/3/31 Bahnhof Altona. ■

Café Ribatejo 28, lauschiger kleiner Portugiese. Als Frühstückslokal vielleicht etwas dunkel, aber das Frühstück schmeckt trotzdem. Auch sonst empfehlenswert, denn auf den Holzbänken kann man abends ganz prima bei kuscheligem Kerzenschein Rotwein und gute Tapas zu fairen Preisen

Das Mar y Sol lädt zum Frühstück und Tapas essen ein

genießen. Mo–Do 8.30–24, Fr 8.30–1, Sa 10–1, So 12–24 Uhr. Bahrenfelder Str. 56 (beim Spritzenplatz), ✆ 41287911, www.ribatejo.de. S 1/3/31 Bahnhof Altona.

Café Olé 30, ein nettes Café, das sehr gut ins alternative Ottensen passt. Drinnen sitzt man in großzügiger, etwas abgerockter Ausstattung, draußen auf Holzbänken an Holztischen. Für Hungrige gibt es Kuchen (ab 2,50 €), Suppen, Salate und Gerichte wie Pasta, Quiche oder spanische Tapas (ab ca. 4 €) Kaffee (u. a. Sandino-Kaffee), Brot und Milch aus kontrolliert biologischem Anbau werden auch zum Mitnehmen verkauft. Tägl. 7.30–24 (in den Hamburger Schulferien ab 9 Uhr), Sa/So ab 9 Uhr. Keplerstr. 2, ✆ 394873. S 1/3/31 Bahnhof Altona und 8 Min. zu Fuß. ■

Mar y Sol 19, immer gut gefüllte, oft überfüllte, sehr kleine spanische Cafébar und Kneipe. Frühstück, Tapas und Wein. Wer nicht ungeduldig ist oder unter Klaustrophobie leidet, wird sich hier wohlfühlen. Mo–Fr 7.30 Uhr bis open end, Sa 9 Uhr bis open end, So 10–18 Uhr. Ottenser Hauptstr. 36, ✆ 3907774. S 1/3/31 Bahnhof Altona und 5 Min. zu Fuß.

Aurel 14, tagsüber nett für einen Kaffee (man kann auch draußen sitzen), abends wird es hier richtig eng. Eine sehr angesagte Kneipe, in der bis spät in die Nacht richtig Party gemacht werden kann. Gelobt wird immer wieder der Caipi. Tägl. ab 11, Sa ab 10 Uhr. Bahrenfelder Str. 157, ✆ 3902727. Bus 2/37/150/288 (Friedensallee).

Einkaufen

Bummeln und Einkaufen in Ottensen macht Spaß. Während die Ottenser Hauptstraße vom Altonaer Bahnhof bis zur Bahrenfelder Straße noch eher langweilig mit großen Ketten bestückt ist (dort findet sich auch das Einkaufszentrum Mercado), wird die Ottenser Hauptstraße weiter westlich oder die Bahrenfelder Straße in Richtung Norden und Süden mit kleinen Lädchen immer individueller.

Bonscheladen 10, Uwe Sponnagel hatte vor ein paar Jahren noch keinen blassen Schimmer vom Bonbonmachen und ist dann in einer dänischen Bonbonmanufaktur auf den Geschmack gekommen. Jetzt kann man ihm bei der Arbeit zusehen und sich im Laden mit den Süßigkeiten eindecken. Lecker! Tägl. (außer So/Mo) 11–18.30, Sa bis 16 Uhr. Friedensallee 12, ✆ 41547567, www.bonscheladen.de. S 1/3/31 Bahnhof Altona und 7 Min. zu Fuß.

Hängemattenladen 26, Hängematten in fast alle Varianten sowie Kanus, Kajaks und Faltboote. Tägl. (außer So) 10–18, Sa bis 16 Uhr. Bei der Reitbahn 2, ✆ 392223, www.haengematte.de. S 1/3/31 Bahnhof Altona und 6 Min. zu Fuß.

Jedermann – Geschenke für Männer 18, wie der Name schon sagt: sinnvoller und auch sinnloser Schnickschnack für den Herrn. Darunter Tipp-Kick-Spiele, hochwertige Lederbörsen, Frühstücksbrettchen, spaßige Postkarten und hübsche Schreibwaren. Tägl. 10–19, Sa bis 16 Uhr. Ottenser Hauptstr. 46, ✆ 39863623, www.jedermann-geschenke.de. S 1/3/31 Bahnhof Altona und 5 Min. zu Fuß.

Mercado Einkaufszentrum 21, hier bekommt man alles, was man so braucht, aber nichts, was man nicht auch in anderen Städten bekommen könnte. Im Erdgeschoss befindet sich eine Markthalle mit nicht ganz billigen, aber guten Snacks zur Stärkung. Tägl. außer So 10–20 (Do/Fr bis 21 Uhr). Ottenser Hauptstr. 10, ✆ 3986840, www.mercado-hh.de. S 1/3/31 Bahnhof Altona

Natur Pur 29, erschwingliche Naturtextilien, u. a. Baby-, Kinder- und Erwachsenenkleidung. Auch Holzspielzeug und Gummistiefel aus Naturkautschuk. Mo–Do 11–18, Fr 11–18.30, Sa 10.30–14.30 Uhr. Bahrenfelder Str. 64, ✆ 39907283, www.natur-pur-hamburg.de. S 1/3/31 Bahnhof Altona und 5 Min. zu Fuß. ■

Titus 22, Skaterladen mit allem angesagten „Stuff", den man als Skater so braucht. T-Shirts, Schuhe, Taschen und vieles mehr. Tägl. (außer So) 10–19, Sa bis 18 Uhr. Ottenser Hauptstr. 56–62, ✆ 3808 9086, www.titus.de. S 1/3/31 Bahnhof Altona und 5 Min. zu Fuß.

Cleo für Kinder 23, wunderbar zum Stöbern. Der etwas anspruchsvollere Kinderladen: ausgefallene Kinderspielzeuge, Therapiemittel, Naturtextilien. Mo–Fr 10–18.30, Sa 10–16 Uhr. Bei der Reitbahn 1, ✆ 3900514, www.cleofuerkinder.de. S 1/3/31 Bahnhof Altona und 6 Min. zu Fuß. ■

Altonas Altstadt

Im 16. Jh. noch ein kleines Fischer- und Handwerkerdorf, avancierte Altona im 17. Jh. zur zweitgrößten Stadt Dänemarks, an das es 1640 gefallen war (die dänische Herrschaft endete erst 1866, die Eingemeindung nach Hamburg ließ sogar noch bis 1938 auf sich warten). In Altona herrschte damals anders als in Hamburg Religions- und Gewerbefreiheit. Als dann Mitte des 17. Jh. die Juden – viele von ihnen erfolgreiche Geschäftsleute und Bildungsbürger – aus Hamburg vertrieben wurden, flüchteten viele von ihnen nach Altona, Religionsflüchtlinge aus anderen Ländern kamen hinzu. Der Ort prosperierte und machte Hamburg wirtschaftlich Konkurrenz. Das gesamte Altonaer Stadtgebiet erstreckte sich damals auf die heutige Altonaer Altstadt – das heißt vom Rathaus in Richtung Osten bis zur Reeperbahn, in Richtung Norden bis zur S-Bahn-Station Holstenstraße.

In Altonas Altstadt findet sich allerlei Sehenswertes. Die lange andauernde Rivalität zwischen den Altonaern und den Hamburgern und ihre Konkurrenz bezüglich jeweils eigener Fischgroßmärkte zeigt sich nahe dem schneeweißen Altonaer Rathaus am **Stuhlmannbrunnen** auf dem als Park angelegten Platz der Republik. Riesige Kentauren streiten sich hier um einen Fisch. An der nahen Museumstraße, westlich vom heutigen **Platz der Republik** – genau genommen beginnt dahinter schon Ottensen –, stehen das **Altonaer Museum** und das **Altonaer Theater**. Südlich des **Altonaer Rathauses** führt die hübsche **Palmaille** an der Aussichtsplattform **Altonaer Balkon** entlang in Richtung Hafen. Der Altonaer Balkon bietet einen wunderbaren Ausblick auf große Teile des Hafens und die Köhlbrandbrücke (siehe S. 198). Die Bronzeplastik auf der Rasenfläche vor dem Balkon trägt den Namen *Maritim* (1966) und stammt von Gerhard Brandes. Noch zur Altonaer Altstadt gehört auch der berühmte **Fischmarkt** (siehe S. 247). Nördlich davon befinden sich mit der Kirche **St. Trinitatis** und dem **Jüdischen Friedhof** weitere Sehenswürdigkeiten.

Sehenswertes

Altonaer Rathaus: Errichtet wurde das 1844 eingeweihte Gebäude als Bahnhof für die *Christian VIII. Ostseebahn*, die aus Kiel kam. Die Züge liefen in den ehemaligen Kopfbahnhof ein und wurden dann über eine Drehscheibe zum Altonaer Hafen gebracht. 1876 wurde die Drehscheibe durch einen Tunnel ersetzt. Nach dem Bau eines neuen Bahnhofs weiter nördlich wurde das schöne Gebäude mit der hübschen Empfangshalle 1896–98 zu einem repräsentativen Rathaus umgestaltet – vorwiegend im Stil der Neorenaissance. Dabei bildete das ehemalige Empfangsgebäude den Südflügel des neuen Baus. Die spätklassizistische Fassade im Süden ist erhalten. Das gesamte Gebäude wurde im Krieg stark beschädigt, aber später wieder aufgebaut. Auf der Nordseite über dem Haupteingang befindet sich ein Relief von Carl Garbers und Ernst Barlach. Das Schiffchen der Stadt Altona wird hier sicher durch die tosende See geführt. Heute wird das blendend weiße Gebäude als Bezirksverwaltung genutzt und ist ein beliebter Ort zum Heiraten. Auf dem Kaiserplatz nördlich am Rathaus ist ein Reiterstandbild Wilhelms I. zu sehen.

Altonaer Museum/Norddeutsches Landesmuseum: 1901 zog das 1863 als Bürgerinitiative gegründete Öffentliche Museum zu Altona von der Palmaille in die neue Museumstraße. Nach Erweiterungen und Zerstörungen im Krieg sowie einem Brand im Jahr 1980 wurde es in den folgenden Jahren neu aufgestellt. Inhaltlich beschäftigt es sich mit Kunst- und Kulturgeschichte zwischen Nord- und Ostsee und

Hier wird gerne stilvoll geheiratet: das Altonaer Rathaus

entlang der Elbe (mit viel Information zu Fischerei und Schifffahrt). Tägl. (außer Mo) 10–17 Uhr. Eintritt 6 €, erm. 4 €, Kinder bis einschl. 17 J. frei. Museumstr. 23, ✆ 040/428113582, www.altonaermuseum.de. S 1/3/31 Altona und 4 Minuten zu Fuß oder Bus 112/115/36 bis Rathaus Altona.

Palmaille: Ehemals eine Kugelspielbahn, die 1638 von Graf Otto V. angelegt wurde. Der Name ist zurückzuführen auf ein dem Krocket verwandtes Ballspiel: *Palla a maglio* (wörtl. „Stock-Hammerball"). Gegen Ende des 18. Jh. entwickelte sich die 650 m lange Allee mit ersten Wohnhäusern im klassizistischen Stil langsam zur Wohnstraße reicher Kaufleute. Auch die Stadtpalais Nr. 112 und 116, 118, und 120 stammen aus dieser Zeit. Bemerkenswert auch die Häuser Nr. 49 (Loggia zur Elbseite) und Nr. 100 bis 106.

St. Trinitatis: An der Ecke Königstraße/Kirchenstraße findet sich die 1743 von Cai Dose geschaffene Barockkirche. Ihr Vorgänger geht auf das Jahr 1650 zurück. Der Turm stammt aus dem Jahr 1694 und ist auffällig durch seinen geschwungenen, heute grünen Turmhelm, der in den neueren Bau integriert wurde. Nach ihrer Zerstörung im Zweiten Weltkrieg wurde der rote Backsteinbau 1969 in Anlehnung an das Original wiederaufgebaut. Die Kirche mit ihrem kreuzförmigen Grundriss musste ihre Barockausstattung im Krieg einbüßen. Heute ist die Kargheit im Innern ein Mahnmal gegen den Krieg. Tägl. 10–18 Uhr. Jeden zweiten Freitag 19 Uhr musikalische Vesper, mehr Infos zu Kirchenmusik über die Homepage. Kirchenstr. 40, www.hauptkirche-altona.de. Bus 112 Fischmarkt.

Jüdischer Friedhof: Er gilt heute mit über 1800 Gräbern mit bebilderten Grabsteinen und mehr als 6000 Grabmälern aschkenasischer Juden als einer der bedeutendsten jüdischen Friedhöfe in Europa. Angelegt wurde er 1611 von sephardischen Juden. Zu den bekanntesten Toten auf dem Friedhof, der sich zwischen Königstraße und Louise-Schroeder-Straße erstreckt, zählen Frommet Mendelssohn, Großmutter des in Hamburg geborenen Komponisten Felix Mendelssohn Bartholdy (1809–1847), und Heinrich Heines Vater Samson (1764–1828). Okt.–März Di, Do, So 14–17 Uhr, April–Sept. Di/Do 15–18, So 14–17 Uhr. Führungen So 12 Uhr ab Duckesz-Haus, Königstr. 10a (außer an jüdischen oder gesetzlichen Feiertagen. Auskunft: Hamburger Museumsdienst, ✆ 428131-0. S Reeperbahn/Königstr., Bus 112 Fischmarkt.

Tour 8

Grindelviertel

Das Grindelviertel ist den Hamburgern als Studentenviertel ein Begriff. Buntes Treiben prägt die mit Lokalen, Buchhandlungen, Copyshops und kleinen Geschäften gut bestückte Gegend rund um den Campus. Nicht sofort augenscheinlich, doch anhand baulicher Zeitzeugen nachvollziehbar ist, dass das Grindelviertel bis in die 1940er Jahre ein Zentrum der jüdischen Gemeinde Hamburgs war.

Das westlich der Außenalster gelegene Grindelviertel ist kein offizieller Stadtteil von Hamburg, sondern eine Bezeichnung für die Gegend rund um das Universitätsgelände. Es gehört zu Harvestehude, Rotherbaum und Eimsbüttel. Die wichtigsten Fakultäten befinden sich zwischen Grindelallee, Moorweidenstraße und Schlüterstraße im Von-Melle-Park. Etwa 40.000 Studenten lernen hier. Als Studentenviertel zeigt sich die Gegend besonders rund um den Grindelhof. Die Straße ist die Hauptschlagader des Quartiers, und die Buchhandlungen, Copyshops, Imbisse, Geschäfte, Kneipen und Restaurants haben sich bestens auf die vielen Studenten eingestellt.

Dass das Viertel bis in die 1940er Jahre Zentrum des jüdischen Hamburg war, ist auf den ersten Blick kaum zu erkennen. Klein-Jerusalem wurde es genannt – von den 1933 noch 20.000 Mitgliedern der jüdischen Gemeinde in Hamburg lebte etwa ein Drittel in dieser Gegend. Auch die Hauptsynagoge der Stadt hatte im Grindelviertel ihren Standort. Koschere Läden und hebräische Buchhandlungen prägten das Bild, die Straßenbahn durchs Viertel wurde inoffiziell Jerusalem-Express genannt.

6000 Hamburger Juden wurden während des Zweiten Weltkriegs in Konzentrationslager gebracht. Insgesamt wurden 8877 Gemeindemitglieder von den Nazis ermordet, etwa 8000 mussten zwangsemigrieren. Fast alles, was jüdisch war, wurde niedergebrannt, ausgebombt oder anderweitig zerstört.

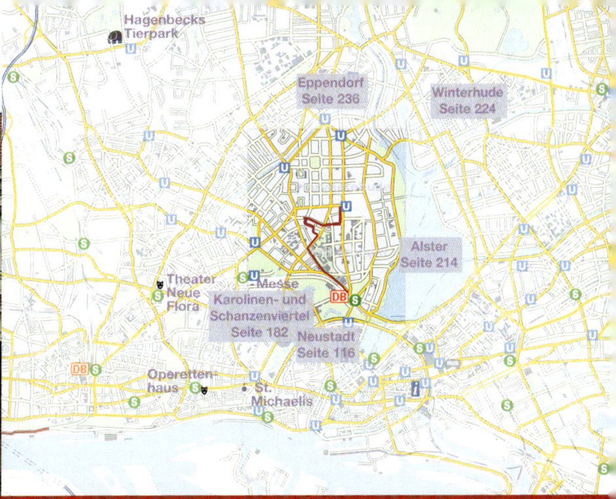

Viele sog. „Stolpersteine“ – Messingsteine, die in die Fußwege vor den ehemaligen Wohnhäusern Deportierter oder Ermordeter eingelassen wurden – erinnern an diese grausame Zeit.

Spaziergang

Das Grindelviertel → Karte S. 209

Ausgangspunkt der Tour ist der sehenswerte → **Dammtorbahnhof** (auch U-Bahn-Station). Man nimmt den Ausgang zum Theodor-Heuss-Ring/Universität, überquert die Fußgängerampel und gelangt so zur → **Moorweide**, eine unscheinbare Rasenfläche mit düsterer Geschichte. Der Kuppelbau links der Moorweide auf der Edmund-Siemers-Allee ist das heutige Hauptgebäude der → **Universität.** Dahinter streift der Spaziergang mit der Kleinen Moorweide den **Platz der jüdischen Deportierten**.

An der Ecke zur Grindelallee passiert man nun rechter Hand die **Staats- und Universitätsbibliothek**, in der ca. drei Millionen Bände aufbewahrt werden. 1945 zog sie in das ehemalige Wilhelm-Gymnasium von 1883/84 ein. Der Neorenaissancebau verfügt über einen glasüberdachten Innenhof mit Arkaden, der an italienische Paläste erinnert.

Weiter auf der Grindelallee wird die Gegend allmählich geschäftiger. Auf der rechten Seite wartet das **Mineralogische Museum der Universität Hamburg** (Grindelallee 48) auf Ihren Besuch. Dort kann man sich mittwochs von 15 bis 18 Uhr und sonntags von 10 bis 17 Uhr neben allerlei bunt glitzernden Steinen von der heimischen Erde auch ein paar extraterristrische Exoten anschauen, darunter ein 1,3 Milliarden Jahre altes Fragment der Marsoberfläche mit dem stolzen Gesamtgewicht von 9,6 Gramm.

Nicht weit hinter dem Museum zweigt rechts der Grindelhof ab. Dass man sich mitten im Univiertel befindet, ist nun ganz offensichtlich: Fastfoods, günstige, aber nette Restaurants und Cafés, Copyshops und Buchhandlungen reihen sich bunt aneinander. Am Allende-Platz auf der rechten Seite kündigt das kultige **Abaton-Kino** sein Programm an. Rundherum laden einige Cafés zum Draußensitzen ein.

Am Allende-Platz 1–3 befindet sich der ehemaligen **Pferdestall** mit einem überdachten Hof. 1908 erbaut, wurde er ursprünglich von einem Fuhrunternehmer als Unterstand für 300–400 Pferde und etwa 100 Kutschen genutzt. Ab 1929 war er Teil der Universität (was mittlerweile wieder der Fall ist), im Zweiten Weltkrieg diente er den jüdischen Bewohnern des Viertels als Schutzraum vor den Bombenangriffen. Für sie war der Hochbunker nebenan tabu. Im Eingangsbereich hängt ein Foto der **ehemaligen Hauptsynagoge**.

Sie hatte ihren Standort auf dem gegenüber gelegenen Joseph-Carlebach-Platz, der nach dem einstigen Oberrabbiner und Direktor der benachbarten Talmud-Tora-Schule benannt ist. Carlebach und seine Familie wurden im Rigaer Ghetto umgebracht. Die Hauptsynagoge wurde 1906 erbaut und in der Pogromnacht des 9. November 1938 verwüstet, danach wurde ihr Abriss erzwungen. Im Pflastermosaik auf dem Platz ist das Deckengewölbe der Synagoge dargestellt. Das Gebäude der → **Talmud-Tora-Schule** am Grindelhof 30 wurde 1909–11 errichtet.

Schräg gegenüber der Schule führt der Spaziergang zunächst links in die Dillstraße. Dann geht es an der nächsten Kreuzung wieder links in die Rappstraße, die auf die Heinrich-Barth-Straße zuläuft. Wo sich einst die älteste Synagoge des Viertels befand (Nr. 3–5), steht heute ein Wohnhaus.

Die Heinrich-Barth-Straße, in die Sie aber rechts einbiegen, wird kurz darauf von einer Straße mit dem eigentümlichen Namen Rutschbahn gekreuzt. Nur wenige Meter nach links folgt mit der Hausnummer 11a das Gebäude der **Synagoge der „Vereinigten Alten und Neuen Klaus“**. Im Zweiten Weltkrieg wurde die Einrichtung, die dem Studium des Talmuds gewidmet war, beschädigt, aber nicht zerstört. Danach diente sie Wohn- und Geschäftszwecken. Eine Gedenktafel erinnert an die Geschichte.

Wenn Sie jetzt kehrt machen und der Rutschbahn in die entgegengesetzte Richtung folgen, kommen Sie an einigen Häusern mit jüdischer Geschichte vorbei: **Nr. 25a** war eines der sog. „Judenhäuser“, in denen Juden vor ihrer Deportation in die KZs zwangsweise einquartiert wurden; **Nr. 37** versorgte als Restaurant seine Gäste mit koscheren Speisen; **Nr. 40** war zeitweise das Wohnhaus des jüdischen Schriftstellers Justin Steinfeld (1886–1970).

An netten kleinen Boutiquen vorbei führt der Weg hinter der Kreuzung Grindelhof weiter geradeaus in die Hartungstraße. Auf der rechten Seite erscheint das klassizistische Gebäude der → **Hamburger Kammerspiele**. Auch sie gehören zum jüdischen Kulturerbe Hamburgs.

Die Hartungstraße führt an pompösen weißen Fassaden vorbei direkt auf die vornehme **Rothenbaumchaussee** zu, vielen wahrscheinlich vom Tennis bekannt. Biegen Sie links ab. Das ATP-Turnier im hiesigen Stadion am Rothenbaum bietet alljährlich im Mai Tennis der Weltklasse. Auch der Deutsche Tennisbund hat hier seinen Sitz.

In der Rothenbaumchaussee wird aber längst nicht nur Tennis gespielt, sondern auch „richtig“ gearbeitet. Der NDR unterhält hier seinen großen Sendesaal. Direkt an der U-Bahn-Station Hallerstraße wird die *Johannes B. Kerner Show* produziert. Redakteure und Mitarbeiter tummeln sich mittags gemeinsam mit Angestellten der umliegenden Kanzleien und Agenturen in den diversen Cafés und Kneipen der Gegend, in denen auch Sie Ihren Spaziergang ausklingen lassen können. Aber auch die Alster ist zum Ausruhen nicht weit entfernt.

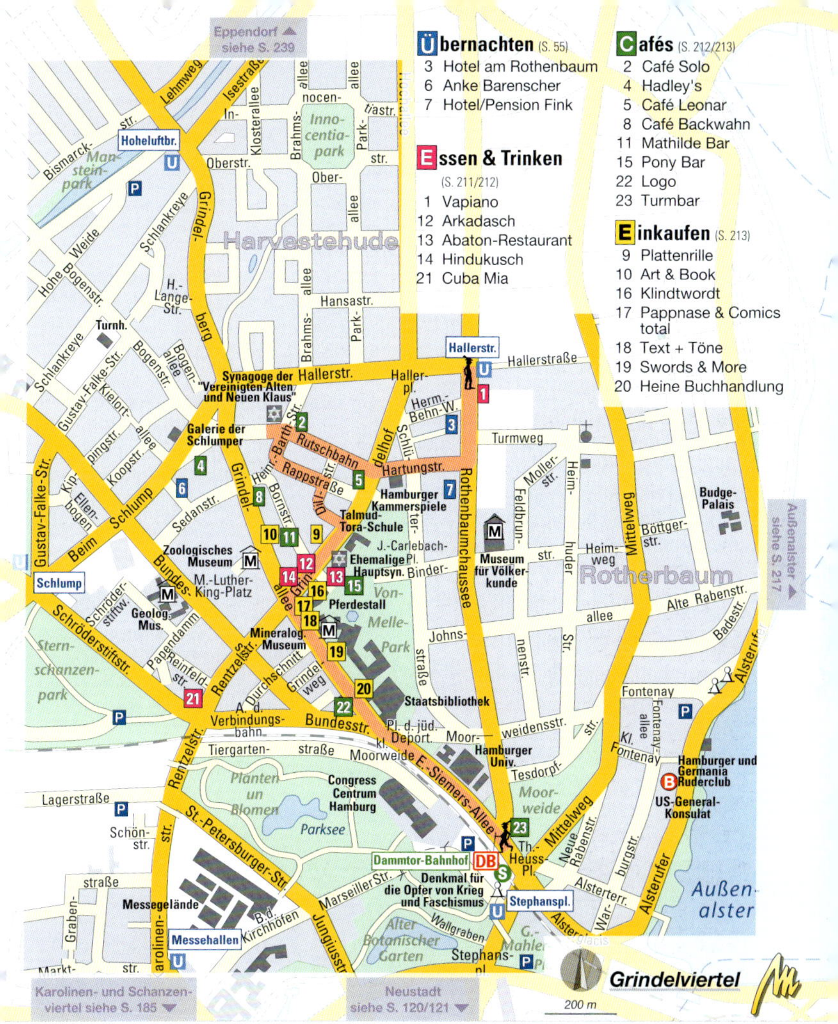

Sehenswertes

Dammtorbahnhof

Der 1903 eingeweihte Jugendstil-Hallenbau wird auch Kaiserbahnhof genannt, denn wann immer seine Majestät Wilhelm II. der Hansestadt einen Besuch abstattete, stieg er hier aus. Und nicht nur er tat es, auch für Staatsgäste und alle zumeist blaublütigen VIPs jener Tage war der Dammtorbahnhof das Eingangstor zur Hansestadt. Gebaut wurde die sandsteinverkleidete Stahlskelettkonstruktion mit den riesigen Fenstern nach Plänen von Ernst Moeller. Von 1999 bis 2002 aufwendig renoviert, ist der unter Denkmalschutz stehende Bau bis heute der schönste Fernbahnhof Hamburgs geblieben. Im Jahr

2006 wurde er sogar zum besten Großstadtbahnhof in Deutschland gekürt.

Moorweide

Sie diente lange als Versammlungsort für Demonstrationen und Kundgebungen, aber auch als Exerzierplatz vor der Stadt. Während der NS-Zeit wurde sie mehrfach für Aufmärsche und Großkundgebungen der NSDAP genutzt. Ab 1941 wurden vom westlichen (heute durch die Rothenbaumchaussee abgetrennten) Teil aus öffentlich Juden in Konzentrationslager deportiert. Dieser Teil heißt heute auch **Platz der jüdischen Deportierten**. Eine Gedenktafel erinnert an die Geschehnisse.

Moorweide, gegenüber Dammtorbahnhof am Mittelweg. S 21/31 Dammtor oder U1 Stephansplatz und 2 Min. zu Fuß.

Hamburger Universität

Die Hamburger Universität wurde erst 1919 gegründet und gehört damit beileibe nicht zu den traditionsreichen Hochschulen des Landes. Lange Zeit hatte sich die einst noch nach dem Klassenwahlrecht zusammengesetzte Bürgerschaft, in der die berufsständischen Interessen der Kaufleute dominierten, gegen eine entsprechende Einrichtung ausgesprochen. Hamburg, so lautete die vorherrschende Meinung, solle sich als Handels- und nicht als Wissenschaftsmetropole profilieren. Gewissermaßen als Ausgleich unterhielt die Stadt ein „Allgemeines Vorlesungswesen zur Weiterbildung und Verbreitung der Wissenschaft“, eine Art Volkshochschule für Laien und Fortbildungseinrichtung für bestimmte Berufsgruppen wie Verwaltungsbeamte, Ärzte, Lehrer etc. Veranstaltungsort der Seminare und Vorlesungen war das heutige Hauptgebäude der Universität. Gestiftet wurde der 1911 fertiggestellte vierflüglige Gebäudekomplex mit zentralem Kuppelbau von Edmund Siemers (1840–1918), selbst Kaufmann, aber im Gegensatz zu vielen seiner Berufskollegen stark an der Förderung von Wissenschaft und akademischer Lehre interessiert.

Zum Sitz der Universität wurde das Gebäude aber erst nach dem Ersten Welt-

Die Talmud-Tora-Schule gehört seit 2004 wieder zur jüdischen Gemeinde

krieg, als die nunmehr frei gewählte Bürgerschaft eine entsprechende Gründungsinitiative startete. Erst in den 1950er Jahren entstand dann der Campus im Von-Melle-Park, in dem heute die Institute und Fachbereiche der sechs Fakultäten Hamburgs untergebracht sind.

Edmund-Siemers-Allee 1, ✆ 40428380. S 21/31 Dammtor und ca. 7 Min. zu Fuß oder Bus 4/5 Grindelhof und ca. 5 Min. zu Fuß.

Talmud-Tora-Schule

Die Geschichte der jüdischen Schule, später eine der bedeutendsten in ganz Deutschland, begann 1805 ziemlich bescheiden in einem kleinen Gebäude in der Elbstraße. 1857 verlegte die Schule ihren Standort in die Kohlhöfen, 1911 schließlich bezog sie die Räumlichkeiten des neu errichteten roten Backsteingebäudes im Grindelhof. Auch die Ausrichtung der Schule hatte sich binnen eines Jahrhunderts komplett verändert: Zunächst war sie Armenschule, dann Religionsschule, in der ausschließlich Rabbiner unterrichteten, und schließlich Oberrealschule mit weltlichen Lehrinhalten und ebensolchem Lehrkörper, dessen Mitglieder nicht mal jüdischen Glaubens sein mussten. Das Ende kam 1939, als die Nazis die letzten jüdischen Kultureinrichtungen Hamburgs schlossen, Lehrer verhafteten, sie in KZs sperrten und dort umbringen ließen.

Nach dem Krieg wurde das Gebäude vom Senat aufgekauft und 2004 an die Jüdische Gemeinde Hamburg zurückgegeben, die nach umfangreichen Sanierungsarbeiten seit 2007 hier ihren Hauptsitz hat. Im Januar 2008 wurde die Schule als jüdischer Kindergarten, Schule und Gemeindezentrum wiedereröffnet und somit ihrer ursprünglichen Bestimmung wieder zugeführt. Vor dem Gebäude erinnern mittlerweile 18 Stolpersteine an die von den Nazis ermordeten Lehrer und Angestellten der damaligen Schule.

Grindelhof 30, ✆ 428482447. Bus 4/5 Grindelhof und ca. 4 Min. zu Fuß.

Hamburger Kammerspiele

Das privat betriebene Theater ist in einem weiß verputzen klassizistischen Gebäude aus dem Jahr 1863 untergebracht, das ebenfalls zum jüdischen Erbe des Viertels gehört: Gebaut wurde es für den jüdischen Kaufmann Otto Eduard Pfennig, ab 1904 war hier die jüdische Freimaurerloge ansässig, und zwischen 1937 und 1941 war es Sitz des Jüdischen Kulturbundes, der es auch zum Theater umbaute. Als der Kulturbund 1941 verboten wurde, fand das zerstörte Thalia Theater in der Villa eine Ersatzstandort. Im Jahr 1946 wurden die Kammerspiele dann unter der Intendanz der jüdischen Schauspielerin Ida Ehre wiedereröffnet. Sie wurde später zur Ehrenbürgerin der Stadt ernannt.

Hartungstr. 9–11, gebührenfreies Kartentelefon 0800-4133440, www.hamburger-kammerspiele.de. U Hallerstraße und ca. 7 Min. zu Fuß.

Das Grindelviertel → Karte S. 209

Praktische Infos

(siehe Karte S. 209)

Restaurants

Arkadasch 12, preiswerte türkische Speisen und jede Menge Studenten, die sie genießen. Morgens kann man auch nicht-türkisch frühstücken. Hauptgerichte 5,50–16,50 €. Tägl. 10 bis ca. 2 Uhr. Grindelhof 17, ✆ 448441, www.arkadasch.de. Bus 4/5 (Grindelhof).

Vapiano 1, mit mittlerweile um die 50 Filialen in Deutschland ist es sicherlich dem ein oder anderen ein Begriff. Im Pizza- und Pasta Selbstbedienungsrestaurant, das einer edlen Mensa ähnelt werden die leckeren Nudelgerichte direkt vor den Augen des Käufers zubereitet und angerichtet. Das ist zwar nichts für einen romantischen Abend zu zweit, für hungrige, lärmunempfindliche

Nudelkenner lohnt sich ein Besuch aber trotzdem. Auch draußen stehen ein paar Tische. Das Restaurant ist zwar groß, da hier aber nicht nur die Mitarbeiter von Johannes B. Kerner mittags essen gehen, kann es zur Rushhour aber sehr voll werden. Abgerechnet wird anhand von Chipkarten, die man am Eingang erhält. Hauptgerichte 5,75–8,75 €. So–Mi/Fei 10–24, (Küche jeweils 11.30–23 Uhr), Do–Sa 10–1 (Küche 11.30–24 Uhr). Rothenbaumchaussee 76, ✆ 31666780, www.vapiano.de. U 1 Rothenbaumchaussee.

Abaton-Restaurant 13, das gemütliche Bistro, das dem gleichnamigen Kino angeschlossen ist, bietet gutes Essen. Die ordentliche Hausmannskost ist genauso beliebt wie die leckere Pizza, die Pasta al dente und die Salate. Bei gutem Wetter sitzt man herrlich auf dem belebten Allende-Platz. Hauptgerichte 5,60–16,50 €. Reservierung empfohlen. Tägl. 9.30 bis ca. 1, Sa ab 16-1, So ab 12-0 Uhr (Küche jeweils bis 23.30 Uhr). Grindelhof 14a, ✆ 457771, www.abaton.de. Bus 4/5 (Grindelhof).

Hindukusch 14 freundliches afghanisches Restaurant direkt am Allendeplatz. Sehr leckere und günstige Gerichte. Im Sommer kann man auch draußen im Innenhof-Garten oder auf dem Bürgersteig am Grindelhof sitzen. Hauptgerichte 5-13 €. Tägl. 12–0, Küche bis 23 Uhr. Grindelhof 15, ✆ 418164. Metrobus 4/5 Grindelhof.

Cuba Mia 21, kubanisches Restaurant mit eher rustikaler Einrichtung. Man isst karibische Leckereien, genießt dazu einen Mojito oder gar Cuba Libre und wenn gewünscht auch eine ordentliche Zigarre. Hauptgerichte 12–19,50 €. Mo–Sa ab 19, Küche bis 23 Uhr, So nach Absprache. Rentzelstr. 54, ✆ 443262, www.cuba-mia.de. Bus 4/5 (Renzelstraße).

Cafés und Kneipen

Café Solo 2, ein kuscheliges Café/Bistro, recht französisch, befindet sich heute dort, wo einst eine koschere Schlachterei ihrem Geschäft nachging. Flammkuchen und Quiche, Kaffee, Kuchen und andere Leckereien im Angebot. Drinnen wunderbares Altbau-Ambiente mit hübschen Kacheln an der Wand, draußen viel Platz auf der Terrasse mitten im Wohngebiet. Richtig schön „grindelig" ist es hier. Di–Fr Mittagstisch ab 5,50 €, So Frühstücksbuffet 11–14.30 Uhr (10,50 €). Di–Sa 11–23, Küche bis 21.30, So 11–18 Uhr. Rutschbahn 17, ✆ Metrobus 4/5 Bezirksamt Eimsbüttel oder U1 Haller Straße.

Café Leonar 5, modernes jüdisches Literaturcafé im Grindelviertel mit vielen spannenden Büchern. Köstlich sind nicht nur die Kuchen und Torten, sondern auch die diversen kleinen Gerichte. Hinter dem Café befinden sich die Räume des „Jüdischen Salon am Grindel e.V.". Hier finden Veranstaltungen wie Lesungen, Diskussionen oder Konzerte statt. Mo–Do 8–24, Fr bis 1, Sa 9–1, So 9–23 Uhr. Grindelhof 59, ✆ 41353011, www.cafeleonar.de. Metrobus 4/5 Grindelhof. ■

Café Backwahn 8, hier kann man gemütlich frühstücken oder den wechselnden und einfallsreichen Mittagstisch genießen. Nicht nur bei Studenten sehr beliebt! Mo–Fr 8–19, Sa/So/Fei 10–19 Uhr. Grindelallee 148, ✆ 4106141, www.cafebackwahn.de. Bus 4/5 (Grindelhof).

Turmbar 23, im Turm an der Moorweide. Über viele Treppenstufen erreicht man oben eine kleine Cocktailbar. Hier sitzt man nett und mal anders. Über die Qualität der Cocktails gehen die Meinungen auseinander. Tägl. ab 18 Uhr (open end). Rothen baumchaussee 2, ✆ 444567, www.turmbar.de. S Dammtor.

Hadley's 4, ein fast immer volles Kneipencafé in einer schönen alten Villa, einer ehemaligen ärztlichen Notaufnahme. Die Einrichtung ist ein wenig rustikal, das Publikum ganz gemischt. Hier kann man frühstücken, mittag- und abendessen. Bei Vorbestellung ab 8 Personen serviert das Hadley's an einem langen Tisch Candle-Light-Abendessen für 8,50 € bis 12,50 € pro Nase. Auch immer wieder Live-Musik. Tägl. ab 10, So ab 11 Uhr. Beim Schlump 84 a, ✆ 4505075, www.hadleys.de. Bus 4/115 Bundesstraße.

Mathilde, Literatur & Café 11 und Mathilde Bar 11, die beiden Mathilde-Einrichtungen sind sehr gemütliche Lokale. Sie widmen sich der Kunst und Literatur und bieten ein ausgewähltes, kleines Sortiment an neuen und antiquarischen Büchern. In beiden Lokalen finden Lesungen bekannter und unbekannter Autoren, Hörspielabende und andere kulturelle Events statt. Zur Stärkung werden kleine Snacks, Suppen und Kuchen angeboten, in der Bar gibt es zusätzlich ab 18.30 Uhr Cocktails. Café tägl. 11.30–24, Sa/So ab 18.30 Uhr. Bogenstr. 5, ✆ 41495384. Bus 4/5 (Bezirksamt Eimsbüttel). Bar tägl. ab 11.30 Uhr (open end), Sa/So ab 18.30 Uhr, Bornstr. 16, Bus 4/5 (Grindelhof). www.mathilde-hh.de.

Zum „Tatort“ in die Pony Bar ...

››› Mein Tipp: **Pony Bar** 15, Gute Musik und Getränke in Wohnzimmeratmosphäre mit plüschigen Sitzmöbeln. Neben Partys ein umfangreiches Kulturprogramm mit Lesungen, Livemusik, Filmabenden und Poetry-Slams für Hobbyautoren. Gemütlich, nett, recht günstig und direkt neben dem Abaton-Kino. Das Publikum ist gemischt. Sonntagabends gibt's den Tatort auf Großbildleinwand. Mo–Fr 9 Uhr bis open end, Sa/So ab 10 Uhr. Allende-Platz 1, ✆ 428387895, www.ponybar.com. Bus 4/5 (Grindelhof). ‹‹‹

Logo 22, kleine, atmosphärische Konzertlocation. Wenn es wild zugeht, kann am En de schon mal das Wasser von der Decke tropfen. Einlass 20 Uhr, Beginn 21 Uhr. Eintrittspreise je nach Veranstaltung unterschiedlich. Grindelallee 5, ✆ 4105658, www.logohamburg.de. Bus 4/5 (Staatsbibliothek).

Einkaufen

Art & Book 10, mit besonderen Kunstdrucken, 15.000 verschiedenen Postkarten und einem guten Angebot an Bilderrahmen und -rahmungen sowie Geschenken hat das Geschäft seinen Schwerpunkt nun ganz auf Kunst gelegt. Bücher gibt es hier heute nur noch in Form von Werkverzeichnissen einiger Künstler. Tägl. außer So 11–19, Sa 10 bis 16 Uhr. Grindelallee 130, ✆ 447936, www.artundbook.de. Bus 4/5 (Grindelhof).

Swords & More 19, Schwerter, Kettenhemden oder andere Requisiten-Nachbildungen bekannter Film- und Fantasy-Produktionen sind hier zu haben. Sehr abgefahren. Tägl. außer So 10–19, Sa bis 16 Uhr. Grindelallee 36, ✆ 97071570, www.swords-and-more.com. Bus 4/5 (Staatsbibliothek).

››› Mein Tipp: **Pappnase und Comics total** 17, Im vorderen Teil bietet der Laden alles zum Jonglieren, Zaubern und Quatschmachen. Zudem gibt es eine kleine, feine Auswahl an Büchern und Geschenkartikeln. Der hintere Teil ist die Attraktion für Comic- und Mangafans, inklusive der zugehörigen Merchandise-Produkte. Summa summarum also jede Menge zum Stöbern. Tägl. außer So 10–18.30, Sa bis 16 Uhr. Grindelallee 92, ✆ 449739, www.pappnase.de. Bus 4/5 (Grindelhof). ‹‹‹

Heine Buchhandlung 20, eine gut sortierte Fachbuchhandlung mitten im Univiertel. Schwerpunkte: Literaturwissenschaften, Sprachen, Philosophie und Psychologie sowie Medien. Tägl. außer So 9.30–19, Sa 10–16 Uhr. Grindelallee 26–28, ✆ 4411330, www.heinebuch.de. Bus 4/5 (Staatsbibliothek).

Klindtwordt 16, Hingucker-Mode, gepaart mit Accessoires für die Wohnung. Tägl. außer So 10.30–19, Sa bis 16 Uhr. Grindelhof 12, ✆ 448287. Bus 4/5 (Grindelhof).

Plattenrille 9, 200.000 Schallplatten und etwa 10.000 CDs aus quasi allen Musikbereichen mit Schwerpunkten in den Kategorien Klassik, Rock, Pop, Rock 'n' Roll, Country und Jazz. Dazu antiquarische Musikbücher, antike Plattenspieler und Zubehör. Mo bis Fr 11–19, Sa 10–16 Uhr. Grindelhof 29, ✆ 4106299, www.plattenrille.com. Bus 4/5 (Grindelhof).

Text + Töne 18, Bücher, Hörbücher, CDs und DVDs aus zweiter Hand und auf zwei Stockwerken. Wer es nicht mehr hierher schafft, dem steht das Angebot auch online zur Verfügung. Mo–Fr 10–19, Sa bis 16 Uhr. Grindelallee 80, ✆ 45036469, www.textundtoene.com. Bus 4/5 (Grindelhof). Zweite Filiale: Colonnaden 9.

Tour 9

Die Alster

Die Alster, seit dem 13. Jahrhundert zum See inmitten der Stadt aufgestaut, bietet den Hamburgern herrliche Erholungsmöglichkeiten: Hier können sie segeln, Bötchen fahren und am Ufer oder in einem der zahlreichen Lokale die Seele baumeln lassen.

Der Rundweg um die Außenalster ist bei Spaziergängern und Joggern gleichermaßen beliebt. Die abwechslungsreiche Strecke führt – immer nah am Wasser – an prächtigen Villen vorbei und bietet aus diversen Perspektiven tolle Ausblicke auf See und Stadt.

Die Lombards- und die Kennedybrücke trennen die Binnen- von der Außenalster. Als Binnenalster wird der von Alt- und Neustadt umgebene kleinere Teil am Jungfernstieg bezeichnet. Die Außenalster ist sehr viel größer. Bei einer Komplettumrundung, die an den beliebteren Wohnvierteln der Stadt vorbeiführt, legt man 7,4 km zurück.

Eigentlich ist die Alster ein Fluss. Er entspringt nördlich von Hamburg im Henstedter Moor in Schleswig-Holstein und mündet in Hamburg in die Elbe. Schon im 13. Jh. wurde der Fluss aufgestaut, um eine Kornmühle zu betreiben. Ab dem 17. Jh. diente die gestaute Alster nachweislich nicht nur praktischen Zwecken, sondern bot den Städtern auch Erholung und Entspannung. Das Schütenfahren (Bootfahren) auf der Binnenalster entwickelte sich zur beliebten Freizeitbeschäftigung, und bereits in der ersten Hälfte des 19. Jh. begann der aus England importierte Rudersport in Hamburg zu boomen. Die ersten Ruderclubs entstanden rund um die Außenalster.

Im 18. und verstärkt dann im 19. Jh. siedelten sich reiche Kaufleute am Alsterufer an und ließen sich imposante Villen errichten, die bis heute den Rundweg schmücken. Viele der meist weißen Villen und Etagenhäuser aus der Gründerzeit werden heute von Konsulaten und konsularischen Vertretungen, Agenturen und Kanzleien genutzt.

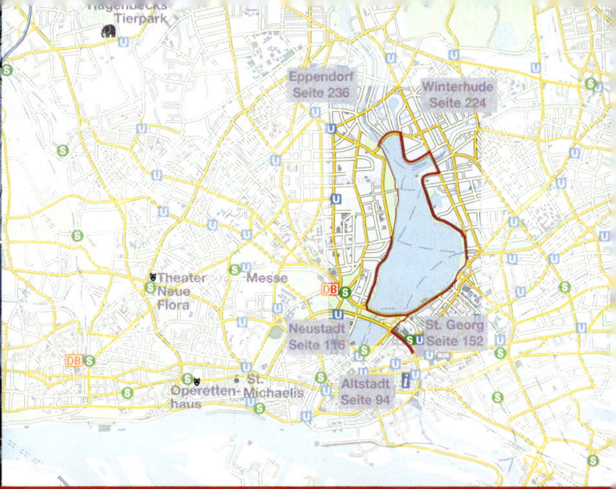

Die Alster

Eine Umrundung der Alster am Ufer entlang ist erst seit 1963 möglich, nachdem die Stadt im Vorfeld der Internationalen Gartenausstellung (IGA) Grundstücke am Ufer erworben hatte. Einige der hochherrschaftlichen Anwesen hatten bis dato bis ans Wasser gereicht. Besonders an schönen Wochenenden ist heute das komplette Alsterufer von Hamburgern bevölkert. Der Uferweg wird zu einem regelrechten Laufsteg, auf dem sich – sei es beim Joggen oder bei einem gemütlichen Spaziergang – auch immer wieder Prominente entdecken lassen.

Reges Treiben herrscht auch auf dem Wasser. Von etwa März bis Oktober ist die Alster bei gutem Wetter voll mit Booten, Segelschiffen, Kanus und kleinen Passagierschiffen der ATG (für Alsterrundfahrten siehe S. 44 f.). Über 4300 Segelboote sind in Hamburg gemeldet, wobei die Alster wegen der einfallenden Windböen als ein schwieriges Segelgebiet gilt – oft kann man vom Ufer aus auch den einen oder anderen kentern sehen.

→ Karte S. 217

Die Alsterschwäne

Die weißen Schönheiten sind mittlerweile zum lebenden Wahrzeichen Hamburgs geworden. Über 130 Schwäne schmücken Binnen- und Außenalster, umsorgt von einem von der Stadt bestellten Betreuer, den ganz Hamburg nur als „Schwanenvater" kennt. Zu dessen Aufgaben zählen die Fütterung der Tiere, ihre Versorgung bei Verletzungen und nicht zuletzt ihre allwinterliche Ausquartierung in den extra eisfrei gehaltenen Eppendorfer Mühlenteich, eine Aktion, die mehrere Tage in Anspruch nimmt. Die städtische Fürsorge für die Schwäne hat eine lange Tradition. Dokumentiert ist ein Ratsbeschluss aus dem Jahr 1664, der die Schwäne unter Schutz stellt und ihre Tötung verbietet. Seit 1818 besoldet die Stadt schon einen eigenen Schwanenvater.

Spaziergang um die Alster

Ein Außenalster-Spaziergang gehört zu den lohnenswertesten Freizeitbeschäftigungen in Hamburg. Wer keine komplette Umrundung wagen möchte (insgesamt 7,4 km, 1½ bis 2 Std.), leiht sich ein Rad oder läuft einfach ein Teilstück. An diversen Anlegern (siehe Karte und siehe auch Alsterfahrten auf S. 44 f.) bietet sich von April bis Oktober die Möglichkeit, mit dem Alsterschiff die Rückreise anzutreten. Das ganze Jahr über fahren Busse von den unterschiedlichen Stadtteilen zurück.

Fähranleger an der Alster

Jungfernstieg – Meridien – Rabenstraße – Uhlenhorster Fährhaus – Fährdamm – Mühlenkamp – Krugkoppelbrücke – Streekbrücke – **Winterhuder Fährhaus**

Vorsicht: Es gibt unterschiedliche Schiffstypen, nur die Alster-Kreuzfahrtschiffe halten an den aufgeführten Anlegern! Jeder Anleger kostet 1,50 €. Für eine komplette Hin- und Rückfahrt zahlt man 9,50 € (Kinder und Senioren reduziert). Weitere Infos: siehe S. 44 f.

Rechts der Alster nach Norden

Startpunkte für eine Umrundung der Alster gibt es viele. Ganz zentral beginnt man beispielsweise am **Hauptbahnhof**. Von hier aus ist es zum Alsterufer nur ein Katzensprung.

Der Glockengießerwall führt an der **Kunsthalle** (siehe S. 159) vorbei. Durchläuft man dahinter rechts die viel befahrene Unterführung, öffnet sich schon der Blick auf den riesigen „Binnensee“. Überqueren Sie die Straße Kennedybrücke/An der Alster, so gelangen Sie zum Ufer. Gleich hier bieten sich neben der Segelschule *Kapitän Pieper* Möglichkeiten, sich für den weiten Weg zu stärken: Bei *A.Mora* kann man auf einem langen Steg ganz herrlich „auf“ dem Wasser sitzen. Sehr beliebt ist auch das *barca* nebenan.

Der Weg führt nun das rechte Alsterufer hoch in Richtung Norden. Automatisch wandert der Blick bei dieser Tour auch immer wieder zu den opulenten Villen und Hotels, die das Ufer säumen. Gleich am Anfang: das **Hotel Atlantic** (siehe auch S. 160) mit seiner schicken weißen Fassade. Ein Stück weiter Richtung Norden findet sich mit dem ebenso schicken **Le Royal Meridien** eine sehr viel modernere Hotel-Variante mit reichlich Kunst und Marmor. In der Hotel-Bar im obersten Stockwerk des Hauses hat man bei gut gemixten Cocktails einen traumhaften Blick über die Alster. An der Alster 39 befindet sich übrigens das ehemalige **Wohnhaus von Fritz Schumacher**. Das von ihm erworbene spätklassizistische Privathaus ließ er im Nachhinein mit dorischen Säulen versehen.

Im weiteren Verlauf der Tour reihen sich in ansehnlichen Gebäuden Agenturen aneinander – Hamburg ist Stadt der Marketer und Werber. Wer es sich leisten kann, mietet sein Büro mit Blick auf den Freizeitsee, und die zufriedenen Mitarbeiter verbringen die Mittagspausen im Deckchair am Wasser.

Gemütlich geht es weiter am Ufer entlang. Den Verkehrslärm des teilweise viel befahrenen Schwanenwik lassen wir in Kürze hinter uns. Hat man erst die **Schwanenwikbrücke** überquert (der Weg führt ganz kurz oben an der Straße entlang), sind es nur noch ein paar Meter, bis die ruhigere Straße Schöne Aussicht beginnt. Vorher lohnt noch ein Blick rechts auf das **Literaturhaus** (s. u.), das der ZEIT-Stiftung Ebelin und Gerd Bucerius gehört. Es logiert

Cafés (S. 222/223)
1 Red Dog Café
2 Cliff
4 Literaturhauscafé
5 Alsterperle
8 Anleger 1870
9 Café Prüsse
10 A.Mora
Übernachten (S. 58)
3 Hotel York
6 Hotel Alsterblick
7 Hotel-Pension Schwanenwik
Einkaufen (S. 223)
4 Literaturhaus/ Buchhandlung Samtleben
Eppendorf siehe S. 239
Winterhude siehe S. 227
Neustadt siehe S. 120/121
Altstadt siehe S. 98/99
Hoheluft-Ost
Rotherbaum
Uhlenhorst
St. Georg
Außenalster
Binnenalster
St. Nikolai
Lehrerprüfungsa.
Schülerbootshaus
Imam-Ali-Moschee
Bundesvermögensamt
Musikhochsch.
Budge-Palais
Museum für Völkerkunde
Bodo's Bootssteg
Gästehaus des Hamburger Senats
Literaturhaus
Alsterperle
Schwanenwikbrücke
Hohenfelder Brücke
US-General-Konsulat
Hamburger und Germania Ruderclub
Gurlitt-Insel
Café/Bar Barca
Koppel 66
Allgemeines Krhs. St. Georg
Dom St. Marien
Dreieinigkeitskirche
Hotel Atlantic
Kunsthalle
Galerie der Gegenwart
Bieberhaus
De. Schauspielhs.
Ohnsorg-Theater
Dammtor-Bhf.
Stephanspl.
Hallerstr.
Lohmühlenstr.
Hbf. Nord
Hauptbhf.
Hbf.-Süd
Kennedybrücke
Lombardsbr.
Fernsicht
Krugkoppelbr.
Schöne Aussicht
Harvestehuder Weg
Alsterufer
An der Alster
200 m
Außenalster

in der schönen Villa mit dem Glasvorbau (Schwanenwik 38) und veranstaltet u. a. Vorträge und Lesungen. Für Bücherfreunde empfiehlt sich die dortige sehr gut sortierte Buchhandlung *Samtleben*. Ebenfalls einen Besuch wert ist das angeschlossene Café.

Wer lieber draußen sein möchte: Direkt am Wasser (schräg gegenüber dem Literaturhaus) trifft sich die Stadt an der *Alsterperle*: ein Kiosk mit Außenbestuhlung, der bei gutem Wetter beste

Umsätze macht. Auf den umliegenden Wiesen wird in der Saison gedöst, gegrillt und was man sonst noch so alles anstellen kann, wenn die Temperaturen stimmen.

An der **Schönen Aussicht** – mit wahrlich schönem Blick auf die Hamburger Skyline – befinden sich viele hübsche Privathäuser. Auf Höhe der Augustraße laden Bänke zum Sitzen und eben Die-Aussicht-Genießen ein. Etwas weiter, direkt am mit unzähligen Seerosen bestückten **Feenteich**, befindet sich das

Literaturhaus mit stilvollem Interieur

Gästehaus des Hamburger Senats, natürlich in Weiß und natürlich in hanseatisch-dezenter klassizistischer Architektur.

Nicht Weiß, sondern in Türkis- und Blautönen gehalten ist ein Gebäude ganz anderer Art, das man kurz hinter dem Uhlenhorster Fährhaus erreicht: die Imam-Ali-Moschee, nicht nur an ihrer Kuppel und ihren Minaretten unschwer als islamisches Gebetshaus zu erkennen. Träger ist das Islamische Zentrum Hamburg, dem zwischen 1978 und 1980 der späterer iranische Staatspräsident Mohammed Khatami vorstand. Den Boden des Gebetsraums der Imam-Ali-Moschee bedeckt einer der größten handgeknüpften Rundteppiche der Welt, der Durchmesser beträgt stolze 16 m. Die Moschee kann im Rahmen von Führungen besichtigt werden (www.izhamburg.com).

Auf der Alsterseite gegenüber gehen zwei schicke Ruderclubs ihren Geschäften nach, auf den Terrassen werden auch gerne Hochzeiten gefeiert. Hinter den Clubhäusern befindet sich eine kleine Grünfläche mit einer Skulptur des amerikanischen Künstlers Dan Graham, die einer Bushaltestelle ähnelt.

Wir verlassen kurz das Alsterufer (mangels Uferweg) und laufen durch die Fährhausstraße mit einigen schönen Beispielen modernerer Architektur. Erwähnenswert ist etwa Haus Nr. 11, das einem Schiff nachempfunden ist. Zum Alsterufer zurück geht's zweimal links: zunächst in die Herbert-Weichmann-Straße, hinter der Langenzugbrücke dann in die „französische Schwester" der Schönen Aussicht, die Bellevue, die geradewegs aufs Wasser zuführt (der obere Teil der Straße dient übrigens trotz des verheißungsvollen Namens als wilder Gebrauchtwagenmarkt ...). An traumhaften Stadtvillen vorbei öffnet sich hier der Blick auf die Rückseiten und Gärten der vorher in der Fährhausstraße passierten Häuser.

Imam Ali Moschee

Als Nächstes erreichen wir links die Fernsichtbrücke und die Krugkoppelbrücke, die nördlichsten Punkte der Alsterumrundung. Die rechte Alsterseite ist geschafft. Dreierlei Anschlussmöglichkeiten bieten sich nun. Entweder Sie laufen weiter die Alster entlang, denn der Weg wird immer schöner und das Risiko, von Radfahrern überfahren zu werden, nimmt ab. Oder Sie biegen statt links zu den Brücken rechts in die Gellertstraße ein und erreichen über den Poelchaukamp den Mühlenkamp in Winterhude (siehe S. 229). Hier kann man nach Herzenslust shoppen, flanieren, Eis essen oder mit einer der Buslinien 6 oder 25 den Rückweg antreten. Dritte Option: Sie fahren vom Anleger Krugkoppelbrücke mit dem Alsterschiff die Stationen im Zickzack zurück (in Richtung Jungfernstieg/Innenstadt).

Die Krugkoppelbrücke wie auch die Fernsichtbrücke sind übrigens für die **Silvesterknallerei** sehr beliebt. Von hier aus lässt sich nämlich ganz großartig das Feuerwerk über der Stadt beobachten.

Links der Alster nach Süden

Das Restaurant-Café *Bobby Reich* direkt an der Krugkoppelbrücke zieht das eher etwas ältere Ausflugspublikum an. Idyllisch öffnet sich der Blick von der Terrasse über die schaukelnden Boote auf die ganze Außenalster. Bei Jung und Alt beliebt ist der angeschlossene Bootsverleih.

Hinter der Brücke – rechter Hand befindet sich der Eichenpark – biegen wir links in den Alsterrundweg ein. Hier beginnt das Harvestehuder Ufer. Es ist repräsentativer und ruhiger als das gegenüberliegende Uhlenhorster Ufer. Direkt an der Ecke hat ein ehemaliges Klohäuschen eine neue Bestimmung gefunden: das *Red Dog Café* (s. u.). Parallel zum Spazierweg verläuft hinter dem grünen Alstervorland der Harvestehuder Weg. Wer sich für die frei stehenden Prachtvillen am Wegesrand interessiert, sollte dort entlanggehen. Einige der schönen Häuser erkennt man aber auch gut vom Alsteruferweg aus. In der hinter Bäumen rechterhand versteckten gelb-weißen Villa mit der **Hausnummer 44** residiert beispielsweise der gediegene Anglo-German-Club,

Die Alster
→ Karte S. 217

Prächtige Villen zieren den Alsterrundweg

eine der vornehmsten Adressen der Stadt. Der feudale Bau stammt von 1876, Architekt war Martin Haller. Das einzige weibliche Mitglied in diesem Männerverein ist die Queen. Ebenfalls Martin Haller ist das sog. Schlösschen mit der Hausnummer 41 zu verdanken. Der Bau aus dem Jahr 1875 verfügt über einen Goldenen Saal, bedeutende Malereien und ein Porträt von Heinrich Heine im Vorgarten. Zusammen mit der Nr. 42 ist es Sitz der Ganske-Verlagsgruppe, zu der auch Hoffmann und Campe gehört.

Vorbei an weißen Villen zur Rechten und der im Sommer so lebhaften Alster zur Linken führt der Weg von Harvestehude nach Rotherbaum. Das Haus mit dem Zwiebelturm, neben der schönen weißen Villa in Nr. 22a, gehörte dem Modeschöpfer Wolfgang Joop. Am Alsterufer steht auf gleicher Höhe das *Cliff*, eine Außengastronomie, die nicht nur, aber vor allem bei gut gekleideten Hamburger Yuppies beliebt ist.

Das Alstervorland war vor nicht allzu langer Zeit noch Brachland und Sumpfgebiet. Für die Internationale Gartenschau im Jahr 1963 wurde es hergerichtet. Die Stadt spendete die bequemen weißen Stühle. Und so kommt es, dass nicht nur Hundebesitzer das Alstervorland besetzen, sondern auch massenhaft Sonnenhungrige die schönen Anlagen bevölkern.

Am Harvestehuder Weg weiter sind ein paar Villen zu sehen. Das Haus in Altrosa-Weiß mit der **Nr. 17** ist das Wohnhaus von Jil Sander. Es liegt direkt neben ihrem ehemaligen Modezentrum (Nr. 13 und 14), das bis 2006 zur Prada-Gruppe gehörte. Das Haus **Nr. 12** ist der ebenfalls von Haller entworfene **Budge-Palais**. Hier sitzt die **Hochschule für Musik**, an der auch Plácido Domingo ein paar Monate studiert hat.

Das britische Generalkonsulat residierte in der **Villa Nr. 8a** bis 2006. Sie wurde 1906/07 für die Reederswitwe Sophie Laeisz gebaut (siehe auch S. 97). Seit 2008 sitzt hier die Sal. Oppenheimer Privatbank.

Am Alsterufer folgt nun direkt am Bootsanleger Rabenstraße eine weitere Gastronomie, die sich zu einer echten Institution entwickelt hat: **Bodo's Bootssteg**. Bei schönem Wetter räkelt es sich sonnenbebrillt ganz traumhaft in Sonnenstühlen auf dem Steg. Nebenan ist übrigens auch die Wasserschutzpolizei ansässig. Gegenüber am Harvestehuder Weg Nr. 5 und 6 befindet sich die schöne weiße **Sloman-Burg**, ein beeindruckendes Beispiel des romantischen Historismus in Hamburg. Der Harvestehuder Weg ändert nun seinen Namen und wird schlicht zum „Alsterufer".

Eine derbe Verschandelung des Alsterufers stellte ein paar Jahre lang die Umgebung des **Generalkonsulats der USA** mit der **Nr. 27** dar. Verrostete Absperrgitter, grauenhafte mit Unkraut überwucherte Betonrohre und lieblose Unordnung passten so gar nicht in die Gegend und sorgten für permanenten Ärger bei der Bevölkerung. Die Absperrung sieht nun etwas professioneller und gepflegter aus, die Straße jedoch bleibt hier für den Verkehr gesperrt, was die Anwohner akzeptieren müssen. Dabei ist die 1882 von Martin Haller errichtete Villa ein richtiger Hingucker und hat schon eine bewegte Geschichte hinter sich: Sie wurde ab 1891 von Wilhelm Anton Riedemann bewohnt, dem Mitbegründer der *Deutsch-Amerikanischen Petroleum Gesellschaft*, die heute unter dem Namen *Esso* bekannt ist. Ab 1933 übernahmen die Nazis das Anwesen und machten es zum Standort der NSDAP-Gauleitung. Nach dem Zweiten Weltkrieg zog dann das US-amerikanische Konsulat ein und erweiterte das Gebäude um den Säulenvorbau, der dem Entree des Weißen Hauses nachempfunden wurde.

Schräg gegenüber dem „Weißen Haus an der Alster" hat der älteste Ruderclub Deutschlands sein Domizil, der 1836 gegründete **Hamburger und Germania Ruderclub**. Von hier ist es nur noch ein kurzes Stück bis zur Südwestspitze der Außenalster. Hier bieten sich nun wieder drei Möglichkeiten: Sie biegen rechts ab und kommen zur U-Bahn-Station Stephansplatz oder zur S-Bahn-Station Dammtorbahnhof. Sie gehen über den Elke-und-Lisa-Linausandweg und kommen durch eine kleine Unterführung zur Binnenalster. Von hier aus ist schon der Jungfernstieg zu sehen. Oder Sie machen die Alster-Runde komplett und biegen links auf die **Kennedybrücke** ein, wo Sie mit einem herrlichen Blick belohnt werden: zur Rechten die Binnenalster mit dem Jungfernstieg und allen Türmen, die der Stadt ihre berühmte Silhouette geben; zur Linken die Außenalster und ein Überblick über die zurückgelegte Strecke.

Weiter geht es geradeaus. An der Skulptur *Rhythmus im Raum* von Max Bill (1948) – sie sieht je nach Perspektive ein wenig aus wie *Der Schrei* von Edvard Munch – verabschiedet sich die Außenalster, und Sie erreichen nach einer Rechts-Links-Kombination über den Glockengießerwall wieder den Hauptbahnhof.

Musikalische Untermalung für den Alsterspaziergang

Die Alster
↓ Karte S. 217

Der alteingesessene Hamburger und Germania Ruderclub

Praktische Infos

(siehe Karte S. 217)

Restaurants

Rund um die Alster laden diverse Kneipen und Cafés zum Essen und Trinken ein, richtige Restaurants sind hier jedoch rar. Wer ordentlich schlemmen will, wird nicht weit von der Alster in St. Georg (siehe S. 163) oder Winterhude (siehe S. 232) fündig.

Cafés und Kneipen

Alsterperle 5, ein Kiosk direkt an der Außenalster mit Wiesen drum herum. Decke mitnehmen oder auf einem der Stühle abhängen und leckeren Milchkaffee, Kuchen, Frikadellen oder Eintopf genießen, einfach großartig! Für den Winter gibt es Heizstrahler. Tägl. 8 bis mind. 19, meist bis 22 Uhr, im Sommer open end, nicht selten bis 3 Uhr. Eduard-Rhein-Ufer 1, ✆ 22748273, www.alsterperle.com. Bus 6 (Averhoffstr.).

Anleger 1870 8, direkt an der Alster. Hier guckt man den Schiffen beim An- und Ablegen zu – ein guter Zeitvertreib, denn der Ser<vice ist manchmal etwas langsam. Hauptgerichte 13,50–23,50 €, Frühstück ab 4,50 €; April bis Sept. auch Frühstücksbuffet 10 € (Mo–Fr bis 12, Sa/So/Fei bis 15 Uhr). April–Sept. tägl. 10 Uhr bis open end, Okt.–März Mo–Fr 17 Uhr bis open end, Sa ab 12, So ab 10, Küche jeweils bis 23 Uhr. Hartwicusstr. 7, ✆ 41346991. Bus 6, 37, 172, 173 (Mundsburger Brücke).

››› **Mein Tipp: Literaturhauscafé 4**, 1889 ließ der Kaufmann Adolph von Pein einen prachtvollen Ballsaal an seine Stadtvilla bauen, und es galt als Privileg, auf seiner Gästeliste zu stehen. Heute ist hier das Literaturhauscafé untergebracht. Seit über zehn Jahren finden im Literaturhaus Veranstaltungen rund um die zeitgenössische Literatur statt. Gutes Frühstück gibt es tägl. bis 18 Uhr (4,50–9,50 € plus Getränke). Auch die warmen Speisen sind empfehlenswert. Im Haus befindet sich die gut sortierte Buchhandlung Samtleben. Tägl. 9–24, Sa/So ab 10, Küche tägl. ab 12 Uhr. Immer mal wieder geschlossene Veranstaltungen. Schwanenwik 38, ✆ 2201300, www.literaturhaus-cafe.de. Bus 6 bis Averhoffstraße, dann 6 Min. zu Fuß. ‹‹‹

Café Prüsse 9, neben der gleichnamigen Segelschule. Man sitzt auf einer großen Holzterrasse auf der Alster und schaut den

Booten beim Schaukeln und Ablegen zu. Sonnenschirme gibt es auch. Nett! Saisonale Speisekarte. Warme Gerichte wie Pasta und mehr ab 8,50 €. Mo–Fr 11–open end, Sa/So/Fei ab 10 Uhr (wetterabhängig). An der Alster 47a, ✆ 246058, www.cafepruesse.de. Bus 6 bis An der Alster, dann 6 Min. zu Fuß.

››› Mein Tipp: **A.Mora** 10, Da kommt bei schönem Wetter Urlaubsstimmung auf. Entspannte DJ-Musik, gemütliche, loungige Möbel auf einem langen Steg und rundherum nur das plätschernde Wasser der Alster. Dazu gibt's Frühstück, Snacks, Tagesgerichte und Kuchen. Besonders schön bei Sonnenuntergang! Geöffnet ab etwa April bis Okt. von 10 Uhr bis open end. An der Alster (Atlantic-Steg), ✆ 28056846, www.a-mora.com. Bus 6 bis An der Alster, dann 6 Min. zu Fuß. ‹‹‹

Cliff 2, oft führen hier die schickeren Hamburger die gerade angesagteste Freizeitmode auf einer großen Terrasse direkt an der Alster vor. Hier trifft man sich, macht Pause vom Spaziergang und kann wunderbar dem Treiben zusehen. Guter Kaffee, Kuchen und hausgemachte Pizza. Geduld muss man bei schönem Wetter auf jeden Fall mitbringen. Kleine Gerichte ab ca. 8 €. Tägl. ab 10 Uhr bis open end, Nov.–März bis mind. 21 Uhr. Fährdamm 13, Pöseldorf, ✆ 442719. Bus 109, 115 (Alsterchaussee) und 3 Min. zu Fuß.

Red Dog Café 1, in einem ehemaligen Klohäuschen. Im Sommer sitzt man draußen an der Bar unter einer Plane, zum kühlen Bier oder Cocktail gibt es neben Pizza und Flammkuchen am Wochenende auch Gegrilltes, im Winter Glühwein. Das Publikum ist etwas durchmischter als in den meisten eher schicken Cafés und Lounges rund um die Alster. Mo–Fr 17–1, Sa ab 15, So 12–24 Uhr. Krugkoppel 1, ✆ 444926, www.red-dog-hamburg.de. U 1 Klosterstern und 6 Min. zu Fuß.

Veranstaltungen/Einkaufen

Literaturhaus 4, nicht nur Café und Buchhandlung, sondern Veranstaltungshaus rund um die Literatur. Und das in den schönen Räumlichkeiten einer ehemaligen Kaufmannsvilla. Großes Veranstaltungsprogramm mit Autorenlesungen und Vorträgen. Die Karten für diverse Veranstaltungen gibt es in der angeschlossenen **Buchhandlung Samtleben** 4 (✆ 2205145, Mo–Fr 11–19, Sa 11–16 Uhr) oder an allen Vorverkaufsstellen sowie an der Abendkasse. Uhlenhorst, Schwanenwik 38, ✆ 2270200, www.literaturhaus-hamburg.de. Bus 6, 37, 172, 173 (Mundsburger Brücke).

Unter Kennedy- und Lombardsbrücke hindurch schippert man zur Außenalster

Die Alster → Karte S. 217

Winterhude

Winterhude zählt bei Hamburgern zu den begehrtesten Stadtteilen. Häuser aus der vorletzten Jahrhundertwende und der Stadtpark verleihen ihm ein edles Flair und viel Grün. Im Südosten des Viertels schließt sich die Außenalster mit ihrem verzweigten Kanalsystem an und lädt zum Bötchenfahren ein.

In kleinen Boutiquen und exklusiven Geschäften gibt man tagsüber sein Geld aus, abends kann man dann die vielen Lokale und Restaurants erkunden. Eine besondere Note erhält Winterhude durch denkmalgeschützte und umfunktionierte Fabrikgebäude – Zeugen der ehemals ansässigen Industrie.

Vom dereinst kleinen Dorf Winterhude – auch das „lachende Dörfchen" genannt – konnte man früher über die Alster bis in die ferne Innenstadt schauen. Dieser Blick eröffnet sich heute nur von der Aussichtsplattform des Planetariums im Stadtpark oder von ausgesuchten Standorten an der Alster. Schon bevor im Jahr 1860 die Torsperre aufgehoben wurde, begann man, die Gegend weiträumig zu erschließen. Zwei Spekulanten prägten dabei das Gesicht dieses Stadtteils: Lotteriebesitzer Julius Gertig und der Goldschmied Johann Sierich samt Familie. Adolf Sierich, Johanns Sohn, war bald der größte Grundbesitzer im nördlichen Winterhude. Ihm gehörte Land von der Hudtwalckerstraße bis zur Fernsicht an der Alster, und ihm verdankt die Nachwelt einige der bis heute erhaltenen schönen Villen. Bis heute erinnern auch die Straßennamen in der ehemaligen Sierich'schen Gegend an die Familie. So ist etwa die Maria-Louisen-Straße nach Adolphs erster Ehefrau benannt oder die Dorotheenstraße nach seiner Mutter. Übrigens war ein großer Teil des heutigen riesigen Stadtparks das Sierich'sche Jagdrevier.

Lotteriebesitzer Gertig lag mehr das allgemeine Vergnügen in Winterhude am Herzen: Er erwarb die Gaststätte Mühlenkamp (an der heute danach benann-

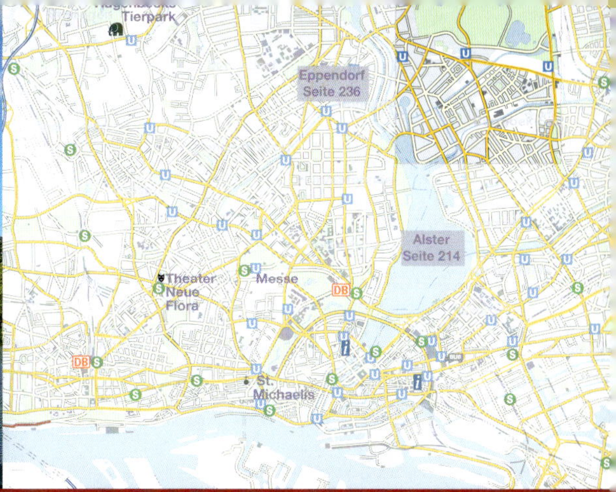

ten Straße) und baute sie in ein riesiges Vergnügungs- und Ausflugslokal um, das schon damals von Alsterdampfern angefahren wurde. Auch betrieb er eine Trabrennbahn in Winterhude. Die schloss er allerdings schon Ende des 19. Jh. wieder und ließ auf dem Gelände rund um den heutigen Schinkelplatz Straßen und schicke Häuser bauen – gegenwärtig eine sehr beliebte, hochpreisige Wohngegend.

In der Ära von Sierich und Gertig stieg die Einwohnerzahl Winterhudes gewaltig. Wurden 1810 noch bescheidene 238 Einwohner registriert, waren es zur Jahrhundertwende bereits über 14.000. Heute sind knapp 50.000 Menschen hier zu Hause.

Winterhude ist der Stadtteil der Kanäle. Ihr Ausbau zog viel Industrie an, deren Fabrikbauten zum Teil heute noch (in umgewandelter Form) zu sehen sind, darunter die Fabrik der Firma *Nagel und Kaemp* (später *Kampnagel*) oder das *Goldbekhaus*. Heute steigern die Kanäle den Freizeitwert des Viertels, denn man kann hier ganz wunderbar Boot fahren. Vorschläge dazu finden Sie weiter unten.

Eine architektonische Besonderheit Winterhudes ist die in den 1920er Jahren erbaute Jarrestadt. Sie entstand im Osten Winterhudes als ein neues Wohnquartier und bildet den Ausgangspunkt unseres Spaziergangs.

Winterhude
→ Karte S. 227

Spaziergang

Der Weg führt von der U-Bahn-Station Saarlandstraße in Gehrichtung rechts am Wiesendamm entlang. Zusammen mit der Barmbeker Straße, der Semperstraße und der Jarrestraße umschließt er die Jarrestadt (siehe unten). Kreuzen Sie den Wiesendamm, aber folgen Sie ihm rechts herum.

Auf der linken Seite erkennen Sie schon das Haus **Georg-Thielen-Gasse 2–4/ Groothoffgasse 1–3** von 1929/30. Eine architektonische Besonderheit sind die Laubengänge rund um das Haus: So sparte man Platz für das Treppenhaus! Biegt man ein Stück weiter links in die Meerweinstraße ein, kommt man zur gleichnamigen **Schule**, die nach Plänen von Fritz Schumacher erbaut und 1930 als eine der modernsten Volksschulen der Stadt eröffnet wurde. Jungen und Mädchen wurden hier – ganz im Sinne des fortschrittlichen demokratisch-republikanischen Gesamtansatzes des Projekts Jarrestadt – gemeinsam unterrichtet. Allerdings hielt sich die Koedukation nur bis 1935, dann machten die Nazis der „roten Pädagogik" ein Ende.

Heute ist in dem kubischen Betonskelettbau die Gesamtschule Winterhude untergebracht. Gegenüber am Bauwagen sieht man von Schülern und Bildhauern gefertigte Denkmäler. Güterwaggon, Skulpturen und eine Schrifttafel erinnern an zwei während der Nazi-Zeit ermordete jüdische Lehrerinnen.

Umfunktioniert:
die Kulturfabrik Kampnagel

Über die Meerweinstraße geht es nun weiter hinein in die **Jarrestadt**, die 1926 im Zuge eines Ideenwettbewerbs von Hamburger Architekten geplant wurde. Die Klinkergebäude mit Zwei- und Dreizimmer-Wohnungen boten einen für damalige Verhältnisse enormen Wohnkomfort mit modernen Küchen, Bädern mit fließend warmem Wasser, Waschküchen für die Wohnblocks und Grünflächen rundherum. Ursprünglich sollten die Wohnungen für Arbeiter erschwinglich sein. Doch man hatte sich verkalkuliert: Bau- und Materialkosten waren so hoch, dass die Mieten für die eigentliche Zielgruppe unbezahlbar wurden. Aber es fanden und finden sich trotzdem mühelos Mieter: Die Wohnungen hinter den dunkelroten Klinkerfassaden sind bis heute in der Mittelschicht begehrt.

Folgen Sie der Meerweinstraße bis zum Ende und gehen sie dann links in die Hölderlinsallee. Kreuzt man die Jarrestraße, führt die Tour zwischen später entstandenen Erweiterungsbauten der Jarrestadt zu einem zum Kanal offenen Platz, der eigentlich ein schöner Gemeinschaftsplatz für die Anwohner werden sollte. Überquert man ihn, ist der Osterbekkanal fast erreicht. Dieser wurde 1863–65 angelegt. An seinem Ufer entstanden bald Fabriken, die in der Hauptsache Stearin, Chemikalien, Maschinen und Seife produzierten – und daneben für die Vergiftung des Bodens und des Grundwassers verantwortlich waren.

Wir biegen vor dem Kanal rechts und dann wieder links ab und nähern uns von hinten einem Paradebeispiel für Industriekultur, der **Kampnagelfabrik**. Seit 1874 wurden in der ehemaligen Maschinenfabrik *Nagel und Kaemp* (später *Kampnagel AG*) hauptsächlich Hafenkräne – ein Exemplar ziert hier den Weg – gefertigt. Umrundet man die Fabrik links herum, werden weiter hinten moderne Wohnungsbauten in Hell

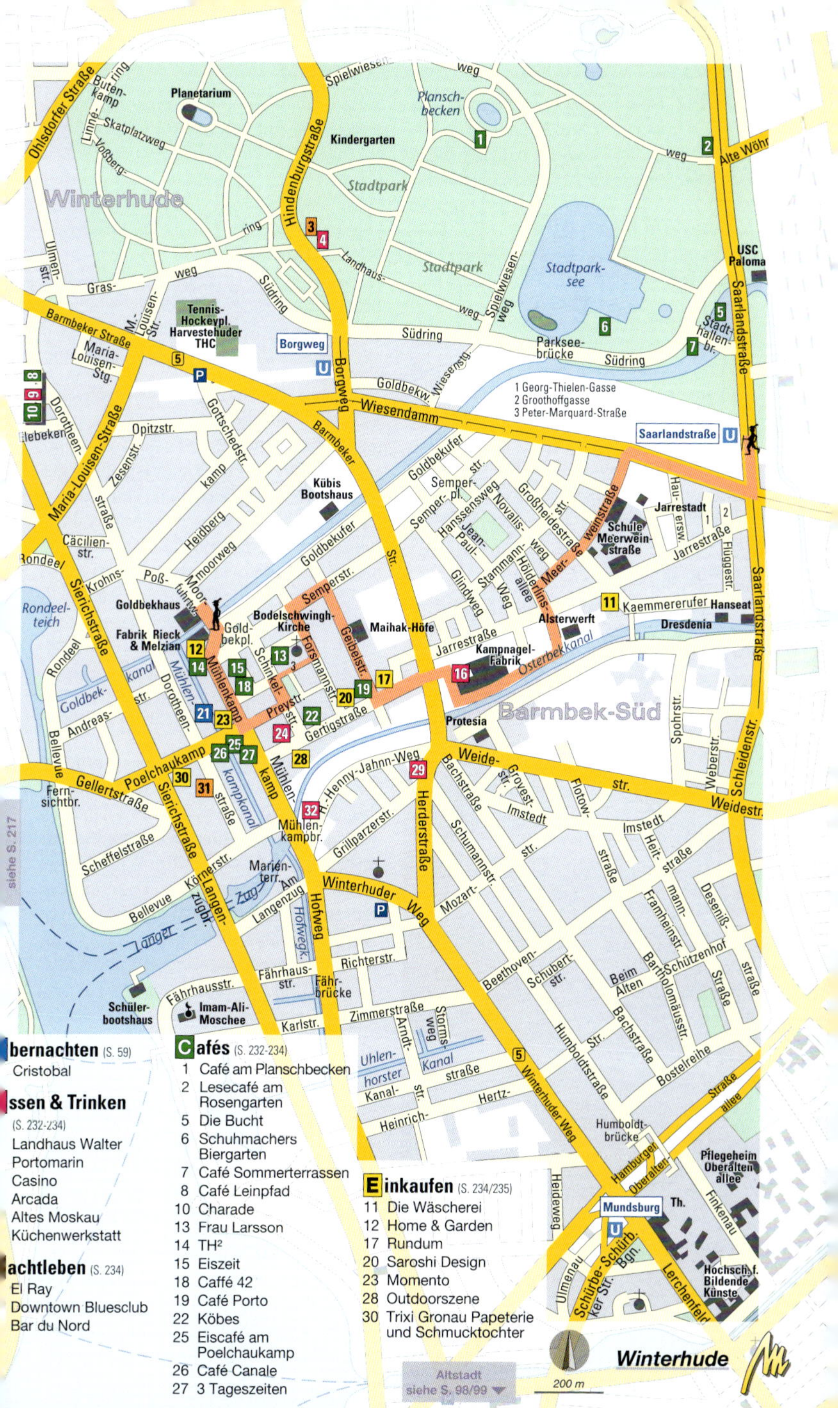

Übernachten (S. 59)

Cristobal

Essen & Trinken (S. 232-234)

Landhaus Walter
Portomarin
Casino
Arcada
Altes Moskau
Küchenwerkstatt

Nachtleben (S. 234)

El Ray
Downtown Bluesclub
Bar du Nord

Cafés (S. 232-234)

1 Café am Planschbecken
2 Lesecafé am Rosengarten
5 Die Bucht
6 Schuhmachers Biergarten
7 Café Sommerterrassen
8 Café Leinpfad
10 Charade
13 Frau Larsson
14 TH²
15 Eiszeit
18 Caffé 42
19 Café Porto
22 Köbes
25 Eiscafé am Poelchaukamp
26 Café Canale
27 3 Tageszeiten

Einkaufen (S. 234/235)

11 Die Wäscherei
12 Home & Garden
17 Rundum
20 Saroshi Design
23 Momento
28 Outdoorszene
30 Trixi Gronau Papeterie und Schmucktochter

gelb und Hellblau sichtbar, denen ein Teil des großen Kampnagelareals weichen musste. Der andere Teil aber blieb erhalten. Schon vor 20 Jahren wurde die Kranfabrik in einen Theaterkomplex umgebaut. **Kampnagel** – wie die Kulturfabrik weiterhin heißt – bietet auf sechs Bühnen Theater, Tanz- Performance- und Kunst-Events.

Geht man rechts um das Fabrikgebäude herum, erreicht man einen Vorplatz mit Eingängen zum **Alabamakino** und zum Restaurantcafé Casino. Unsere Tour führt aber hinter dem gelben Block links ab. Wir überqueren die Barmbeker Straße und gelangen so in die **Gertigstraße**. Hier beginnt ein Stück Winterhuder Lebensfreude – eine lebendige Straße, die mit Imbissen und Lokalitäten aller Preisklassen und Nationalitäten als eine Art Fressgasse beginnt und zum Mühlenkamp hin mit diversen kleinen Geschäften zum Shoppen verführt: Vom Showroom Moucla über *Schön schräg und edel* bis zu japanischen Einrichtungen oder Outdoorbekleidung ist einiges im Angebot. Der Straße wird ein gewisses Pariser Flair nachgesagt.

Gelungenstes Bauwerk 2000: die Maihakhöfe

Wer sich mit dem Shoppen noch eine Viertelstunde zurückhalten kann, geht gegenüber dem ganz neuen Wohnkomplex rechts ab in die **Geibelstraße**. Hier sind – wie mancherorts in Hamburg – einige Terrassenhäuser erhalten geblieben. Ein dekoratives Beispiel verbirgt sich hinter dem Durchgang von Haus Nr. 29. Wo heute gutsituierte Städter in gemütlichen Zwei- bis Dreizimmerwohnungen logieren, hausten einst vielköpfige Arbeiter- und Handwerkerfamilien, nicht selten zusammen mit ihren Nutztieren.

Auf der rechten Seite folgt bald ein hell gestrichenes und unten rot verblendetes Häuserkonglomerat mit grünen Fenstern. Genau hier, zwischen Geibelstraße 44 und 48 hindurch, lohnt ein Blick auf die **Maihakhöfe**. Der Komplex entstand auf dem Gelände des früheren Feinmechanikbetriebs Maihak. Der Umbau wurde vom Hamburgischen Architekten- und Ingenieurverein zu einem der gelungensten Bauwerke des Jahres 2000 gewählt. Heute befinden sich in den Gebäuden Lofts und Arbeitsräume für Kreative. Neu entstanden ist das Staffelgeschoss mit zwei riesigen Penthouse-Wohnungen mit Dachterrassen. Hinten im Hof haben sich in alten und neuen Mauern ein lichttechnischer Betrieb und Mietstudios angesiedelt.

Zurück in der Geibelstraße, führt an der nächsten Kreuzung der Weg links in die Semperstraße und wieder links in die Forsmannstraße. Von der Forsmannstraße geht es an der Bodelschwingh-Kirche vorbei rechts in die hübsch bebaute Peter-Marquard-Straße. Diese führt direkt auf einen großen Platz zu: Hier befand sich die Trabrennbahn von Julius Gertig (s. o.), die Ende des 19. Jh. Wohnhäusern weichen musste. Mitten auf dem Platz vor dem Aufgang zum Spielplatz fällt ein kleiner Buddha-Tempel ins Auge, der in Privatinitiative der Anwohner hier aufgestellt wurde.

Über Schinkel- und Preystraße – vorbei an vier neoklassizistischen Schönheiten – erreicht man nun den **Mühlenkamp**. Vorgänger der heutigen Sparkasse (aprikotfarbendes Haus) war ein Kino, das wiederum an der Stelle des Gertig'schen Ausflugslokals stand (s. o.). Seinerzeit wartete es mit den tollsten Attraktionen auf und wurde sogar von den Ausflugsdampfern angefahren.

Der Mühlenkamp mit seinen Seitenstraßen ist eine nicht nur bei der Winterhuder Schickeria beliebte Flaniermeile mit vielen schönen Geschäften und angesagten Einkehrmöglichkeiten. Besonders im Sommer laden die vielen Stühle draußen zum Pausieren ein. Aber nicht schwach werden, die letzten Stationen des Spaziergangs locken noch: Parallel zum Mühlenkamp verläuft der **Mühlenkampkanal**. Und dank des guten Wasserwegeanschlusses entstanden auch hier Gewerbe- und Industrieflächen. Davon zeugen u. a. noch das Gebäude der ehemaligen Biskuit- und Keksfabrik von 1909 (Haus Nr. 6b, abseits der Tour) und das des ehemaligen chemisch-pharmazeutischen Unternehmens mit Galvanisierbetrieb im Hinterhof (Nr. 11–13, ebenfalls abseits der Tour). Hier wurden nach dem Abriss verrostete Zyanidfässer entdeckt, deren sachgerechte Entsorgung den Besitzern zu aufwendig und kostspielig war.

Folgen Sie dem Mühlenkamp rechts herum. Auf der linken Straßenseite kommen Sie bald in einer Kurve zum Einrichtungshaus *Home and Garden*. Dahinter der Kücheneinrichter *Bulthaup*. Gehen Sie zwischen den beiden historischen Gebäuden zum Mühlenkampkanal hinunter.

Zur damals hier ansässigen metallverarbeitenden Fabrik von 1908 gehört neben dem ehemaligen Fertigungsgebäude – eine mit Backstein verkleidete Skelettkonstruktion aus Eisenbeton – auch das Verwaltungsgebäude. 1994 wurde es zum Bürohaus umgebaut. Ein paar alte Maschinen können noch bewundert werden.

Gehen Sie wieder zur Straße hoch, dann nach links, und überqueren Sie den Goldbekkanal. Linker Hand am Moorfurthweg 9 geht es hinunter zum **Goldbekhaus**. 1889 bis 1963 residierte hier die Desinfektionsfirma *Schülke und Mayr*. Auch hier wurde verseuchter Boden hinterlassen. Heute fungiert das Goldbekhaus als ein Kultur-, Stadtteil- und Veranstaltungshaus.

Hier endet die Tour und bietet Ihnen verschiedene Anschlussmöglichkeiten: Entweder Sie machen eine Bootstour über die Kanäle oder gehen shoppen, flanieren und Eis essen an Mühlen- und Poelchaukamp. Wer mehr von Winterhude kennenlernen möchte, steigt in den **Bus 6** zum Borgweg. Über diese Station gelangt man unkompliziert in den nahe gelegenen Stadtpark (siehe Kasten).

Das Winterhuder Fährhaus

Die Komödie im Winterhuder Fährhaus ist ein beliebtes und stets gut besuchtes Boulevardtheater. Viele der Schauspieler sind aus Film und Fernsehen hinreichend bekannt. Die neuere Reihe *Kontraste*, die zusätzlich zum großen Programm auf einer Nebenbühne eingeführt wurde, lockt auch jüngeres Publikum an.

Winterhude → Karte S. 227

Wegzehrung direkt am Ufer

Eine Bootsfahrt

Bötchen fahren lässt es sich im wasserreichen Hamburg natürlich nicht nur in Winterhude, aber hier ist es besonders schön. Egal ob mit Kanu, Tret- oder Ausflugsboot: viele Cafés verkaufen direkt an den Kanälen aus den Fenstern heraus Kaffee, Kuchen und Kaltgetränke und laden zum Anhalten ein. Darüber hinaus gibt es diverse Einkehrmöglichkeiten in Kanalnähe: Bei Sommerwetter führt der Weg in die anliegenden Eisdielen: Man klettert z. B. einfach zum Poelchaukamp hinauf, kauft das vielleicht beste Eis Hamburgs und lässt sich Eis essend den Kanal hinuntertreiben.

Der Osterbekkanal (über ihn kann man bis nach Barmbek zur Zinnschmelze und zum **Museum der Arbeit** fahren), der Goldbekkanal, der Leinpfadkanal, der Rondeelteich und natürlich die Alster bieten schöne Strecken. Mit dem Mietboot hat man – anders als mit den geführten Alsterkreuzfahrten – die Möglichkeit, auch in die kleinsten, besonders idyllischen Kanälchen zu schippern.

Eine Tour könnte sein: über den Goldbekkanal in den schönen Mühlenkampkanal, vorbei an schönen Villen und Gärten und dann durch den nicht ganz so romantischen Hofwegkanal bis zum romantischeren Uhlenhorster Kanal. Dieser führt durch den hübschen Feenteich mit dem schönen weißen Gästehaus der Stadt (siehe auch S. 218) wieder hinaus auf die Alster.

Sehr idyllisch gestaltet sich auch eine Tour über den Rondeelteich und den Leinpfadkanal hoch zur befahreneren, nördlicheren Alster bis zum Haynspark. So oder so: losfahren, anlegen oder sich einfach treiben lassen kann man, wo und wie es einem gefällt.

Bootsverleihe säumen en masse die Ufer. Näheres siehe S. 46 f.

Monströs: das Planetarium im Stadtpark

Der Stadtpark

Mit seinen 150 ha ist der Stadtpark der größte Erholungspark Hamburgs. Adolf Sierich (s. o.) verfügte hier bereits um 1900 über ein riesiges Jagdgebiet, Fritz Schumacher lieferte dann die Entwürfe für die Parkanlagen. Nach ihm ist übrigens der beliebte *Schumachers Biergarten* am zentralen **Stadtparksee** benannt. Im Sommer dient ein Teil des Seeufers als **Freibad** (siehe S. 79), ein riesiges **Planschbecken** an anderer Stelle des Parks zieht jede Menge Kinder mit ihren Eltern an. Ein Rosen- und ein Blindengarten sind weitere Besonderheiten, die die Besucher anlocken. Sport wird in den Anlagen groß geschrieben – nicht nur, dass die Wege sehr beliebte Joggingstrecken darstellen, hier finden sich darüber hinaus diverse Fußballplätze (z. B. für den Hamburger Traditionsverein VfL 93), man spielt Tennis, Beachvolleyball, und sogar die Hunde vergnügen sich auf einem speziellen Hundespielplatz.

Zentraler Hingucker im Park ist das **Planetarium** im alten Wasserturm – seit 1930 kann man hier die Sterne betrachten. Von der **Aussichtsplattform** reicht der Blick über den gesamten Stadtpark bis in die entfernte Innenstadt. Im Park verteilt befinden sich diverse Einkehrmöglichkeiten, zu empfehlen sind das *Lesecafé*, das *Schumachers*, *die Bucht*, das *Landhaus Walter* oder das am Stadtparkrand gelegene *Café Sommerterrassen* (s. u.). Konzertgänger lädt die Stadtparkbühne im Sommer zu diversen Veranstaltungen.

Praktische Infos

(siehe Karte S. 227)

Restaurants

Casino 16, in der Kampnagelfabrik. Tagsüber eine nette Kantine, abends und am Wochenende ein Restaurant. Gerade mittags (Mittagstisch 4,50–7,50 €, Mo–Fr 11.30–15 Uhr) eine sehr geschäftige Atmosphäre. Das Publikum ist bunt gemischt. Auch draußen Tische. Unkonventionell und empfehlenswert! Pizza, Pasta, Fleischgerichte 7,50–16 €. Mo 10– 17, Di–So 10–1 (Abendkarte ab 18 Uhr). So 10–15 Uhr Brunch für 13,50 €. Jarrestr. 20, ✆ 27877439, www.casino-kampnagel.de. Bus 6 (Semperstraße) und 7 Min. Fußweg.

››› Mein Tipp: **Portomarin** 9, ein hervorragendes spanisches Restaurant. Portomarin ist ein Dorf in Galicien, und ihm ist auch die Küche gewidmet. Hier und da sind die Gerichte exotisch kombiniert. Kulinarische Gaumenfreuden in entspannter, heimeliger Atmosphäre. Immer wieder ausgezeichnet wird auch die hervorragende Weinauswahl. Die Preise halten, was sie versprechen. Hauptgerichte 17–24 €. Di–Sa ab 18 Uhr bis open end. Warme Küche bis 22.30 Uhr. Dorotheenstr. 180, ✆ 46961547, www.portomarin.de. U 3 oder Bus 25/109 (Sierichstraße). ‹‹‹

Küchenwerkstatt 32, in einer schönen, geschichtsträchtigen Villa, reduziertes und geschmackvolles Ambiente und großartige Küche: 2009 wurde Gerald Zogbaum mit einem Michelinstern geadelt; bekannte Gerichte erfindet er modern und kreativ wieder. Zwischendurch gibt es immer wieder kleine Aufmerksamkeiten des Hauses. Mittagsmenue ab 25 €, Abendmenüs ab 75 € oder à la carte. Di–Fr 19–24 (Küche bis 21 Uhr), Mi–Fr auch 12–15 (Küche bis 14.30 Uhr) und ab 19 (Küche bis 22 Uhr). Hans-Henny-Jahnn-Weg 1 (Eingang Hofweg), ✆ 22927588, www.kuechenwerkstatt-hamburg.de. Bus 6/25 (Hofweg).

Arcada 24, drinnen sitzen an Holztischen oder draußen unter der Markise am Bürgersteig und die Winterhuder vorbeiziehen lassen. Gute Tapas und tolle Fisch- oder Lammgerichte. Netter Service! Mo–Fr 18–24, Sa 18–1, So 18–23 Uhr. Gertigstr. 7, ✆ 27805060, www.andalucia-hamburg.de. Bus 6/25 (Gertigstraße).

Landhaus Walter 4, gediegenes, mitten im Stadtpark gelegenes Landhaus mit großer Außengastronomie. Im Sommer riesiger Biergarten mit Selbstbedienung. Die Wartezeiten sind manchmal sehr lang, und die Gerichte sind nicht unbedingt das, was man in bayerischen Biergärten bekommt. Die Atmosphäre ist aber ganz nett, v. a. sonntags, wenn es zum Frühschoppen Livemusik (Jazz, Blues, Rock 'n' Roll) gibt. Besser schmeckt das Essen auf der Restaurantterrasse (Hauptgerichte 9,50–25 €), und an den gigantischen Torten im Landhaus führt kein Weg vorbei! Zum Landhaus gehört auch der Downtown Bluesclub (S. 234) sowie im Garten die karibische Loungebar **El Ray** 3. Landhaus und Terrasse im Sommer Mo–Fr 11–24, Sa 10–24, So 10–21 Uhr. Im Winter Mo Ruhetag sowie Di–Sa 11.30–24, So 10–20 Uhr. Biergarten und Bar El Ray im Sommer wetterabhängig Mo–Fr 16–24, Sa/So 12–24 Uhr. Hindenburgstr. 2, ✆ 275054, www.landhauswalter.de. U 3 Borgweg.

Altes Moskau 29, russische Küche. Nicht nur Wodka in allen möglichen Variationen, sondern auch eine vielfältige Speisekarte lockt die Gäste in das gemütliche Restaurant mit bunten Wänden und kleinen Holztischen. Mit fünf Tagen Vorlaufzeit können auch sogenannte „Zarentafeln" für mehrere Personen bestellt werden. Hauptgerichte 8,90–17,50 €. Tägl. 11–15 und 17–24, Mo nur 18–24 Uhr. Hans-Henny-Jahnn-Weg 58, ✆ 22739277, www.altesmoskau.de. Bus 172/173 (Jarrestraße/Kampnagel).

Cafés und Kneipen

Café Sommerterrassen 7, Freiluftlokal direkt am Goldbekkanal und quasi im Stadtpark. Tagsüber gibt es Frühstück, Kaffee, Kuchen und warme Gerichte. Mittagstisch ab 5,90 €. Auch Kanuverleih. Abends erfrischen sich coole Menschen bei Cocktails. Oft auch Livemusik. Mo–Fr 12–15 Uhr, April–Okt. tägl. ab 10 Uhr, Frühstück 10–12, am Wochenende bis 13 Uhr. Südring 44, ✆ 2706274, www.sommerterrassen-hamburg.de. U 3 Borgweg.

Charade **10**, gemütliches Café mit Frühstück (ab 4,20 €), leckerem selbst gemachtem Kuchen, Mittagstisch (Suppe 3,60 €, andere Gerichte ca. 5 €) und weiteren Gerichten. Dazu eine große und gute Auswahl an Zeitungen und Zeitschriften. Auch die Terrasse ist nicht schlecht, allerdings sitzt man an der nicht besonders ruhigen Dorotheenstraße. Unheimlich nette Menschen. Im Gegensatz zu vielen anderen Schickimicki-Einrichtungen in Winterhude herrlich auf dem Boden geblieben, allerdings auch nicht so zentral in der Shoppinggegend gelegen. Mo–Fr 9–18, Sa/So 10–18 Uhr. Dorotheenstr. 174, ✆ 41303405. Bus 25/109 oder U 3 (jeweils Sierichstraße).

TH² **14**, schön gestyltes, nicht gerade günstiges, gut frequentiertes Schicki-Café. Frühstück, Snacks, Kuchen und viele Tees im Angebot. Man kann auch draußen sitzen. Mo–Fr 8–20, Sa 9–18, So 10–18 Uhr. Mühlenkamp 59, ✆ 27880080, www.th2.de. Bus 6/25 (Goldbekplatz).

Köbes **22**, wer Lust auf ein frisch gezapftes Sion-Kölsch hat oder Fußball gucken möchte, ist hier richtig. Die Atmosphäre ist zwar nicht sehr kölsch, rustikal ist das Lokal aber trotzdem, hat eine große Terrasse und es gibt deftige Speisen, die o. k. sind. Gerichte ab 5,90 €. Spezialität sind die zehn verschiedenen Schnitzelgerichte (ab 9,80 €). Mo–Fr 12–15 Uhr Mittagstisch ab 6,20 €. Als „Köbes" werden übrigens seit etwa 200 Jahren die Kellner in Kölner Brauhäusern bezeichnet. Tägl. ab 11 Uhr (open end), So ab 10 Uhr. Schinkelstr. 2, ✆ 275711, www.koebes-hamburg.de. Bus 6/25 (Gertigstraße).

Café am Planschbecken **1**, hier kann man einkehren, muss man aber nicht! Nebenan gibt es nämlich auch einen Kiosk, wo der Kaffee billiger ist. Man setzt sich auf den Rasen oder eine Parkbank und guckt dem bunten Treiben im großen Kinderplanschbecken und drum herum zu. Tägl. 11–19 Uhr, im Sommer länger. Stadtpark. U 3 Borgweg.

Schumachers Biergarten **6**, ein beliebter Biergarten mit kleinen Speisen und Sommerbeachclub direkt am Schwimmbad mit Blick auf den großen Stadtparksee. Für den Winter sind beheizte Zelte aufgebaut. Bei gutem Wetter tägl. ab 12 Uhr. Do ab 18 Uhr afterwork chillout, am Wochenende wechselnde Partys ohne Eintritt. Südring 5 b, ✆ 27806979, www.schumachers-biergarten.de. U 3 Saarlandstraße, S 1/11 Alte Wöhr.

Die Bucht **5**, ein recht neues Lokal/-Beachclub mit fast 900 m² großem Holzdeck auf dem Stadtparksee. Innen groß und nicht wirklich gemütlich; wenn es noch nicht voll ist, draußen sitzt man hingegen sehr chillig. Cocktails, Snacks, Partys und mehr. Tägl. 11–0, Do–Sa bis 3 Uhr. ✆ 65056331, www.die-bucht-hamburg.de.

Caffé 42 **18**, drinnen ist nicht viel Platz, bei schönem Wetter aber ist die Terrasse sehr einladend. Von hier aus kann man (besonders samstags) der Hautevolee auf dem Mühlenkamp zusehen. Zum Verzehr gibt es Frühstück (bis 12 Uhr, Sa/So bis 15.30 Uhr) Bagels, Pasta, Salate und Mittagstisch (ab 8 €) oder sehr gelungenen Blechkuchen. Tägl. 10–23.30 (Küche bis 20 Uhr), Sa/So bis 19 Uhr. Mühlenkamp 42, ✆ 27880642, www.caffe42.de. Bus 6/25 (Goldbekplatz).

Café Porto **19**, kleines portugiesisches Stehcafé mit Sitzmöglichkeit und kleiner Terrasse für's leckere Frühstück oder den Snack zwischendurch. Köstliche Empanadas, Tapas und Süßes gibt es hier, und der Galao ist sogar ohne Koffein zu haben. Tägl. (außer So) 8–19, Sa 9–18 Uhr. Gertigstr. 37, ✆ 63948436. Bus 6/25 (Gertigstraße).

Café Canale **26**, die Fenster direkt am Kanal. Das warme Essen wird nicht immer gelobt, aber der selbstgemachte Kuchen ist lecker. Wer paddelnd oder rudernd unterwegs ist, bekommt den Streuselkuchen und die Getränke durchs Fenster direkt ins Boot gereicht. Tägl. 10–19, So 10–14 Uhr Brunch (12,90 €). Poelchaukamp 7, Bus 6/25 (Gertigstraße).

Lesecafé am Rosengarten **2**, kleines Selbstbedienungshäuschen mit großer Terrasse mitten im Stadtpark, lädt zu allen Jahreszeiten zum Draußensitzen ein. Gutes Kuchenangebot (besonders die Donauwelle!) und warme Mahlzeiten. Dienstags bekommen Eltern mit Kindern alles zum halben Preis, dann ist großer Babyalarm angesagt. Im Sommer tägl. ab 9 Uhr (open end), im Winter (1.11.–15.3.) tägl. 13–18, Sa/So ab 11 Uhr. Stadtpark Winterhude, Rosengartenweg, ✆ 99993771. S Alte Wöhr bzw. U 3 Borgweg oder Saarlandstraße und 10 Min. zu Fuß.

Winterhude
→ Karte S. 227

Eiscafé am Poelchaukamp **25**, winzige, extrem beliebte Eisdiele. Bei gutem Wetter ist Schlange stehen angesagt. Mai–Sept. tägl. 11–22 Uhr, Mitte Feb.–April und Okt.–Mitte Nov. tägl. 11–20 Uhr (wetterabhängig). Poelchaukamp 3, ✆ 383628. Bus 6/25 (Gertigstraße).

Eiszeit **15**, leckere Sorten von Crunchy-Pistazie bis zu Himbeerquarkeis. Mai–Aug. tägl. 12–22, Okt./Feb. tägl. 12–18, März bis 19, April/Sept. bis 20 Uhr. Mühlenkamp 46, ✆ 27883790, www.eiszeit-eis.de. Bus 6/25 (Goldbekplatz).

3 Tageszeiten **27**, Sa, So und an Feiertagen Frühstück bis 16 Uhr – da schlägt das Nachtschwärmerherz höher! Aber es gibt – wie der Name schon sagt – auch eine Mittags- und Abendkarte. Hauptgericht ab 8 €. Man sitzt in einem geschmackvoll eingerichteten, großen Raum mit hohen Decken und riesigen Fenstern. Die Konditorin des Hauses backt leckere und immer wieder auch sehr ausgefallene Blechkuchen. Mo–Fr 9–23, Sa/So ab 10 Uhr. Mühlenkamp 29, ✆ 27808182, www.3tageszeiten.de. Bus 6/25 (Gertigstraße).

Café Leinpfad **8**, direkt am Anleger Winterhuder Fährhaus, der Endstation der Alster-Kreuzfahrten. Auf dem Steg kann man sich bei Kaffee und Kuchen oder auch warmen Mahlzeiten angenehm entspannen. Da verzeiht man auch schon mal die ab und an leicht überforderten Servicekräfte und die hohen Preise. Hauptspeisen 8,90–17,90 €. Frühstück 10–12, Sa/So bis 13 Uhr. April–Okt. tägl. ab 10 Uhr. Leinpfad/Ecke Hudtwalckerstraße, ✆ 464856. U 1 Hudtwalckerstraße.

Frau Larsson **13**, sehr liebevoll mit bunten Stoffen, Kissen und Kerzen eingerichtetes kuscheliges Café am Schinkelplatz mit Tischen auch draußen. Alles schwedisch. Leckerer Kuchen, tolles Frühstück und Köttbullar im Angebot. Wegen des großen Spielplatzes auf dem Platz beliebt bei Müttern mit Kinderwagen, aber auch ohne Kinder sehr zum Wohlfühlen. Tägl. 10–18 Uhr. Peter-Marquard-Str. 13, ✆ 76979357, www.frau-larsson.de. Bus 6/25 Goldbekplatz.

Nachtleben

Bar du Nord **31**, elitäre Cocktailbar mit eher älterem Publikum. Gute Cocktails, aber richtig wohl fühlt man sich hier vielleicht nur, wenn man gern raucht. Tägl. ab 18 Uhr (open end). Dorotheenstr. 33, ✆ 2794354, www.bar-du-nord.de. Bus 25 (Dorotheenstraße).

Kulturfabrik Kampnagel, neben Theater-Musik und Tanzaufführungen bietet Kampnagel auch Partys, Veranstaltungen und mehr (s. auch S. 226 und S. 74. Jarrestr. 20, ✆ 27094949, www.kampnagel.de. Bus 172/173 oder Metrobus 6 (Semperstraße), dann 5 Min. zu Fuß.

Downtown Bluesclub **4**, Blues-, aber auch Rock- und Jazzkonzerte finden im Club des Landhauses Walter im Stadtpark statt. An den Disco-Abenden (Di und Do) gibt es 60er und 80er vom Plattenteller, passend zum Publikum. Di/Do Disco und Openair frei, sonstige Veranstaltungen 12–24 €. Öffnungszeiten bei Veranstaltungen meist Di/Do ab 21, Fr ab 20 Uhr, sonst nach Programm. Neues Landhaus Walter, Hindenburgstr. 2, ✆ 040/275054, www.downtown-bluesclub.de. U 3 Borgweg und 5 Min. zu Fuß im Stadtpark.

Einkaufen

In Winterhude kann man prima shoppen. Interessante Boutiquen und kleinere Einrichtungs- und Accessoiregeschäfte reihen sich hauptsächlich in und um die Gertigstraße und am Mühlenkamp aneinander. Auch der Poelchaukamp wartet mit ein paar Boutiquen und Schuhgeschäften auf. Weiter im Norden, wo Winterhude alternativer wird, gibt es noch an der Ecke Alsterdorfer Straße/Winterhuder Marktplatz und in der Hudtwalckerstraße Einkaufsmöglichkeiten.

››› Mein Tipp: **Die Wäscherei** **11**, Einigen vielleicht schon aus Wohnzeitschriften bekannt. Auf 6000 m^2 Möbel, jede Menge Wohnaccessoires und Stoffe. Ausgefallen und sogar bezahlbar. Eine glänzende Alternative für alle, die mal andere als schwedische Möbel in ihren Räumen haben möchten. Dazu gibt es Bücher, CDs, Zeitschriften und ein kleines Restaurant. Samstags legen DJs ohrenbetäubend laute Musik auf. Tägl. außer So 10–20 Uhr. Jarrestr. 58, ✆ 2715070, www.die-waescherei.de. ‹‹‹

Home & Garden **12**, in den historischen Fabrikgebäuden am Goldbekplatz findet man ausgesuchte Möbel und besondere Wohnaccessoires aus verschiedenen Teilen der Welt. Zum Stöbern und Schenken für alle Generationen. Mo–Fr 11–19, Sa 10–16 Uhr. Goldbekplatz 1, ✆ 2795044, www.homeandgardenhamburg.com. Bus 6/25 (Goldbekplatz).

Saroshi Design 20, Nützliches und Schönes aus Japan. Möbel, Tischkultur und Accessoires. Mo–Fr 11–14 und 15–19, Sa 10.30–16 Uhr. Gertigstr. 35 und 48, ✆ 2702294, www.saroshi.de. Bus 6/25 (Gertigstraße).

Rundum 17, bei Winterhuder und Eppendorfer Eltern sehr beliebtes Kindergeschäft mit allerlei Nützlichem und Natürlichem. Mo–Fr 10–19, Sa 10–16 Uhr. Gertigstr. 57, ✆ 27877666, www.rundum-schwangerschaft.de. Bus 6/25 (Gertigstraße). ■

Outdoorszene 28, alles für die Freizeit und diverse Outdoorsportarten. Mo–Fr 11–19, Sa 10–16 Uhr. Gertigstr. 12, ✆ 70704251. Bus 6/25 (Gertigstraße).

Momento 23, wer sich gerne in Jeans von Nudie und Denham wirft, wird hier fündig. Sehr beliebt für den Winterhuder Freizeitlook. Mo–Fr 11–19, Sa 10–17.30 Uhr. Poelchaukamp 2–4, ✆ 2790910. Bus 6/25 (Gertigstraße).

Schmucktochter 30, in eigener Werkstatt fertigt Carolin Winkler Gold- und Silberschmuck. Di–Fr 11–13.30 und 15–19, Sa 11–16 Uhr. Poelchaukamp 23, ✆ 27805432. Bus 6/25 (Gertigstraße).

Trixi Gronau Papeterie 30, erlesene Schreibutensilien und von der Inhaberin selbst kreierte Fotoalben, Schreibbücher, Geldbörsen und mehr. Mo–Fr 11–19, Sa 11–15 Uhr. Poelchaukamp 23, ✆ 2796796, www.-trixi-gronau-papeterie.de. Bus 6/25 (Gertigstraße).

Wochenmarkt am Goldbekufer, kleiner, gut besuchter Wochenmarkt mit Blumen, Gemüse und mehr. Direkt am Kanal gelegen. Gleich am Anfang eine gute Frittenbude. Di, Do, Sa 8.30–13 Uhr. Metrobusse 6/25 (Goldbekplatz). ■

Kulturfabrik Kampnagel

Tour 11

Eppendorf

mit Klosterstern und Falkenried

Eppendorf ist ein von Hamburgern bevorzugter Stadtteil – lebenswert und mit Flair. Schicke Straßen beeindrucken mit weißen großbürgerlichen Etagenhäusern aus der Zeit der vorletzten Jahrhundertwende und ziehen mit gesalzenen Grundstücks- und Immobilienpreisen eine besser verdienende Klientel an. Mit seinen Parks, der Alster und vielen hübschen Cafés und Boutiquen ist der Stadtteil im Norden Hamburgs für viele eine feste Adresse zum Shoppen und Flanieren.

Noch am Ende des 18. Jh. war Eppendorf – erstmals wurde ein Ort dieses Namens 1140 erwähnt – ein winziges Dorf mit einer kleinen Kirche. Doch mit der Zeit fanden immer mehr Hamburger Bürger Gefallen an ihrer grünen Umgebung und errichteten hier hübsche Landsitze.

Als die Stadt in der Mitte des 19. Jh. die Torsperre aufhob und die Gegend als Erholungsort immer beliebter wurde, stieg die Einwohnerzahl rasch von 1400 auf 13.000 Seelen. Das mit seinem Kurbetrieb *Beim Andreasbrunnen* sogar zeitweise zum Bad gewordene Eppendorf wurde 1894 zu einem Stadtteil Hamburgs. Mietshäuser wurden gebaut und Wohnstraßen entstanden. Während schon vor dem Ersten Weltkrieg östlich der heutigen U-Bahn-Trasse ein großes Villengebiet errichtet wurde, entstand auf der anderen Seite ein Arbeiterwohnviertel. Die Einwohnerzahl stieg bis 1920 auf 83.000 (heute etwa 22.500). Einer von ihnen war ab 1921 auch der Dichter, Schauspieler und Kabarettist Wolfgang Borchert, der in der Tarpenbekstraße das Licht der Welt erblickte und erst nach seinem Tod zu Ruhm und Ehre kam.

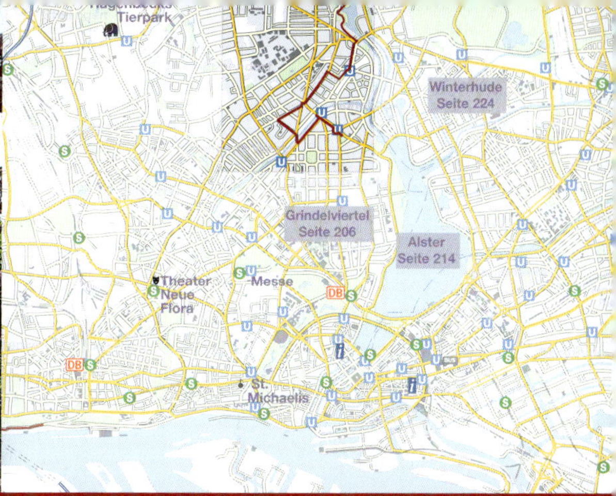

Eppendorf

Der Zweite Weltkrieg wütete in ganz Hamburg, doch auf wunderbare Weise blieb ein Großteil der schönen Jugendstilhäuser in Eppendorf unversehrt – bis heute ein Pfund, mit dem Eppendorf wuchern kann.

Ein regelrechter Ansturm auf die grüne, alster- und citynahe „Wohnoase Eppendorf" setzte in den 1970er Jahren ein. Die Preise für Eigentumswohnungen und Immobilien gingen in die Höhe, heute liegen sie in vielen Ecken Eppendorfs jenseits von Gut und Böse. Das erklärt wohl auch den hohen Promi-Faktor im Stadtteil. Doch neben Schauspielern, Moderatoren, Yuppies und Dinks („double income, no kids"), die meist perfekt gestylt ihre Einkäufe erledigen, halten immer noch viele Alteingesessene die Stellung im Stadtteil und sorgen dafür, dass hanseatisches Flair erhalten bleibt. Fazit: Eppendorf ist zwar vorwiegend, aber längst nicht nur schickimicki.

Shopping-Bummel in Eppendorf

Jede Menge Edles, Kurioses und Ausgefallenes findet man in den Hunderten von kleinen Geschäften, die das Viertel so beliebt machen. Neben dem **Eppendorfer Baum** (vom Klosterstern bis zur Lenhartzstraße), der **Hegestraße** und der **Eppendorfer Landstraße** (bis zum Eppendorfer Marktplatz) bieten der **Eppendorfer Weg** und der **Lehmweg** schöne Möglichkeiten fürs Boutiquenhopping (die Straßen gehören teilweise und genau genommen nicht mehr ganz zu Eppendorf, sondern zu Hoheluft-Ost oder Harvestehude). Besonders erwähnenswert ist der beliebte **Isemarkt** in der Isestraße am Dienstag und Freitag.

Eppendorf
→ Karte S. 239

Spaziergang

Startpunkt ist die **U-Bahn-Station Klosterstern**, die 1929/30 von Walther Puritz gestaltet wurde und schon für sich eine Sehenswürdigkeit ist. Sie befindet sich noch in Harvestehude, wo wir vor unserem Spaziergang durch Eppendorf kurz bleiben, um uns die → St.-Nikolai-Kirche, die Nachfolgerin der Mahnmal-Ruine in der Altstadt (siehe S. 106), anzusehen. Sie liegt eine kleines Stück den Harvestehuder Weg hoch, der vom Klosterstern, einem von einem Kreisverkehr umgebenen unscheinbaren Platz, in südöstlicher Richtung abzweigt.

Nach diesem Abstecher geht es zurück zum Klosterstern und von dort Richtung Nordwesten in den **Eppendorfer Baum** (der Straßenname erinnert an den ehemals hier stationierten Grenzbaum zwischen Harvestehude und Eppendorf). Rechts und links geben teurere Mode- und Einrichtungsläden und gut gekleidete Menschen einen ersten Eindruck vom Schick der Gegend.

Unter der hier oberirdisch verlaufenden U-Bahn-Trasse hindurch gelangt man zur **Eppendorfer Brücke**, die den Isebekkanal überspannt. Ihr Geländer mit den schmiedeeisernen Fischen von Richard Heizmann aus dem Jahr 1927 steht unter Denkmalschutz. Ein kleines Stück wieder zurück biegen wir rechts in Richtung Südwesten in die Isestraße ein. Besondere Stimmung kommt hier dienstags und freitags zwischen 8.30 und 14 Uhr auf. Dann wird der Isemarkt, einer der beliebtesten Wochenmärkte Hamburgs, abgehalten, bei dem über 300 Händler auf fast einem Kilometer Länge dicht gedrängt ihr Warenangebot an ausgewählten Lebensmitteln, Blumen und vielem mehr präsentieren. Und das unter der alten Hochbahntrasse – quasi ein Markt mit Dach.

Auch ohne Markt beeindruckt die Isestraße mit reihenweise weißen Etagenhäusern aus der Zeit um 1900. Auf etwa halber Strecke der Isestraße geht es

Saniert: Falkenriedterrassen mit Falkenriedquartier im Hintergrund

rechts in die Klosterallee. Hinter der Brücke, die den Isebekkanal überspannt, kreuzt die Tour schräg den Lehmweg (auch eine beliebte Einkaufsstraße) und folgt der Straße Falkenried. Wir befinden uns jetzt im Stadtteil **Hoheluft-Ost**. Immer wieder erinnern ins Pflaster eingelassene Stolpersteine an die Nazizeit. Gehen Sie bis zum Straßenbahnring weiter.

Mitten in einer Gegend schicker Wohnkultur und wohlhabender Bürger war Falkenried Ende des 19. Jh. ein besonderes Eckchen. Damals entstanden hier die Fertigungswerkstätten der Straßenbahngesellschaft (zur Linken) und die dazugehörige Arbeitersiedlung (zur Rechten) namens **Falkenried-Terrassen**.

Vornehmes Holthusenbad

Letztere sollten in den 1980er Jahren eigentlich abgerissen werden, blieben aber nach erheblichen Protesten einer eigens gegründeten Mieterinitiative erhalten und wurden schließlich aufwendig saniert. Auf dem ehemaligen Werksgelände der Straßenbahngesellschaft tat sich noch Gewaltigeres: Hier entstand – zum Teil unter Beibehaltung der alten Bausubstanz – ein völliges neues Wohn-Gewerbe-Viertel, das **Falkenried-Quartier** mit Appartementhäusern und Bürogebäuden, beides im eher höheren Preissegment.

Wir folgen der Straße Falkenried und biegen rechts in den Eppendorfer Weg, eine gemütliche und beliebte Shoppingstraße. Sehenswert ist hier auch die Kaffeerösterei Burg (Nr. 252). Sie wurde 1923 gegründet, hat neben diversen Kaffeesorten ein Sammelsurium an historischen Haushaltswaren im Angebot, röstet noch selbst und unterhält in der Münsterstraße ein eigenes kleines Kaffee-Museum (Mo–Fr 10–15 Uhr, Gruppen nach Vereinb.: ✆ 55204258). Gehen Sie den Eppendorfer Weg bis zum Ende. Auf der anderen Seite der Kreuzung führt unsere Tour nun die Eppendorfer Landstraße entlang. Vor größtenteils prächtige Häusern erinnern auch hier einige in den Bürgersteig eingelassene Stolpersteine an die ehemals hier wohnhaften Juden, die von den Nazis ermordet wurden. Die kleine graue Ville auf Nr. 39 (linke Seite) ist das Guttemplerhaus. Früher unterhielten die Guttempler (die Mitte des 19. Jh. in den USA gegründete Organisation ist derzeit in etwa 60 Staaten der Welt in Sachen Suchtbekämpfung und Suchtprävention aktiv) mit dem *Bundeshaus Eppendorf* eine alkoholfreie Gaststätte.

Von der Eppendorfer Landstraße 28–34 (rechte Seite) führt ein Durchgang zum Kellinghusenpark. Benannt ist er nach dem ehemaligen Bürgermeister Heinrich Kellinghusen (ab 1843), der hier seinen Landsitz hatte. Die roten Backsteinhäuser rund um den Park sind Werke bedeutender Regionalarchitektur und gehen auf die 1920er Jahre zurück.

Wir kreuzen den Park, verlassen ihn auf der Nordseite und stehen vor dem vornehmen Holthusenbad, das Architekt Fritz Schumacher 1912–14 realisierte. Das Obergeschoss beherbergte einst das Eppendorfer Standesamt, worauf auch der Fassadenschmuck am Haupteingang anspielt. Heute befindet sich in dem historischen Bau ein schickes Freizeitbad mit Wellnessangebot.

Wir folgen der Goernestraße ein paar Meter nach rechts, umrunden dabei quasi das Bad und biegen dann links in die viel befahrene Kellinghusenstraße ein. Nun nähern wir uns dem alten Kern Eppendorfs, der direkt an der Alster liegt. Nach ein paar hundert Metern zweigt vor der kleinen Kirche auf der rechten Seite die Heilwigstraße ab. Biegen Sie kurz dort ein. Parallel zum Alsterlauf gelegen und mit traumhaften Gärten zum Wasser hin ausgestattet, ist sie eine der besten Adressen im Viertel.

Hinter dem Seelemannpark steht das 1914 fertiggestellte Kloster St. Johannis (Nr. 158–162). Zurück an der Kellinghusenstraße, verdient die sehenswerte → St.-Johannis-Kirche Aufmerksamkeit. Sie wurde 1267 erstmals erwähnt und ist ein letztes Relikt aus der dörflichen Vergangenheit Eppendorfs. Gegenüber der Kirche, in der Ludolfstraße 53, geht's weniger sakral zu, denn hier kommt in Alma Hoppes Lustspielhaus seit 1994 politisches Kabarett auf die Bühne.

Wer möchte, kann bereits von hier aus den Heimweg von der nahen U-Bahn-Station Hudtwalcker Straße antreten (Sie gehen vom Lustspielhaus über die Autobrücke die Hudwalckerstraße lang und sehen die Station auf der linken Seite). Alle anderen machen noch einen schönen Spaziergang durchs Grüne. Dafür biegen Sie rechts (wenn man davorsteht) vom Lustspielhaus links in einen Spazier- und Fahrradweg hinein und laufen parallel zur Alster in Richtung Norden. Lassen Sie die Brücke, die über die Alster führt, rechts liegen und gehen Sie geradeaus den Sandweg weiter. Nach einer kleinen Kurve folgt eine Holzbrücke, die über einen kleinen Alsterarm führt. Überqueren Sie diese (dies ist übrigens ein idyllisches Stückchen des langen Alsterwanderweges). Sie führt direkt in Hayns Park hinein, ein beliebter Ort zum Sonnen, Grillen und Freizeitgenießen. Viele Wildgänse bevölkern hier alljährlich neben Enten und Schwänen die Grünflächen. Benannt ist der Park nach Max Theodor Hayn, Senator und Zweiter Bürgermeister, der hier im 19. Jh. seinen Landsitz hatte. Übrig geblieben ist davon nur der Monopteros, ein kleiner Rundtempel, in dem der Senator damals seine Kaffeestube untergebracht hatte. Am Monopteros vorbei gelangt man hinter dem großen Wasserplanschbecken über eine kleine Brücke auf die Meenkwiese; hinter der Brücke führen links die Stufen hinunter zum gemütlichen Gartencafé des Bootshauses Barmeier (nur bei gutem Wetter geöffnet). Von hier aus sind es rechts herum nur noch 5 Min. zu Fuß bis zur U-Bahn-Station Lattenkamp.

Sehenswertes

Eppendorf → Karte S. 239

St.-Nikolai-Kirche

Die Nachfolgerin der im Krieg zerstörten St.-Nikolai-Kirche in der Neustadt wurde 1960–62 nach Plänen von Gerhard Langmaack als Rundkirche mit freistehendem Glockenturm erbaut. In das Turmmassiv wurde ein großes Kirchenfenster der Glasmalerin Elisabeth Coester mit Motiven aus der Apokalypse des Johannes eingebaut. Das Fenster war ursprünglich noch für die alte, vorher aber zerbombte Nikolaikirche in der Neustadt gedacht. Seit 1974 befindet sich über dem Altar das Mosaik des Gekreuzigten Jesus nach einem Bild von Oskar Kokoschka „Ecce homines" – „So sind die Menschen". Eine Schwarz-Weiß-Kopie des Mosaikbildes befindet sich seit 1974 im Mahnmal St. Nikolai in der Neustadt.

Tägl. 8–18 Uhr. Harvestehuder Weg 118, ✆ 4411340, www.hauptkirche-stnikolai.de. U 1, Bus 34/114/214 Klosterstern.

Hochzeitskirche St. Johannis

St.-Johannis-Kirche

Das historische Zentrum Eppendorfs bildet die evangelisch-lutherische Kirche St. Johannis. Erstmals wurde sie 1267 erwähnt, wurde wahrscheinlich aber schon im 12. Jh. gegründet. Der Turm entstand um 1200, erhielt aber erst 1751 seine jetzige Gestalt. Das Langhaus – ein Fachwerksaal – stammt aus dem Jahr 1622. Die hübsche Kirche ist Veranstaltungsort von jährlich rund 80 Hochzeiten. An jedem Samstag um 18 Uhr finden hier die Eppendorfer Johanniskonzerte statt. Der Eintritt ist frei.
Mo–Fr 10.30–12.30 und 15.30–17.30, So 15–17 Uhr. www.johannis-eppendorf.de. U 1, Bus 20/25 Hudtwalcker Straße.

Praktische Infos

(siehe Karte S. 239)

Restaurants

Gastronomia Poletto 8, Cornelia Poletto, bereits mit einem Michelin Stern ausgezeichnet, ist nicht nur durch ihre eigene Kochshow bekannt. Ihr neu eröffnetes Delikatessengeschäft mit Gastronomie bietet mehr Platz und soll ein vielfältigeres Publikum anziehen als das einstige Sternerestaurant am Haynspark. Vor allem die italienischen Spezialitäten schmecken großartig. Hauptgerichte 20–30 €. Mo–Sa 10–22 Uhr, im Winter auch So. Eppendorfer Landstr. 80, ✆ 4802159, www.cornelia-poletto.de. Bus 39, 114 (Bezirksamt Nord) oder Bus 20, 22, 25, 34 (Eppendorfer Marktplatz) oder U 3 Kellinghusenstraße und 3 Min. zu Fuß.

Tassajara 11, Wein und Bier aus ökologischem Anbau werden in gemütlicher Atmosphäre zu köstlichen euro-asiatischen und vegetarischen Gerichten gereicht. Hauptgerichte 10–18 €, Mittagstisch ab 7,50 €. Mo–Sa 11.30–24, Küche bis 23 Uhr, Mittagstisch Mo–Fr bis 16 Uhr. Eppendorfer Landstr. 4, ✆ 483801, www.tassajara.de. Bus 34/114 (Haynstraße) oder U 3 Eppendorfer Baum und 5 Min. zu Fuß. ■

Tiefenthal 15, ob morgens, mittags oder abends – in der schlicht-schönen, etwas schickeren Stadtteilkneipe mit Südterrasse ist es meist ziemlich voll. Sa/So gutes Frühstück, die ganze Woche über ordentlicher Mittagstisch, leckere Kuchen und abends

Candle-Light-Gerichte mit sehr guten, vorwiegend offenen deutschen Weinen. Auch für ein gepflegtes Pils an der großen, halbrunden Bar, zu dem fast immer Knabbereien gereicht werden, ein Tipp. Der Service ist manchmal etwas langsam. Hauptgerichte abends 10,50–21 €. Tägl. ab 11.30 Uhr (open end), Sa/So ab 10, Küche jeweils bis 23 Uhr. Isestr. 77, ✆ 46961672, www.tiefenthal-hh.de. U 3 Eppendorfer Baum.

››› Mein Tipp: **Saigon 4**, Vietnamesisches Restaurant, das für seine Küche schon jede Menge Preise gewonnen hat. Gemütlich und immer gut besucht. In der zugehörigen Bar Cyclo mixt der Chef die Cocktails selbst. Hauptgerichte 11–22 €. Mo–Fr 12–15 und 17–23, Sa/So 12–23 Uhr (Bar open end). Martinistr. 14, ✆ 46091009, www.restaurant-saigon.de. Bus 20, 22, 25, 34, 39, 114 (Eppendorfer Marktplatz) oder U 1/3 Kellinghusenstraße und 5 Min. zu Fuß. ‹‹‹

Restaurant Café Hirsch 17, ob Lammkotelett, Rotbarbe oder Jakobsmuschel, hier schmeckt alles. Hübsches Ambiente, der Service ist gut und die Preise sind mit 7,50–18 € für ein Hauptgericht und ab 25 € für ein 3-Gänge-Menü mehr als fair. Mittagstisch Mo–Fr ab 11.30 Uhr. Der charmante Wirt Dimitri hat auch gut ausgesuchte Weine aus aller Welt im Angebot. Unbedingt reservieren. Tägl. 11.30–24 Uhr. Abendrothsweg 55, ✆ 2807671, www.restaurant-hirsch.com. Bus 6, 25 (Gertigstraße) und 3 Min. zu Fuß.

Cafés und Kneipen

Borchers 2, die über 100 Jahre alte Kneipe bietet gute rustikale Gerichte (Steaks, Bauernfrühstück etc.), günstigen Mittagstisch, leckeren Kuchen sowie jede Menge Getränke und zieht damit nicht nur HSV-Fans zum samstäglichen gemeinsamen Fußballgucken an. Frühstück Mo–Sa ab 10 (im Winter nur Sa), So ab 10 Uhr Brunch. Hier trifft sich ganz durchmischtes Eppendorfer Publikum, das drinnen an Holztischen sitzt oder draußen an der kuscheligen Erikastraße auf Bierbänken. Hauptgerichte 8–19 €. Tägl. ab 10 Uhr (open end), Nov.–März Mo–Fr erst ab 12, Sa/So ab 10 Uhr. Geschwister-Scholl-Str. 1–3, ✆ 462677, www.cafeborchers.de. Bus 20, 22, 25, 34, 39, 114 (Eppendorfer Marktplatz) und 4 Min. zu Fuß.

Marsbar 23, im ehemaligen Pförtnerhaus der alten Straßenbahnfabrik Falkenried stärken sich nicht nur die Angestellten der umliegenden Büros mit leckeren Panini,

Kaffee, Tee, Schoko und mehr…

Kuchen, Suppen und Pasta sowie diversen Getränken. Das Ambiente ist schlicht-schick, die Preise sind nicht gerade niedrig. Mo–Fr 9–24, Sa 10–18 Uhr. Straßenbahnring 2 am Falkenried, ✆ 46009950, www.marsbar-hamburg.de. U 3 Hoheluftbrücke und 5 Min. zu Fuß.

Kopps 3, mittlerweile trägt die frühere Bar De Luxe am Eppendorfer Marktplatz den Namen des Besitzers und bietet neben Bier vom Fass auch sehr gute Cocktails zu günstigen Preisen. Die Musik ist genauso gemischt wie das (Stamm-)Publikum, und der nette Chef steht oft persönlich hinter den Tresen. Di–So ab 21 Uhr. Heinickestr. 1, ✆ 448891. Bus 20, 22, 25, 34, 39, 114 (Eppendorfer Marktplatz).

Café Lindtner 6, alteingesessenes nostalgisches Café mit uriger Theke, gutem Kuchen, leckeren Pralinen, ganztägigem Frühstück à la carte und kleinen warmen Speisen. Alles nicht günstig, aber lecker. Auf der hübschen Terrasse scheint der Service mitunter überfordert. Tägl. 8.30–20, So 10–19 Uhr. Eppendorfer Landstr. 88, ✆ 4806000, www.konditorei-lindtner.de. U 1/U 3 Kellinghusenstraße oder Bus 20, 22, 25, 34, 39, 114 (Eppendorfer Marktplatz).

Cucibar 21, gehört zum Cucinaria (siehe Einkaufen), ist aber eine Straße weiter gezogen. Ein Italiener kocht leckere kleine Gerichte, die nicht nur von den Kunden des Geschäfts und den Angestellten der Büros im Falkenriedkomplex verspeist werden. Sehr empfehlenswert! Mo–Sa 10–18 Uhr, Mittagstisch Mo–Fr 12–15 Uhr. Falkenried 10, ✆ 42101147, www.cucibar.de. U 3 Hoheluftbrücke oder Eppendorfer Baum und 7 Min. zu Fuß.

Yoguru 10, die neue Eisdiele, die es mittlerweile schon mehrfach in Hamburg gibt, stellt köstliches Joghurteis her. Dazu sind für oben drauf diverse „Toppings" im Programm. Alles Bio – der Biobauernhof, der die Zutaten liefert, ist in der Region. Wer schlank bleiben möchte, hat hier beim Schlemmen ein gutes Gewissen. Tägl. 12–20 Uhr. Eppendorfer Landstr. 32, www.yoguru.de. ■

TH² 25, die Einrichtung der nicht eben günstigen Cafébar ist ebenso stylish und angesagt wie die teilweise prominente Kundschaft. Tagsüber ein Mekka für Mütter mit Kinderwagen und Zeitung lesende oder schnackende Dinks. Mo–Fr 9–19.30, Sa bis 18, So 10–18 Uhr. Klosterallee 67, ✆ 42107944, www.th2.de. U 3 Hoheluftbrücke oder Eppendorfer Baum und 3 Min. zu Fuß.

Einkaufen

Die Eppendorfer Einkaufsstraßen sind voll mit kleinen Boutiquen, edlen Geschäften und mutigen Neueröffnungen. Das Ambiente ist eher edel und gediegen, aber nicht für jeden Laden braucht man einen überdimensionalen Geldbeutel.

British Shopping 18, wer's britisch mag, versorgt sich in diesem Miniatursupermarkt mit dem Nötigsten: Das Angebot reicht von Guinness Draft über Salt and Vinegar Chips bis zu den berühmten roten Bohnen in der Dose. Tägl. (außer So) 10–19, Sa bis 16 Uhr. Hegestr. 30, ✆ 51326326, www.british-shopping.de. U 3 Eppendorfer Baum.

››› Mein Tipp: **Cucinaria** 24, Haushaltsmaschinen, beste Schneidewerkzeuge, Kaffeemaschinen, Einkochutensilien, Behältnisse, Geschirr, Kochlöffel, Kochbücher und mehr begeistern hier nicht nur Hobbyköche. Alles in einer großen Halle geschmackvoll präsentiert, wunderbar zum Stöbern. In der dazugehörigen „Cucibar" der Familie Viviani eine Straße weiter stärken sich nicht nur die Kunden bei Espresso oder hausgemachten italienischen Spezialitäten. Mo–Fr 10–19, Sa 10–18 Uhr. Straßenbahnring 12 am Falkenried, ✆ 43290707, www.cucinaria.de. U 3 Hoheluftbrücke und 5 Min. zu Fuß. ‹‹‹

Kaufrausch 20, Shop-in-Shop-Konzept auf drei kleinen Ebenen. Lederaccessoires wie Gürtel und Geldbörsen, Fotoalben, Mode, amüsante Geschenke u. v. m. Das kleine, kuschelige Geschäft wird durch die „Marsbar" ergänzt, eine nette Cafébar mit Stehtischen, Hockern und ein paar Plätzen draußen, sehr beliebt. Mo–Fr 11–19 (Café ab 10), Sa 11–18 Uhr. Isestr. 74, ✆ 477154, www.kaufrausch-hamburg.de. U 3 Eppendorfer Baum.

Heymann 7/16, in Eppendorf gibt es sowohl die gut sortierte, aber sehr eng bestückte Hauptfiliale des Hamburger Buchhandelsunternehmens als auch einen neuen, sehr schön eingerichteten großen Ableger in der Eppendorfer Landstr. 77. Mo–Fr 9–20, Sa 9–19 Uhr, in der Eppendorfer Landstraße bis 20 Uhr. Eppendorfer Baum 27, ✆ 480930, www.heymann-buecher.de. U 3 Eppendorfer Baum.

Koch 5, Papeterie, die schon seit 1890 in der Eppendorfer Landstraße ansässig ist. Geboten werden neben allem Möglichen rund ums Papier auch Künstlerbedarf, Bücher, Kalender und eine kleine, aber sehr gut sortierte Kinderspielzeug- und Kinderbücherabteilung. Bürobedarf im Untergeschoss. Nette und kompetente Beratung. Mo–Fr 9.30–19, Sa bis 18 Uhr. Eppendorfer Landstr. 104, ✆ 476246, www.papeterie-hamburg.de. U 3 Kellinghusenstraße oder Busse zum Eppendorfer Marktplatz.

Kaffeerösterei Burg 19, seit 1923 ein Mekka für Kaffeeliebhaber. 124 Kaffeesorten, dazu Tee, Süßigkeiten (besonders Schokolade) und Gedöns rund um die Bohne. Mo–Fr 8–19, Sa 8–18 Uhr. Eppendorfer Weg 252, ✆ 4221172, www.kaffeeroesterei-burg.de. Bus 5 (Eppendorfer Weg Ost) oder U 3 Eppendorfer Baum und 10 Min. zu Fuß.

Schokovida 12, Schokolade aus allen möglichen Erdteilen in den verschiedensten Variationen und hübschesten Outfits. Wer will, kann sie gleich vor Ort als Trinkschokolade zu sich nehmen. Mo–Fr 10–19, Sa 10–16 Uhr. Hegestr. 33, ✆ 87870808, www.schokovida.de. U 3 Eppendorfer Baum.

››› Mein Tipp: **KunstGenuss 13**, Petra von Schmude hat ein schönes Sortiment an Kunstkalendern, Postkarten, Büchern, Geschenkpapier und mehr in ihrem Souterrainladen zusammengestellt. Wunderbar zum Rumstöbern! Mo–Fr 10–19, Sa bis 16 Uhr. Hegestieg 14, ✆ 46071250, www.kunstgenuss-hamburg.de. U 3 Eppendorfer Baum. ‹‹‹

Anita Hass 9, hier bekommt man die neueste und angesagteste Kleidung. Designerklamotten und zuverlässige Beratung. Mo–Fr 10–19, Sa bis 17 Uhr. Eppendorfer Landstr. 60, ✆ 465909, www.anitahass.de. U 1/3 Kellinghusenstraße und 3 Min. zu Fuß.

Isemarkt, bunter und angesagter Wochenmarkt mit Lebensmitteln, Textilien und mehr (s. o., „Spaziergang"). Di & Fr 8.30–14 Uhr. U 3 Eppendorfer Baum oder Hoheluftbrücke. ■

Hai Q 14,coole Outfits für Sommer, Sonne, Sand, Meer sowie für Winter und Schnee findet man in diesem Laden für Surfer und Snowboarder. Mo–Fr 12–19, Sa 11–16 Uhr. Hegestr. 27, ✆ 6524158, www.haiq.com. U 3 Eppendorfer Baum.

...auch als Souvenir geeignet

Eppendorf
→ Karte S. 239

Tour 12

Das Elbufer

Die wohl idyllischste, aber auch längste Tour dieses Buchs führt 12 km an der breiten Elbe lang. Sie beginnt am berühmten Fischmarkt, verläuft zunächst auf einer vornehmen Promenade an einer Kette modernster Architekturhighlights entlang und passiert dann kleine Fischer- und Lotsensiedlungen, Parks und Strände.

Die abwechslungsreiche Landschaft lässt keine Langeweile aufkommen, und wenn die riesigen Containerschiffe vorbeiziehen, kann man das nahe Meer fast schon riechen. Traumhaft bei (fast) jedem Wetter!

Der Elbe, einem der Hauptströme Europas, verdankt Hamburg seine Bedeutung. Wegen der günstigen Lage direkt am Fluss konnte sich die Stadt über Jahrhunderte behaupten und ausdehnen.

Die Elbe entspringt im Riesengebirge und ergießt sich nach 1165 km bei Cuxhaven auf einer Breite von 15 km ins Meer. Von Hamburg aus sind es noch 80 km flussabwärts bis zur Nordsee. Ab Geesthacht im Osten der Hansestadt wird die Elbe flussabwärts von den Gezeiten beeinflusst.

Dass erst die Elbe Hamburg zum Tor zur Welt macht, wird deutlich, wenn man das Elbufer erkundet. Die vielen mächtigen Containerschiffe – täglich erreichen oder verlassen etwa 50 dieser Giganten den Hafen – verströmen neben dem Duft von Diesel den der großen weiten Welt.

Das Ufer selbst hat in den letzten Jahrzehnten eine starke Wandlung erfahren. Der Schwerpunkt der Hafenarbeit hat sich mit der Entwicklung des computergesteuerten Containerverkehrs komplett verschoben. Die Erkundung des Elbufers vom Fischmarkt bis nach Blankenese bleibt dennoch eine facettenreiche Angelegenheit.

Dabei ist der Fischmarkt mittlerweile nur mehr eine Touristenattraktion – der Fischhandel findet weiter westlich in den Altonaer Großmarkthallen statt. Und viele Fischhändler sind fortgezo-

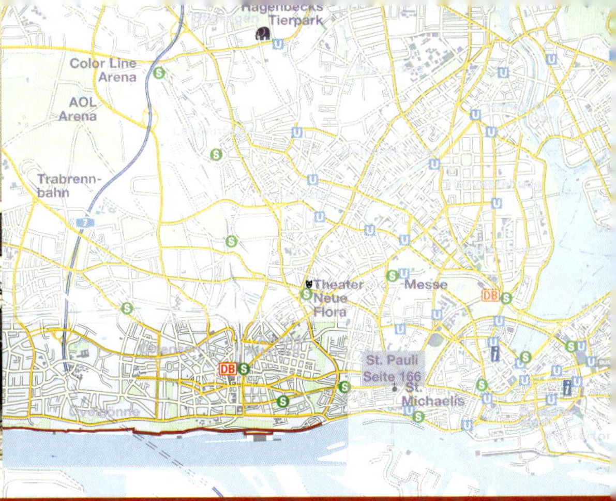

gen. Somit verändert sich das komplette Nordufer seit einiger Zeit drastisch. Für die Schaffung von Büro- und Wohnflächen wurden und werden große Teile des Elbufers mit schmucken modernen Bauten versehen (an der schicken langen Uferpromenade gut zu sehen) – die alten Fischerdörfer weiter elbabwärts sind dank ihrer Uferlage vornehme Wohnviertel geworden: Övelgönne, einst Fischer- und Lotsenort, liegt idyllisch am Hang. Erholungsbedürftige liegen am Sandstrand und genießen das Treiben auf dem Fluss. Immer weiter raus aus der Stadt geht es über Teufelsbrück vorbei an Gärten und Grünanlagen.

Der gesamte Uferweg führt unterhalb der Elbchaussee mit ihren Traumvillen über 12 km bis nach Blankenese und weiter. Zu Fuß ist die ganze Strecke zu weit. Aber gut läuft sich eines der reizvollen Teilstücke. Zu den Ausgangspunkten hin oder von den gewählten Teilzielen weg gibt es gute Fähr- oder Busverbindungen.

St. Pauli Fischmarkt

Der immer sonntags stattfindende Fischmarkt ist schon seit über 300 Jahren ein Volksfest in Hamburg. Wer nichts verpassen möchte, muss früh aufstehen oder geht erst gar nicht schlafen, denn im Sommerhalbjahr beginnt das Treiben schon um 5 Uhr (von ca. Nov. bis Ende März um 7 Uhr) und ist bereits um 9.30 Uhr zu Ende. Der Fischverkauf ist zwar etwas in den Hintergrund gerückt, doch dafür preisen die Marktschreier lauthals Pflanzen, Blumen, Obst und Gemüse an; Kleintiere und Schmuck findet man genauso wie Souvenirs oder die Lederjacke, die man am Abend vorher auf der Reeperbahn hat liegen lassen. Zwischen den Ständen oder in der Fischauktionshalle, die 1895 von Kaiser Wilhelm II. eingeweiht wurde, tummeln sich die Besucher dicht gedrängt. Wenn in der Auktionshalle, in der heute Fisch nur noch auf der Speisekarte steht, keine Veranstaltung stattfindet, lässt es sich bei Livemusik prima brunchen.

→ Karten S. 248/249, S. 252/253, S. 254/255

Elbspaziergang 1
Vom Fischmarkt bis Neumühlen

Spaziergänge an der Elbe

Abschnitt 1: Vom Fischmarkt bis Neumühlen (Karte S. 248/249)

Der Spaziergang beginnt am **Fischmarkt,** den Sie über die **S-Bahn-Station Reeperbahn** in wenigen Minuten erreichen (ausgeschildert).

Über holprige Pflastersteine führt der Weg an der Großen Elbstraße entlang zur **Fischauktionshalle** (siehe Kasten), die 1896 errichtet, 1943 im Bombenhagel zerstört und nach dem Krieg originalgetreu, d. h. im Stil einer dreischiffigen römischen Markthalle, wiederaufgebaut wurde.

An den Gebäuden und den alten Firmenschildern lässt sich noch unschwer die ehemalige Bestimmung der Straße als Standort von Fischhändlern und fischverarbeitenden Betrieben ausmachen. Heute tummeln sich hier Restaurants, Kneipen, Büros und Geschäfte. So z. B. das *Stilwerk* (Nr. 68), ein großer Einrichtungskomplex – viel zitiert in diversen Wohnzeitschriften –, der in der denkmalgeschützten **Malz-Fabrik Naefeke** seinen Standort gefunden hat.

Ein Stück weiter kommen Sie am Abzweig Carsten-Reeder-Straße zur neugotischen **Köhlbrandtreppe** von 1887. Einst wurde sie von den vielen Hafenarbeitern aus der Oberstadt für den Weg zur Arbeit genutzt. Direkt hier befand sich mit dem sog. Holzhafen etwa einhundert Jahre lang der ökonomische Mittelpunkt der damals aufstrebenden Stadt Altona. Das künstlich geschaffene Hafenbecken hat heute keine Funktion mehr. Die Köhlbrandtreppe führt etwa 50 m den Geesthang hinauf. Den Treppenaufgang ziert ein Brunnen. Neptun und Merkur an der Vorderwand über dem Brunnen stehen für Handel und Seefahrt.

Elbabwärts zweigen vom Weg noch einige andere Treppen und Stiegen nach oben ab. Wer möchte, kann jederzeit vom Ufer unten auf den Elbhöhenwanderweg ausweichen.

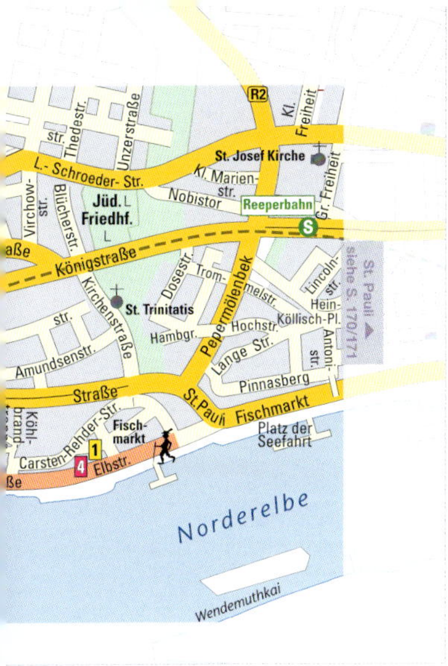

Bleibt man unten auf der Van-der-Smissen-Straße, erreicht man nach etwa 300 m ein postmodernes Stahl-Glas-Gebäude, das einstige Fähr- und Kreuzfahrtterminal der Englandfähre, deren Betrieb 2002 eingestellt wurde. Vorbei am neuen, zweiten Kreuzfahrtterminal gelangt man ein paar Meter weiter zum spektakulären Dockland, ein preisgekröntes parallelogrammförmiges Bürogebäude, das an ein Schiff erinnert, dessen Bug auf die Elbe zeigt.

Etwas weiter passieren wir am Elbberg 1 das Lofthaus von 1997. Das Besondere ist nicht nur die interessante Architektur, sondern auch, dass der Bau wegen Hochwassergefahr auf Pfeilern steht. Dahinter rechts am Hang der Elbbergcampus, ein Bürogebäude und Mehrfamilienhaus zugleich. Wer hier die schöne Aussicht genießen möchte, geht die Treppen zur Dachterrasse des unteren Hauses hoch.

Zurück am Ufer, gibt es nun auf ein paar hundert Metern einige Schmuckstücke moderner Architektur zu bewundern, darunter diverse Büro- und

Begehrte Wohnadresse: Ehemaliges Fischerdorf Övelgönne

→ Karten S. 248/249, S. 252/253, S. 254/255

Die Elbchaussee

Eine Fahrt mit dem Schnellbus Nr. 36 führt über die 8,5 km lange Prachtstraße von Ottensen nach Blankenese. Was früher einmal ein holpriger Sandweg war und bis 1890 mit Schlagbaum und Wegezoll als Privatstraße unterhalten wurde, ist heute eine viel befahrene Verbindung in die attraktiven Elbvororte Hamburgs. Prächtige Villen und Herrenhäuser mit Blick über die Elbe und riesigen – heute größtenteils öffentlich zugänglichen – Parkanlagen verdrängten ab dem Ende des 18. Jh. Bauernhöfe und Landgüter und säumen bis heute rechts und links die Chaussee. Die zumeist klassizistischen Landhäuser gehören zu den vornehmsten und teuersten Adressen der Stadt.

Wohngebäude (für den dickeren Geldbeutel) sowie (Edel-)Bars und Restaurants. Automatisch führt uns der Weg zum **Augustinum**, einem der nobelsten Altenheime Deutschlands.

Gegenüber am anderen Elbufer sind nun auch von unten große Teile des Containerhafens sichtbar. Der erste Teil des Weges ist geschafft. Vom Neumühlenkai lässt sich der Rückweg antreten. Man kann auch die Fähre 62 zu den Landungsbrücken nehmen. Wer noch nicht genug hat, geht einfach weiter, oder fährt mit der 62er-Fähre in die andere Richtung nach Finkenwerder und von dort nach Teufelsbrück oder Blankenese.

Abschnitt 2: Von Övelgönne nach Teufelsbrück (Karte S. 252/253)

Wer hier beginnen will, kommt mit dem Bus Nr. 112 oder mit der Fähre Nr. 62 direkt von den Landungsbrücken zum Neumühlenkai nach Övelgönne. Die beschriebene Strecke führt in Richtung Westen (Teufelsbrück). Nur wenige Meter vom Augustinum entfernt

„Alter Schwede!"

Der Jenischpark

Vom Teufelsbrück aus lohnt ein Abstecher in den großzügigen Jenischpark. Der Landschaftspark erstreckt sich oberhalb des Fähranlegers jenseits der viel befahrenen Elbchaussee gen Norden. Ursprünglich war das Gelände im Besitz des Hamburger Kaufmanns und Sozialreformers Caspar Voght, der auf seinen ausgedehnten Bildungsreisen durch halb Europa sein Interesse für Gartenarchitektur und Landwirtschaft entdeckt hatte und sich hier eine Art landwirtschaftlichen Musterbetrieb errichten ließ. 1828 verkaufte Voght das Areal an den Senator Martin Johann Jenisch. Dieser veränderte den Park zu Erholungszwecken und ließ eine prächtige klassizistische Landvilla – das **Jenisch Haus** – errichten. Heute ist in der Villa das **Museum für Kunst und Kultur an der Elbe** untergebracht, eine Außenstelle des Altonaer Museums.

Museum: Tägl. außer Mo 11–18 Uhr, Eintritt 5 €, erm. 3,50 €, Kinder bis 17 J. frei. Baron-Voght-Str. 50, ✆ 828790, www.altonaermuseum.de/jenisch-haus. S 1/11 bis Klein-Flottbek, dann 10 Min. zu Fuß bzw. Bus 115 (Marxsenweg) oder Bus 36, 39, 286 (Teufelsbrück) und 10 Min. zu Fuß.

Ebenfalls im Jenischpark, der seit 1937 im Besitz der Stadt ist, befindet sich das **Ernst Barlach Haus**. Schon allein der moderne weiße Atriumbau des bekannten Hamburger Architekten Werner Kallmorgen beeindruckt. Innen kann man sich die Arbeiten des expressionistischen Bildhauers, Schriftstellers und Zeichners sowie wechselnde Ausstellungen anderer Künstler anschauen.

Tägl. außer Mo 11–18 Uhr, Eintritt 6 €, erm. 4 €, Kinder bis 12 J. frei, Familienkarte 7 €, Kombikarte mit dem Jenisch Haus 8 €; Baron-Voght-Str. 50 a (in Sichtweite des Jenisch Hauses), ✆ 826085, www.barlach-haus.de.

◄ Blankenese (Elbspaziergang 3) siehe S. 254/255

Elbspaziergang 2
Von Övelgönne nach Teufelsbrück

erreicht man den **Museumshafen Övelgönne**. Hier liegen ca. 30 eigentlich noch fahrtüchtige historische Schiffe, darunter Plattbodenschiffe, Dampfschlepper und Barkassen, ein Hochseekutter, ein Feuerschiff, ein Dampfkran, ein Fischewer und eine alte Hafenfähre, die zum Café umgerüstet wurde. Zum Hafengeburtstag im Mai (siehe S. 136) werden die alten Schiffe „freigelassen".

Der Weg führt nun oberhalb des Strandes zwischen Vorgärten und Häusern des ehemaligen Fischerdörfchens **Övelgönne** hindurch. (Sie befinden sich übrigens jetzt genau über den vier A 7-Elbtunnelröhren). Die heute so hübsch hergerichteten Häuschen mit ihren Erkern, Balkonen und Veranden waren früher Wohnsitze von Lotsen und Kapitänen, Fischern und Schiffsbauern.

Nach etwa einem Kilometer geht's wieder runter an die Elbe. Eine Sehenswürdigkeit liegt dort mitten im Sand: der **Alte Schwede**. Er ist 1,8 Milliarden Jahre alt und 217 Tonnen schwer – ein oller grauer Findling, der 1999 bei Baggerarbeiten zur Elbvertiefung aus dem Fluss gefischt wurde. Es ist wohl etwa 400.000 Jahre her, dass der dicke Stein während der Elster-Eiszeit aus Ostsmåland nach Hamburg wanderte.

Nun beginnt ein wunderbares Stück Weg. Ruhig und so fernab der Stadt kommen wahre Urlaubsgefühle auf – falls nicht unzählige Flanierer die gleiche Idee hatten wie Sie. Zur Rechten **Schröders Elbpark** und zur Linken die Elbe mit ihren großen Pötten. Man kommt an der Ringelnatztreppe und am **Hindenburgpark** vorbei und erreicht von dort nach etwas mehr als einem Kilometer den **Fähranleger Teufelsbrück**.

Abschnitt 3: Von Teufelsbrück nach Blankenese (Karte S. 254/255)

Wer den Spaziergang hier beginnen möchte, kann mit der Fähre Nr. 62 von den Landungsbrücken nach Finkenwerder fahren, dort umsteigen und mit der 64 bis zum Fähranleger Teufelsbrück gelangen. Von hier kann man herrlich bis ins hübsche Blankenese wandern, den Jenischpark erkunden (siehe Kasten) oder den Weg Richtung Övelgönne (wie beschrieben, nur in Gegenrichtung) und Landungsbrücken laufen. Alternativ fährt ein Bus über die teure und elegante Elbchaussee in beide Richtungen. Die herrschaftlichen Villen und pompösen Grundstücke, meist mit freiem Blick vom Hang auf die Elbe, sind irrsinnig teuer und feudal.

Der Spaziergang Richtung Blankenese verläuft zunächst ein paar Meter an der viel befahrenen Elbchaussee entlang. Aber keine Angst, die Idylle folgt alsbald, wenn der Elbuferweg abzweigt. Gleich an dessen Beginn ein Blick auf die andere Elbseite: Sie sehen die großen Fertigungshallen der Airbus-Endmontagestätte, der zweiten neben der im französischen Toulouse. Der Airbus A 380, das derzeit größte Flugzeug der Welt wird hier mitproduziert. Die Daimler-Benz Aerospace Airbus GmbH Finkenwerder beschäftigte rund 10.000 Mitarbeiter und kam Anfang 2007 mit skandalösem Stellenabbau in die Presse.

Wir laufen weiter. Strand und Elbe zur Linken, Wald, Hang, Parks und Einkehrmöglichkeiten zur Rechten. Am **Hirschpark** vorbei, der mit seinem Wildgehege einen Abstecher wert ist (die Hirschparktreppe hinauf), erreicht man auch schon den **Jollenhafen Mühlenberg.** Jetzt sind es nur noch gut 400 m bis zum **Jollenhafen Blankenese**, und auch der Fähranleger ist nicht weit. Alternativ kann man mit dem Bus zur S-Bahn-Station hochfahren oder den beschwerlichen, aber immer wieder durch wunderbare Ausblicke belohnenden Weg die vielen Treppenstufen des hübschen ehemaligen Fischerdörfchens hinaufgehen. Für Blankenese siehe auch Ausflüge auf S. 260f.

→ Karten S. 248/249, S. 252/253, S. 254/255

Blankenese (Elbspaziergang 3: Von Teufelsbrück nach Blankenese)

Praktische Infos

Restaurants

New Lobster House 4, **(Karte S. 248/249)**, leider wurde der ehemals freie Blick auf den Hafen einfach mit einem riesigen Glasklotz zugebaut. Dessen ungeachtet erfreut sich das Hummer-Haus nach wie vor größter Beliebtheit. Gute Weine und Meeresgetier aller möglichen Art (also nicht nur Hummer) werden hier serviert. Auch an etwas kühleren Tagen kann man wegen der Heizstrahler gut auf der Terrasse sitzen. Gemütliches und uriges Ambiente drinnen. Hauptgerichte 12–40 €, am Do gibt's Hummer ohne Ende mit den dazugehörigen Soßen für 49,90 € pro Nase. Di–Do 17–23, Fr–So 12–23 Uhr, Mo Ruhetag. Große Elbstr. 96, ✆ 3895888. S 1 Königstraße.

Henssler & Henssler 2, **(Karte S. 248/249)**, Restaurant und Sushibar, international beeinflusste japanische Küche. Das Essen ist hochklassig und hochpreisig, der Service gelegentlich etwas lieblos. Hier ist es alles andere als ruhig, die Tische stehen dicht an dicht, die Atmosphäre ist die einer Markthalle. Aber „in" ist das Restaurant und dementsprechend meist brechend voll. Hauptgerichte 18–28 €, Menüs ab 44,50 €. Mo–Sa 12–15 und 18–23.30 Uhr. Große Elbstr. 160, ✆ 38699000, www.h2dine.de. S 1–3 Königsstraße und 5 Min. zu Fuß.

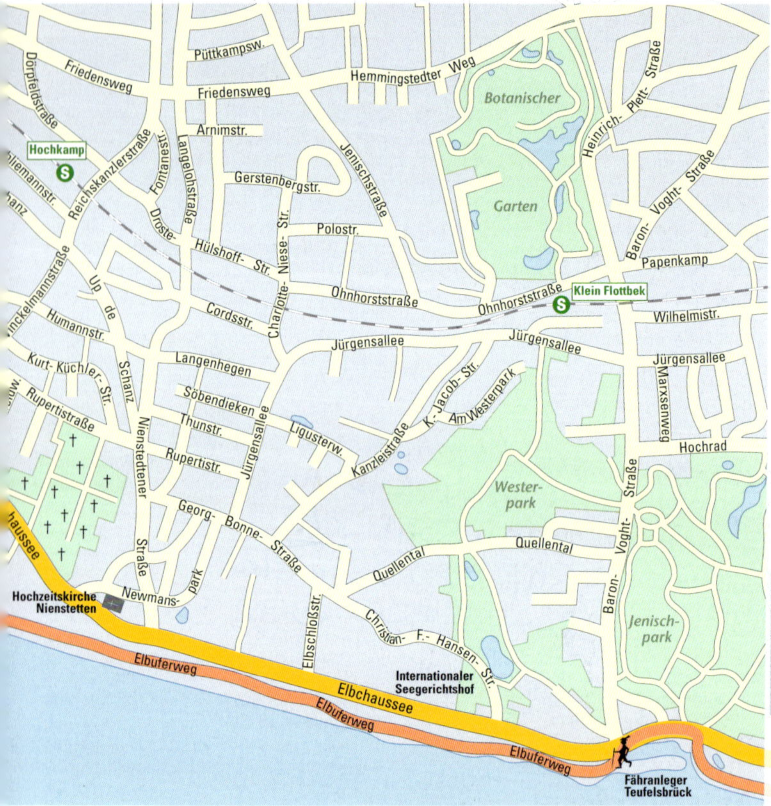

Elbspaziergang 2 ▶ siehe S. 252/253

Fischereihafen Restaurant 5, (Karte S. 248/249), eine Institution in Hamburg und die wohl erste Adresse für Fisch jedweder Form. Neben feinen Gourmetfischen werden auch deftige Regionalgerichte wie Labskaus serviert. Ein paar Fleischgerichte stehen ebenfalls auf der Karte. Der Ausblick auf Elbe, Hafen, Köhlbrandbrücke und Dockland ist besonders schön. Hauptgerichte 22–48 €. Tägl. 11.30–22, Fr/Sa bis 22.30 Uhr. Große Elbstr. 143, ✆ 381816, www.fischereihafenrestauranthamburg.de. S 1–3 Königstraße und 10 Min. zu Fuß.

Indochine 6, (Karte S. 248/249), ein loftartiges, sehr beliebtes Restaurant in einem modernen Glasbau direkt an der Elbe. Der Elbblick ist gigantisch, da sich das Gebäude wie ein großes Schiff mit einer Kante über die Elbe schiebt. Gerichte aus Laos, Kambodscha und Vietnam werden angeboten. Und die sind ganz vorzüglich zubereitet, wie die regelmäßigen Auszeichnungen belegen. Auch die Bar ist einen Besuch wert. Hauptgerichte 18–35 €. Restaurant Mo–Fr 12 Uhr bis open end, Sa 17 Uhr bis open end (im Sommer Sa ab 15, So 11–24 (Küche jeweils bis 22.30 Uhr), Bar open end (im Winter erst ab 17 Uhr); So 11–15 Uhr Brunch. Neumühlen 11, ✆ 39807880, www.indochine.de. S 1/2/31 Bahnhof Altona, dann Bus 112 (Neumühlen).

Süßwasser 2, (Karte S. 252/253), kleines, gemütliches Restaurant mit guter Fischküche (immer auch ein Fleischgericht auf der Karte) in einem kleinen Haus im Lostendorf Övelgönne. Toll ist die Lage direkt am Elbhang mit Blick auf Wasser und Schiffe (wenn man richtig sitzt.) Hauptgerichte

→ Karten S. 248/249, S. 252/253, S. 254/255

13,50–21,50 €. Tägl. ab 12 Uhr, im Winter nur Do–So. Övelgönne 38, ✆ 8801242, www.suesswasser-hamburg.de. Bus 36 (Liebermannstraße).

Fischclub 3, (Karte S. 254/255), in einem Schiffchen direkt am Fähranleger Blankenese, die 16 m lange Fensterfront sorgt für einen schönen Ausblick. Abends kann man von hier die Sonne untergehen sehen und sich dabei herrlich verwöhnen lassen. Internationale Küche, die aber die Region nicht verleugnet. Viele gute Fisch- und Meeresfrüchtegerichte, tagsüber auch Kaffee und Kuchen. Hauptgerichte 17–26,50 €. Tägl. 11–23, Küche bis 22 Uhr. Blankeneser Landungsbrücken, gegenüber Strandweg 30, ✆ 869962, www.restaurant-fischclub.de. S 1, S 11 Blankenese, dann Bus 48 („Bergziege") bis Strandweg/Blankeneser Fähranleger.

Lust auf Italien 7, (Karte S. 248/249), in einem großen, quadratischen Raum mit Biergartenbestuhlung werden zwar unspektakuläre, aber leckere italienische Gerichte serviert. Bestellt wird an der Theke, dann darf man im Sitzen auf sein recht günstiges Essen warten (Hauptgerichte 7–17 €, Mo–Fr gibt's von 12 bis 17 Uhr Pizza für 4,50–7,50 €). Das Publikum ist sehr gemischt. Reservierung empfohlen! Tägl. 12–24, Küche bis 23.30 Uhr. Große Elbstr. 133, ✆ 382811, www.lustaufitalien.de. S 1–3 bis Königstraße und dann 13 Min. zu Fuß.

Cafés und Kneipen

Zur Elbkate 3, (Karte S. 252/253), nicht weit vom Findling „Alter Schwede" entfernt bietet die Elbkate unkomplizierte Außengastronomie mit Selbstbedienung. Wer allerdings keine Lust hat, sich anzustellen, kann sich auch (zu höheren Preisen) am Tisch bedienen lassen. Vegetarische oder Fisch- und Fleischgerichte ab 7,50 €, Bockwurst 2,50 €, Suppen ab 3,40 €, auch Kuchen. Tägl. 10–18, im Sommer bis 23 Uhr (je nach Wetterlage auch kürzer oder länger). Övelgönner Hohlweg 12, ✆ 8803766, www.elbkate.de. Bus 36/, 286 (Halbmondsweg).

››› Mein Tipp: **Strandperle 4, (Karte S. 252/253)**, Kultiger Kiosk direkt am Elbstrand in Övelgönne. Hier trifft sich kunterbuntes Publikum, kauft Getränke oder Snacks und fläzt sich im Sand. Man kann aber auch an Holztischen sitzen. Bei richtig gutem Wetter muss man etwas Geduld mitbringen. April–Okt. tägl. 11–23 Uhr (wetterabhängig), im Winter nur Sa/So geöffnet. Unterm Schulberg, Övelgönne Strand, www.strandperle-hamburg.de. Bus 36 (Liebermannstraße). ‹‹‹

Haifischbar 3, (Karte S. 248/249), die Mutter aller Haifischbars mit Astra, Jever und Asbach. „Wer schon mal in Hamburg war, kam gern in die Haifischbar!", steht im Fen-

Historisches Seegelschiff auf der Elbe

Cafébar und Liveclub an der Waterkant

ster. Hart an der Grenze zwischen Nostalgie und Touristenschreck. Hier wird gesoffen, abgeschleppt, gegrölt und gefeiert. Deutsche Küche von 11 bis 3 Uhr. Große Elbstr. 128, ✆ 3809342. S 1–3 bis Königstraße, dann 13 Min. zu Fuß.

››› Mein Tipp: **AHOI Strandbar 5**, Die Strandperle direkt nebenan hat Konkurrenz bekommen. Die Location ist drinnen cool (eine Theke und etwas Platz in alten Mauern) und draußen mindestens genauso schön wie nebenan. Also hin da, kühles Bier oder Ahoi-Brause kaufen und sich auf einen Stuhl oder direkt in den Sand werfen. Im Sommer tägl. 9–23, Fr/Sa bis 24 Uhr, im Winter erfragen. Unterm Schulberg, Övelgönne Strand, ✆ 0152–53379362. Bus 36 (Liebermannstraße). ‹‹‹

Hafenbahnhof 8, (Karte S. 248/249), gemütliche Café-Bar-Liveclub-Kombination. Musik je nach Programm von Britpop über R 'n' B bis Bossanova. Mo ab 20.30, Di–Fr ab 18, Sa ab 14, So ab 12 Uhr. Große Elbstr. 276, ✆ 0170-1832077, www.hafenbahnhof.com. Bus 112 (Neumühlen/Övelgönne).

Museumshafencafé 6, (Karte S. 252/253), die Bergedorf ist eine nostalgische Hafenfähre im Övelgönner Museumshafen. Über oder unter Deck trinken Touristen und Einheimische ihren Pott Kaffee und sind voll und ganz Hanseaten. Tägl. 12–22 (Küche bis 21 Uhr), So ab 10 Uhr. Museumshafen Övelgönne, ✆ 397383, www.museumshafen-cafe.de. Bus 112 (Neumühlen/Övelgönne).

Engel 1, (Karte S. 252/253), das Café-Restaurant befindet sich auf einem leicht schaukelnden Ponton am Fähranleger Teufelsbrück. Serviert werden gute Kuchen und mediterrane Gerichte (11–26 €), den Elbblick gibt's gratis dazu. Übrigens: Wer ganz günstig seinen Hunger stillen möchte, kann unterm Engel, direkt am Fähranleger, auch Fritten und Ähnliches am Kiosk bestellen. Tägl. 11–22.30, So jeweils 10–12 und 12.15–14.30 Uhr Frühstücks-Brunch für schlappe 25,50 €, ab 18 Uhr wieder Abendkarte). ✆ 824187, www.restaurant-engel.de. S 1 Othmarschen, dann Bus 286 (Teufelsbrück/Fähre).

Einkaufen

Stilwerk 1, (Karte S. 248/249), internationale Inneneinrichter unter einem Dach – manchem vielleicht schon aus anderen Städten oder Wohnzeitschriften ein Begriff. In den historischen Fabrikgebäuden gibt es Designmöbel und -artikel vom Feinsten. Verkauf Mo–Fr 10–19, Sa 10–18 Uhr. Das Gebäude ist So 9.30–18 Uhr geöffnet, Shops geschlossen. Große Elbstr. 68, ✆ 30621100, www.stilwerk.de. Bus 112 (Fischmarkt).

→ Karten S. 248/249, S. 252/253, S. 254/255

Anonymer Urnenhain

An den Stadtrand und darüber hinaus

Der Ohlsdorfer Friedhof

Mit knapp 400 Hektar Fläche, Prominentengräbern, Mausoleen, Ehrenfriedhöfen und versteckten Winkeln in wunderbar abwechslungsreichen Grünanlagen ist der 1877 angelegte größte Parkfriedhof der Welt eine unbedingte Sehenswürdigkeit im Norden der Stadt.

Etwa 530 Fußballfelder ließen sich in dieser größten Parkanlage Hamburgs unterbringen. Das immense Areal wird von insgesamt 17 km Straßen- und Wegenetz durchzogen und von zwei Buslinien befahren. Für einen ersten Überblick hält das Informationsbüro am Haupteingang der Anlage (Fuhlsbüttler Straße) Pläne und Wissenswertes bereit. Darüber hinaus hängen in regelmäßigen Abständen große Friedhofspläne an den Straßen aus. Wer ein Fahrrad zur Verfügung hat, kann sich die Sehenswürdigkeiten auf dem Friedhof auch wunderbar erradeln.

Der eigentliche Reiz der Anlage liegt in ihrer erstaunlichen Vielfalt. Mal ist sie hübsch geordnet und gepflegt, mal überwuchert und verwunschen, mal wirkt sie zurückhaltend bescheiden und mal gigantisch übertrieben. Dabei unterteilen meterhohe Mauern von Rhododendren das Areal – besonders empfehlenswert ist daher ein Spaziergang oder eine Radtour über den Friedhof zur Rhododendronblüte (meist im Mai). Aber auch in den anderen Monaten besticht dieser Ort der Ruhe mit seinen alten Baumbeständen, Teichen und Bächen. Diverse Vogelarten, darunter Eisvogel, Waldkauz und Waldohreule sowie jede Menge Wasservögel, sind hier zu Hause.

Zu den Prominenten, die auf dem Ohlsdorfer Friedhof ihre letzte Ruhe fanden, zählen der Tiergartengründer Carl Hagenbeck, die Schauspieler Hans Albers und Heinz Erhard, der Schriftsteller Wolfgang Borchert, der Begründer der Schifffahrtsgesellschaft Hapag Albert Ballin oder der Maler Philipp Otto Runge. Neben historischen Grabanlagen, Grabdenkmälern, Skulpturen und Engelsplastiken finden sich viele Besonderheiten in der riesigen Anlage. So z. B. der Garten der Frauen (ganz in der Nähe ein Wasserturm mit Aussichtsplattform und Dokumentationszentrum zum Garten der Frauen), der Rosengarten, Perlenteiche, ein Chinesentempel, Mausoleen, ein anonymer Urnenhain und Kolumbarien. Sehenswert ist auch das Mahnmal für die Opfer der nationalsozialistischen Terrorherrschaft mit einer Skulptur von Gerhard Marcks.

Friedhof: April–Okt. tägl. 8–21, Nov.–März tägl. 8–18 Uhr. Friedhofs-Museum (Fuhlsbüttler Straße 756): So/Mo/Do 10–14 Uhr. Kolumbarien in den Kapellen 8 und 11 Mo–Fr 9–16, Sa/So 10–15 Uhr (nicht bei Trauerfeiern). Diverse Veranstalter bieten Führungen an (siehe Internet). Friedhof Ohlsdorf, Fuhlsbüttler Str. 756, ✆ 59388-0, www.friedhof-hamburg.de.

Hagenbecks Tierpark

1848 präsentierte der Fischhändler Gottfried Clas Carl Hagenbeck einen Holzbottich mit sechs Seehunden auf dem Spielbudenplatz in St. Pauli. Heute ist Hagenbecks Tierpark zusammen mit dem riesigen Tropen Aquarium einer der beliebtesten Zoos in Deutschland.

Auf den Geschmack gekommen, eröffnete Hagenbeck 1866 auf dem Spielbudenplatz einen Tierhandel, der später von seinem ältesten Sohn Carl übernommen wurde. Der erwies sich als äußerst geschäftstüchtig und machte daraus das größte Tierhandelshaus der Welt. Schon bald jedoch brauchte er mehr Platz für seine Unternehmung und zog ein paar Straßen weiter zum Pferdemarkt, wo er 1874 *Hagenbeck's Thierpark* eröffnete, Tierhandel für professionelle Einkäufer und Zoo für zahlendes Publikum in einem. Beide Geschäftszweige florierten, Letzterer wurde später um sog. Völkerschauen erweitert, mit denen Hagenbeck auch erfolgreich auf Europatournee ging: Nubier, Kalmücken, Indianer etc. traten dort in revueartigen Showveranstaltungen auf und zeigten dem staunenden europäischen Publikum, wie der edle Wilde sein beschwerliches Leben meistert und welche seltsamen Rituale er dabei pflegt – Kolonialzeitalter in Reinkultur.

Abhängen im Zoo …

Richtig berühmt geworden ist Carl Hagenbeck aber nicht durch solche bizarren kolonialzeitlichen Eskapaden, sondern durch sein geradezu revolutionäres Konzept der Zootierhaltung, das er 1896 zum Patent anmeldete: Die Tiere sollten nicht wie bis dato üblich in engen Käfigen gehalten werden, sondern in künstlich arrangierten Landschaften, vom Besucher nur durch breite Gräben getrennt. Zur Realisierung seiner Idee vom „Zoo der Zukunft“ kaufte er ein 25 ha großes Areal in Stellingen (damals noch preußisch), wo der 1907 eröffnete Tiergarten noch heute ansässig ist.

Natürlich hat sich seitdem viel verändert, doch am ursprünglichen Konzept, das Nachahmer in aller Welt gefunden hat, wurde nicht gerüttelt. Und so präsentiert der Zoo seine Tiere weiter in großräumigen Freigehegen, die ihren natürlichen Lebensräumen nachempfunden sind. Ebenfalls nicht geändert hat sich die Organisationsform des Zoos: Hagenbeck ist wie eh und je in Familienbesitz, erhält keine staatlichen Zuwendungen und muss seine Einkünfte aus Eintrittsgeldern und Spenden bestreiten.

Stars des Tierparks sind die üblichen Verdächtigen Löwe, Tiger, Elefant & Co., wer weniger im Rampenlicht steht, darf sich dafür mit so herrlichen Namen wie *Blauohr-Honigfresser* oder *Weißnackenmausvogel* schmücken. Besondere Attraktion ist das Giraffenfüttern, das die Besucher an bestimmten Terminen übernehmen dürfen. Brandneu ist das neue Eismeer: Durch große Glaswände kann man seit 2012 Eisbär, Pinguin und Co. beim Schwimmen zugucken. Über das Jahr finden darüber hinaus bunte Veranstaltungen statt, im Sommer z. B. Dschungelnächte mit tropischer Musik, Feuerkünstlern und, und, und. Sehr beliebt ist auch das riesige Tropen Aquarium; in einem großen Parcours passiert der Besucher gigantische Schaubecken.

März–Okt. 9–18, Juli/Aug. bis 19, Nov.–Feb. 9–16.30 Uhr; die genauen Termine können sich leicht verschieben. Erw. 17 €, Kinder 4–16 J. 12 €, Familie (2 Erw. + 2 bzw. 3 Kinder) 53 € bzw. 61 €. Kombiticket mit Aquarium: Erw. 27 €, Kind 18 €. Tropen Aquarium: Erw. 14 €, Kind 10 €. Koppelstraße/Lokstedter Grenzstr., ✆ 5400010, www.hagenbeck.de. U 2 oder Bus 22, 39, 181, 281 (Hagenbecks Tierpark.)

Blankenese

Im einstigen Fischerdörfchen etwa 12 km westlich des Hamburger Zentrums drängen sich malerisch einstige Fischerhäuschen und schicke Kaufmannsvillen an einen Hügel. Nur über ein Gewirr von verwinkelten Treppen und Sträßchen sind sie zu erreichen. Wunderbare Ausblicke auf die Elbe locken ebenso wie der schöne Sandstrand und die lange Uferpromenade.

Bereits im 14. Jh. wird Blankenese (der Name kommt von *blanke Ness* = weiße Landzunge) erstmals erwähnt. Zunächst war das Treppenviertel mit seinen vielen kleinen Backsteinhäusern ein Wohnort für Fischer, Lotsen und Seeleute. Nachdem gegen Ende des 19. Jh. die Bedeutung der Fischerei zurückgegangen war und die Hamburger Kaufleute die idyllische Gegend für sich entdeckt hatten, wandelte sich Blankenese langsam vom Fischer- und Seefahrerdorf zum Hamburger Villenvorort.

Die Attraktivität als Wohnviertel – auch für viele Künstler und Prominente – ist bis heute ungebrochen. Sie genießen, genau wie die täglichen Ausflügler, den Elbblick, die Dorfidylle, die frische Luft und die riesigen Parks, die das Bild des Stadtteils bestimmen. So der Baurs Park, der Goßlers Park mit dem klassizistischen Goßler-Haus, in dem kulturelle Veranstaltungen stattfinden, oder auch der Waldpark Falkenstein (siehe Kasten, S. 261).

Falkensteiner Ufer bis Wedel

Ein wunderbarer Elbabschnitt ist das **Falkensteiner Ufer** zwischen Blankenese und Wedel. Schöne Sandbuchten vermitteln echtes Meer- und Strandfeeling, ein Leuchtturm perfektioniert den Panoramablick vom Ufer in die Elbe. Die großen Schiffe lassen den Fluss wie das Meer rauschen und wirken zum Anfassen nah.

Es fehlt hier zwar ein Uferwanderweg, aber der Elbhöhenweg bietet herrliche Aussichten und führt in Richtung Blankenese am sehenswerten **Römischen Garten** vorbei. Der kunstvoll hergerichtete italienisch anmutende Architekturgarten wurde zu Beginn des 20. Jh. für Max Warburg gestaltet. Die Bankiersfamilie machte ihn zum sommerlichen Aufenthaltsort, ließ Theater auf der eigens errichteten Freilichtbühne aufführen und tanzte auf der ebenfalls eigens errichteten Römischen Terrasse. 1951 schenkte Familie Warburg den Römischen Garten der Stadt Hamburg, der heute wie ein Amphitheater mit Elbblick für alle zugänglich ist.

Touristischer Anziehungspunkt der Stadt **Wedel** (weiter elbabwärts) ist die Schiffsbegrüßungsanlage **Willkomm Höft**. Zwischen 9 Uhr morgens und Sonnenuntergang werden hier alle vorbeikommenden größeren Schiffe begrüßt und verabschiedet. „Steuermann, lass die Wacht" (Richard Wagner – Der fliegende Holländer), tönt es dann blechern aus dem Lautsprecher über das Wasser, darauf folgt eine Begrüßung oder Verabschiedung in der jeweiligen Landessprache und die zur Herkunft des Schiffs passende Nationalhymne. Eine schöne Idee, auch wenn der ganze Anleger Wedel mitsamt benachbarter Gastronomie stark an eine Haltestelle für Butterfahrten erinnert.

Anfahrt zum Römischen Garten: Von Blankenese: Bus 48, Haltestelle Falkentaler Weg. Dann das Falkensteiner Ufer ein Stück elbabwärts – bis kurz vor dem Wasserwerk eine steile Treppe den Hang hinauf in den Garten führt. Von Falkenstein (Endhaltestelle 286er-Bus): Elbhöhenweg Richtung Blankenese gehen (15–20 Min.). Das Ufer ist mit dem Auto nur unter der Woche zu empfehlen, am Wochenende keine Parkmöglichkeit.

Anfahrt nach Wedel: S 1 oder mit der HADAG-Fähre über Blankenese nach Wedel. Besonders schön zur Blütezeit am anderen Elbufer im Alten Land (s. u.).

Der Süllberg ist mit 74,7 m die höchste Erhebung in Blankenese. Das Lokal auf seinem „Gipfel" stammt aus dem Jahr 1837 und verfügt über einen Aussichtsturm. Im Ort haben sich einige Cafés und diverse Geschäfte auf das Blankeneser Publikum und seine Besucher eingestellt. Die Palette der Geschäfte reicht von Läden des täglichen Bedarfs bis zu edlen Antiquitätenläden und gediegenen Boutiquen. Während tagsüber im Ort und am Strandweg reges Treiben herrscht – besonders am Wochenende und bei schönem Wetter –, wirkt ganz Blankenese am Abend fast wie ausgestorben.

Verbindungen S 1/11 Blankenese oder mit der HVV-Fähre: U 3, S 1, S 3 bis Station Landungsbrücken, dann weiter mit dem Linienverkehr der Hafenfähren des HVV mit Umsteigen in Finkenwerder und Teufelsbrück. Innerhalb Blankeneses verkehrt im engen Straßengewirr die Bergziege, ein besonders wendiger Bus, denn ein normaler hätte hier kein Durchkommen.

Essen und Trinken Fischclub (4), gutes Fischrestaurant an den Blankeneser Landungsbrücken (gegenüber Strandweg 30), ✆ 869962. (siehe auch S. 256).

Seven Seas und Süllberg Bistro, Ersteres liegt oben auf dem Süllberg, erinnert an ein kleines Schlösschen und bietet eine perfekte Aussicht. Karlheinz Hauser ist sterngekrönt und hat seine klassisch-französische Küche bei Witzigmann erlernt (Hauptgericht 28–40 €). Im quasi angeschlossenen günstigeren Bistro werden köstliche regionale und internationale Gerichte serviert (Hauptgericht ab 18,50 €). Hier überzeugt die Terrasse mit einem herrlichen Blick den Blankeneser Hang hinunter. Seven Seas: Mi–So 18.30–23.30, So auch 12–14 Uhr. Bistro: Tägl. 8–23 Uhr. Süllbergterrasse 12, ✆ 8662520, www.suellberg-hamburg.de. Bus 48 (Bergziege).

Lühmann's Teestube 2, (Karte S. 254/255), hier sitzt man wie bei Oma im Wohnzimmer auf urigen alten Sofas, genießt frische Torten und Backwaren und stöbert im gut gefüllten Buchregal. Mo–Fr 9–23, Sa 9–18, So 10–23 Uhr. Blankeneser Hauptstr. 157, ✆ 863442, www.luehmanns-teestube.de.

Einkaufen **Blankeneser Wochenmarkt**, ein kleiner, unspektakulärer, aber netter Markt findet an drei Tagen in der Woche oben auf der Bahnhofstraße statt. Di 8–14, Fr 8–18, Sa 8–13 Uhr.

Museen Galerie Kunstraum, Puppenmuseum Falkenstein: In einer 1923 im Stil der Neuen Sachlichkeit erbauten weißen Villa mit einem bombastischen Blick auf die Elbe bis ins Alte Land hinein befinden sich eine Kunst-Galerie und ein Puppenmuseum. Die Galerie legt ihren Schwerpunkt auf Werke der klassischen Moderne und der zeitgenössische Kunst und Fotografie. Unter anderem waren schon Einzelausstellungen von Dieter Appelt oder Karl Blossfeldt im Programm. Galerie Kunstraum: Di–Fr 11–17, Sa 11–14 Uhr sowie nach tel. Vereinbarung.

Puppenmuseum: Das Museum mit mehr als 300 Puppen und Puppenstuben zeigt zusätzlich zur privaten Sammlung Elke Droeschers auch Sonderausstellungen. Di–So 11–17 Uhr, an Feiertagen auch Mo geöffnet. Grotiusweg 79, ✆ 810581, www.elke-droescher.de. Bus 189 oder 236 ab S-Bahnhof Blankenese.

Wildpark Schwarze Berge

Südlich der Elbe, inmitten der waldigen Harburger Berge, die auch Schwarze Berge genannt werden, befindet sich ein großer, beliebter, 50 ha großer Tierpark. Hübsche Wanderwege durchziehen die schön gelegenen Freigehege, in denen diverse einheimische Tierarten zu Hause sind. So nah und so „zufällig" bekommt man die Genossen nicht alle Tage ins Visier.

Rehe und Füchse, Wildkatzen und Hängebauchschweine, Frettchen und Fischotter, Elche und Hirsche, ein Fledermaushaus, Ziegen & Co. faszinieren nicht nur Kinder. Viele der Tiere laufen frei in den begehbaren Gehegen herum, sind an die Besucher gewöhnt und lassen sich wie in einem Streichelzoo verwöhnen. An Futterautomaten wird spezielle Tiernahrung verkauft – auf keinen Fall sollen selbst mitgebrachte Snacks verfüttert werden. Kiosk, Imbiss und Restaurant versorgen hungrige Besucher.

Nov.–März 9–17, April–Okt. 8–18 Uhr. Erw. (ab 15 J.) 8,50 €, Kind 3–14 J. 6,50 €, Kombiticket mit dem nahen Freilichtmuseum am Kiekeberg Erw. 11,50 € (Kinder haben dort freien Eintritt). Am Wildpark 1, Rosengarten-Vahrendorf, ✆ 81977470, www.wildpark-schwarze-berge.de. S 3 oder S 31 bis Neuweidenthal, dann Bus 340 (am Wochenende stündlich, in der Woche häufiger) bis zum Wildpark.

Altes Land

Deutschlands größter Obstgarten liegt südlich der Elbe und damit quasi vor der Haustür Hamburgs. Besonders zur Blütezeit im April und Mai kommen Tausende von Besuchern zu Fuß, per Inlineskates oder mit dem Fahrrad, um das märchenhafte Blütenmeer zu genießen.

Etwa 25 km lang und 2–8 km breit ist der als Altes Land bezeichnete Marschgürtel am Südufer der Elbe. Die Flüsse Este, Lühe und Schwinge durchziehen malerisch die fruchtbare Landschaft, die im 12. und 13. Jh. von holländischen Einwanderern besiedelt wurde. Ein riesiges Obstanbaugebiet mit mehr als zwei Millionen Obstbäumen, vor allem Apfel-, aber auch Kirsch-, Birnen- und Pflaumenbäumen, entstand. Schön anzusehen sind auch die beeindruckenden Altländer Bauernhäuser, die die Wege säumen.

Eine Radtour

Nehmen Sie die Fähre Linie 62 von den Landungsbrücken nach **Finkenwerder**. Von dort radeln Sie über den Deich am großen Airbus-Gelände vorbei nach **Cranz.** Weiter geht es rechts der Este lang nach **Königreich** (auf dem Weg dorthin empfiehlt sich eine Pause in Leeswig beim Gasthaus Hinzte, Leeswig 106, mit seinem idyllischen Garten am Wasser). Fahren Sie weiter nach **Estebrügge**, überqueren Sie hier die Este und fahren Sie dann rechts herum nach **Moorende**.

Jetzt bieten sich zwei Varianten: a) Sie fahren weiter an der Este entlang nach **Buxtehude** mit seiner sehenswerten historischen Altstadt. Von dort geht's dann mit der Bahn zurück nach Hamburg. b) Sie fahren hinter Moorende links ab über **Rübke** und **Neuenfelde** zurück nach Finkenwerder.

Wer **ohne Fahrrad** unterwegs ist, fährt am besten mit der Fähre, dem Elbe-City-Jet (s. u.) oder mit dem HADAG-Dampfer ab Landungsbrücke 2 nach Lühe und spaziert in Richtung Jork (mit diversen Einkehrmöglichkeiten) mitten hinein ins Herz des Alten Landes.

Verbindung Per Fähre von Blankenese nach Cranz, von Schulau nach Lühe oder mit dem Elbe-City-Jet von den Landungsbrücken nach Lühe (von Juni bis September, siehe auch *Unterwegs in Hamburg*, S. 45).

Weitere Informationen Touristikzentrale Jork – Altes Land. Osterjork 12, ✆ 04162-914755, www.tourismus-jork-altesland.de, www.tourismus-altesland.de, www.luehe-online.de.

Längst zum Hamburger Hausstrand avanciert: Timmendorfer Strand

Ausflug ans Meer

Für Hamburger ist die Nähe zum Meer eine reizvolle Sache. Top-Adresse für die Hanseaten ist der gut erreichbare Timmendorfer Strand direkt an der Ostsee. Wer mit dem Auto unterwegs ist, bevorzugt vielleicht weniger frequentierte Strandabschnitte in den Dörfern nördlich oder südlich des trendigen, aber überlaufenen Küstenorts.

Das noble Strandbad **Timmendorfer Strand** besteht aus schönen Villen, Kuranlagen, Hotels, Boutiquen, Restaurants und einer schönen, großen Seebrücke, die zum Meer führt. Der 8 km lange Sandstrand inklusive Dünen und gepflegter Strandpromenade ist in den Sommermonaten an Wochenenden zum Bersten voll. Kein Wunder, denn von Hamburg aus ist der Küstenort mit dem Auto in einer Dreiviertelstunde zu erreichen. Aber auch für meereshungrige Bahnreisende lohnt ein Tagesausflug.

Wer es ruhiger mag, fährt zum beschaulicheren Teil der Gemeinde Timmendorfer Strand. Das ehemalige Bauerndorf Niendorf verfügt über einen kleinen Hafen mit bunten, schaukelnden Schiffchen und Fischständen sowie einen Jachthafen.

Information Tourist-Service, Timmendorfer Platz 10, ✆ 04503-35770, www.timmendorfer-strand.de. Mo–Fr 9–17, Sa/So 11–14 Uhr.

Fremdenverkehrsamt Niendorf, Sandstr. 121a (im Haus des Kurgastes), ✆ 04503-357760, www.niendorf-ostsee.de. Mo–Fr 9–17, Sa/So 11–14 Uhr.

Anfahrt Vom Hauptbahnhof Hamburg nach Lübeck, dort umsteigen und nach Timmendorf (Reisedauer etwa 1½ Std., reine Fahrtzeit 65 Min.). Vom ZOB Timmendorf fahren Busse in 3 Minuten zum Strand.

Mit dem Auto über die A 1 Richtung Lübeck. Hinter Lübeck Ausfahrt 18 Richtung Timmendorfer Strand. Für Niendorf kurz vor Timmendorfer Strand rechts in Richtung Niendorf die Bäderstraße, die B 76 nehmen. Auf der B 76 bis zur Abfahrt Niendorf-Hafen.

Blick vom Hügel auf
Landungsbrücken und Elbe

Register

HAMBURG
del mar

Die in diesem Reisebuch enthaltenen Informationen wurden von der Autorin nach bestem Wissen erstellt und von ihm und dem Verlag mit größtmöglicher Sorgfalt überprüft. Dennoch sind, wie wir im Sinne des Produkthaftungsrechts betonen müssen, inhaltliche Fehler nicht mit letzter Gewissheit auszuschließen. Daher erfolgen die Angaben ohne jegliche Verpflichtung oder Garantie der Autorin bzw. des Verlags. Autorin und Verlag übernehmen keinerlei Verantwortung bzw. Haftung für mögliche Unstimmigkeiten. Wir bitten um Verständnis und sind jederzeit für Anregungen und Verbesserungsvorschläge dankbar.

ISBN 978-3-89953-686-7

 Druck: Stürtz GmbH, Würzburg.

Aktuelle Infos zu unseren Titeln, Hintergrundgeschichten zu unseren Reisezielen sowie brandneue Tipps erhalten Sie in unserem regelmäßig erscheinenden Newsletter, den Sie im Internet unter **www.michael-mueller-verlag.de** kostenlos abonnieren können.

MetroBusse / Metro Buses

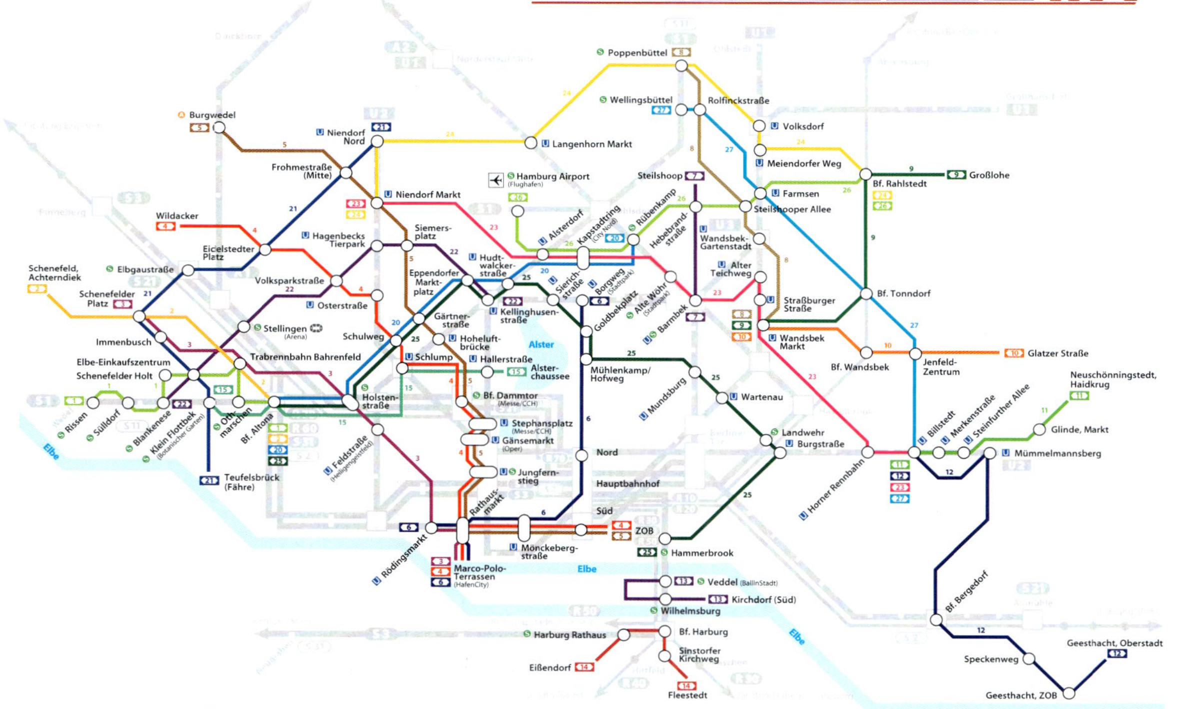

Stand / Date of issue: 11.12.2011

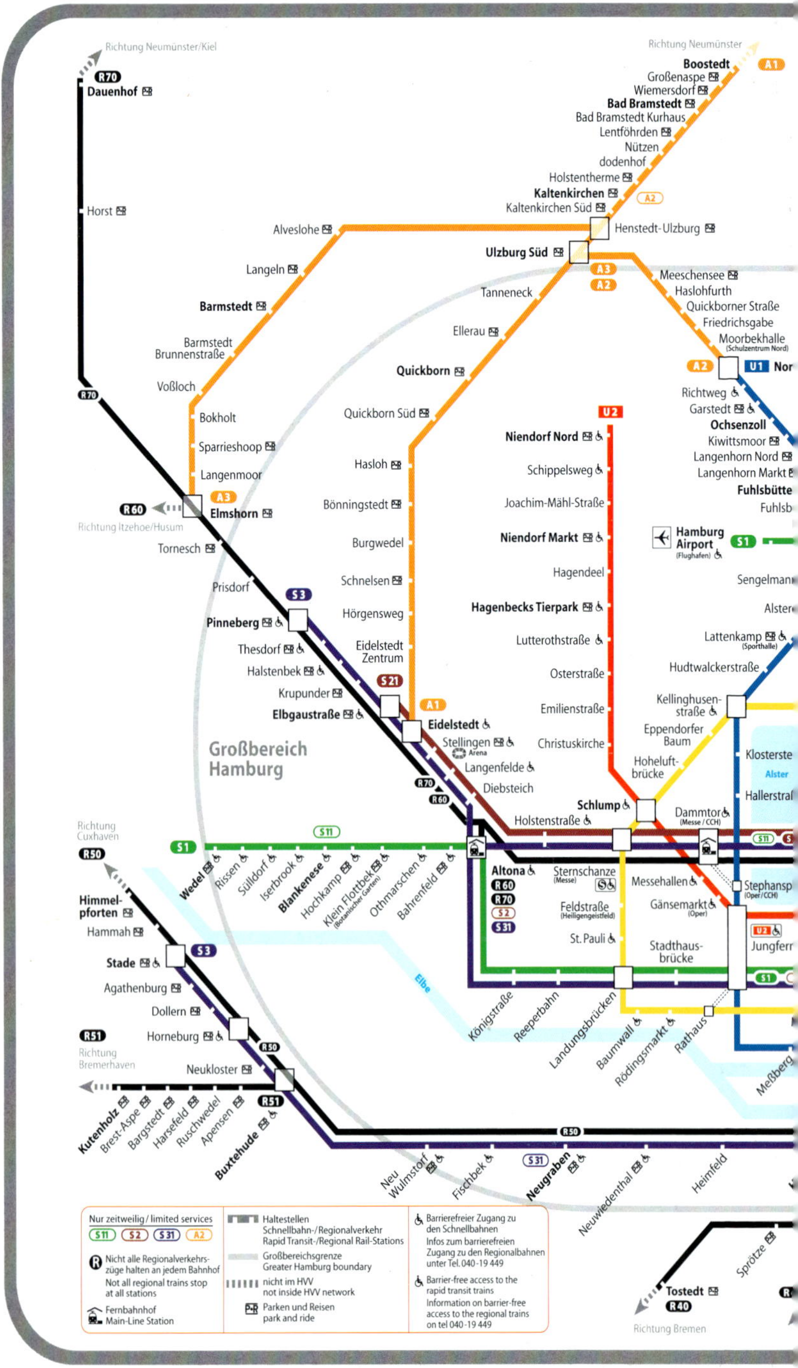

Richtung Neumünster/Kiel
R70
Dauenhof
Horst
R70
Richtung Neumünster
Boostedt
A1
Großenaspe
Wiemersdorf
Bad Bramstedt
Bad Bramstedt Kurhaus
Lentföhrden
Nützen
dodenhof
Holstentherme
Kaltenkirchen
Kaltenkirchen Süd
A2
Henstedt-Ulzburg
Alveslohe
Ulzburg Süd
Langeln
A3
A2
Meeschensee
Haslohfurth
Quickborner Straße
Friedrichsgabe
Moorbekhalle
(Schulzentrum Nord)
Tanneneck
Barmstedt
Ellerau
Barmstedt Brunnenstraße
Quickborn
A2
U1
Voßloch
Richtweg
Garstedt
Ochsenzoll
Kiwittsmoor
Langenhorn Nord
Langenhorn Markt
Fuhlsbüttel
Bokholt
Quickborn Süd
U2
Niendorf Nord
Sparrieshoop
Hasloh
Schippelsweg
Langenmoor
A3
R60
Richtung Itzehoe/Husum
Elmshorn
Bönningstedt
Joachim-Mähl-Straße
Burgwedel
Niendorf Markt
Hamburg Airport
(Flughafen)
S1
Tornesch
Hagendeel
Prisdorf
Schnelsen
Sengelmann
S3
Hörgensweg
Hagenbecks Tierpark
Pinneberg
Lattenkamp
(Sporthalle)
Thesdorf
Eidelstedt Zentrum
Lutterothstraße
Halstenbek
Hudtwalckerstraße
Osterstraße
S21
Krupunder
Kellinghusenstraße
A1
Emilienstraße
Elbgaustraße
Eidelstedt
Eppendorfer Baum
Stellingen
Arena
Christuskirche
Klosterstern
Großbereich Hamburg
Langenfelde
Hoheluftbrücke
Alster
Diebsteich
Hallerstraße
R70
R60
Schlump
Dammtor
(Messe / CCH)
Holstenstraße
Richtung Cuxhaven
S11
S11
R50
S1
Wedel
Rissen
Sülldorf
Iserbrook
Blankenese
Hochkamp
Klein Flottbek
(Botanischer Garten)
Othmarschen
Bahrenfeld
Altona
R60
R70
S2
S31
Sternschanze
(Messe)
Messehallen
Stephansplatz
(Oper/CCH)
Himmelpforten
Feldstraße
(Heiligengeistfeld)
Gänsemarkt
(Oper)
Hammah
U2
Jungfernstieg
St. Pauli
Stade
S3
Stadthausbrücke
S1
Agathenburg
Elbe
Dollern
Königstraße
Reeperbahn
Landungsbrücken
Baumwall
Rödingsmarkt
Rathaus
Meßberg
R51
Horneburg
Richtung Bremerhaven
R50
Neukloster
R51
Kutenholz
Brest-Aspe
Bargstedt
Harsefeld
Ruschwedel
Apensen
Buxtehude
R50
S31
Neu Wulmstorf
Fischbek
Neugraben
Neuwiedenthal
Heimfeld
Sprötze
Tostedt
R40
Richtung Bremen
Nur zeitweilig / limited services
S11
S2
S31
A2
Nicht alle Regionalverkehrszüge halten an jedem Bahnhof
Not all regional trains stop at all stations
Fernbahnhof
Main-Line Station
Haltestellen Schnellbahn-/Regionalverkehr
Rapid Transit-/Regional Rail-Stations
Großbereichsgrenze
Greater Hamburg boundary
nicht im HVV
not inside HVV network
Parken und Reisen
park and ride
Barrierefreier Zugang zu den Schnellbahnen
Infos zum barrierefreien Zugang zu den Regionalbahnen unter Tel. 040-19 449
Barrier-free access to the rapid transit trains
Information on barrier-free access to the regional trains on tel 040-19 449

Schnellbahn-/Regionalverkehr
Rapid Transit/Regional Rail
U S A R
HVV
Infos · Fahrpläne · Service
www.hvv.de · 040-19 449
Richtung Neumünster
R11
Rickling
Wahlstedt
Fahrenkrug
Bad Segeberg
Altengörs
Wakendorf
Fresenburg
Richtung Lübeck
R10
Reinfeld
R11
Bad Oldesloe
Kupfermühle
Bargteheide
Gartenholz
Ahrensburg
Richtung Lübeck
R21
Ratzeburg
S1
S11
Poppenbüttel
Wellingsbüttel
Hoheneichen
Kornweg
(Klein Borstel)
Ohlsdorf
Rübenkamp
(City Nord)
Alte Wöhr
(Stadtpark)
U1
Ohlstedt
Hoisbüttel
Buckhorn
Volksdorf
Meiendorfer Weg
Berne
Farmsen
Trabrennbahn
Buchenkamp
Ahrensburg West
Ahrensburg Ost
Schmalenbeck
Kiekut
Großhansdorf
U1
Möllin
Rahlstedt
R10
Tonndorf
Wandsbek
U3
Wandsbek-Gartenstadt
Alter Teichweg
Straßburger Straße
Wandsbek Markt
Habichtstraße
Saarland-straße
U3
Barmbek
Dehnhaide
Friedrichs-berg
Hamburger Straße
Wandsbeker Chaussee
Mundsburg
Uhlandstraße
Ritterstraße
Lübecker Straße
Wartenau
Lohmühlenstraße
Landwehr
Hasselbrook
Berliner Tor
R10
Burgstraße
Hammer Kirche
Rauhes Haus
Horner Rennbahn
Legienstraße
Billstedt
Merkenstraße
Steinfurther Allee
Mümmelmannsberg
U2
Großbereich Hamburg
R21
Nord
Haupt-bahnhof
Central Station
Süd
R10
R20
Rothenburgsort
Tiefstack
R20
Billwerder-Moorfleet
Mittlerer Landweg
Allermöhe
Nettelnburg
Bergedorf
Reinbek
Wohltorf
Aumühle
Friedrichsruh
Schwarzenbek
Müssen
Richtung Schwerin/Rostock
R20
Büchen
R20
S2
S21
Lauenburg
R30
R40
R50
Hammerbrook
(City Süd)
Veddel
(BallinStadt)
Wilhelmsburg
Elbe
R50
Harburg
Meckelfeld
Maschen
Stelle
Ashausen
R40
Buchholz
Seppensen
Elbe
Echem
Winsen
Radbruch
Bardowick
R30
R30
Lüneburg
Wendisch Evern
Vastorf
Bavendorf
Dahlenburg
Neetzendorf
Göhrde
R21
R30
R31
R31
Richtung Uelzen
Richtung Dannenberg
Stand/Date of issue 11. Dezember 2011 © HVV

Hauptkirche St. Michaelis

Turm: Der Turm mit der unverwechselbaren Kupferhaube ist das Wahrzeichen Hamburgs, der „Michel". Genießen Sie den einmaligen Blick von Hamburgs schönstem Aussichtspunkt - 106 Meter über der Elbe.

Kirche: Die bedeutendste Barockkirche Norddeutschlands. Der Kirchenraum bietet Platz für 2.500 Menschen. Der Altar hat eine Höhe von 20 Metern.

Neben den drei historischen Orgeln gibt es als Besonderheit ein sogenanntes Fernwerk, das die Besucher von Orgelkonzerten mit Klängen einer „unsichtbaren" Orgel begeistert.

Gruftgewölbe: Einzigartige Krypta u.a. mit dem Grab von Carl Philipp Emanuel Bach und einer Ausstellung über die Geschichte der Kirche sowie **Hamburg HiStory**, eine spannende Zeitreise durch mehr als 1.000 Jahre bewegte Geschichte Hamburgs. (DVD, Dauer 30 Minuten).

Öffnungszeiten:	Mai bis Oktober:	täglich	9:00 - 19:30 Uhr
	November bis April:	täglich	10:00 - 17:30 Uhr

Nachtmichel: Ab 19.30 Uhr können Sie einen atemberaubenden Blick über das nächtliche Hamburg und den Hafen genießen, bei klassischer Hintergrundmusik und einem kleinen Umtrunk. Weitere Infos unter: www.nachtmichel.de oder unter Telefon: (040) 28 51 57 91

St. Michaelis

Hauptkirche St. Michaelis
Englische Planke 1, 20459 Hamburg

Telefon: (040) 3 76 78 - 0
Telefax: (040) 3 76 78 - 310

Mail: info@st-michaelis.de
Internet: www.st-michaelis.de